한|자|능|력|검|정|시|험

자격증
한번에 따기

머리말

국가공인 한자능력검정시험은 한국어문회에서 주관하고, 한국한자능력검정회가 시행하는 국가공인 한자 자격증 시험입니다. 최근 들어 한자를 학습하는 것이 교육적으로 매우 유익하다는 인식과 세계화의 필요에 따라 한자 학습의 국민적 관심이 높아지고 있습니다. 그런 가운데 실시된 정부의 공문서 한자 병기[대통령령 제16521호]는 그 동안 간과되었던 한자의 중요성을 다시 일깨우는 계기가 되었습니다.

이러한 사회적 필요성이 강하게 대두되면서, 2001년 1월 1일자로 교육인적자원부에 의해 한자능력검정시험이 한자 자격증으로서는 최초로 국가공인을 받게 되었습니다. 이 급수 한자 자격증을 취득하게 되면 1급~3급Ⅱ는 '교육인적자원부 훈령 제616호 제11조의 규정'에 따라 학생이 취득한 자격 사항을 학교의 「생활기록부-자격증」란에 기재하고, 4급~8급은 '동령 제18조'의 규정에 따라 「세부 능력 및 특기 사항」란에 기재하여 진학, 수상 등의 적잖은 혜택을 받게 됩니다. 또한 관공서와 기업체에서 승진과 인사에 혜택을 받을 수 있어 향후 중요도가 더욱 높아질 것으로 예상됩니다.

이처럼 한자의 중요성이 날로 더해가는 시점에 본 교재는 과학적이고 체계적으로 구성하여 한자 자격증을 가장 빠른 시간에 획득할 수 있도록 엮었습니다. 아무쪼록 본 교재의 구성에 따라 공부하여 수험생 여러분들이 원하는 급수를 획득하기를 빌겠습니다.

차례

시험 안내 *3*
구성과 특징 *4*
한자능력검정시험 1000字 대표 훈·음 *6*

Ⅰ 쓰기 배정 한자 익히기

8급~5급 배정 한자 500자 정리 *18*
시험에 자주 나오는 한자 성어 *97*
모범 답안 *104*

Ⅱ 읽기 배정 한자 익히기

4급 배정 한자 500자 정리 *106*
모범 답안 *278*

Ⅲ 유형별 한자 익히기

혼동하기 쉬운 한자 *282*
뜻이 반대(상대) 되는 한자 *288*
뜻이 비슷한 한자 *296*
약자 *304*
첫 음절에서 長音으로 발음되는 한자 *312*
첫 음절에서 長短 두 가지로 발음되는 한자 *314*

Ⅳ 실전 감각 익히기

출제 경향과 유형 익히기 *316*
기출 유사 문제 *321*
적중 예상 문제 *325*
모범 답안 *341*

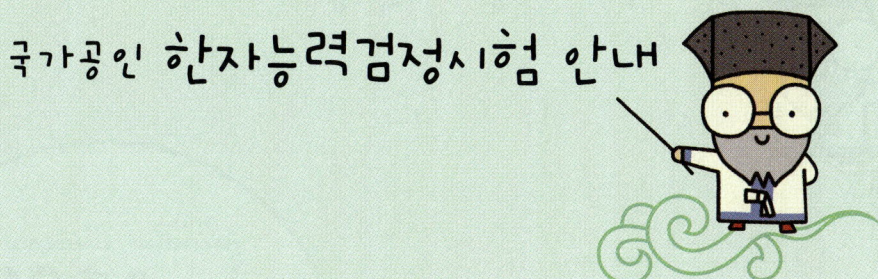

국가공인 한자능력검정시험 안내

1. 시험 시기

정규 시험은 1년에 네 번 실시되며, 교육 급수(4급, 4급Ⅱ, 5급, 5급Ⅱ, 6급, 6급Ⅱ, 7급, 7급Ⅱ, 8급)와 공인 급수(1급, 2급, 3급, 3급Ⅱ)로 나누어 실시됩니다.

2. 원서 접수

방문 접수 : 모든 급수(접수처 : 각 고사장 지정 접수처)
인터넷 접수 : 모든 급수(www.hangum.re.kr)

3. 급수 배정 및 출제 기준

(한자 수)

구분	1급	2급	3급	3급Ⅱ	4급	4급Ⅱ	5급	5급Ⅱ	6급	6급Ⅱ	7급	7급Ⅱ	8급
읽기 배정 한자	3500	2355	1817	1500	1000	750	500	400	300	225	150	100	50
쓰기 배정 한자	2005	1817	1000	750	500	400	300	225	150	50	–	–	–

(문항 수)

구분	1급	2급	3급	3급Ⅱ	4급	4급Ⅱ	5급	5급Ⅱ	6급	6급Ⅱ	7급	7급Ⅱ	8급
독음	50	45	45	45	32	35	35	35	33	32	32	22	24
한자 쓰기	40	30	30	30	20	20	20	20	20	10	0	0	0
훈음	32	27	27	27	22	22	23	23	22	29	30	30	24
완성형	15	10	10	10	5	5	4	4	3	2	2	2	0
반의어	10	10	10	10	3	3	3	3	3	2	2	2	0
뜻풀이	10	5	5	5	3	3	3	3	2	2	2	2	0
동음이의어	10	5	5	5	3	3	3	3	2	0	0	0	0
부수	10	5	5	5	3	3	0	0	0	0	0	0	0
동의어	10	5	5	5	3	3	3	3	2	0	0	0	0
장단음	10	5	5	5	3	0	0	0	0	0	0	0	0
약자	3	3	3	3	3	3	3	3	0	0	0	0	0
필순	0	0	0	0	0	0	3	3	3	3	2	2	2
출제 문항 수	200	150	150	150	100	100	100	100	90	80	70	60	50
합격 문항 수	160	105	105	105	70	70	70	70	63	56	49	42	35

(분)

구분	1급	2급	3급	3급Ⅱ	4급	4급Ⅱ	5급	5급Ⅱ	6급	6급Ⅱ	7급	7급Ⅱ	8급
시험 시간	90	60	60	60	50	50	50	50	50	50	50	50	50

이 책의 구성과 특징

한자 퍼즐

앞에서 배운 한자어를 중심으로 한자 퍼즐을 풀 수 있도록 하였습니다. 한자 퍼즐을 풀면서 자신의 한자 실력을 확인하세요.

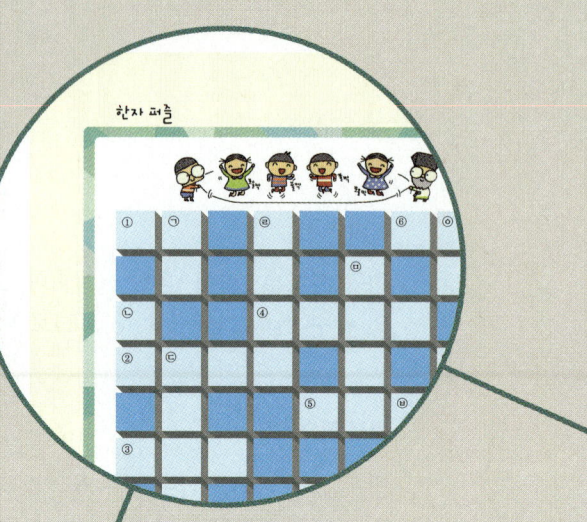

풀면서 익히기

앞에서 배운 한자의 훈과 음, 한자어의 뜻 등을 얼마나 잘 익혔는지 확인할 수 있도록 하였습니다. 문제를 풀면서 자신에게 부족한 부분을 살피며 익히도록 하였습니다.

쓰기 배정 한자 익히기

서로 연관되는 한자어를 주제별로 묶어 배열한 후, 한자를 학습할 때 반드시 알아 두어야 할 훈·음·필순을 수록하였습니다. 그리고 한자어가 문장에서 어떻게 활용되는지를 제시하여 과학적이고 체계적인 학습이 되도록 하였습니다.

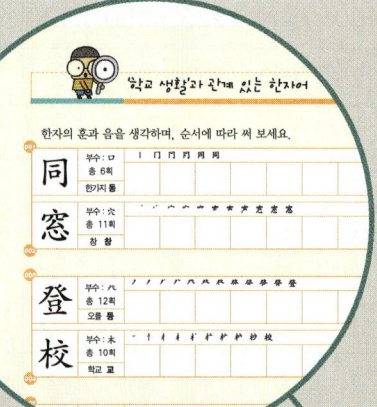

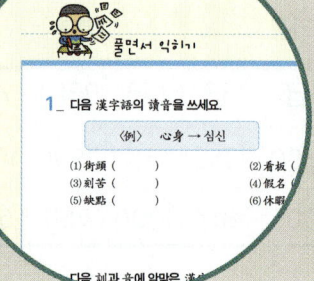

읽기 배정 한자 익히기

앞에서 학습한 500자를 제외한 4급 배정 한자를 효율적으로 학습할 수 있도록 풍부한 용례를 제시하여 구성하였습니다.

유형별 한자 익히기

'배정 한자 익히기' 편을 통해 배운 1,000자 중 '모양이 비슷한 한자, 뜻이 반대인 한자, 뜻이 비슷한 한자' 등 유형별로 세분화하여 한자를 익힐 수 있도록 하였습니다.

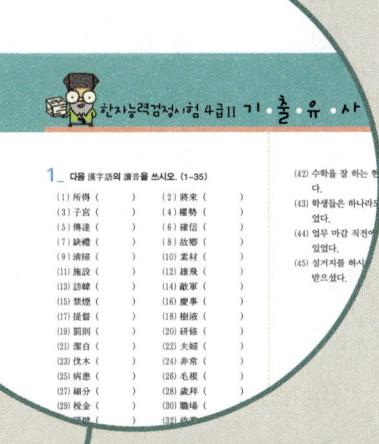

한자능력검정시험 기출 유사 문제

최근에 출제되었던 '한자능력검정시험' 유사 문제를 제시하여 놓았습니다. 최근의 시험 문제 유형을 파악하여 급수 시험에서 좋은 결과를 얻도록 만전을 기하였습니다.

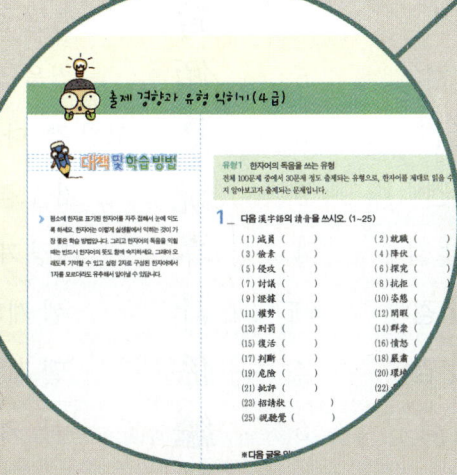

출제 경향과 유형 익히기

실제로 출제되었던 '한자능력검정시험' 문제를 엄선하여 유형별로 분류하였습니다. 체계적이고 과학적인 분석을 통해 적은 시간으로도 최대의 효과를 내도록 하였습니다.

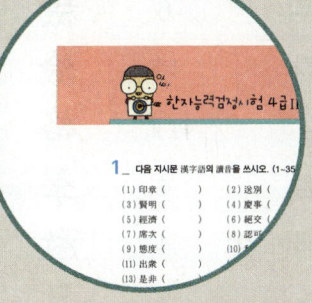

한자능력검정시험 적중 예상 문제

시험에 출제되는 경향에 따라 문제가 만들어져 있습니다. 앞에서 배운 한자가 실제로 어떻게 출제되는지 살펴보면서 급수 시험에 완벽하게 대비할 수 있도록 하였습니다.

한자능력검정시험 1000字 대표 훈·음

8급 – 50자, 7급 – 100자, 6급 – 150자, 5급 – 200자, 4급Ⅱ – 250자, 4급 – 250자
: = 장음(長音)으로 발음되는 한자   (:) = 장단(長短) 두 가지로 발음되는 한자

漢字	훈·음	급수	漢字	훈·음	급수	漢字	훈·음	급수
家	집 가	7	降	내릴 강:, 항복할 항	4	潔	깨끗할 결	4Ⅱ
歌	노래 가	7	開	열 개	6	缺	이지러질 결	4Ⅱ
價	값 가	5	改	고칠 개(:)	5	京	서울 경	6
可	옳을 가:	5	個	낱 개(:)	4Ⅱ	敬	공경 경:	5
加	더할 가	5	客	손 객	5	景	볕 경(:)	5
假	거짓 가	4Ⅱ	車	수레 거·차	7	輕	가벼울 경	5
街	거리 가(:)	4Ⅱ	擧	들 거:	5	競	다툴 경:	5
暇	틈·겨를 가:	4	去	갈 거:	5	經	지날·글 경	4Ⅱ
角	뿔 각	6	巨	클 거:	4	境	지경 경	4Ⅱ
各	각각 각	6	據	근거 거:	4	慶	경사 경:	4Ⅱ
覺	깨달을 각	4	拒	막을 거:	4	警	깨우칠 경:	4Ⅱ
刻	새길 각	4	居	살 거	4	驚	놀랄 경	4
間	사이 간(:)	7	建	세울 건:	5	傾	기울 경	4
看	볼 간	4	件	물건 건	5	更	고칠 경, 다시 갱:	4
簡	대쪽·간략할 간(:)	4	健	굳셀 건:	5	鏡	거울 경:	4
干	방패 간	4	傑	뛰어날 걸	4	界	지경 계:	6
感	느낄 감:	6	檢	검사할 검:	4Ⅱ	計	셀 계:	6
監	볼 감	4Ⅱ	儉	검소할 검:	4	係	맬 계:	4Ⅱ
減	덜 감:	4Ⅱ	格	격식 격	5	繼	이을 계:	4
甘	달 감	4	擊	칠 격	4	階	섬돌 계	4
敢	감히·구태여 감:	4	激	격할 격	4	戒	경계할 계:	4
甲	갑옷 갑	4	見	볼 견:, 뵈올 현:	5	季	계절 계:	4
江	강 강	7	堅	굳을 견	4	鷄	닭 계	4
强	강할 강(:)	6	犬	개 견	4	系	이어맬 계:	4
康	편안 강	4Ⅱ	決	결단할 결	5	高	높을 고	6
講	욀 강:	4Ⅱ	結	맺을 결	5	苦	쓸 고	6

漢字	훈·음	급수	漢字	훈·음	급수	漢字	훈·음	급수
古	예 고:	6	交	사귈 교	6	劇	심할 극	4
告	고할 고:	5	橋	다리 교	5	根	뿌리 근	6
考	생각할 고(:)	5	九	아홉 구	8	近	가까울 근:	6
固	굳을 고(:)	5	口	입 구(:)	7	筋	힘줄 근	4
故	연고 고(:)	4Ⅱ	球	공 구	6	勤	부지런할 근(:)	4
孤	외로울 고	4	區	구분할·지경 구	6	金	쇠 금, 성 김	8
庫	곳집 고	4	舊	예 구:	5	今	이제 금	6
曲	굽을 곡	5	具	갖출 구(:)	5	禁	금할 금:	4Ⅱ
穀	곡식 곡	4	救	구원할 구:	5	急	급할 급	6
困	곤할 곤:	4	求	구할 구	4Ⅱ	級	등급 급	6
骨	뼈 골	4	究	연구할·궁구할 구	4Ⅱ	給	줄 급	5
工	장인 공	7	句	글귀 구	4Ⅱ	氣	기운 기	7
空	빌 공	7	構	얽을 구	4	記	기록할 기	7
公	공평할 공	6	國	나라 국	8	旗	기 기	7
功	공 공	6	局	판 국	5	己	몸 기	5
共	한가지 공:	6	軍	군사 군	8	基	터 기	5
孔	구멍 공:	4	郡	고을 군:	6	技	재주 기	5
攻	칠 공:	4	君	임금 군	4	汽	물끓는김 기	5
科	과목 과	6	群	무리 군	4	期	기약할 기	5
果	실과 과:	6	屈	굽힐 굴	4	器	그릇 기	4Ⅱ
課	공부할·과정 과(:)	5	宮	집 궁	4Ⅱ	起	일어날 기	4Ⅱ
過	지날 과:	5	窮	다할·궁할 궁	4	奇	기특할 기	4
關	관계할 관	5	權	권세 권	4Ⅱ	機	틀 기	4
觀	볼 관	5	勸	권할 권:	4	紀	벼리 기	4
官	벼슬 관	4Ⅱ	卷	책 권(:)	4	寄	부칠 기	4
管	대롱·주관할 관	4	券	문서 권	4	吉	길할 길	5
光	빛 광	6	貴	귀할 귀:	5	暖	따뜻할 난:	4Ⅱ
廣	넓을 광	5	歸	돌아갈 귀:	4	難	어려울 난(:)	4Ⅱ
鑛	쇳돌 광:	4	規	법 규	5	南	남녘 남	8
校	학교 교:	8	均	고를 균	4	男	사내 남	7
敎	가르칠 교:	8	極	다할·극진할 극	4Ⅱ	納	들일 납	4

漢字	훈·음	급수	漢字	훈·음	급수	漢字	훈·음	급수
內	안 내:	7	道	길 도:	7	亂	어지러울 란:	4
女	계집 녀	8	圖	그림 도	6	卵	알 란:	4
年	해 년	8	度	법도 도(:), 헤아릴 탁	6	覽	볼 람	4
念	생각 념:	5	到	이를 도:	5	朗	밝을 랑:	5
努	힘쓸 노	4Ⅱ	島	섬 도	5	來	올 래(:)	7
怒	성낼 노:	4Ⅱ	都	도읍 도	5	冷	찰 랭:	5
農	농사 농	7	導	인도할 도:	4Ⅱ	略	간략할·약할 략	4
能	능할 능	5	徒	무리 도	4	良	어질 량	5
多	많을 다	6	逃	도망할 도	4	量	헤아릴 량	5
短	짧을 단(:)	6	盜	도둑 도(:)	4	兩	두 량:	4Ⅱ
團	둥글 단	5	讀	읽을 독, 구절 두	6	糧	양식 량	4
壇	단 단	5	獨	홀로 독	5	旅	나그네 려	5
斷	끊을 단:	4Ⅱ	督	감독할 독	4Ⅱ	麗	고울 려	4Ⅱ
端	끝 단	4Ⅱ	毒	독 독	4Ⅱ	慮	생각할 려:	4
單	홑 단	4Ⅱ	東	동녘 동	8	力	힘 력	7
檀	박달나무 단	4Ⅱ	動	움직일 동:	7	歷	지날 력	5
段	층계 단	4	洞	골 동:, 밝을 통:	7	練	익힐 련:	5
達	통달할 달	4Ⅱ	同	한가지 동	7	連	이을 련	4Ⅱ
談	말씀 담	5	冬	겨울 동(:)	7	列	벌일 렬	4Ⅱ
擔	멜 담	4Ⅱ	童	아이 동(:)	6	烈	매울 렬	4
答	대답 답	7	銅	구리 동	4Ⅱ	領	거느릴 령	5
堂	집 당	6	頭	머리 두	6	令	하여금 령(:)	5
當	마땅 당	5	豆	콩 두	4Ⅱ	例	법식 례:	6
黨	무리 당	4Ⅱ	斗	말 두	4Ⅱ	禮	예도 례:	6
大	큰 대(:)	8	得	얻을 득	4Ⅱ	老	늙을 로:	7
代	대신 대:	6	登	오를 등	7	路	길 로:	6
對	대할 대:	6	等	무리 등:	6	勞	일할 로	5
待	기다릴 대:	6	燈	등 등	4Ⅱ	綠	푸를 록	6
隊	무리 대	4Ⅱ	羅	벌일 라	4Ⅱ	錄	기록할 록	4Ⅱ
帶	띠 대(:)	4Ⅱ	樂	즐길 락, 노래 악	6	論	논할 론	4Ⅱ
德	큰 덕	5	落	떨어질 락	5	料	헤아릴 료(:)	5

漢字	훈·음	급수	漢字	훈·음	급수	漢字	훈·음	급수
龍	용 룡	4	明	밝을 명	6	發	필 발	6
類	무리 류(:)	5	鳴	울 명	4	髮	터럭 발	4
流	흐를 류	5	母	어미 모:	8	方	모 방	7
留	머무를 류	4Ⅱ	毛	터럭 모	4Ⅱ	放	놓을 방(:)	6
柳	버들 류(:)	4	模	본뜰 모	4	房	방 방	4Ⅱ
六	여섯 륙	8	木	나무 목	8	防	막을 방	4Ⅱ
陸	뭍 륙	5	目	눈 목	6	訪	찾을 방:	4Ⅱ
輪	바퀴 륜	4	牧	칠 목	4Ⅱ	妨	방해할 방	4
律	법칙 률	4Ⅱ	妙	묘할 묘:	4	倍	곱 배(:)	5
里	마을 리:	7	墓	무덤 묘	4	配	나눌·짝 배:	4Ⅱ
理	다스릴 리:	6	無	없을 무	5	背	등 배:	4Ⅱ
利	이로울 리:	6	武	호반 무	4Ⅱ	拜	절 배:	4Ⅱ
李	오얏·성 리:	6	務	힘쓸 무:	4Ⅱ	白	흰 백	8
離	떠날 리:	4	舞	춤출 무:	4	百	일백 백	7
林	수풀 림	7	門	문 문	8	番	차례 번	6
立	설 립	7	文	글월 문	7	罰	벌할 벌	4Ⅱ
馬	말 마:	5	問	물을 문:	7	伐	칠 벌	4Ⅱ
萬	일만 만:	8	聞	들을 문(:)	6	範	법 범:	4
滿	찰 만(:)	4Ⅱ	物	물건 물	7	犯	범할 범:	4
末	끝 말	5	米	쌀 미	6	法	법 법	5
望	바랄 망:	5	美	아름다울 미(:)	6	壁	벽 벽	4Ⅱ
亡	망할 망	5	味	맛 미:	4Ⅱ	變	변할 변:	5
每	매양 매(:)	7	未	아닐 미(:)	4Ⅱ	邊	가 변	4Ⅱ
賣	팔 매(:)	5	民	백성 민	8	辯	말씀 변:	4
買	살 매:	5	密	빽빽할 밀	4Ⅱ	別	다를·나눌 별	6
妹	누이 매	4	朴	성 박	6	病	병 병:	6
脈	줄기 맥	4Ⅱ	博	넓을 박	4Ⅱ	兵	병사 병	5
面	낯 면:	7	拍	칠 박	4	報	갚을·알릴 보:	4Ⅱ
勉	힘쓸 면:	4	反	돌이킬·돌아올 반:	6	寶	보배 보:	4Ⅱ
名	이름 명	7	半	반 반:	6	保	지킬 보(:)	4Ⅱ
命	목숨 명:	7	班	나눌 반	6	步	걸음 보:	4Ⅱ

漢字	훈·음	급수	漢字	훈·음	급수	漢字	훈·음	급수
普	넓을 보:	4	批	비평할 비:	4	商	장사 상	5
服	옷 복	6	碑	비석 비	4	賞	상줄 상	5
福	복 복	5	貧	가난할 빈	4Ⅱ	狀	형상 상, 문서 장:	4Ⅱ
伏	엎드릴 복	4	氷	얼음 빙	5	床	상 상	4Ⅱ
複	겹칠 복	4	四	넉 사:	8	常	떳떳할 상	4Ⅱ
本	근본 본	6	事	일 사:	7	想	생각 상:	4Ⅱ
奉	받들 봉:	5	社	모일 사	6	象	코끼리 상	4
父	아비 부	8	使	하여금·부릴 사:	6	傷	다칠 상	4
夫	지아비 부	7	死	죽을 사:	6	色	빛 색	7
部	떼 부	6	仕	섬길 사(:)	5	生	날 생	8
婦	며느리 부	4Ⅱ	士	선비 사	5	西	서녘 서	8
富	부자 부:	4Ⅱ	史	사기 사	5	書	글 서	6
復	회복할 복, 다시 부:	4Ⅱ	思	생각 사(:)	5	序	차례 서:	5
副	버금 부:	4Ⅱ	寫	베낄 사	5	夕	저녁 석	7
府	마을·관청 부(:)	4Ⅱ	査	조사할 사	5	石	돌 석	6
否	아닐 부:	4	謝	사례할 사:	4Ⅱ	席	자리 석	6
負	질 부:	4	師	스승 사	4Ⅱ	先	먼저 선	8
北	북녘 북, 달아날 배	8	舍	집 사	4Ⅱ	線	줄 선	6
分	나눌 분(:)	6	寺	절 사	4Ⅱ	仙	신선 선	5
憤	분할 분:	4	辭	말씀 사	4	鮮	고울 선	5
粉	가루 분(:)	4	絲	실 사	4	善	착할 선:	5
不	아닐 불·부	7	私	사사 사	4	船	배 선	5
佛	부처 불	4Ⅱ	射	쏠 사(:)	4	選	가릴 선:	5
比	견줄 비:	5	山	메 산	8	宣	베풀 선	4
鼻	코 비:	5	算	셈 산:	7	雪	눈 설	6
費	쓸 비:	5	産	낳을 산:	5	說	말씀 설, 달랠 세	5
備	갖출 비:	4Ⅱ	散	흩을 산:	4	設	베풀 설	4Ⅱ
悲	슬플 비:	4Ⅱ	殺	죽일 살, 감할 쇄:	4Ⅱ	舌	혀 설	4
非	아닐 비(:)	4Ⅱ	三	석 삼	8	姓	성 성:	7
飛	날 비	4Ⅱ	上	윗 상:	7	成	이룰 성	6
祕	숨길 비:	4	相	서로 상	5	省	살필 성, 덜 생	6

漢字	훈·음	급수	漢字	훈·음	급수	漢字	훈·음	급수
性	성품 성:	5	手	손 수(:)	7	式	법 식	6
誠	정성 성	4Ⅱ	數	셈 수:	7	識	알 식, 기록할 지	5
聖	성인 성:	4Ⅱ	樹	나무 수	6	息	쉴 식	4Ⅱ
城	재 성	4Ⅱ	首	머리 수	5	信	믿을 신:	6
聲	소리 성	4Ⅱ	收	거둘 수	4Ⅱ	身	몸 신	6
星	별 성	4Ⅱ	授	줄 수	4Ⅱ	新	새 신	6
盛	성할 성:	4Ⅱ	受	받을 수(:)	4Ⅱ	神	귀신 신	6
世	인간 세:	7	修	닦을 수	4Ⅱ	臣	신하 신	5
歲	해 세:	5	守	지킬 수	4Ⅱ	申	납 신	4Ⅱ
洗	씻을 세:	5	秀	빼어날 수	4	室	집 실	8
勢	형세 세:	4Ⅱ	宿	잘 숙, 별자리 수:	5	失	잃을 실	6
細	가늘 세:	4Ⅱ	肅	엄숙할 숙	4	實	열매 실	5
稅	세금 세:	4Ⅱ	叔	아재비 숙	4	心	마음 심	7
小	작을 소:	8	順	순할 순:	5	深	깊을 심	4Ⅱ
少	적을 소:	7	純	순수할 순	4Ⅱ	十	열 십	8
所	바 소:	7	術	재주 술	6	氏	각시·성씨 씨	4
消	사라질 소	6	崇	높을 숭	4	兒	아이 아	5
掃	쓸 소(:)	4Ⅱ	習	익힐 습	6	惡	악할 악, 미워할 오	5
笑	웃음 소:	4Ⅱ	勝	이길 승	6	安	편안 안	7
素	본디·흴 소(:)	4Ⅱ	承	이을 승	4Ⅱ	案	책상 안:	5
速	빠를 속	6	市	저자 시:	7	眼	눈 안:	4Ⅱ
束	묶을 속	5	時	때 시	7	暗	어두울 암:	4Ⅱ
俗	풍속 속	4Ⅱ	始	비로소 시:	6	壓	누를 압	4Ⅱ
續	이을 속	4Ⅱ	示	보일 시:	5	愛	사랑 애(:)	6
屬	붙일 속	4	視	볼 시:	4Ⅱ	液	진 액	4Ⅱ
孫	손자 손(:)	6	試	시험 시(:)	4Ⅱ	額	이마 액	4
損	덜 손:	4	詩	시 시	4Ⅱ	野	들 야:	6
送	보낼 송:	4Ⅱ	施	베풀 시:	4Ⅱ	夜	밤 야:	6
松	소나무 송	4	是	이·옳을 시:	4Ⅱ	弱	약할 약	6
頌	칭송할·기릴 송:	4	食	밥·먹을 식	7	藥	약 약	6
水	물 수	8	植	심을 식	7	約	맺을 약	5

漢字	훈·음	급수	漢字	훈·음	급수	漢字	훈·음	급수
洋	큰바다 양	6	營	경영할 영	4	雄	수컷 웅	5
陽	볕 양	6	迎	맞을 영	4	園	동산 원	6
養	기를 양:	5	映	비칠 영(:)	4	遠	멀 원:	6
羊	양 양	4Ⅱ	藝	재주 예:	4Ⅱ	元	으뜸 원	5
樣	모양 양	4	豫	미리 예:	4	願	원할 원:	5
語	말씀 어:	7	五	다섯 오:	8	原	언덕 원	5
魚	고기·물고기 어	5	午	낮 오:	7	院	집 원	5
漁	고기잡을 어	5	誤	그르칠 오:	4Ⅱ	員	인원 원	4Ⅱ
億	억 억	5	屋	집 옥	5	圓	둥글 원	4Ⅱ
言	말씀 언	6	玉	구슬 옥	4Ⅱ	怨	원망할 원(:)	4
嚴	엄할 엄	4	溫	따뜻할 온	6	援	도울 원:	4
業	업 업	6	完	완전할 완	5	源	근원 원	4
與	더불·줄 여:	4	王	임금 왕	8	月	달 월	8
如	같을 여	4Ⅱ	往	갈 왕:	4Ⅱ	偉	클 위	5
餘	남을 여	4Ⅱ	外	바깥 외	8	位	자리 위	5
逆	거스를 역	4Ⅱ	要	요긴할 요(:)	5	衛	지킬 위	4Ⅱ
易	바꿀 역, 쉬울 이:	4	曜	빛날 요:	5	爲	할 위(:)	4Ⅱ
域	지경 역	4	謠	노래 요	4Ⅱ	委	맡길 위	4
然	그럴 연	7	浴	목욕할 욕	5	圍	에워쌀 위	4
煙	연기 연	4Ⅱ	勇	날랠 용:	6	慰	위로할 위	4
演	펼 연:	4Ⅱ	用	쓸 용	6	威	위엄 위	4
硏	갈 연:	4Ⅱ	容	얼굴 용	4Ⅱ	危	위태할 위	4
延	늘일 연	4	右	오른 우:	7	有	있을 유:	7
緣	인연 연	4	雨	비 우:	5	由	말미암을 유	6
鉛	납 연	4	友	벗 우:	5	油	기름 유	6
燃	탈 연	4	牛	소 우	5	遺	남길 유	4
熱	더울 열	5	遇	만날 우:	4	乳	젖 유	4
葉	잎 엽	5	優	넉넉할 우	4	遊	놀 유	4
英	꽃부리 영	6	郵	우편 우	4Ⅱ	儒	선비 유	4
永	길 영:	6	運	옮길 운:	6	育	기를 육	7
榮	영화 영	4Ⅱ	雲	구름 운	5	肉	고기 육	4Ⅱ

漢字	훈·음	급수	漢字	훈·음	급수	漢字	훈·음	급수
銀	은 은	6	入	들 입	7	低	낮을 저:	4Ⅱ
恩	은혜 은	4Ⅱ	自	스스로 자	7	底	밑 저:	4
隱	숨을 은	4	子	아들 자	7	的	과녁 적	5
音	소리 음	6	字	글자 자	7	赤	붉을 적	5
飮	마실 음(:)	6	者	놈 자	6	敵	대적할 적	4Ⅱ
陰	그늘 음	4Ⅱ	姿	모양 자:	4	適	맞을 적	4
邑	고을 읍	7	姉	손윗누이 자	4	籍	문서 적	4
應	응할 응:	4Ⅱ	資	재물 자	4	賊	도둑 적	4
意	뜻 의:	6	昨	어제 작	6	績	길쌈 적	4
醫	의원 의	6	作	지을 작	6	積	쌓을 적	4
衣	옷 의	6	殘	남을 잔	4	電	번개 전:	7
義	옳을 의:	4Ⅱ	雜	섞일 잡	4	全	온전 전	7
議	의논할 의(:)	4Ⅱ	長	긴 장(:)	8	前	앞 전	7
依	의지할 의	4	場	마당 장	7	戰	싸움 전:	6
疑	의심할 의	4	章	글 장	6	典	법 전	5
儀	거동 의	4	將	장수 장(:)	4Ⅱ	傳	전할 전	5
二	두 이:	8	障	막을 장	4Ⅱ	展	펼 전	5
以	써 이:	5	壯	장할 장:	4	田	밭 전	4Ⅱ
耳	귀 이:	5	腸	창자 장	4	專	오로지 전	4
移	옮길 이	4Ⅱ	裝	꾸밀 장	4	轉	구를 전	4
異	다를 이:	4	奬	장려할 장(:)	4	錢	돈 전:	4
益	더할 익	4Ⅱ	帳	장막 장	4	節	마디 절	5
人	사람 인	8	張	베풀 장	4	切	끊을 절, 온통 체	5
因	인할 인	5	才	재주 재	6	絶	끊을 절	4Ⅱ
認	알 인	4Ⅱ	在	있을 재:	6	折	꺾을 절	4
印	도장 인	4Ⅱ	財	재물 재	5	店	가게 점:	5
引	끌 인	4Ⅱ	材	재목 재	5	點	점 점(:)	4
仁	어질 인	4	災	재앙 재	5	占	점령할 점:, 점칠 점	4
一	한 일	8	再	두 재:	5	接	이을 접	4Ⅱ
日	날 일	8	爭	다툴 쟁	5	正	바를 정(:)	7
任	맡길 임(:)	5	貯	쌓을 저:	5	庭	뜰 정	6

漢字	훈·음	급수	漢字	훈·음	급수	漢字	훈·음	급수
定	정할 정:	6	足	발 족	7	地	땅 지	7
情	뜻 정	5	族	겨레 족	6	知	알 지	5
停	머무를 정	5	尊	높을 존	4Ⅱ	止	그칠 지	5
精	정할 정	4Ⅱ	存	있을 존	4	至	이를 지	4Ⅱ
程	한도·길 정	4Ⅱ	卒	마칠 졸	5	志	뜻 지	4Ⅱ
政	정사 정	4Ⅱ	種	씨 종(:)	5	支	지탱할 지	4Ⅱ
丁	고무래·장정 정	4	終	마칠 종	5	指	가리킬 지	4Ⅱ
整	가지런할 정:	4	宗	마루 종	4Ⅱ	誌	기록할 지	4
靜	고요할 정	4	從	좇을 종(:)	4	持	가질 지	4
弟	아우 제:	8	鍾	쇠북 종	4	智	슬기·지혜 지	4
第	차례 제:	6	左	왼 좌:	7	直	곧을 직	7
題	제목 제	6	座	자리 좌:	4	職	직분 직	4Ⅱ
祭	제사 제:	4Ⅱ	罪	허물 죄:	5	織	짤 직	4
濟	건널 제:	4Ⅱ	主	임금·주인 주	7	進	나아갈 진:	4Ⅱ
製	지을 제:	4Ⅱ	住	살 주:	7	眞	참 진	4Ⅱ
際	즈음·가 제:	4Ⅱ	注	부을 주:	6	盡	다할 진:	4
制	절제할 제:	4Ⅱ	晝	낮 주	6	珍	보배 진	4
提	끌 제	4Ⅱ	週	주일 주	5	陣	진칠 진	4
除	덜 제	4Ⅱ	州	고을 주	5	質	바탕 질	5
帝	임금 제:	4	走	달릴 주	4Ⅱ	集	모을 집	6
祖	할아비 조	7	周	두루 주	4	次	버금 차	4Ⅱ
朝	아침 조	6	朱	붉을 주	4	差	다를 차	4
調	고를 조	5	酒	술 주(:)	4	着	붙을 착	5
操	잡을 조(:)	5	竹	대 죽	4Ⅱ	讚	기릴 찬:	4
助	도울 조:	4Ⅱ	準	준할 준:	4Ⅱ	察	살필 찰	4Ⅱ
鳥	새 조	4Ⅱ	中	가운데 중	8	參	참여할 참, 석 삼	5
造	지을 조:	4Ⅱ	重	무거울 중:	7	窓	창 창	6
早	이를 조:	4Ⅱ	衆	무리 중:	4Ⅱ	唱	부를 창:	5
條	가지 조	4	增	더할 증	4Ⅱ	創	비롯할 창:	4Ⅱ
組	짤 조	4	證	증거 증	4	採	캘 채:	4
潮	조수·밀물 조	4	紙	종이 지	7	責	꾸짖을 책	5

漢字	훈·음	급수	漢字	훈·음	급수	漢字	훈·음	급수
冊	책 책	4	忠	충성 충	4Ⅱ	討	칠 토(:)	4
處	곳 처:	4Ⅱ	取	가질 취:	4Ⅱ	通	통할 통	6
川	내 천	7	趣	뜻 취:	4	統	거느릴 통:	4Ⅱ
千	일천 천	7	就	나아갈 취:	4	痛	아플 통:	4
天	하늘 천	7	測	헤아릴 측	4Ⅱ	退	물러날 퇴:	4Ⅱ
泉	샘 천	4	層	층 층	4	鬪	싸움 투	4
鐵	쇠 철	5	致	이를 치:	5	投	던질 투	4
靑	푸를 청	8	置	둘 치:	4Ⅱ	特	특별할 특	6
淸	맑을 청	6	齒	이 치	4Ⅱ	波	물결 파	4Ⅱ
請	청할 청	4Ⅱ	治	다스릴 치	4Ⅱ	破	깨뜨릴 파:	4Ⅱ
廳	관청 청	4	則	법칙 칙, 곧 즉	5	派	갈래 파	4
聽	들을 청	4	親	친할 친	6	板	널 판	5
體	몸 체	6	七	일곱 칠	8	判	판단할 판	4
草	풀 초	7	侵	침노할 침	4Ⅱ	八	여덟 팔	8
初	처음 초	5	寢	잘 침:	4	敗	패할 패:	5
招	부를 초	4	針	바늘 침(:)	4	便	편할 편(:), 똥오줌 변	7
寸	마디 촌:	8	稱	일컬을 칭	4	篇	책 편	4
村	마을 촌:	7	快	쾌할 쾌	4Ⅱ	平	평평할 평	7
銃	총 총	4Ⅱ	打	칠 타:	5	評	평할 평:	4
總	다 총:	4Ⅱ	他	다를 타	5	閉	닫을 폐:	4
最	가장 최:	5	卓	높을 탁	5	砲	대포 포:	4Ⅱ
秋	가을 추	7	炭	숯 탄:	5	包	쌀 포(:)	4Ⅱ
推	밀 추	4	彈	탄알 탄:	4	布	베·펼 포(:), 보시 보:	4Ⅱ
祝	빌 축	5	歎	탄식할 탄:	4	胞	세포 포(:)	4
築	쌓을 축	4Ⅱ	脫	벗을 탈	4	暴	사나울 폭, 모질 포:	4Ⅱ
蓄	모을 축	4Ⅱ	探	찾을 탐	4	爆	불터질 폭	4
縮	줄일 축	4	太	클 태	6	表	겉 표	6
春	봄 춘	7	態	모습 태:	4Ⅱ	票	표 표	4Ⅱ
出	날 출	7	宅	집 택·댁	5	標	표할 표	4
充	채울 충	5	擇	가릴 택	4	品	물건 품:	5
蟲	벌레 충	4Ⅱ	土	흙 토	8	風	바람 풍	6

漢字	훈·음	급수	漢字	훈·음	급수	漢字	훈·음	급수
豐	풍년 풍	4Ⅱ	驗	시험 험:	4Ⅱ	患	근심 환:	5
疲	피곤할 피	4	險	험할 험:	4	環	고리 환(:)	4
避	피할 피:	4	革	가죽 혁	4	歡	기쁠 환	4
必	반드시 필	5	現	나타날 현	6	活	살 활	7
筆	붓 필	5	賢	어질 현	4Ⅱ	黃	누를 황	6
下	아래 하:	7	顯	나타날 현	4	況	상황 황	4
夏	여름 하:	7	血	피 혈	4Ⅱ	會	모일 회	6
河	물 하	5	協	화할 협	4Ⅱ	回	돌아올 회	4Ⅱ
學	배울 학	8	兄	형 형	8	灰	재 회	4
韓	한국·나라 한(:)	8	形	모양 형	6	孝	효도 효	7
漢	한수·한나라 한:	7	刑	형벌 형	4	效	본받을 효	5
寒	찰 한	5	惠	은혜 혜:	4Ⅱ	後	뒤 후:	7
限	한할 한:	4Ⅱ	號	이름 호(:)	6	候	기후 후:	4
閑	한가할 한	4	湖	호수 호	5	厚	두터울 후:	4
恨	한 한:	4	呼	부를 호	4Ⅱ	訓	가르칠 훈:	6
合	합할 합	6	護	도울 호:	4Ⅱ	揮	휘두를 휘	4
港	항구 항:	4Ⅱ	戶	집 호:	4Ⅱ	休	쉴 휴	7
航	배 항:	4Ⅱ	好	좋을 호:	4Ⅱ	凶	흉할 흉	5
抗	겨룰 항:	4	或	혹 혹	4	黑	검을 흑	5
海	바다 해:	7	混	섞을 혼:	4	吸	마실 흡	4Ⅱ
害	해할 해:	5	婚	혼인할 혼	4	興	일 흥(:)	4Ⅱ
解	풀 해:	4Ⅱ	紅	붉을 홍	4	希	바랄 희	4Ⅱ
核	씨 핵	4	火	불 화(:)	8	喜	기쁠 희	4
幸	다행 행:	6	話	말씀 화	7			
行	다닐 행(:), 항렬 항	6	花	꽃 화	7			
向	향할 향:	6	和	화할 화	6			
香	향기 향	4Ⅱ	畫	그림 화:, 그을 획	6			
鄕	시골 향	4Ⅱ	化	될 화(:)	5			
許	허락할 허	5	貨	재물 화:	4Ⅱ			
虛	빌 허	4Ⅱ	華	빛날 화	4			
憲	법 헌:	4	確	굳을 확	4Ⅱ			

쓰기 배정 I 한자 익히기

8급~5급

하늘 천~ 따악지!

- 8급~5급 배정 한자 500자 정리
- 시험에 자주 나오는 한자 성어
- 모범 답안

'학교 생활'과 관계 있는 한자어

한자의 훈과 음을 생각하며, 순서에 따라 써 보세요.

同 부수: 口 / 총 6획 / 한가지 **동**
丨 冂 冂 同 同 同
同名(동명) 合同(합동)

窓 부수: 穴 / 총 11획 / 창 **창**
丶 丷 宀 宂 宊 宊 宎 窓 窓 窓 窓
同窓(동창) 窓門(창문)

登 부수: 癶 / 총 12획 / 오를 **등**
フ 癶 癶 癶 癶 癶 癶 登 登 登 登 登
登校(등교) 登山(등산)

校 부수: 木 / 총 10획 / 학교 **교**
一 十 才 木 木 杧 栌 栌 栌 校
校長(교장) 學校(학교)

課 부수: 言 / 총 15획 / 공부할·과정 **과**
丶 亠 亠 亠 言 言 言 訁 訁 訶 訶 評 課 課 課
課題(과제) 課長(과장)

題 부수: 頁 / 총 18획 / 제목 **제**
丨 冂 日 日 旦 早 昇 昇 是 是 是 題 題 題 題 題 題 題
題目(제목) 宿題(숙제)

班 부수: 玉 / 총 10획 / 나눌 **반**
一 二 Ŧ 王 刲 玨 珒 班 班 班
班長(반장) 合班(합반)

長 부수: 長 / 총 8획 / 긴 **장**
一 丆 F F 토 長 長 長
長男(장남) 成長(성장)

黑 부수: 黑 / 총 12획 / 검을 **흑**
丨 冂 冂 凹 四 囲 里 黒 黒 黒 黑 黑
黑板(흑판) 黑白(흑백)

板 부수: 木 / 총 8획 / 널 **판**
一 十 才 木 木 杧 板 板
板本(판본) 氷板(빙판)

18 한자능력검정시험 | 4급

쓰기 배정 한자 익히기

011 給
- 부수: 糸
- 총 12획
- 줄 **급**
- 필순: ノ 幺 幺 幺 糸 糸 紀 紀 給 給 給
- 給食(급식) 月給(월급)

012 食
- 부수: 食
- 총 9획
- 밥·먹을 **식**
- 필순: ノ 人 人 今 今 今 食 食 食
- 食堂(식당) 飮食(음식)

013 落
- 부수: 艸
- 총 13획
- 떨어질 **락**
- 落選(낙선) 下落(하락)

014 第
- 부수: 竹
- 총 11획
- 차례 **제**
- 第一(제일) 落第(낙제)

015 朗
- 부수: 月
- 총 11획
- 밝을 **랑**
- 朗讀(낭독) 明朗(명랑)

016 讀
- 부수: 言
- 총 22획
- 읽을 **독**, 구절 **두**
- 讀書(독서) 速讀(속독)

한자익히기

다음 밑줄 친 낱말에 알맞은 漢字를 쓰시오.

- 연주와 나는 초등 학교 **동창**(☐☐)이다.
- 우리 학교의 **등교**(☐☐) 시간은 아침 7시 30분이다.
- 다음 주가 개학이건만 아직도 방학 **과제**(☐☐)들이 산더미처럼 쌓여 있다.
- 재원이는 **반장**(☐☐) 선거에 출마했지만 두 표 차로 떨어졌다.
- 요즘은 **흑판**(☐☐) 대신에 분필가루가 날리지 않는 화이트보드를 많이 쓴다.
- 오늘 **급식**(☐☐) 메뉴로 내가 제일 좋아하는 닭찜이 나왔다.
- 이번 과거 시험에도 **낙제**(☐☐)한다면, 도대체 무슨 면목으로 집에 들어갈꼬.
- 윤미는 한용운 선생님의 '님의 침묵'을 **낭독**(☐☐)하기 시작했다.

'학교 생활'과 관계 있는 한자어 / '교과 용어'와 관계 있는 한자어

한자의 훈과 음을 생각하며, 순서에 따라 써 보세요.

訓	부수: 言 총 10획 가르칠 **훈**	丶 亠 亍 言 言 言 訓 訓 訓	訓話(훈화) 教訓(교훈)
話	부수: 言 총 13획 말씀 **화**	丶 亠 亍 言 言 言 訁 訐 訐 話 話	話題(화제) 電話(전화)
相	부수: 目 총 9획 서로 **상**	一 十 才 木 朾 相 相 相 相	相反(상반) 位相(위상)
談	부수: 言 총 15획 말씀 **담**	丶 亠 亍 言 言 言 訁 訐 談 談 談 談	談話(담화) 相談(상담)
曲	부수: 曰 총 6획 굽을 **곡**	丨 冂 曰 由 曲 曲	曲線(곡선) 樂曲(악곡)
線	부수: 糸 총 15획 줄 **선**	幺 幺 幺 糸 糸 糸 紵 約 絠 絠 綟 線	線路(선로) 直線(직선)
角	부수: 角 총 7획 뿔 **각**	丿 勹 勹 角 角 角 角	頭角(두각) 直角(직각)
度	부수: 广 총 9획 법도 **도**, 헤아릴 **탁**	丶 亠 广 庀 庂 庎 庨 度 度	角度(각도) 速度(속도)
計	부수: 言 총 9획 셀 **계**	丶 亠 亍 言 言 言 計 計	計算(계산) 時計(시계)
算	부수: 竹 총 14획 셈 **산**	⺮ ⺮ ⺮ 竹 竺 笩 符 笞 笠 笪 笪 算 算	算數(산수) 淸算(청산)

027 記	부수: 言 총 10획 기록할 기	` 亠 亖 言 言 言 訁 訁 記 記	記念(기념) 記者(기자)
028 號	부수: 虍 총 13획 이름 호	` 口 号 号 号 号 号 号 号 号 號 號 號	記號(기호) 番號(번호)
029 公	부수: 八 총 4획 공평할 공	ノ 八 公 公	公共(공공) 公害(공해)
030 式	부수: 弋 총 6획 법 식	一 二 三 王 式 式	式順(식순) 公式(공식)
031 原	부수: 厂 총 10획 언덕 원	一 厂 厂 厂 厂 原 原 原 原 原	原理(원리) 雪原(설원)
032 因	부수: 口 총 6획 인할 인	丨 冂 冂 団 困 因	因果(인과) 原因(원인)

다음 밑줄 친 낱말에 알맞은 漢字를 쓰시오.

- 우리는 월요일마다 교장 선생님의 **훈화**( )를 듣는다.
- 은비는 교우 문제로 선생님께 **상담**( )을 신청했다.
- 선은 직선과 **곡선**( ) 두 가지로 나눌 수 있다.
- 정삼각형은 세 각의 **각도**( )가 서로 같다.
- 우리 반에서 나보다 **계산**( )을 빨리 하는 사람은 없다.
- 우리 조상들은 양은 '―', 음은 '--' **기호**( )로 나타내었다.
- 깨비는 수학 **공식**( )을 외우지 않고 필요할 때마다 만들어서 사용했다.
- 결과보다도 그러한 결과가 나타난 **원인**( )을 이해해야 한다.

'교과 용어'와 관계 있는 한자어 / '교과 제목'과 관계 있는 한자어

한자의 훈과 음을 생각하며, 순서에 따라 써 보세요.

033 結 부수: 糸, 총 12획, 맺을 **결** — 結末(결말) 完結(완결)

034 果 부수: 木, 총 8획, 실과 **과** — 果樹(과수) 結果(결과)

035 部 부수: 邑, 총 11획, 떼 **부** — 部分(부분) 南部(남부)

036 首 부수: 首, 총 9획, 머리 **수** — 首相(수상) 部首(부수)

037 初 부수: 刀, 총 7획, 처음 **초** — 初期(초기) 始初(시초)

038 章 부수: 立, 총 11획, 글 **장** — 文章(문장) 初章(초장)

039 傳 부수: 人, 총 13획, 전할 **전** — 傳說(전설) 口傳(구전)

040 說 부수: 言, 총 14획, 말씀 **설** — 說明(설명) 學說(학설)

041 敎 부수: 攴, 총 11획, 가르칠 **교** — 敎訓(교훈) 說敎(설교)

042 科 부수: 禾, 총 9획, 과목 **과** — 科學(과학) 敎科(교과)

쓰기 배정 한자 익히기

| 043 | 數 | 부수: 攵
총 15획
셈 **수** | ノ 口 日 月 昌 吊 吊 婁 婁 婁 數 數 數 數 | 數學(수학) 年數(연수) |

| 044 | 學 | 부수: 子
총 16획
배울 **학** | ` ′ F F F F F F F F 段 段 段 與 與 學 學 | 學校(학교) 學生(학생) |

| 045 | 社 | 부수: 示
총 8획
모일 **사** | ー 二 テ テ 示 示 社 社 | 社會(사회) 入社(입사) |

| 046 | 會 | 부수: 曰
총 13획
모일 **회** | ノ 人 스 스 슥 슌 命 슝 슝 슝 會 會 會 | 會見(회견) 面會(면회) |

| 047 | 道 | 부수: 辶
총 13획
길 **도** | ` ´ ´ ´ 丷 首 首 首 首 首 道 道 道 | 道路(도로) 孝道(효도) |

| 048 | 德 | 부수: 彳
총 15획
큰 **덕** | ′ ㇒ 彳 彳 彳 彳 徎 徎 德 德 德 德 德 德 | 德談(덕담) 道德(도덕) |

한자익히기

다음 밑줄 친 낱말에 알맞은 漢字를 쓰시오.

- **결과**(☐☐)가 좋다고 과정까지 합리화되는 것은 아니다.
- 한자를 찾을 때 **부수**(☐☐)를 알면 편리하다.
- 시조는 **초장**(☐☐)·중장·종장의 세 장으로 구성되어 있다.
- 인간이 되고 싶었던 구미호의 **전설**(☐☐)을 듣노라면 어느 새 눈물을 흘리게 된다.
- 행성에 관심이 많은 은영이는 과학 **교과**(☐☐)에 더욱 흥미를 갖게 되었다.
- **수학**(☐☐)을 열심히 공부하면 논리적인 사고력이 발달한다.
- 흔히 인간을 **사회**(☐☐)적 동물이라고 한다.
- 최소한의 **도덕**(☐☐)도 갖추지 못했다면 어찌 사람이라 할 수 있겠느냐.

'예술'과 관계 있는 한자어 / '반대(상대)자'로 짜여진 한자어

한자의 훈과 음을 생각하며, 순서에 따라 써 보세요.

049 漢 — 부수: 水, 총 14획, 한수·한나라 **한** — 漢文(한문) 惡漢(악한)

050 文 — 부수: 文, 총 4획, 글월 **문** — 文學(문학) 作文(작문)

051 觀 — 부수: 見, 총 25획, 볼 **관** — 觀光(관광) 主觀(주관)

052 客 — 부수: 宀, 총 9획, 손 **객** — 客室(객실) 主客(주객)

053 畫 — 부수: 田, 총 12획, 그림 **화**, 그을 **획** — 畫家(화가) 油畫(유화)

054 具 — 부수: 八, 총 8획, 갖출 **구** — 具色(구색) 畫具(화구)

055 才 — 부수: 手, 총 3획, 재주 **재** — 才能(재능) 天才(천재)

056 能 — 부수: 肉, 총 10획, 능할 **능** — 能力(능력) 本能(본능)

057 歌 — 부수: 欠, 총 14획, 노래 **가** — 歌手(가수) 國歌(국가)

058 唱 — 부수: 口, 총 11획, 부를 **창** — 合唱(합창) 歌唱(가창)

24 한자능력검정시험 | 4급

쓰기 배정 한자 익히기

059 展 부수: 尸, 총 10획, 펼 **전**
一 ㄱ 尸 尸 屏 屈 屈 展 展
展開(전개) 發展(발전)

060 示 부수: 示, 총 5획, 보일 **시**
一 二 于 亍 示
明示(명시) 展示(전시)

061 強 부수: 弓, 총 11획, 강할 **강**
強力(강력) 最強(최강)

062 弱 부수: 弓, 총 10획, 약할 **약**
心弱(심약) 強弱(강약)

063 輕 부수: 車, 총 14획, 가벼울 **경**
輕重(경중) 輕量(경량)

064 重 부수: 里, 총 9획, 무거울 **중**
重大(중대) 加重(가중)

다음 밑줄 친 낱말에 알맞은 漢字를 쓰시오.

- 전통 문화를 이해하고 계승하는 데는 **한문**(　　) 공부가 많은 도움이 된다.
- 연극 '무궁화'는 **관객**(　　)들에게 뜨거운 찬사를 받았다.
- 그는 가난하여 **화구**(　　)마저 변변치 않았지만 결코 그림을 포기하지 않았다.
- 나는 이제껏 그림에 **재능**(　　)이 없다는 탓만 했지 정작 노력은 하려 들지 않았다.
- 가수는 춤이 아니라 **가창**(　　)으로 승부해야 한다.
- 국립 박물관에서는 국보급 문화재를 **전시**(　　)하고 있다.
- 거문고를 연주할 때에는 **강약**(　　)을 잘 조절해야 한다.
- 해야 할 일이 여러 가지일 때에는, 일의 **경중**(　　)을 따져서 해야 한다.

1_ 다음 漢字語에 알맞은 讀音을 연결하세요.

(1) 登校 •　　　　　　• ㉠ 낭독
(2) 給食 •　　　　　　• ㉡ 등교
(3) 朗讀 •　　　　　　• ㉢ 급식
(4) 角度 •　　　　　　• ㉣ 각도

2_ 다음 문장에서 밑줄 친 漢字語의 讀音을 쓰세요.

(1) 나와 찬호는 초등 학교 **同窓**(　　)이다.
(2) 연극 '무궁화'는 **觀客**(　　)들에게 뜨거운 찬사를 받았다.
(3) 수학 **公式**(　　)은 암기하는 것이 아니라 이해하는 것이다.
(4) 이번 과거 시험에도 **落第**(　　)한다면, 도대체 무슨 면목으로 집에 돌아갈꼬.

3_ 다음 ☐ 안에 알맞은 漢字의 訓을 쓰세요.

(1) 黑板 (　　흑, 　판)　　(2) 敎科 (　　교, 　　과)
(3) 畵具 (　　화, 　　구)　　(4) 課題 (　　과, 　　제)

4_ 다음 문장의 밑줄 친 낱말의 뜻에 알맞은 漢字를 〈例〉에서 찾아 그 기호를 쓰세요.

〈例〉　㉠ 唱　㉡ 會　㉢ 重　㉣ 相

(1) 박물관 앞에 학생들이 모두 **모였다**. (　　)
(2) 그녀는 신이 나서 마이크를 흔들며 노래를 **불렀다**. (　　)
(3) 두 사람은 **서로**의 얼굴을 물끄러미 바라보고 있었다. (　　)
(4) 그 가방 안에는 **무거운** 돌덩어리만 잔뜩 들어 있었다. (　　)

5_ 다음 괄호 속에 들어갈 漢字를 〈例〉에서 찾아 그 기호를 쓰세요.

〈例〉 ㉠ 結   ㉡ 首   ㉢ 道   ㉣ 班

(1) 자전을 찾을 때 部(   )를 알면 편리하다.
(2) 車(   )에는 불법 주차한 차량들이 즐비했다.
(3) 은비는 열심히 공부한 (   )果로 좋은 점수를 받았다.
(4) 영훈이는 전교 학습 (   )長 회의에 반을 대표하여 참석했다.

6_ 다음 낱말의 뜻에 알맞은 漢字語를 〈例〉에서 골라 그 기호를 쓰세요.

〈例〉 ㉠ 曲線   ㉡ 原因   ㉢ 展示   ㉣ 強弱

(1) 강함과 약함. (   )
(2) 부드럽게 구부러진 선. (   )
(3) 여러 물건을 한 곳에 놓고 보여 줌. (   )
(4) 어떤 사물이나 상태가 변화하거나 일어나게 한 근본. (   )

7_ 다음 괄호 속에 들어갈 漢字를 〈例〉에서 찾아 漢字語를 만드세요.

〈例〉 ㉠ 長   ㉡ 輕   ㉢ 歌   ㉣ 文   ㉤ 學   ㉥ 能

(1) 教(   )相長   (2) 多才多(   )
(3) 人(   )科學   (4) 不老(   )生

8_ 다음 문장의 밑줄 친 漢字語를 漢字로 쓰세요.

(1) 오늘따라 교장 선생님의 **훈화**(☐☐)는 매우 짧았다.
(2) 우리 반에서 나보다 **계산**(☐☐)을 빨리 하는 사람은 없다.
(3) 시조는 **초장**(☐☐)·중장·종장의 세 장으로 구성되어 있다.
(4) 그가 혼자서 불량배 일곱을 상대한 이야기는 우리 학교의 **전설**(☐☐)이 되었다.

'반대(상대)자'로 짜여진 한자어

한자의 훈과 음을 생각하며, 순서에 따라 써 보세요.

065 苦 — 부수: 艹, 총 9획, 쓸 고 — ⼀ ⼗ ⼟ 艹 艹 苎 苦 苦 — 苦樂(고락) 産苦(산고)

066 樂 — 부수: 木, 총 15획, 즐길 락, 노래 악 — 樂園(낙원) 音樂(음악)

067 吉 — 부수: 口, 총 6획, 길할 길 — 一 十 士 吉 吉 吉 — 吉運(길운) 吉日(길일)

068 凶 — 부수: 凵, 총 4획, 흉할 흉 — ノ ㄨ 凶 凶 — 凶年(흉년) 吉凶(길흉)

069 男 — 부수: 田, 총 7획, 사내 남 — 丨 冂 冂 田 田 男 男 — 男子(남자) 長男(장남)

070 女 — 부수: 女, 총 3획, 계집 녀 — ㄑ ㄑ 女 — 女人(여인) 母女(모녀)

071 東 — 부수: 木, 총 8획, 동녘 동 — 一 丆 冂 冃 車 東 東 — 東洋(동양) 海東(해동)

072 西 — 부수: 襾, 총 6획, 서녘 서 — 一 丆 冂 丙 西 西 — 西部(서부) 東西(동서)

073 始 — 부수: 女, 총 8획, 비로소 시 — ㄑ ㄑ 女 女 ㄣ 妒 始 始 — 始初(시초) 開始(개시)

074 終 — 부수: 糸, 총 11획, 마칠 종 — 終末(종말) 始終(시종)

28 한자능력검정시험 | 4급

쓰기 배정 한자 익히기

| 075 遠 | 부수: 辶
총 14획
멀 **원** | 一 十 土 耂 书 吉 声 声 幸 袁 袁 遠 遠 遠 | 遠近(원근) 永遠(영원) |

| 076 近 | 부수: 辶
총 8획
가까울 **근** | ' 厂 厂 斤 沂 沂 沂 近 | 近方(근방) 最近(최근) |

| 077 左 | 부수: 工
총 5획
왼 **좌** | 一 ナ 𠂇 左 左 | 左右(좌우) 左向(좌향) |

| 078 右 | 부수: 口
총 5획
오른 **우** | ノ ナ 𠂇 右 右 | 右相(우상) 右記(우기) |

| 079 春 | 부수: 日
총 9획
봄 **춘** | 一 二 三 𡗗 夫 表 春 春 春 | 春秋(춘추) 靑春(청춘) |

| 080 秋 | 부수: 禾
총 9획
가을 **추** | ' 二 千 禾 禾 禾 秒 秋 秋 | 秋色(추색) 立秋(입추) |

한자익히기

다음 밑줄 친 낱말에 알맞은 漢字를 쓰시오.

- 저 늙어빠진 당나귀는 반평생 **고락**( )을 함께 해 온 나의 둘도 없는 친구라네.
- 까마귀가 세 번 울고 지나가자, 김유신은 **길흉**( )을 점치기 시작했다.
- 전국 백일장에 **남녀**( ) 학생들이 구름처럼 모여들었다.
- 전라도와 경상도를 잇는 **동서**( ) 횡단 도로가 개통되었다.
- 그 사건은 **시종**( ) 모든 학생들의 관심을 끌었다.
- 미술 시간에 **원근**( )법에 대해서 배웠다.
- 종미는 두리번거리며 **좌우**( )를 살펴보았다.
- 할아버지께서는 **춘추**( )가 어떻게 되시는지요.

'자연'과 관계 있는 한자어 / '여행'과 관계 있는 한자어

한자의 훈과 음을 생각하며, 순서에 따라 써 보세요.

081 江 — 부수: 水, 총 6획, 강 **강** — 丶 冫 氵 汀 江 江 — 江山(강산) 漢江(한강)

082 湖 — 부수: 水, 총 12획, 호수 **호** — 丶 冫 氵 汁 沽 沽 沽 湖 湖 湖 湖 — 湖水(호수) 江湖(강호)

083 林 — 부수: 木, 총 8획, 수풀 **림** — 一 十 十 木 木 杧 材 林 — 林野(임야) 山林(산림)

084 野 — 부수: 里, 총 11획, 들 **야** — 丨 冂 日 日 旦 甲 里 野 野 野 野 — 野球(야구) 在野(재야)

085 河 — 부수: 水, 총 8획, 물 **하** — 丶 冫 氵 汀 汀 沪 河 河 — 河口(하구) 江河(강하)

086 川 — 부수: 川, 총 3획, 내 **천** — 丿 丿丨 川 — 河川(하천) 山川(산천)

087 雲 — 부수: 雨, 총 12획, 구름 **운** — 一 厂 冖 币 币 雨 雨 雩 雲 雲 雲 — 雲集(운집) 白雲(백운)

088 海 — 부수: 水, 총 10획, 바다 **해** — 丶 冫 氵 汽 汽 海 海 海 海 海 — 海面(해면) 雲海(운해)

089 氷 — 부수: 水, 총 5획, 얼음 **빙** — 丿 刁 氵 氷 氷 — 氷河(빙하) 結氷(결빙)

090 山 — 부수: 山, 총 3획, 메 **산** — 丨 山 山 — 山河(산하) 登山(등산)

| 091 方 | 부수: 方
총 4획
모 방 | ` 一 亍 方 | | | | | | | | | | 方位(방위) 地方(지방) |

| 092 向 | 부수: 口
총 6획
향할 향 | ` ′ 冂 向 向 向 | | | | | | | | | | 向後(향후) 方向(방향) |

| 093 景 | 부수: 日
총 12획
볕 경 | ` 冂 曰 旦 早 昱 昱 景 景 景 | | | | | | | | | | 景致(경치) 風景(풍경) |

| 094 致 | 부수: 至
총 10획
이를 치 | 一 丂 互 至 至 到 致 致 | | | | | | | | | | 致死(치사) 才致(재치) |

| 095 旅 | 부수: 方
총 10획
나그네 려 | ` ′ 亐 方 方' 方' 於 旅 旅 | | | | | | | | | | 旅行(여행) 旅費(여비) |

| 096 費 | 부수: 貝
총 12획
쓸 비 | ` 一 弓 弓 弗 弗 曹 費 費 費 費 | | | | | | | | | | 費用(비용) 消費(소비) |

다음 밑줄 친 낱말에 알맞은 漢字를 쓰시오.

- 깨비는 속세를 떠나 사슴, 기러기와 벗하며 **강호**( )에서 살기로 했다.
- 박 노인은 선조에게서 물려받은 **임야**( ) 10만 평을 학교 부지로 기부했다.
- 게릴라성 폭우로 **하천**( )이 범람하여 농민들이 큰 피해를 입었다.
- 비행기에서 내려다본 **운해**( )는 정말 장관이었다.
- 내가 아는 지식은 실로 **빙산**( )의 일각에 불과합니다.
- 그 날은 안개가 자욱하게 끼어서 **방향**( )을 알 수 없었다.
- 그들은 나지막한 언덕에 정자를 지어 놓고 **경치**( )를 맘껏 즐겼다.
- 먼 길을 갈 때에는 **여비**( )를 넉넉히 준비해야 한다.

'여행'과 관계 있는 한자어 / '지역'과 관계 있는 한자어

한자의 훈과 음을 생각하며, 순서에 따라 써 보세요.

097 見 — 부수: 見, 총 7획, 볼 견 | 丨 冂 冂 月 目 目 見 | 見聞(견문) 參見(참견)

098 聞 — 부수: 耳, 총 14획, 들을 문 | 丨 丨 丨 丨 丨 門 門 門 門 門 門 聞 聞 聞 | 新聞(신문) 所聞(소문)

099 葉 — 부수: 艹, 총 13획, 잎 엽 | 丶 丶 丿 丱 丱 丱 艹 世 世 葉 葉 葉 葉 | 葉書(엽서) 落葉(낙엽)

100 書 — 부수: 曰, 총 10획, 글 서 | 𠃍 𠃍 𠃌 𦘒 聿 書 書 書 書 書 | 書信(서신) 親書(친서)

101 半 — 부수: 十, 총 5획, 반 반 | 丶 丶 ⼧ 半 半 | 半島(반도) 半分(반분)

102 島 — 부수: 山, 총 10획, 섬 도 | 丿 丨 亻 ⼧ 白 白 鳥 島 島 島 | 島民(도민) 列島(열도)

103 韓 — 부수: 韋, 총 17획, 한국·나라 한 | 一 十 十 古 古 直 直 車 車 乾 乾 乾 乾 韓 韓 韓 韓 | 韓國(한국) 北韓(북한)

104 國 — 부수: 口, 총 11획, 나라 국 | 丨 冂 冂 囗 囗 圀 圀 國 國 國 國 | 國家(국가) 愛國(애국)

105 南 — 부수: 十, 총 9획, 남녘 남 | 一 十 十 冂 冇 冇 兩 南 南 | 南美(남미) 三南(삼남)

106 美 — 부수: 羊, 총 9획, 아름다울 미 | 丶 丶 ⼧ ⼧ ⺷ 羊 美 美 美 | 美國(미국) 在美(재미)

쓰기 배정 한자 익히기

107 北 — 부수: 匕, 총 5획, 북녘 **북**, 달아날 **배**
획순: 丨 ㄱ ㅓ 北 北
北方(북방) 對北(대북)

108 京 — 부수: 亠, 총 8획, 서울 **경**
획순: 丶 一 亠 宁 古 亨 亨 京
北京(북경) 上京(상경)

109 光 — 부수: 儿, 총 6획, 빛 **광**
획순: 丨 ㄱ ㅗ ㅛ ㅛ 光
光明(광명) 月光(월광)

110 州 — 부수: 巛, 총 6획, 고을 **주**
획순: 丶 丿 丬 丬 州 州
州郡(주군) 光州(광주)

111 關 — 부수: 門, 총 19획, 관계할 **관**
關節(관절) 通關(통관)

112 門 — 부수: 門, 총 8획, 문 **문**
획순: 丨 冂 冂 冂 冂 門 門 門
門前(문전) 大門(대문)

한자익히기

다음 밑줄 친 낱말에 알맞은 漢字를 쓰시오.

- **견문**(　　)을 넓히려면 여행을 많이 다녀야 한다.
- 한라산에 온 기념으로 **엽서**(　　)를 하나 사서 친구에게 부쳤다.
- **반도**(　　)는 대륙과 해양을 이어 주는 요충지이다.
- **한국**(　　)은 세계 10대 ○○국가의 하나로 성장했다.
- 축구와 삼바춤으로 유명한 브라질은 **남미**(　　) 대륙에 있다.
- 교통의 발달로, **북경**(　　)에서 점심을 먹고 서울에서 저녁을 먹을 수도 있게 되었다.
- 빛고을 **광주**(　　)에 5·18 희생자들을 위한 묘지가 조성되었다.
- 이 **관문**(　　)이 함락되면 도성이 위험해진다.

'지역'과 관계 있는 한자어 / '기후'와 관계 있는 한자어

한자의 훈과 음을 생각하며, 순서에 따라 써 보세요.

都	부수: 邑 총 12획 도읍 도	一 十 土 耂 耂 者 者 者 者' 者⻏ 都		都心(도심) 首都(수도)
市	부수: 巾 총 5획 저자 시	丶 亠 广 方 市		市場(시장) 都市(도시)

郡	부수: 邑 총 10획 고을 군	乛 コ ヨ 尹 尹 尹 君 君 君' 郡		郡民(군민) 郡內(군내)
內	부수: 入 총 4획 안 내	丨 冂 冂 內		內面(내면) 案內(안내)

小	부수: 小 총 3획 작을 소	亅 小 小		小兒(소아) 最小(최소)
邑	부수: 邑 총 7획 고을 읍	丶 丆 口 吕 吕 吕 邑		邑長(읍장) 小邑(소읍)

洞	부수: 水 총 9획 골 동	丶 氵 氵 氵 汩 洞 洞 洞 洞		洞口(동구) 空洞(공동)
里	부수: 里 총 7획 마을 리	丨 口 日 曰 甲 里		里長(이장) 海里(해리)

立	부수: 立 총 5획 설 립	丶 亠 立 立 立		立身(입신) 成立(성립)
冬	부수: 冫 총 5획 겨울 동	丿 ク 夂 冬 冬		冬服(동복) 三冬(삼동)

쓰기 배정 한자 익히기

| 123 大 | 부수: 大
총 3획
큰 **대** | 一 ナ 大 | 大家(대가) 偉大(위대) |

| 124 雪 | 부수: 雨
총 11획
눈 **설** | 一 厂 币 币 币 雩 雩 雪 雪 雪 雪 | 雪景(설경) 大雪(대설) |

| 125 淸 | 부수: 水
총 11획
맑을 **청** | 丶 丶 氵 氵 氵 泮 泮 淸 淸 淸 | 淸明(청명) 淸算(청산) |

| 126 明 | 부수: 日
총 8획
밝을 **명** | 丨 冂 冃 日 旫 明 明 明 | 明白(명백) 光明(광명) |

| 127 雨 | 부수: 雨
총 8획
비 **우** | 一 厂 冂 币 雨 雨 雨 雨 | 雨期(우기) 雨天(우천) |

| 128 天 | 부수: 大
총 4획
하늘 **천** | 一 二 干 天 | 天地(천지) 靑天(청천) |

다음 밑줄 친 낱말에 알맞은 漢字를 쓰시오.

- 별빛 대신 네온사인이 **도시**(☐☐)의 밤하늘을 수놓고 있었다.
- 이 탑은 **군내**(☐☐)에서 제일 오래 된 유물 중의 하나이다.
- 내가 태어난 곳은 대도시에서 30여 킬로미터 가량 떨어진 **소읍**(☐☐)이다.
- 이 길로 산을 세 개 돌아 들어가면 조그마한 **동리**(☐☐)가 하나 나온다.
- **입동**(☐☐)이 지나자, 날이 추워지기 시작했다.
- **대설**(☐☐) 다음 날에 교내 눈싸움 대회를 열기로 했다.
- 춘분과 곡우 사이에 **청명**(☐☐)이 있다.
- 손꼽아 기다리던 소풍이 **우천**(☐☐)으로 취소되었다.

풀면서 익히기

1_ 다음 漢字語에 알맞은 讀音을 연결하세요.
(1) 遠近 •　　　　　　• ㉠ 청명
(2) 河川 •　　　　　　• ㉡ 동리
(3) 淸明 •　　　　　　• ㉢ 하천
(4) 洞里 •　　　　　　• ㉣ 원근

2_ 다음 문장에서 밑줄 친 漢字語의 讀音을 쓰세요.
(1) 그 사건은 始終(　　) 모든 학생들의 관심을 끌었다.
(2) 비행기에서 내려다본 雲海(　　)는 참으로 장관이었다.
(3) 大雪(　　) 다음 날에 교내 눈싸움 대회를 열기로 했다.
(4) 별빛 대신 네온사인이 都市(　　)의 밤하늘을 수놓고 있다.

3_ 다음 □ 안에 알맞은 漢字의 訓을 쓰세요.
(1) 半島 (□ 반, □ 도)　　(2) 葉書 (□ 엽, □ 서)
(3) 見聞 (□ 견, □□ 문)　(4) 關門 (□□□ 관, □ 문)

4_ 다음 문장의 밑줄 친 낱말의 뜻에 알맞은 漢字를 〈例〉에서 찾아 그 기호를 쓰세요.

〈例〉　㉠ 苦　㉡ 向　㉢ 美　㉣ 凶

(1) 좋은 약은 입에 **쓴** 법이다. (　　　)
(2) 새 옷으로 단장한 언니는 정말 **아름다웠다**. (　　　)
(3) 마을에 **흉한** 일이 겹치자 민심이 흉흉해졌다. (　　　)
(4) 그 부족은 사냥감을 쫓아 남쪽을 **향해** 내려갔다. (　　　)

5_ 다음 괄호 속에 들어갈 漢字를 〈例〉에서 찾아 그 기호를 쓰세요.

〈例〉 ㉠ 西   ㉡ 致   ㉢ 野   ㉣ 湖

(1) 이번 산불은 수백 헥타르에 이르는 林(　　　)를 순식간에 잿더미로 만들었다.
(2) 우리 고장은 景(　　　)가 빼어나서 많은 사람들이 찾아온다.
(3) 2차 대전이 끝난 후 독일은 연합국에 의해 東(　　　) 양국으로 분리되었다.
(4) 이제 이 곳은 물고기 한 마리도 살 수 없는 죽음의 (　　　)水가 되고 말았다.

6_ 다음 낱말의 뜻에 알맞은 漢字語를 〈例〉에서 골라 그 기호를 쓰세요.

〈例〉 ㉠ 氷山   ㉡ 旅費   ㉢ 立冬   ㉣ 雨天

(1) 여행하는 데에 드는 돈. (　　　)
(2) 비 오는 날씨, 또는 비 오는 하늘. (　　　)
(3) 이십사절기의 하나로 겨울이 시작되는 때. (　　　)
(4) 빙하에서 떨어져 호수나 바다를 떠돌아다니는 얼음덩어리. (　　　)

7_ 다음 괄호 속에 들어갈 漢字를 〈例〉에서 찾아 漢字語를 만드세요.

〈例〉 ㉠ 市   ㉡ 葉   ㉢ 秋   ㉣ 樂   ㉤ 吉   ㉥ 韓

(1) 八月(　　　)夕   (2) 門前成(　　　)
(3) 生死苦(　　　)   (4) 大(　　　)民國

8_ 다음 문장의 밑줄 친 漢字語를 漢字로 쓰세요.

(1) 운전을 할 때에는 전후와 **좌우**(☐☐)를 잘 살펴보아야 한다.
(2) **북경**(☐☐) 요리를 대표하는 것은 뭐니뭐니해도 오리구이이다.
(3) 내가 태어난 곳은 대도시에서 30여 킬로미터 가량 떨어진 **소읍**(☐☐)이다.
(4) 영흥도는 인천 광역시 옹진군에 속하며, **군내**(☐☐)에서 두 번째로 큰 섬이다.

'기후'와 관계 있는 한자어 / '농·어업'과 관계 있는 한자어

한자의 훈과 음을 생각하며, 순서에 따라 써 보세요.

129	寒 부수: 宀 총 12획 찰 **한**	丶丶宀宀宀宇宙寒寒寒寒寒	寒冷(한랭) 惡寒(오한)
130	冷 부수: 冫 총 7획 찰 **랭**	丶冫冫人人冷冷	冷水(냉수) 溫冷(온랭)
131	農 부수: 辰 총 13획 농사 **농**	一口曰曲曲曲声声声声農農農	農村(농촌) 都農(도농)
132	夫 부수: 大 총 4획 지아비 **부**	一二丰夫	夫人(부인) 工夫(공부)
133	作 부수: 人 총 7획 지을 **작**	丿亻亻亻竹竹作作	作文(작문) 始作(시작)
134	物 부수: 牛 총 8획 물건 **물**	丿丿牛牛牜牜物物	物件(물건) 作物(작물)
135	地 부수: 土 총 6획 땅 **지**	一十土 圵地地	地面(지면) 農地(농지)
136	力 부수: 力 총 2획 힘 **력**	乛力	力道(역도) 地力(지력)
137	植 부수: 木 총 12획 심을 **식**	一十才木 村村村植植植植	植木(식목) 植物(식물)
138	樹 부수: 木 총 16획 나무 **수**	一十才木 村村村村植植植樹樹樹	樹林(수림) 植樹(식수)

38 한자능력검정시험 | 4급

쓰기 배정 한자 익히기

139 黃 부수: 黃 / 총 12획 / 누를 **황**
一 十 艹 丑 丑 昔 昔 昔 昔 苗 黃 黃
黃河(황하) 牛黃(우황)

140 土 부수: 土 / 총 3획 / 흙 **토**
一 十 土
土石(토석) 黃土(황토)

141 漁 부수: 水 / 총 14획 / 고기잡을 **어**
丶 丶 氵 氵 氵 浐 沽 沽 洛 渔 渔 漁 漁
漁夫(어부) 出漁(출어)

142 村 부수: 木 / 총 7획 / 마을 **촌**
一 十 才 木 村 村 村
村落(촌락) 漁村(어촌)

143 船 부수: 舟 / 총 11획 / 배 **선**
丿 丿 刀 月 月 舟 舟 舡 舡 船 船
船長(선장) 風船(풍선)

144 主 부수: 丶 / 총 5획 / 임금·주인 **주**
丶 亠 亠 キ 主
主人(주인) 船主(선주)

한자익히기

다음 밑줄 친 낱말에 알맞은 漢字를 쓰시오.

- 시베리아에서 몰려온 **한랭**(☐☐) 전선으로 인해 기온이 급격히 떨어질 전망이다.
- **농부**(☐☐)는 때를 맞추어 씨를 뿌려야 한다.
- 성장도 빠르고 수확량도 많은 우수한 **작물**(☐☐)이 개발되었다.
- 퇴비를 주지 않으면 **지력**(☐☐)이 떨어져서 땅이 황폐해진다.
- 식목일을 맞이하여 도심 주변의 야산에서 **식수**(☐☐) 행사가 열렸다.
- 폭우로 뒷산의 풀과 나무들이 뽑혀 **황토**(☐☐)가 그대로 드러났다.
- 한차례 폭우가 지나간 뒤 **어촌**(☐☐)에 다시 햇살이 비치기 시작했다.
- 찬호는 10여 년을 열심히 일한 끝에 드디어 **선주**(☐☐)가 될 수 있었다.

'어업'과 관계 있는 한자어 / '공업'과 관계 있는 한자어

한자의 훈과 음을 생각하며, 순서에 따라 써 보세요.

魚	부수: 魚 총 11획 고기·물고기 **어**	ノ ⺈ ⼎ ⺈ 刍 刍 角 魚 魚 魚 魚		魚族(어족) 人魚(인어)
類	부수: 頁 총 19획 무리 **류**	` ` ⺍ ⺌ 兴 类 类 粪 類 類 類 類 類 類 類		分類(분류) 魚類(어류)
生	부수: 生 총 5획 날 **생**	ノ ⺈ ⺊ 牛 生		生物(생물) 出生(출생)
鮮	부수: 魚 총 17획 고울 **선**	ノ ⺈ ⼎ ⺈ 刍 刍 角 魚 魚 魚 魚 鮮 鮮 鮮 鮮 鮮		鮮明(선명) 生鮮(생선)
水	부수: 水 총 4획 물 **수**	⺁ 刁 氵 水		水路(수로) 海水(해수)
溫	부수: 水 총 13획 따뜻할 **온**	` ` ⺀ 氵 汀 泗 泗 泗 泗 溫 溫 溫 溫		溫水(온수) 水溫(수온)
工	부수: 工 총 3획 장인 **공**	一 丅 工		工業(공업) 木工(목공)
場	부수: 土 총 12획 마당 **장**	一 十 土 圠 圹 坦 坦 坦 場 場 場 場		場所(장소) 工場(공장)
技	부수: 手 총 7획 재주 **기**	一 十 扌 扌 扌 技 技		技能(기능) 特技(특기)
術	부수: 行 총 11획 재주 **술**	ノ ⺁ 彳 彳 徉 徉 徘 徘 術 術 術		術數(술수) 技術(기술)

쓰기 배정 한자 익히기

155 石 / 부수: 石 / 총 5획 / 돌 석
一 ア 丆 石 石
石手(석수) 木石(목석)

156 炭 / 부수: 火 / 총 9획 / 숯 탄
炭化(탄화) 石炭(석탄)

157 發 / 부수: 癶 / 총 12획 / 필 발
發展(발전) 開發(개발)

158 電 / 부수: 雨 / 총 13획 / 번개 전
電力(전력) 發電(발전)

159 古 / 부수: 口 / 총 5획 / 예 고
一 十 古 古 古
古書(고서) 太古(태고)

160 鐵 / 부수: 金 / 총 21획 / 쇠 철
鐵道(철도) 古鐵(고철)

한자익히기

다음 밑줄 친 낱말에 알맞은 漢字를 쓰시오.

- 고래는 <u>**어류**</u>(☐☐)가 아니라 포유류이다.
- 오랜만에 찾은 항구에서는 <u>**생선**</u>(☐☐) 비린내가 물씬 풍겼다.
- 지금은 <u>**수온**</u>(☐☐)이 너무 낮아서 해수욕을 할 수 없는 시기이다.
- 조용했던 마을에 <u>**공장**</u>(☐☐)이 들어서면서 활기가 넘치기 시작했다.
- 독특한 <u>**기술**</u>(☐☐)을 지니고 있다면 세상을 살아가는 데 큰 어려움은 없다.
- <u>**석탄**</u>(☐☐)의 수요가 점차 줄자, 탄광 마을도 쇠퇴하기 시작했다.
- 늘어나는 전력 수급을 위해 새로운 <u>**발전**</u>(☐☐) 시설을 만들 예정이다.
- 우리 나라는 철이 모자라서 해마다 막대한 양의 <u>**고철**</u>(☐☐)을 수입하고 있다.

 '상업'과 관계 있는 한자어 / '금융업'과 관계 있는 한자어

한자의 훈과 음을 생각하며, 순서에 따라 써 보세요.

161 商 (부수: 口, 총 11획, 장사 상) — 商人(상인) 行商(행상)

162 業 (부수: 木, 총 13획, 업 업) — 業體(업체) 商業(상업)

163 賣 (부수: 貝, 총 15획, 팔 매) — 賣國(매국) 強賣(강매)

164 買 (부수: 貝, 총 12획, 살 매) — 買入(매입) 賣買(매매)

165 價 (부수: 人, 총 15획, 값 가) — 價格(가격) 代價(대가)

166 格 (부수: 木, 총 10획, 격식 격) — 格式(격식) 品格(품격)

167 休 (부수: 人, 총 6획, 쉴 휴) — 休養(휴양) 無休(무휴)

168 店 (부수: 广, 총 8획, 가게 점) — 賣店(매점) 書店(서점)

169 廣 (부수: 广, 총 15획, 넓을 광) — 廣場(광장) 廣大(광대)

170 告 (부수: 口, 총 7획, 고할 고) — 告白(고백) 廣告(광고)

쓰기 배정 한자 익히기

171 銀 | 부수: 金 / 총 14획 / 은 **은** | 丿 𠂎 ⺄ 乍 冬 冬 牟 金 釒 釒 鉬 鉬 銀 銀 | 銀行(은행) 水銀(수은)

172 行 | 부수: 行 / 총 6획 / 다닐 **행**, 항렬 **항** | 丿 ⼃ 彳 彳 行 行 | 行人(행인) 夜行(야행)

173 財 | 부수: 貝 / 총 10획 / 재물 **재** | 丨 𠂉 冂 冃 目 貝 貝 貯 財 財 | 財力(재력) 財界(재계)

174 産 | 부수: 生 / 총 11획 / 낳을 **산** | 丶 亠 亠 立 产 产 产 产 産 産 産 | 産苦(산고) 財産(재산)

175 貯 | 부수: 貝 / 총 12획 / 쌓을 **저** | 丨 𠂉 冂 冃 目 貝 貝 貯` 貯 貯 貯 貯 | 貯金(저금) 貯水(저수)

176 金 | 부수: 金 / 총 8획 / 쇠 **금** · 성 **김** | 丿 𠆢 亼 亼 全 全 余 金 | 金色(금색) 金氏(김씨)

한자익히기

다음 밑줄 친 낱말에 알맞은 漢字를 쓰시오.

- 우리 아버지는 **상업**(☐☐)에 종사하신다.
- 새벽 도매 시장에서는 값싸고 싱싱한 채소의 **매매**(☐☐)가 활발하다.
- 같은 물건이지만 상점마다 **가격**(☐☐)이 달랐다.
- 그 빵집은 일요일이면 **휴점**(☐☐)을 한다.
- 텔레비전에서 휴대 전화를 **광고**(☐☐)하고 있었다.
- 어머니께서는 월말이면 각종 세금을 내러 **은행**(☐☐)에 가신다.
- 그는 평생 모은 **재산**(☐☐)을 한 대학에 기부하였다.
- 부지런히 일해 번 돈을 은행에 **저금**(☐☐)하였다.

'금융업'과 관계 있는 한자어 / '경제·교통'과 관계 있는 한자어

한자의 훈과 음을 생각하며, 순서에 따라 써 보세요.

177 信 — 부수: 人, 총 9획, 믿을 신 — 信念(신념) 交信(교신)

信用 — 用 부수: 用, 총 5획, 쓸 용 — 用例(용례) 信用(신용)

179 去 — 부수: 厶, 총 5획, 갈 거 — 去來(거래) 過去(과거)

去來 — 來 부수: 人, 총 8획, 올 래 — 來年(내년) 傳來(전래)

181 勞 — 부수: 力, 총 12획, 일할 로 — 勞動(노동) 功勞(공로)

勞使 — 使 부수: 人, 총 8획, 하여금·부릴 사 — 使臣(사신) 勞使(노사)

183 赤 — 부수: 赤, 총 7획, 붉을 적 — 赤色(적색) 赤字(적자)

赤字 — 字 부수: 子, 총 6획, 글자 자 — 字典(자전) 文字(문자)

185 交 — 부수: 亠, 총 6획, 사귈 교 — 交通(교통) 親交(친교)

交流 — 流 부수: 水, 총 10획, 흐를 류 — 流速(유속) 交流(교류)

쓰기 배정 한자 익히기

187 開 | 부수: 門 | 총 12획 | 열 **개**
一 厂 F F F' 門 門 門 閂 閁 開 開
開國(개국) 展開(전개)

188 放 | 부수: 攵 | 총 8획 | 놓을 **방**
丶 亠 方 方 方' 放 放
放學(방학) 開放(개방)

189 對 | 부수: 寸 | 총 14획 | 대할 **대**
對話(대화) 對面(대면)

190 比 | 부수: 比 | 총 4획 | 견줄 **비**
一 ト 比 比
比重(비중) 對比(대비)

191 直 | 부수: 目 | 총 8획 | 곧을 **직**
一 十 卄 方 方 直 直 直
直行(직행) 曲直(곡직)

192 通 | 부수: 辶 | 총 11획 | 통할 **통**
通話(통화) 直通(직통)

다음 밑줄 친 낱말에 알맞은 漢字를 쓰시오. 〔한자익히기〕

- 누구도 **신용**(□□)이 없이는 사회 생활을 할 수 없다.
- 옛날에는 생필품의 **거래**(□□)가 물물 교환으로 이루어졌다.
- 이 회사는 **노사**(□□) 협조가 잘 이루어진다.
- 이번 달은 열심히 일을 했지만 **적자**(□□)가 나고 말았다.
- 요새는 예전에 비해 이웃간의 **교류**(□□)가 활발하지 않다.
- 이 식물원은 일년에 3달만 **개방**(□□)하고 있다.
- 같은 상황에서 두 사람의 행동은 매우 **대비**(□□)되어 보였다.
- 우리는 판문점에 있는 **직통**(□□) 전화로 북측에 회담을 제의하였다.

풀면서 익히기

1_ 다음 漢字語에 알맞은 讀音을 연결하세요.
(1) 休店 •   • ㉠ 저금
(2) 貯金 •   • ㉡ 광고
(3) 魚類 •   • ㉢ 휴점
(4) 廣告 •   • ㉣ 어류

2_ 다음 문장에서 밑줄 친 漢字語의 讀音을 쓰세요.
(1) 과학 技術(☐☐)의 발달로 우리의 생활은 더욱 편리해졌다.
(2) 같은 상황에서 두 사람의 행동은 매우 對比(☐☐)되어 보였다.
(3) 식목일을 맞이하여 도심 주변의 야산에서 植樹(☐☐) 행사가 열렸다.
(4) 늘어나는 전력 수급을 위해 새로운 發電(☐☐) 시설을 만들 예정이다.

3_ 다음 ☐ 안에 알맞은 漢字의 訓을 쓰세요.
(1) 寒冷 (☐ 한, ☐ 랭)   (2) 賣買 (☐ 매, ☐ 매)
(3) 漁村 (☐☐☐☐ 어, ☐☐ 촌)   (4) 赤字 (☐☐ 적, ☐☐ 자)

4_ 다음 문장의 밑줄 친 낱말의 뜻에 알맞은 漢字를 〈例〉에서 찾아 그 기호를 쓰세요.

〈例〉 ㉠ 黃   ㉡ 溫   ㉢ 炭   ㉣ 用

(1) 그 책은 표지가 **누렇게** 바래 있었다. (   )
(2) **쓴** 물건은 제자리에 가져다 놓으세요. (   )
(3) **따뜻한** 봄 햇살을 받으며 누우니 슬슬 졸음이 몰려오기 시작했다. (   )
(4) 잡목 숲을 헤치고 들어가니 수십 년 전에 **숯**을 굽던 가마터가 나타났다. (   )

5_ 다음 괄호 속에 들어갈 漢字를 〈例〉에서 찾아 그 기호를 쓰세요.

〈例〉 ㉠ 放 ㉡ 船 ㉢ 格 ㉣ 農

(1) (　　　)主는 파도가 심하다며 배를 내어 주지 않았다.
(2) 상품의 품질이 좋아야 높은 價(　　　)에 판매할 수 있다.
(3) 우리 시에서는 도서관을 저녁 열 시까지 開(　　　)하고 있다.
(4) 우리가 먹는 음식은 (　　　)夫들의 땀과 정성으로 만들어진 귀한 것이다.

6_ 다음 낱말의 뜻에 알맞은 漢字語를 〈例〉에서 골라 그 기호를 쓰세요.

〈例〉 ㉠ 作物 ㉡ 價格 ㉢ 勞使 ㉣ 直通

(1) 바로 통하는 것. (　　　)
(2) 노동자와 사용자. (　　　)
(3) 돈으로 나타낸 상품의 값. (　　　)
(4) 농작물. 논밭에 심고 가꾸는 곡식이나 채소. (　　　)

7_ 다음 괄호 속에 들어갈 漢字를 〈例〉에서 찾아 漢字語를 만드세요.

〈例〉 ㉠ 市 ㉡ 業 ㉢ 場 ㉣ 發 ㉤ 商 ㉥ 來

(1) 信用去(　　　)　　(2) 門前成(　　　)
(3) 百(　　　)百中　　(4) 士農工(　　　)

8_ 다음 문장의 밑줄 친 漢字語를 漢字로 쓰세요.

(1) 우리 나라는 해마다 막대한 양의 **고철**(□□)을 수입하고 있다.
(2) 이 곳에 오면 사계절 내내 신선한 **생선**(□□)을 맛볼 수 있다.
(3) 어머니께서는 월말이면 각종 세금을 내러 **은행**(□□)에 가신다.
(4) 농토에 보약과 같은 퇴비는 **지력**(□□)을 높이는 데 도움을 준다.

'교통'과 관계 있는 한자어 / '시간'과 관계 있는 한자어

한자의 훈과 음을 생각하며, 순서에 따라 써 보세요.

193 汽 부수: 水 / 총 7획 / 물끓는김 **기** — 汽車(기차) 汽船(기선)

194 車 부수: 車 / 총 7획 / 수레 **거·차** — 車線(차선) 停車(정차)

195 牛 부수: 牛 / 총 4획 / 소 **우** — 牛馬車(우마차)

196 馬 부수: 馬 / 총 10획 / 말 **마** — 馬力(마력) 競馬(경마)

197 停 부수: 人 / 총 11획 / 머무를 **정** — 停止(정지) 停電(정전)

198 止 부수: 止 / 총 4획 / 그칠 **지** — 中止(중지) 停止(정지)

199 到 부수: 刀 / 총 8획 / 이를 **도** — 到來(도래) 當到(당도)

200 着 부수: 羊 / 총 12획 / 붙을 **착** — 着手(착수) 到着(도착)

201 現 부수: 玉 / 총 11획 / 나타날 **현** — 現代(현대) 實現(실현)

202 在 부수: 土 / 총 6획 / 있을 **재** — 在學(재학) 現在(현재)

쓰기 배정 한자 익히기

203
昨 부수: 日, 총 9획, 어제 **작**
필순: 丨 冂 冂 日 日' 日乍 昨 昨 昨
昨今(작금) 昨年(작년)

204
今 부수: 人, 총 4획, 이제 **금**
필순: 丿 人 𠆢 今
今明(금명) 方今(방금)

205
時 부수: 日, 총 10획, 때 **시**
필순: 丨 冂 冂 日 日' 日土 日キ 時 時
時間(시간) 日時(일시)

206
代 부수: 人, 총 5획, 대신 **대**
필순: 丿 亻 什 代 代
代身(대신) 古代(고대)

207
萬 부수: 艸, 총 13획, 일만 **만**
필순: 艹 艹 䒑 䒑 芇 芇 苩 萬 萬 萬 萬
萬歲(만세) 千萬(천만)

208
歲 부수: 止, 총 13획, 해 **세**
필순: 丨 止 止 产 产 芦 芦 芦 芦 歲 歲 歲
歲月(세월) 年歲(연세)

한자 익히기

다음 밑줄 친 낱말에 알맞은 漢字를 쓰시오.

- 철도원이 수신호를 보내자 플랫폼의 **기차**(□□)가 움직이기 시작했다.
- 이 곳은 **우마**(□□)를 팔던 시장이다.
- 운전자는 횡단 보도에서 일단 **정지**(□□)해야 한다.
- 자동차를 2시간 정도 타고 가면 고향에 **도착**(□□)한다.
- 이 박물관에는 1950년대부터 **현재**(□□)까지의 교과서를 전시하고 있다.
- 비행 청소년의 문제는 **작금**(□□)의 일만은 아니다.
- 청동기 **시대**(□□)에도 농기구는 여전히 석기를 사용했다.
- 전국 곳곳에 '대한 민국 **만세**(□□)'를 외치는 소리가 울려 퍼졌다.

'시간'과 관계 있는 한자어 / '운동'과 관계 있는 한자어

한자의 훈과 음을 생각하며, 순서에 따라 써 보세요.

新	부수: 斤 총 13획 새 **신**	新年(신년) 最新(최신)
年	부수: 干 총 6획 해 **년**	年金(연금) 來年(내년)
每	부수: 母 총 7획 매양 **매**	每日(매일) 每番(매번)
週	부수: 辶 총 12획 주일 **주**	週末(주말) 每週(매주)
曜	부수: 日 총 18획 빛날 **요**	曜日(요일)
日	부수: 日 총 4획 날 **일**	日記(일기) 平日(평일)
晝	부수: 日 총 11획 낮 **주**	晝間(주간) 白晝(백주)
夜	부수: 夕 총 8획 밤 **야**	夜光(야광) 晝夜(주야)
午	부수: 十 총 4획 낮 **오**	午前(오전) 正午(정오)
前	부수: 刀 총 9획 앞 **전**	前後(전후) 面前(면전)

쓰기 배정 한자 익히기

219 朝 | 부수: 月 / 총 12획 / 아침 **조** | 一 十 十 キ 古 吉 car 朝 朝 朝 | 朝會(조회) 王朝(왕조)

220 夕 | 부수: 夕 / 총 3획 / 저녁 **석** | ノ ク 夕 | 夕陽(석양) 朝夕(조석)

221 競 | 부수: 立 / 총 20획 / 다툴 **경** | 競技(경기) 競賣(경매)

222 爭 | 부수: 爪 / 총 8획 / 다툴 **쟁** | 戰爭(전쟁) 競爭(경쟁)

223 先 | 부수: 儿 / 총 6획 / 먼저 **선** | 先行(선행) 先親(선친)

224 頭 | 부수: 頁 / 총 16획 / 머리 **두** | 頭角(두각) 先頭(선두)

다음 밑줄 친 낱말에 알맞은 漢字를 쓰시오.

- 새해 아침에 온 가족이 일찍 일어나 **신년**( ) 인사를 하였다.
- 민주는 **매주**( ) 일요일에 북한산으로 등산을 간다.
- 오늘이 무슨 **요일**( )인지 모르겠습니다.
- 긴급 구조대는 **주야**( )를 가리지 않고 비상 대기를 해야 한다.
- 토요일 **오전**( )부터 비구름이 걷힐 것으로 보인다.
- 효녀 심청은 **조석**( )으로 아버지께 문안을 드렸다.
- 좋은 제품을 생산하지 못하는 기업은 **경쟁**( )에서 도태될 수밖에 없다.
- 결승점이 가까워 오자, 손기정 선수는 **선두**( )로 달려나가기 시작했다.

'운동'과 관계 있는 한자어

한자의 훈과 음을 생각하며, 순서에 따라 써 보세요.

225 根 — 부수: 木, 총 10획, 뿌리 **근** — 根本(근본) 草根(초근)

226 性 — 부수: 心, 총 8획, 성품 **성** — 性品(성품) 野性(야성)

227 入 — 부수: 入, 총 2획, 들 **입** — 入場(입장) 初入(초입)

228 賞 — 부수: 貝, 총 15획, 상줄 **상** — 賞金(상금) 銀賞(은상)

229 打 — 부수: 手, 총 5획, 칠 **타** — 打者(타자) 强打(강타)

230 席 — 부수: 巾, 총 10획, 자리 **석** — 空席(공석) 打席(타석)

231 卓 — 부수: 十, 총 8획, 높을 **탁** — 卓球(탁구) 敎卓(교탁)

232 球 — 부수: 玉, 총 11획, 공 **구** — 球場(구장) 地球(지구)

233 合 — 부수: 口, 총 6획, 합할 **합** — 合心(합심) 團合(단합)

234 宿 — 부수: 宀, 총 11획, 잘 **숙**, 별자리 **수** — 宿題(숙제) 合宿(합숙)

쓰기 배정 한자 익히기

235 體	부수: 骨 총 23획 몸 체	丨 冂 冂 冋 冎 咼 骨 骨 骨 骨 骬 骬 骬 體 體 體 體 體 體 體 體 體 體	體育(체육) 身體(신체)
236 操	부수: 手 총 16획 잡을 조	一 十 扌 扌 扌 扞 扞 捛 捛 捛 掮 撡 撡 操 操 操	操心(조심) 體操(체조)
237 必	부수: 心 총 5획 반드시 필	` ノ 必 必 必	必勝(필승) 期必(기필)
238 勝	부수: 力 총 12획 이길 승	丿 刀 月 月 月 肝 胖 胖 胖 朕 勝 勝	勝利(승리) 決勝(결승)
239 練	부수: 糸 총 15획 익힐 련	乙 幺 幺 幺 糸 糸 糽 紵 紳 紳 紳 紳 練 練	練習(연습) 訓練(훈련)
240 習	부수: 羽 총 11획 익힐 습	丁 ヲ ヨ 习 习 羽 羽 翌 習 習 習	習得(습득) 自習(자습)

한자익히기

다음 밑줄 친 낱말에 알맞은 漢字를 쓰시오.

- 그 선수는 승부 **근성**(　　)이 매우 강했다.
- 민수는 미술 대회에서 **입상**(　　)하였다.
- 2회 초, 타자가 **타석**(　　)에 들어서고 있다.
- 남북이 합동으로 **탁구**(　　) 선수단을 구성하였다.
- 이 곳은 선수들이 **합숙**(　　) 훈련을 하는 곳이다.
- 김 선생님은 학창 시절 리듬 **체조**(　　) 선수로도 활약했다.
- 경기에 들어가기 전에 선수들은 **필승**(　　)을 다짐했다.
- 끊임없이 **연습**(　　)하는 자만이 성공한다.

'군대'와 관계 있는 한자어 / '역사'와 관계 있는 한자어

한자의 훈과 음을 생각하며, 순서에 따라 써 보세요.

| 241 命 | 부수: 口
총 8획
목숨 명 | ノ 人 人 合 合 合 命 命 | 命題(명제) 生命(생명) |

| 242 令 | 부수: 人
총 5획
하여금 령 | ノ 人 人 今 令 | 發令(발령) 命令(명령) |

| 243 勇 | 부수: 力
총 9획
날랠 용 | 一 ㄱ ㄲ 乃 丙 丙 勇 勇 勇 | 勇士(용사) 勇名(용명) |

| 244 士 | 부수: 士
총 3획
선비 사 | 一 十 士 | 士氣(사기) 戰士(전사) |

| 245 軍 | 부수: 車
총 9획
군사 군 | 冖 冖 冖 冖 冝 宣 軍 | 軍旗(군기) 陸軍(육군) |

| 246 旗 | 부수: 方
총 14획
기 기 | 丶 亠 方 方 扩 扩 旃 旃 旃 旗 旗 | 旗手(기수) 國旗(국기) |

| 247 戰 | 부수: 戈
총 16획
싸움 전 | 丶 丷 ㅁ ㅁㅁ 뽀 單 單 戰 戰 戰 | 戰友(전우) 參戰(참전) |

| 248 死 | 부수: 歹
총 6획
죽을 사 | 一 ㄱ 歹 歹 死 死 | 死因(사인) 戰死(전사) |

| 249 兵 | 부수: 八
총 7획
병사 병 | 丶 ㄈ ㅌ ㅌ 丘 兵 兵 | 兵士(병사) 出兵(출병) |

| 250 卒 | 부수: 十
총 8획
마칠 졸 | 丶 亠 ㅗ 六 六 奋 卒 卒 | 卒業(졸업) 軍卒(군졸) |

| 251 | 歷 | 부수: 止
총 16획
지날 **력** | 一 厂 厂 厂 厂 厂 厂 厂 厂 厂 厂 厂 歷 歷 歷 歷 | 歷代(역대) 來歷(내력) |

| 252 | 史 | 부수: 口
총 5획
사기 **사** | 丶 口 口 史 史 | 史觀(사관) 歷史(역사) |

| 253 | 臣 | 부수: 臣
총 6획
신하 **신** | 一 丁 丅 五 卢 臣 | 臣下(신하) 功臣(공신) |

| 254 | 下 | 부수: 一
총 3획
아래 **하** | 一 丅 下 | 下校(하교) 落下(낙하) |

| 255 | 王 | 부수: 玉
총 4획
임금 **왕** | 一 二 千 王 | 王命(왕명) 國王(국왕) |

| 256 | 位 | 부수: 人
총 7획
자리 **위** | 丿 亻 亻 亻 伫 位 位 | 位相(위상) 順位(순위) |

한자익히기

다음 밑줄 친 낱말에 알맞은 漢字를 쓰시오.

- 대장은 병사들에게 즉시 후퇴할 것을 **명령**(　　)하였다.
- 공주를 구하기 위해 각지에서 **용사**(　　)들이 모여들었다.
- 각 부대들이 **군기**(　　)를 앞세우고 시내로 들어오기 시작했다.
- 많은 군인들이 **전사**(　　)하고 나서야 휴전이 이루어졌다.
- 전투를 앞둔 **병졸**(　　)들의 사기는 하늘을 찔렀다.
- 민수는 **역사**(　　)를 연구하는 학자가 되는 것이 꿈이다.
- 훌륭한 임금 밑에는 훌륭한 **신하**(　　)들이 있다.
- 세종 대왕은 형들을 대신하여 **왕위**(　　)에 올랐다.

풀면서 익히기

1_ 다음 漢字語에 맞는 讀音을 연결하세요.

(1) 每週 •　　　　　　　• ㉠ 군기
(2) 體操 •　　　　　　　• ㉡ 체조
(3) 軍旗 •　　　　　　　• ㉢ 역사
(4) 歷史 •　　　　　　　• ㉣ 매주

2_ 다음 문장에서 밑줄 친 漢字語의 讀音을 쓰세요.

(1) 2회 초, 타자가 **打席**(　　)에 들어서고 있다.
(2) 이 곳은 선수들이 **合宿**(　　) 훈련을 하는 곳이다.
(3) 열차는 **現在**(　　) 대전역에 도착하고 있습니다.
(4) 시험이 얼마 남지 않아 **晝夜**(　　)로 열심히 공부하고 있다.

3_ 다음 □ 안에 알맞은 漢字의 訓을 쓰세요.

(1) 萬歲 (　　 만, 　세)　　(2) 練習 (　　 련, 　　 습)
(3) 停止 (　　 정, 　　 지)　(4) 勇士 (　　 용, 　　 사)

4_ 다음 문장의 밑줄 친 낱말의 뜻에 알맞은 漢字를 〈例〉에서 찾아 그 기호를 쓰세요.

〈例〉　㉠ 夕　　㉡ 宿　　㉢ 賞　　㉣ 球

(1) 오늘은 **저녁**이 되기 전에 집에 들어가야 한다. (　　　)
(2) 이야기를 듣다가 나도 모르게 **잠이 들고** 말았다. (　　　)
(3) 이 책은 지난 글짓기 대회에서 **상**으로 받은 것이다. (　　　)
(4) 점심 시간이 되자, 아이들은 **공**을 가지고 운동장으로 달려나갔다. (　　　)

5_ 다음 괄호 속에 들어갈 漢字를 〈例〉에서 찾아 그 기호를 쓰세요.

〈例〉 ㉠ 根 ㉡ 頭 ㉢ 到 ㉣ 競

(1) 그는 승부 (　　　)性이 대단한 사람이다.
(2) 여기서 버스를 2시간 정도 타고 가면 집에 (　　　)着한다.
(3) 결승점이 가까워 오자, 손기정 선수는 先(　　　)로 달려나가기 시작했다.
(4) 중소 기업은 자금력이나 기술력 면에서 대기업과 (　　　)爭하기가 어렵다.

6_ 다음 낱말의 뜻에 알맞은 漢字語를 〈例〉에서 골라 그 기호를 쓰세요.

〈例〉 ㉠ 新年 ㉡ 兵卒 ㉢ 命令 ㉣ 王位

(1) 새해. (　　　)
(2) 군사. 군인. (　　　)
(3) 임금의 자리. (　　　)
(4) 윗사람이 아랫사람에게 시킴, 또는 그 말. (　　　)

7_ 다음 괄호 속에 들어갈 漢字를 〈例〉에서 찾아 漢字語를 만드세요.

〈例〉 ㉠ 卒 ㉡ 馬 ㉢ 朝 ㉣ 必 ㉤ 夕 ㉥ 勝

(1) (　　　)鮮時代　　　　(2) 百戰百(　　　)
(3) 事(　　　)歸正　　　　(4) 朝變(　　　)改

8_ 다음 문장의 밑줄 친 漢字語를 漢字로 쓰세요.
(1) 약속 시간은 내일 **오전**(□□) 10시이다.
(2) 오늘이 무슨 **요일**(□□)인지 잘 모르겠다.
(3) 훌륭한 임금의 곁에는 훌륭한 **신하**(□□)들이 있다.
(4) 이번 추석에는 **기차**(□□)를 타고 고향에 갈 예정이다.

'역사'와 관계 있는 한자어 / '병원·신체'와 관계 있는 한자어

한자의 훈과 음을 생각하며, 순서에 따라 써 보세요.

偉	부수: 人 총 11획 클 **위**	偉人(위인) 偉業(위업)
人	부수: 人 총 2획 사람 **인**	人間(인간) 夫人(부인)
英	부수: 艹 총 9획 꽃부리 **영**	英語(영어) 英特(영특)
雄	부수: 隹 총 12획 수컷 **웅**	雄大(웅대) 英雄(영웅)
藥	부수: 艹 총 19획 약 **약**	藥局(약국) 韓藥(한약)
效	부수: 攵 총 10획 본받을 **효**	效果(효과) 藥效(약효)
救	부수: 攵 총 11획 구원할 **구**	救命(구명) 自救(자구)
急	부수: 心 총 9획 급할 **급**	救急(구급) 急行(급행)
醫	부수: 酉 총 18획 의원 **의**	醫院(의원) 名醫(명의)
院	부수: 阜 총 10획 집 **원**	院長(원장) 學院(학원)

쓰기 배정 한자 익히기

267 病 | 부수: 疒 | 총 10획 | 병 **병**
` 丶 一 广 广 疒 疒 疒 病 病 病 `
病院(병원) 重病(중병)

268 患 | 부수: 心 | 총 11획 | 근심 **환**
` 丶 一 口 口 吕 吕 串 串 患 患 患 `
患者(환자) 病患(병환)

269 米 | 부수: 米 | 총 6획 | 쌀 **미**
` 丶 丶 二 半 半 米 `
米飮(미음) 白米(백미)

268 飮 | 부수: 食 | 총 13획 | 마실 **음**
` 丿 ㇒ ㇏ ㇠ ㇗ 今 争 刍 刍 刍 刍 刍 飮 `
飮食(음식) 飮料(음료)

271 耳 | 부수: 耳 | 총 6획 | 귀 **이**
` 一 丅 丆 F 王 耳 `
耳目口鼻(이목구비)

272 目 | 부수: 目 | 총 5획 | 눈 **목**
` 丨 冂 冂 目 目 `
目的(목적) 種目(종목)

한자 익히기

다음 밑줄 친 낱말에 알맞은 漢字를 쓰시오.

- 이순신 장군은 내가 존경하는 **위인**(☐☐)이다.
- 그는 이 전쟁을 승리로 이끈 **영웅**(☐☐)이다.
- **약효**(☐☐)가 나타나는지 환자가 조금씩 차도를 보이기 시작했다.
- 많은 어려움 속에서도 **구급**(☐☐) 대원들은 열심히 일을 했다.
- 환절기를 맞아 **의원**(☐☐)에는 감기 환자들이 몰려들었다.
- 아버님의 **병환**(☐☐)은 좀 어떠하신가?
- 할아버지께서는 수술 뒤, 이제 겨우 **미음**(☐☐)을 들고 계십니다.
- 그런 일을 저지르다니 남의 **이목**(☐☐)이 두렵지도 않은가?

'신체'와 관계 있는 한자어 / '가족'과 관계 있는 한자어

한자의 훈과 음을 생각하며, 순서에 따라 써 보세요.

口	부수: 口 / 총 3획 / 입 **구**	丨 冂 口	口傳(구전) 食口(식구)
鼻	부수: 鼻 / 총 14획 / 코 **비**	′ ⺍ ⼎ 白 白 百 畠 畠 鼻 鼻 鼻 鼻 鼻	鼻祖(비조) 口鼻(구비)
手	부수: 手 / 총 4획 / 손 **수**	′ 二 三 手	手動(수동) 選手(선수)
足	부수: 足 / 총 7획 / 발 **족**	丨 口 口 ⺊ ⺊ 足 足	足球(족구) 手足(수족)
獨	부수: 犬 / 총 16획 / 홀로 **독**	′ ⺅ 犭 犭 犭 犭 犭 犭 犭 犭 獨 獨 獨 獨 獨 獨	獨身(독신) 獨立(독립)
身	부수: 身 / 총 7획 / 몸 **신**	′ ⺅ 冂 月 自 身 身	身體(신체) 長身(장신)
消	부수: 水 / 총 10획 / 사라질 **소**	` ′ 氵 氵 氵 氵 氵 消 消 消	消化(소화) 消日(소일)
化	부수: 匕 / 총 4획 / 될 **화**	′ ⺅ 亻 化	化學(화학) 文化(문화)
父	부수: 父 / 총 4획 / 아비 **부**	′ ⺅ 丷 父	父女(부녀) 生父(생부)
母	부수: 母 / 총 5획 / 어미 **모**	⺄ 乃 母 母 母	母國(모국) 産母(산모)

283	兄	부수: 儿 총 5획 형 **형**	ノ 口 日 尸 兄	兄夫(형부) 學兄(학형)
284	弟	부수: 弓 총 7획 아우 **제**	` ` ` 丷 弟 弟 弟	弟子(제자) 兄弟(형제)
285	孫	부수: 子 총 10획 손자 **손**	フ 了 子 孑 孖 孫 孫 孫 孫	孫子(손자) 祖孫(조손)
286	子	부수: 子 총 3획 아들 **자**	フ 了 子	子女(자녀) 獨子(독자)
287	兒	부수: 儿 총 8획 아이 **아**	´ ´ ´ ´ 臼 兒 兒	兒童(아동) 育兒(육아)
288	童	부수: 立 총 12획 아이 **동**	` ` ` 立 产 音 音 音 音 童 童	童話(동화) 神童(신동)

다음 밑줄 친 낱말에 알맞은 漢字를 쓰시오.

- 그 여자는 **이목구비**(☐☐☐☐)가 뚜렷하다.
- 그 사람은 왕이 **수족**(☐☐)처럼 부리는 신하이다.
- 요즘은 **독신**(☐☐)으로 사는 사람이 많다.
- 과식을 했는지 **소화**(☐☐)가 잘 되지 않았다.
- **부모**(☐☐)님은 항상 자식 걱정을 하신다.
- **형제**(☐☐)간에는 항상 우애가 있어야 한다.
- 할머니는 **손자**(☐☐)들에게 옛날 이야기를 들려주었다.
- 최 작가는 이번 작품으로 **아동**(☐☐) 문학상을 받았다.

'가족'과 관계 있는 한자어 / '개인 생활'과 관계 있는 한자어

한자의 훈과 음을 생각하며, 순서에 따라 써 보세요.

養	부수: 食 총 15획 기를 **양**	養子(양자) 教養(교양)
育	부수: 肉 총 8획 기를 **육**	養育(양육) 教育(교육)
禮	부수: 示 총 18획 예도 **례**	禮節(예절) 敬禮(경례)
節	부수: 竹 총 15획 마디 **절**	節氣(절기) 名節(명절)
孝	부수: 子 총 7획 효도 **효**	孝心(효심) 不孝(불효)
心	부수: 心 총 4획 마음 **심**	心身(심신) 童心(동심)
友	부수: 又 총 4획 벗 **우**	友愛(우애) 學友(학우)
愛	부수: 心 총 13획 사랑 **애**	愛情(애정) 親愛(친애)
種	부수: 禾 총 14획 씨 **종**	種子(종자) 種族(종족)
族	부수: 方 총 11획 겨레 **족**	族長(족장) 民族(민족)

쓰기 배정 한자 익히기

299 元 | 부수: 儿 / 총 4획 / 으뜸 **원** | 一 二 テ 元 | 元祖(원조) 上元(상원)

300 祖 | 부수: 示 / 총 10획 / 할아비 **조** | 一 二 亍 于 禾 利 和 衵 祖 祖 | 祖上(조상) 先祖(선조)

301 思 | 부수: 心 / 총 9획 / 생각 **사** | 丶 冂 日 田 田 甲 思 思 思 | 思料(사료) 意思(의사)

302 考 | 부수: 老 / 총 6획 / 생각할 **고** | 一 十 土 尹 耂 考 | 考案(고안) 思考(사고)

303 反 | 부수: 又 / 총 4획 / 돌이킬 **반** | 一 厂 厃 反 | 反對(반대) 相反(상반)

304 省 | 부수: 目 / 총 9획 / 살필 **성**, 덜 **생** | 丨 丿 小 少 尘 省 省 省 省 | 反省(반성) 自省(자성)

한자익히기

다음 밑줄 친 낱말에 알맞은 漢字를 쓰시오.

- 부모는 자식을 <u>양육</u>(□□)할 의무가 있다.
- 이번 방학에 학교에서 <u>예절</u>(□□) 교실을 열었다.
- 심청의 <u>효심</u>(□□)은 하늘을 감동시켰다.
- 부모님은 항상 형제들과 <u>우애</u>(□□) 있게 지내도록 당부하셨다.
- 이 호랑이는 우리 동물원에서 <u>종족</u>(□□) 보존을 위해 보호하고 있는 것이다.
- 이 음식의 <u>원조</u>(□□)는 이웃집 할머니로 알려져 있다.
- 독서는 <u>사고</u>(□□)의 영역을 넓히는 데 도움을 준다.
- 그는 자기가 저지른 죄를 깊이 <u>반성</u>(□□)하고 있다.

'개인 생활'과 관계 있는 한자어

한자의 훈과 음을 생각하며, 순서에 따라 써 보세요.

305 氣	부수 : 气 총 10획 기운 기	′ ⸌ ⸍ 气 气 気 氣 氣 氣 氣	氣力(기력) 熱氣(열기)
質	부수 : 貝 총 15획 바탕 질	′ ′ ⺊ ⺊⺊ ⺊⺊⺊ 所 所 所 所 所 質 質 質	質量(질량) 氣質(기질)
306			

307 意	부수 : 心 총 13획 뜻 의	′ ⸍ ⸌ 立 产 帝 音 音 音 音 意 意 意	意向(의향) 同意(동의)
識	부수 : 言 총 19획 알 식	′ ⸌ ⸍ 主 言 言 言 言 訂 訂 訂 識 識 識 識 識 識	知識(지식) 意識(의식)
308			

309 熱	부수 : 火 총 15획 더울 열	′ + 土 土 寺 寺 寺 刲 執 執 執 熱 熱 熱	熱量(열량) 發熱(발열)
情	부수 : 心 총 11획 뜻 정	′ ⸌ ⸍ 忄 忄 忄 情 情 情 情	情感(정감) 熱情(열정)
310			

311 幸	부수 : 干 총 8획 다행 행	′ + 土 土 土 圶 幸 幸	幸福(행복) 多幸(다행)
運	부수 : 辶 총 13획 옮길 운	′ ⸌ ⸍ 宀 冖 冒 軍 軍 軍 運 運 運	運動(운동) 幸運(행운)
312			

313 祝	부수 : 示 총 10획 빌 축	′ ⸌ 〒 示 禾 礻 礻 礽 祝 祝	祝歌(축가) 自祝(자축)
福	부수 : 示 총 14획 복 복	′ ⸌ 〒 示 禾 礻 礻 礻 福 福 福 福 福	福利(복리) 祝福(축복)
314			

쓰기 배정 한자 익히기

315 成 | 부수: 戈 | 총 7획 | 이룰 **성**
　丿 厂 厂 厅 成 成 成　　成事(성사) 完成(완성)

316 功 | 부수: 力 | 총 5획 | 공 **공**
　一 丅 工 巧 功　　功德(공덕) 成功(성공)

317 念 | 부수: 心 | 총 8획 | 생각 **념**
　丿 人 𠆢 今 念 念 念 念　　念頭(염두) 理念(이념)

318 願 | 부수: 頁 | 총 19획 | 원할 **원**
　願願願願願願願願願願願願願願願　　所願(소원) 念願(염원)

319 失 | 부수: 大 | 총 5획 | 잃을 **실**
　丿 ㇔ 二 失 失　　失手(실수) 過失(과실)

320 望 | 부수: 月 | 총 11획 | 바랄 **망**
　望望望望望望望望望望望　　望月(망월) 所望(소망)

한자익히기

다음 밑줄 친 낱말에 알맞은 漢字를 쓰시오.

- 말솜씨를 보니 장사꾼 **기질**(　　)이 다분하구나.
- 그는 갑자기 쓰러져 **의식**(　　)을 잃었다.
- 그 작가는 작품 제작에 **열정**(　　)을 기울였다.
- 우리는 항해하기 전에 바다의 신에게 **행운**(　　)을 빌었다.
- 삼촌은 많은 사람들의 **축복**(　　) 속에 결혼식을 올렸다.
- 아폴로 11호는 인류 최초로 달 착륙에 **성공**(　　)했다.
- 세계의 여러 종교 지도자들이 세계 평화를 **염원**(　　)하는 모임을 가졌다.
- 시험에 떨어졌다고 해서 너무 **실망**(　　)하지 마라.

풀면서 익히기

1_ 다음 漢字語에 맞는 讀音을 연결하세요.

(1) 英雄 •　　　　　　　• ㉠ 미음
(2) 米飮 •　　　　　　　• ㉡ 염원
(3) 獨身 •　　　　　　　• ㉢ 영웅
(4) 念願 •　　　　　　　• ㉣ 독신

2_ 다음 문장에서 밑줄 친 漢字語의 讀音을 쓰세요.

(1) 그녀는 갑자기 쓰러져 意識(　　)을 잃었다.
(2) 그는 자기가 저지른 죄를 깊이 反省(　　)하고 있다.
(3) 부모님은 항상 형제들과 友愛(　　) 있게 지내도록 당부하셨다.
(4) 많은 어려움 속에서도 救急(　　) 대원들은 묵묵히 일했다.

3_ 다음 ☐ 안에 알맞은 漢字의 訓을 쓰세요.

(1) 祝福 (☐ 축, ☐ 복)　　(2) 養育 (☐☐ 양, ☐☐ 육)
(3) 禮節 (☐☐ 례, ☐☐ 절)　(4) 藥效 (☐ 약, ☐☐ 효)

4_ 다음 문장의 밑줄 친 낱말의 뜻에 알맞은 漢字를 〈例〉에서 찾아 그 기호를 쓰세요.

〈例〉　㉠ 種　㉡ 兒　㉢ 熱　㉣ 質

(1) 놀이터에는 많은 **아이**들이 뛰어놀고 있었다. (　　)
(2) 민수는 밭에다 **씨**를 뿌리고 물을 넉넉히 주었다. (　　)
(3) 대구는 분지로 이루어져 여름철 날씨가 무척 **덥다**. (　　)
(4) 그는 비록 죄를 지었지만 **바탕**은 매우 착한 사람이다. (　　)

5_ 다음 괄호 속에 들어갈 漢字를 〈例〉에서 찾아 그 기호를 쓰세요.

〈例〉 ㉠ 手   ㉡ 童   ㉢ 化   ㉣ 祖

(1) 인간은 失(   )를 통해서 발전한다.
(2) 아침에 먹은 것은 벌써 消(   )가 다 되었다.
(3) 그 분은 兒(   ) 교육을 위해 평생을 바친 분이다.
(4) 이 곳은 (   )國을 위해 목숨을 바친 분들이 묻혀 있는 곳이다.

6_ 다음 낱말의 뜻에 알맞은 漢字語를 〈例〉에서 골라 그 기호를 쓰세요.

〈例〉 ㉠ 醫院   ㉡ 病患   ㉢ 手足   ㉣ 思考

(1) 생각하는 일. (   )
(2) 상대의 병을 높여 이르는 말. (   )
(3) 손과 발. 손발처럼 마음대로 부리는 사람. (   )
(4) 진료 시설을 갖추고 의사가 의료 행위를 하는 곳. (   )

7_ 다음 괄호 속에 들어갈 漢字를 〈例〉에서 찾아 漢字語를 만드세요.

〈例〉 ㉠ 孫   ㉡ 偉   ㉢ 土   ㉣ 鼻   ㉤ 弟   ㉥ 急

(1) 耳目口(   )   (2) 兄(   )友愛
(3) 身(   )不二   (4) 英雄(   )業

8_ 다음 문장의 밑줄 친 漢字語를 漢字로 쓰세요.

(1) 이번 사건에 세계인의 **이목**(□□)이 집중되었다.
(2) 아폴로 11호는 최초로 달 착륙에 **성공**(□□)한 우주선이다.
(3) 우연한 **행운**(□□)을 통해서는 진정한 성공을 얻을 수 없다.
(4) 선정이의 남다른 **효심**(□□)은 다른 학생들의 본보기가 되었다.

'공동 생활'과 관계 있는 한자어

한자의 훈과 음을 생각하며, 순서에 따라 써 보세요.

321 集 — 부수: 隹, 총 12획, 모을 **집** — 集合(집합) 文集(문집)

322 團 — 부수: 囗, 총 14획, 둥글 **단** — 團體(단체) 集團(집단)

323 共 — 부수: 八, 총 6획, 한가지 **공** — 共同(공동) 共生(공생)

324 有 — 부수: 月, 총 6획, 있을 **유** — 有感(유감) 共有(공유)

325 奉 — 부수: 大, 총 8획, 받들 **봉** — 奉養(봉양) 信奉(신봉)

326 仕 — 부수: 人, 총 5획, 섬길 **사** — 奉仕(봉사) 給仕(급사)

327 活 — 부수: 水, 총 9획, 살 **활** — 活用(활용) 再活(재활)

328 動 — 부수: 力, 총 11획, 움직일 **동** — 動力(동력) 活動(활동)

329 各 — 부수: 口, 총 6획, 각각 **각** — 各自(각자) 各各(각각)

330 界 — 부수: 田, 총 9획, 지경 **계** — 世界(세계) 各界(각계)

쓰기 배정 한자 익히기

331 約 부수: 糸 총 9획 맺을 **약** — 期約(기약) 約婚(약혼)

332 束 부수: 木 총 7획 묶을 **속** — 結束(결속) 團束(단속)

333 規 부수: 見 총 11획 법 **규** — 規定(규정) 法規(법규)

334 則 부수: 刀 총 9획 법칙 **칙** — 規則(규칙) 原則(원칙)

335 選 부수: 辶 총 16획 가릴 **선** — 選手(선수) 入選(입선)

336 擧 부수: 手 총 18획 들 **거** — 擧動(거동) 選擧(선거)

다음 밑줄 친 낱말에 알맞은 漢字를 쓰시오.

- 요즘에는 자신이 속한 **집단**(　　)의 이익을 위해서 시위를 하는 경우가 많다.
- 우리 마을 주민들은 마을 앞 과수원을 **공유**(　　)하고 있다.
- 공무원은 국민을 위해 **봉사**(　　)하는 직업이다.
- 진수는 교통 사고를 당해 당분간 **활동**(　　)을 자제해야 한다.
- 수재민을 돕기 위한 성금 모금에 **각계**(　　)의 온정이 쏟아졌다.
- 쉽게 **약속**(　　)하는 자는 쉽게 어긴다.
- 교통 **규칙**(　　)을 지키는 일은 자신의 안전을 지키는 일이다.
- 우리 반 반장 **선거**(　　)에는 모두 5명의 후보가 경합을 벌였다.

'공동 생활'과 관계 있는 한자어 / '수량'과 관계 있는 한자어

한자의 훈과 음을 생각하며, 순서에 따라 써 보세요.

自	부수: 自, 총 6획, 스스로 **자**	´ ⺆ ⺆ 自 自 自	自責(자책) 獨自(독자)
由	부수: 田, 총 5획, 말미암을 **유**	丨 冂 日 由 由	由來(유래) 自由(자유)
平	부수: 干, 총 5획, 평평할 **평**	ー ⺀ 丆 立 平	平等(평등) 公平(공평)
和	부수: 口, 총 8획, 화할 **화**	ノ 二 千 禾 禾 和 和 和	和合(화합) 平和(평화)
敬	부수: 攵, 총 13획, 공경 **경**	一 艹 艹 艿 芍 苟 苟 苟 荀 敬 敬	敬禮(경례) 敬語(경어)
老	부수: 老, 총 6획, 늙을 **로**	一 十 土 耂 老 老	老人(노인) 敬老(경로)
責	부수: 貝, 총 11획, 꾸짖을 **책**	一 二 十 土 丰 青 青 青 靑 責 責	責望(책망) 重責(중책)
任	부수: 人, 총 6획, 맡길 **임**	ノ 亻 亻 仁 仟 任	任用(임용) 責任(책임)
利	부수: 刀, 총 7획, 이로울 **리**	ノ 二 千 禾 禾 利 利	利用(이용) 不利(불리)
他	부수: 人, 총 5획, 다를 **타**	ノ 亻 仂 他 他	他人(타인) 利他(이타)

쓰기 배정 한자 익히기

347 親 부수: 見, 총 16획, 친할 **친** — 親近(친근) 切親(절친)

348 舊 부수: 臼, 총 18획, 예 **구** — 舊式(구식) 親舊(친구)

349 知 부수: 矢, 총 8획, 알 **지** — 知己(지기) 告知(고지)

350 己 부수: 己, 총 3획, 몸 **기** — 利己(이기) 自己(자기)

351 順 부수: 頁, 총 12획, 순할 **순** — 順理(순리) 式順(식순)

352 序 부수: 广, 총 7획, 차례 **서** — 序頭(서두) 順序(순서)

한자익히기

다음 밑줄 친 낱말에 알맞은 漢字를 쓰시오.

- 대한 민국은 개인의 **자유**( )가 보장된 민주 공화국이다.
- 분단된 남과 북이 **평화**( ) 통일을 이루기 위해서는 화해와 협력이 필요하다.
- 동방예의지국인 우리 나라에서 차츰 **경로**( ) 정신이 사라지고 있다.
- **책임**( )은 자신에게 무겁게 지우고 남에게는 가볍게 하여야 한다.
- 어떤 사회의 지도자가 되려면 **이타**( ) 정신이 투철해야 한다.
- 한 사람의 오랜 **친구**( )가 열 사람의 새로운 친구보다도 낫다.
- 아버지께서는 **지기**( ) 몇 분을 저녁 식사에 초대하여 즐거운 시간을 보내셨다.
- 조회 시간에 키 **순서**( )대로 줄을 섰다.

'수량'과 관계 있는 한자어 / '숫자'와 관계 있는 한자어

한자의 훈과 음을 생각하며, 순서에 따라 써 보세요.

353 等 부수: 竹 / 총 12획 / 무리 **등** — 等分(등분) 平等(평등)

354 級 부수: 糸 / 총 10획 / 등급 **급** — 級數(급수) 等級(등급)

355 全 부수: 入 / 총 6획 / 온전 **전** — 全體(전체) 萬全(만전)

356 量 부수: 里 / 총 12획 / 헤아릴 **량** — 數量(수량) 全量(전량)

357 最 부수: 日 / 총 12획 / 가장 **최** — 最上(최상) 最後(최후)

358 少 부수: 小 / 총 4획 / 적을 **소** — 少年(소년) 最少(최소)

359 過 부수: 辶 / 총 13획 / 지날 **과** — 過勞(과로) 通過(통과)

360 多 부수: 夕 / 총 6획 / 많을 **다** — 多數(다수) 過多(과다)

361 一 부수: 一 / 총 1획 / 한 **일** — 一切(일체) 同一(동일)

362 切 부수: 刀 / 총 4획 / 온통 **체**, 끊을 **절** — 親切(친절) 切感(절감)

쓰기 배정 한자 익히기

363
二 / 부수: 二 / 총 2획 / 두 **이**
一 二
一石二鳥(일석이조)

364
敗 / 부수: 攵 / 총 11획 / 패할 **패**
丨 冂 冂 冃 目 貝 貝 貯 敗 敗
敗北(패배)　二敗(이패)

365
三 / 부수: 一 / 총 3획 / 석 **삼**
一 二 三
三面(삼면)　三韓(삼한)

366
品 / 부수: 口 / 총 9획 / 물건 **품**
丨 冂 口 口 吕 吕 品 品 品
品格(품격)　三品(삼품)

367
四 / 부수: 囗 / 총 5획 / 넉 **사**
丨 冂 冂 四 四
四時(사시)　四海(사해)

368
寸 / 부수: 寸 / 총 3획 / 마디 **촌**
一 十 寸
寸數(촌수)　四寸(사촌)

한자익히기

다음 밑줄 친 낱말에 알맞은 漢字를 쓰시오.

- 과수 농가에서는 과일에 **등급**(　　)을 매겨 시장에 출하한다.
- 우리 나라는 원유를 **전량**(　　) 수입에 의존하고 있다.
- 구조대원들의 신속한 조치로 피해를 **최소**(　　)화할 수 있었다.
- 아무리 좋은 약도 **과다**(　　)하게 복용하면 몸에 해롭다.
- 그가 이번 행사의 경비 **일체**(　　)를 부담하였다.
- 우리 학교 배구 팀은 예선에서 **이패**(　　)를 당해 초반에 탈락하고 말았다.
- 우리 증조할아버지께서는 정**삼품**(　　)의 벼슬을 지내셨다고 한다.
- 오늘은 **사촌**(　　) 누나의 결혼식이 있는 날이다.

'숫자'와 관계 있는 한자어 / '의식주'와 관계 있는 한자어

한자의 훈과 음을 생각하며, 순서에 따라 써 보세요.

五	부수: 二 총 4획 다섯 오	一 丆 五 五									五感(오감)	五福(오복)
億	부수: 人 총 15획 억 억	丿 亻 亻 亻 俨 俨 俨 倍 倍 倍 億 億									億萬(억만)	五億(오억)
六	부수: 八 총 4획 여섯 륙	丶 一 宀 六									六書(육서)	六面體(육면체)
百	부수: 白 총 6획 일백 백	一 厂 冂 丆 百 百									百姓(백성)	百方(백방)
七	부수: 一 총 2획 일곱 칠	一 七									七夕(칠석)	七月(칠월)
千	부수: 十 총 3획 일천 천	丿 一 千									千年(천년)	七千(칠천)
八	부수: 八 총 2획 여덟 팔	丿 八									八景(팔경)	八等身(팔등신)
月	부수: 月 총 4획 달 월	丿 几 月 月									月給(월급)	八月(팔월)
九	부수: 乙 총 2획 아홉 구	丿 九									九天(구천)	九族(구족)
番	부수: 田 총 12획 차례 번	丿 冖 干 干 平 平 乎 乎 番 番 番									番號(번호)	九番(구번)

쓰기 배정 한자 익히기

379 十 | 부수: 十 / 총 2획 / 열 **십** | 一 十 | 十長生(십장생)

380 倍 | 부수: 人 / 총 10획 / 곱 **배** | ノ 亻 亻 亻 亻 仲 伫 倅 倍 倍 | 倍加(배가) 十倍(십배)

381 白 | 부수: 白 / 총 5획 / 흰 **백** | ノ 亻 白 白 白 | 白旗(백기) 明白(명백)

382 衣 | 부수: 衣 / 총 6획 / 옷 **의** | 丶 一 ナ ナ 衣 衣 | 衣服(의복) 白衣(백의)

383 夏 | 부수: 夊 / 총 10획 / 여름 **하** | 一 丆 丆 丆 币 百 百 戸 夏 夏 | 夏節(하절) 立夏(입하)

384 服 | 부수: 月 / 총 8획 / 옷 **복** | ノ 刀 月 月 肝 胩 服 服 | 服用(복용) 夏服(하복)

한자익히기

다음 밑줄 친 낱말에 알맞은 漢字를 쓰시오.

- 이름을 밝히지 않은 독지가가 수재민을 위해 **오억**( ) 원의 성금을 기탁했다.
- 이 은행나무는 수령이 **육백**( ) 년이나 되었다고 한다.
- 실내 체육관에 **칠천**( ) 명의 관중이 모였다.
- **팔월**( ) 한가위에는 각지로 흩어졌던 가족들이 모두 모인다.
- 선생님께서 수업 시간에 **구번**( )인 나를 지목하셨다.
- 허생은 물건값이 쌀 때 사 두었다가 비쌀 때 파는 수법으로 **십배**( )의 이익을 남겼다.
- 우리는 간호사를 '**백의**( )의 천사'라고 부른다.
- 올해는 **하복**( )을 입는 시기가 예년보다 2주일이나 앞으로 당겨졌다.

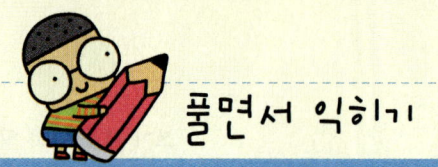

1_ 다음 漢字語에 알맞은 讀音을 연결하세요.
  (1) 選擧 •   • ㉠ 선거
  (2) 多量 •   • ㉡ 하복
  (3) 九番 •   • ㉢ 다량
  (4) 夏服 •   • ㉣ 구번

2_ 다음 문장에서 밑줄 친 漢字語의 讀音을 쓰세요.
  (1) 어려울 때 親舊(☐☐)가 진짜 親舊(☐☐)이다.
  (2) 선생님께서는 이번 일에 一切(☐☐) 관여하지 않겠다고 선언하셨다.
  (3) 봄이 오자, 그 동안 움츠려 있던 생물들의 活動(☐☐)이 다시 시작되었다.
  (4) 요즘에는 자신이 속한 集團(☐☐)의 이익을 위해 시위를 하는 경우가 많다.

3_ 다음 ☐ 안에 알맞은 漢字의 訓을 쓰세요.
  (1) 規則 (☐ 규, ☐☐ 칙)   (2) 等級 (☐☐ 등, ☐☐ 급)
  (3) 敬老 (☐☐ 경, ☐☐ 로)   (4) 共有 (☐☐ 공, ☐☐ 유)

4_ 다음 문장의 밑줄 친 낱말의 뜻에 알맞은 漢字를 〈例〉에서 찾아 그 기호를 쓰세요.

〈例〉 ㉠ 仕   ㉡ 束   ㉢ 利   ㉣ 知

  (1) 부모 **섬길** 제 정성을 다하여라. (   )
  (2) 좋은 약은 입에 쓰나 병에는 **이롭다**. (   )
  (3) 남을 **알고** 자기를 알면 백전백승이라. (   )
  (4) 태풍이 불자, 선원들은 배를 선착장에 단단히 **묶었다**. (   )

5_ 다음 괄호 속에 들어갈 漢字를 〈例〉에서 찾아 그 기호를 쓰세요.

〈例〉 ㉠ 仕 ㉡ 任 ㉢ 月 ㉣ 順

(1) 이번 토요일에 친구들과 양로원으로 奉(　　) 활동을 가기로 했다.
(2) 조회 시간에 키 (　　)序대로 줄을 섰다.
(3) 八(　　) 한가위에는 각지로 흩어졌던 가족들이 모두 모인다.
(4) 責(　　)은 자신에게 무겁게 지우고 남에게는 가볍게 하여야 한다.

6_ 다음 낱말의 뜻에 알맞은 漢字語를 〈例〉에서 골라 그 기호를 쓰세요.

〈例〉 ㉠ 利他 ㉡ 知己 ㉢ 最少 ㉣ 三品

(1) 양 따위가 가장 적음.(　　)
(2) 문관과 무관 품계의 셋째. (　　)
(3) 자신을 희생하여 남을 이롭게 함. (　　)
(4) 자기의 속마음을 알아주는 참된 친구. (　　)

7_ 다음 괄호 속에 들어갈 漢字를 〈例〉에서 찾아 漢字語를 만드세요.

〈例〉 ㉠ 寸 ㉡ 平 ㉢ 各 ㉣ 和 ㉤ 約 ㉥ 多

(1) 多(　　)益善   (2) 世界(　　)和
(3) 四(　　)兄弟   (4) 家(　　)萬事成

8_ 다음 문장의 밑줄 친 漢字語를 漢字로 쓰세요.

(1) 우리는 간호사를 '**백의**(□□)의 천사'라고 부른다.
(2) 아무리 좋은 약도 **과다**(□□)하게 복용하면 몸에 해롭다.
(3) 대한 민국은 개인의 **자유**(□□)가 보장된 민주 공화국이다.
(4) 이름을 밝히지 않은 독지가가 수재민을 위해 **오억**(□□) 원의 성금을 기탁했다.

'의식주'와 관계 있는 한자어

한자의 훈과 음을 생각하며, 순서에 따라 써 보세요.

385 料 — 부수: 斗, 총 10획, 헤아릴 **료** — 料量(요량) 無料(무료)

理 — 부수: 玉, 총 11획, 다스릴 **리** — 理性(이성) 料理(요리)

387 永 — 부수: 水, 총 5획, 길 **영** — 永遠(영원) 永住(영주)

住 — 부수: 人, 총 7획, 살 **주** — 住所(주소) 入住(입주)

389 家 — 부수: 宀, 총 10획, 집 **가** — 家口(가구) 一家(일가)

宅 — 부수: 宀, 총 6획, 집 **택·댁** — 宅地(택지) 家宅(가택)

391 洋 — 부수: 水, 총 9획, 큰바다 **양** — 洋服(양복) 西洋(서양)

屋 — 부수: 尸, 총 9획, 집 **옥** — 屋上(옥상) 洋屋(양옥)

393 庭 — 부수: 广, 총 10획, 뜰 **정** — 庭園(정원) 家庭(가정)

園 — 부수: 囗, 총 13획, 동산 **원** — 公園(공원) 田園(전원)

395	草	부수: 艹 총 10획 풀 **초**	｀ ＋ ｔ ｔ ｔ ｔ 芍 苩 莒 草	草原(초원)　海草(해초)
396	堂	부수: 土 총 11획 집 **당**	ｌ ｌ ｌ ｌ ｌ 屵 屵 堂 堂 堂	堂堂(당당)　草堂(초당)
397	花	부수: 艹 총 8획 꽃 **화**	｀ ＋ ｔ ｔ ｔ ｔ 花 花	花草(화초)　開花(개화)
398	壇	부수: 土 총 16획 단 **단**	一 十 土 土 圹 圹 圹 圹 圹 壇 壇 壇 壇 壇 壇 壇	壇上(단상)　花壇(화단)
399	浴	부수: 水 총 10획 목욕할 **욕**	｀ ｀ ｝ ｝ ｝ ｝ ｝ ｝ 浴 浴	浴室(욕실)　入浴(입욕)
400	室	부수: 宀 총 9획 집 **실**	｀ ｀ 宀 宀 宀 宀 宀 室 室	室內(실내)　敎室(교실)

다음 밑줄 친 낱말에 알맞은 漢字를 쓰시오.

- 어머니는 중국 **요리**(□□)를 잘 하신다.
- 미국에 살던 정호 삼촌은 **영주**(□□)권을 포기하고 귀국하였다.
- '아웅산 수지' 여사가 당국에 의해 **가택**(□□) 연금을 당했다.
- 요즘은 시골에서도 한옥은 찾기 힘들고 **양옥**(□□)이 대부분이다.
- 할머니가 정성들여 가꾸신 **정원**(□□)에 꽃들이 활짝 피었다.
- 전라 남도 강진에 있는 다산 **초당**(□□)은 정약용 선생이 유배되어 살던 곳이다.
- 우리 반 앞의 **화단**(□□)에는 가을을 맞아 코스모스와 국화가 만발했다.
- **욕실**(□□)을 사용한 후에는 뒷사람을 위해서 깨끗이 청소하도록 하자.

그 밖의 한자어(1)

한자의 훈과 음을 생각하며, 순서에 따라 써 보세요.

| 改 | 부수: 攵
총 7획
고칠 **개** | ` ` ` ` ` ` 改 改 | 改善(개선) 改良(개량) |

| 善 | 부수: 口
총 12획
착할 **선** | ` ` ` ` ` ` ` ` ` 善 善 | 善惡(선악) 親善(친선) |

| 健 | 부수: 人
총 11획
굳셀 **건** | ` ` ` ` ` ` ` ` ` 健 健 | 健勝(건승) 強健(강건) |

| 實 | 부수: 宀
총 14획
열매 **실** | ` ` ` ` ` ` ` ` ` ` ` ` 實 實 | 實習(실습) 健實(건실) |

| 高 | 부수: 高
총 10획
높을 **고** | ` ` ` ` ` ` ` 高 高 高 | 高級(고급) 最高(최고) |

| 貴 | 부수: 貝
총 12획
귀할 **귀** | ` ` ` ` ` ` ` ` ` ` 貴 貴 | 貴重(귀중) 高貴(고귀) |

| 固 | 부수: 囗
총 8획
굳을 **고** | ` ` ` ` ` ` ` 固 | 固有(고유) 固着(고착) |

| 定 | 부수: 宀
총 8획
정할 **정** | ` ` ` ` ` ` ` 定 | 定立(정립) 固定(고정) |

| 空 | 부수: 穴
총 8획
빌 **공** | ` ` ` ` ` ` ` 空 | 空軍(공군) 高空(고공) |

| 間 | 부수: 門
총 12획
사이 **간** | ` ` ` ` ` ` ` ` ` ` ` 間 | 間食(간식) 空間(공간) |

쓰기 배정 한자 익히기

411 區 부수: 匸, 총 11획, 구분할 **구**
一 ㄱ 厂 厂 戸 戸 届 品 品 區
區分(구분) 特區(특구)

412 別 부수: 刀, 총 7획, 다를·나눌 **별**
丶 冂 口 另 另 別 別
別名(별명) 區別(구별)

413 期 부수: 月, 총 12획, 기약할 **기**
一 十 廿 甘 甘 其 其 期 期 期 期
期約(기약) 週期(주기)

414 待 부수: 彳, 총 9획, 기다릴 **대**
丶 彳 彳 彳 什 件 件 待 待
待望(대망) 期待(기대)

415 基 부수: 土, 총 11획, 터 **기**
一 十 廿 甘 甘 甘 其 其 其 基
基地(기지) 基本(기본)

416 本 부수: 木, 총 5획, 근본 **본**
一 十 オ 木 本
本末(본말) 本國(본국)

한자익히기

다음 밑줄 친 낱말에 알맞은 漢字를 쓰시오.

- 대학 입시 제도를 **개선**(　　)하여 올바른 교육이 되도록 하자.
- 사람은 누구나 **건실**(　　)한 태도를 지녀야 한다.
- 헌혈이야말로 **고귀**(　　)한 봉사 활동인 셈이지.
- 영태는 그 연극에 **고정**(　　) 출연한다.
- 인간은 시간과 **공간**(　　)을 초월할 수 없다.
- 요즘 옷은 남녀의 **구별**(　　)이 없는 경우가 많다.
- **기대**(　　)가 크면 실망도 크다고 한다.
- 무슨 일을 하든지 **기본**(　　)이 충실해야 발전할 수 있다.

그 밖의 한자어(2)

한자의 훈과 음을 생각하며, 순서에 따라 써 보세요.

417 短 | 부수: 矢 / 총 12획 / 짧을 **단** | ノ ▲ 눅 矢 矢 矢 矢 矢 短 短 短 短 | 短音(단음) 長短(장단)

418 音 | 부수: 音 / 총 9획 / 소리 **음** | ㆍ 亠 ㅗ ㅛ 立 产 音 音 音 | 音節(음절) 高音(고음)

419 圖 | 부수: 囗 / 총 14획 / 그림 **도** | 丨 冂 冂 冂 門 門 門 啚 啚 啚 圖 圖 圖 | 圖面(도면) 地圖(지도)

420 案 | 부수: 木 / 총 10획 / 책상 **안** | ㆍ 宀 宀 安 安 安 室 案 案 | 案件(안건) 圖案(도안)

421 末 | 부수: 木 / 총 5획 / 끝 **말** | 一 二 丰 未 末 | 末期(말기) 年末(연말)

422 路 | 부수: 足 / 총 13획 / 길 **로** | ㆍ 口 口 甲 星 星 趵 趵 践 路 路 | 路上(노상) 末路(말로)

423 亡 | 부수: 亠 / 총 3획 / 망할 **망** | ㆍ 亠 亡 | 亡命(망명) 敗亡(패망)

424 者 | 부수: 老 / 총 9획 / 놈 **자** | 一 十 土 耂 耂 者 者 者 者 | 亡者(망자) 作者(작자)

425 木 | 부수: 木 / 총 4획 / 나무 **목** | 一 十 才 木 | 木馬(목마) 原木(원목)

426 材 | 부수: 木 / 총 7획 / 재목 **재** | 一 十 才 木 木 村 材 | 材料(재료) 木材(목재)

쓰기 배정 한자 익히기

| 427 無 | 부수: 火
총 12획
없을 무 | ノ ノ ト ト 乍 乍 無 無 無 無 無 無 | 無能(무능) 無色(무색) |

| 428 罪 | 부수: 网
총 13획
허물 죄 | 丨 冂 冂 罒 罒 罒 罘 罘 罪 罪 罪 罪 罪 | 罪目(죄목) 無罪(무죄) |

| 429 問 | 부수: 口
총 11획
물을 문 | 丨 冂 冂 冂 門 門 門 門 問 問 問 | 問安(문안) 質問(질문) |

| 430 答 | 부수: 竹
총 12획
대답 답 | ノ ノ ト ト ケ ケ 竺 竺 答 答 答 | 答信(답신) 問答(문답) |

| 431 法 | 부수: 水
총 8획
법 법 | ヽ ヽ ㇀ ㇀ 汁 汁 法 法 | 法規(법규) 兵法(병법) |

| 432 典 | 부수: 八
총 8획
법 전 | 丨 冂 日 由 曲 曲 典 典 | 古典(고전) 法典(법전) |

한자익히기

다음 밑줄 친 낱말에 알맞은 漢字를 쓰시오.

- 우리말은 장음과 **단음**(   )의 구별을 확실하게 해야 한다.
- 내 짝꿍 상호는 상표 **도안**(   )에 소질이 있다.
- 의자왕의 **말로**(   )는 너무도 비참했다.
- **망자**(   )에 대한 목멘 슬픔은 가끔 살아남은 사람들에게 묘한 위로를 준다.
- 이 공장에서는 **목재**(   )를 써서 책상과 걸상을 만들고 있다.
- 본 변호인은 피고의 **무죄**(   )를 주장하는 바입니다.
- 이 기사는 기자와 나누었던 **문답**(   ) 내용을 정리한 것이다.
- 함무라비 **법전**(   )은 세계에서 가장 오래된 성문법이다.

그 밖의 한자어(3)

한자의 훈과 음을 생각하며, 순서에 따라 써 보세요.

| 不 | 부수: 一
총 4획
아닐 **불·부** | 一 ア 不 不 | | 不通(불통) 不同(부동) |

| 變 | 부수: 言
총 23획
변할 **변** | ` ` ` ` ` 言 言 給 給 結 結 繼 繼 變 變 變 | | 變化(변화) 不變(불변) |

| 事 | 부수: 亅
총 8획
일 **사** | 一 一 一 丙 乒 写 写 事 | | 事業(사업) 行事(행사) |

| 件 | 부수: 人
총 6획
물건 **건** | ノ 亻 亻 亻 件 件 | | 物件(물건) 事件(사건) |

| 姓 | 부수: 女
총 8획
성 **성** | し 夕 女 女 如 如 姓 姓 | | 姓名(성명) 同姓(동성) |

| 名 | 부수: 口
총 6획
이름 **명** | ノ ク 夕 夕 名 名 | | 名分(명분) 罪名(죄명) |

| 洗 | 부수: 水
총 9획
씻을 **세** | ` ` ` 氵 氵 汁 泮 洗 洗 | | 洗手(세수) 洗車(세차) |

| 面 | 부수: 面
총 9획
낯 **면** | 一 ㄱ 厂 丙 丙 而 面 面 面 | | 面談(면담) 洗面(세면) |

| 所 | 부수: 戶
총 8획
바 **소** | ` ` ` 戶 戶 所 所 所 | | 所行(소행) 名所(명소) |

| 感 | 부수: 心
총 13획
느낄 **감** | ノ 厂 厂 厂 厂 咸 咸 咸 咸 感 感 感 | | 感動(감동) 所感(소감) |

443	神	부수: 示 총 10획 귀신 **신**	` ´ ラ ラ テ ガ ガ 神 神 神	神明(신명) 山神(산신)
444	仙	부수: 人 총 5획 신선 **선**	ノ イ 亻 仙 仙	仙女(선녀) 神仙(신선)
445	良	부수: 艮 총 7획 어질 **량**	` ¬ ㅋ ㅋ 白 白 良	良質(양질) 不良(불량)
446	民	부수: 氏 총 5획 백성 **민**	¬ ㄱ ㄹ 民 民	民草(민초) 良民(양민)
447	言	부수: 言 총 7획 말씀 **언**	` ㅗ ㅗ 늘 言 言 言	言語(언어) 名言(명언)
448	語	부수: 言 총 14획 말씀 **어**	` ㅗ ㅗ 늘 言 言 言 訂 訂 訂 誣 誣 誣 語	語法(어법) 英語(영어)

한자익히기

다음 밑줄 친 낱말에 알맞은 漢字를 쓰시오.

- 물론 진리 자체야말로 만고에 **불변**(　　)이지.
- 경찰은 주민들로부터 **사건**(　　) 당시의 목격담을 들었다.
- 그 편지에는 보내는 사람의 **성명**(　　)이 적혀 있지 않았다.
- **세면**(　　)을 마치자, 동생이 하얀 수건을 건넸다.
- 그는 오랜만에 귀국한 **소감**(　　)을 눈물로 대신했다.
- **신선**(　　) 놀음에 도끼자루 썩는 줄 모른다.
- 이 곳에서는 무고한 **양민**(　　)이 학살당한 비극적인 사건이 있었다.
- 인간이 동물과 구별되는 큰 특징은 **언어**(　　)를 가졌다는 점이다.

풀면서 익히기

1_ 다음 漢字語에 알맞은 讀音을 연결하세요.
(1) 料理 •　　　　　　　• ㉠ 고귀
(2) 高貴 •　　　　　　　• ㉡ 고정
(3) 圖案 •　　　　　　　• ㉢ 요리
(4) 固定 •　　　　　　　• ㉣ 도안

2_ 다음 문장에서 밑줄 친 漢字語의 讀音을 쓰세요.
(1) 할머니가 정성들여 가꾸신 庭園(　　)에 꽃이 활짝 피었다.
(2) 할아버지는 바둑을 두며 神仙(　　)과 같은 생활을 하신다.
(3) 전라 남도 강진에 있는 다산 草堂(　　)은 정약용 선생이 유배되어 살던 곳이다.
(4) 미얀마의 민주화 운동 지도자인 '아웅산 수지' 여사가 당국에 의해 家宅(　　) 연금을 당했다.

3_ 다음 ☐ 안에 알맞은 漢字의 訓을 쓰세요.
(1) 永住 (☐ 영, ☐ 주)　　(2) 改善 (☐☐ 개, ☐☐ 선)
(3) 洋屋 (☐☐☐ 양, ☐ 옥)　　(4) 健實 (☐☐ 건, ☐☐ 실)

4_ 다음 문장의 밑줄 친 낱말의 뜻에 알맞은 漢字를 〈例〉에서 찾아 그 기호를 쓰세요.

〈例〉　㉠ 待　㉡ 短　㉢ 音　㉣ 事

(1) 모든 **일**은 마음먹기에 달려 있다. (　　)
(2) 토끼는 뒷발이 길고 앞발이 **짧은** 동물이다. (　　)
(3) 며칠 후면 **기다리고** 기다리던 방학이 된다. (　　)
(4) 실내에서는 큰 **소리**로 노래하거나 떠들지 말아야 한다. (　　)

5_ 다음 괄호 속에 들어갈 漢字를 〈例〉에서 찾아 그 기호를 쓰세요.

〈例〉　㉠ 姓　㉡ 罪　㉢ 變　㉣ 良

(1) 물론 진리 자체야말로 만고에 不(　　　)이지.
(2) 편지에는 받는 사람의 주소와 (　　　)名을 정확히 써야 한다.
(3) 그는 억울한 옥살이를 하다가 최근에야 無(　　　)로 풀려났다.
(4) 이 곳에서는 무고한 (　　　)民이 학살당한 비극적인 사건이 있었다.

6_ 다음 낱말의 뜻에 알맞은 漢字語를 〈例〉에서 골라 그 기호를 쓰세요.

〈例〉　㉠ 區別　㉡ 圖案　㉢ 基本　㉣ 時間

(1) 성질이나 종류에 따라 나타나는 차이. (　　　)
(2) 어떤 시각에서 어떤 시각까지의 사이. (　　　)
(3) 사물이나 현상, 이론, 시설 따위의 기초와 근본. (　　　)
(4) 미술품이나 상품의 모양, 색채 등을 그림으로 나타냄. (　　　)

7_ 다음 괄호 속에 들어갈 漢字를 〈例〉에서 찾아 漢字語를 만드세요.

〈例〉　㉠ 改　㉡ 語　㉢ 問　㉣ 固　㉤ 面　㉥ 答

(1) 東問西(　　　)　　　(2) 白(　　　)書生
(3) 不(　　　)可知　　　(4) 言(　　　)生活

8_ 다음 문장의 밑줄 친 漢字語를 漢字로 쓰세요.
(1) 승부의 세계에는 **영원**(□□)한 승자도 패자도 없다.
(2) 옷과 먹을 것이 **부족**(□□)하지 않아야 예절을 안다.
(3) '경국대전'은 조선의 통치 기준이 된 최고의 **법전**(□□)이었다.
(4) 올해는 **하복**(□□)을 입는 시기가 예년보다 2주일이나 앞으로 당겨졌다.

그 밖의 한자어(4)

한자의 훈과 음을 생각하며, 순서에 따라 써 보세요.

449	然	부수: 火 총 12획 그럴 연	ノクタタ幼殀殀然然然然	然後(연후) 當然(당연)
450	後	부수: 彳 총 9획 뒤 후	ノノ彳彳彳彳彳彳彳彳後	後學(후학) 後代(후대)
451	例	부수: 人 총 8획 법식 례	ノイイイ何例例	例外(예외) 事例(사례)
452	外	부수: 夕 총 5획 바깥 외	ノクタ外外	外交(외교) 外家(외가)
453	完	부수: 宀 총 7획 완전할 완	ヽ宀宀宀完	完工(완공) 完勝(완승)
454	決	부수: 水 총 7획 결단할 결	氵江汻決	決算(결산) 完決(완결)
455	要	부수: 襾 총 9획 요긴할 요	一一一一西西要要要	要件(요건) 重要(중요)
456	領	부수: 頁 총 14획 거느릴 령	ノ今令令領領領領領領	領土(영토) 要領(요령)
457	陸	부수: 阜 총 11획 뭍 륙	阝阡阡陸陸陸陸	陸地(육지) 內陸(내륙)
458	橋	부수: 木 총 16획 다리 교	木橋橋橋橋	陸橋(육교) 大橋(대교)

쓰기 배정 한자 익히기

459 李 | 부수: 木 / 총 7획 / 오얏·성 **리** | 一 十 ナ 木 本 李 李 | 李朝(이조) 李花(이화)

460 朴 | 부수: 木 / 총 6획 / 성 **박** | 一 十 才 木 朴 朴 | 質朴(질박)

461 以 | 부수: 人 / 총 5획 / 써 **이** | 丨 丨 㠯 以 以 | 以南(이남) 以前(이전)

462 上 | 부수: 一 / 총 3획 / 윗 **상** | 丨 ト 上 | 上京(상경) 世上(세상)

463 再 | 부수: 冂 / 총 6획 / 두 **재** | 一 厂 冂 冃 再 再 | 再活(재활) 再會(재회)

464 建 | 부수: 廴 / 총 9획 / 세울 **건** | 一 ユ ヨ 丰 聿 聿 建 建 | 建國(건국) 再建(재건)

다음 밑줄 친 낱말에 알맞은 漢字를 쓰시오.

- 모든 준비가 다 된 **연후**(　　)에 일을 시작해도 늦지 않는다.
- 일반적으로 **예외**(　　) 없는 법은 없다.
- 한 달 동안 끌어오던 업무 추진 계획을 **완결**(　　)지었다.
- **요령**(　　) 있는 말솜씨는 상대의 마음을 읽는 데서 생긴다.
- 그는 **육교**(　　) 위에서 아래로 지나가는 차들을 바라보았다.
- **질박**(　　)한 모양의 조선 백자는 서민적이다.
- 우리 마을 입구에는 수령이 100년 **이상**(　　) 되는 느티나무 세 그루가 서 있다.
- 사원들은 회사의 **재건**(　　)을 위하여 밤낮을 가리지 않고 열심히 노력했다.

그 밖의 한자어(5)

한자의 훈과 음을 생각하며, 순서에 따라 써 보세요.

465 的	부수: 白 / 총 8획 / 과녁 **적**	′ ′ ′ ′ ′ 的 的 的		的中(적중)	目的(목적)
466 中	부수: ㅣ / 총 4획 / 가운데 **중**	ㅣ ㄇ ㅁ 中		中間(중간)	年中(연중)
467 正	부수: 止 / 총 5획 / 바를 **정**	一 丁 下 正 正		正直(정직)	改正(개정)
468 當	부수: 田 / 총 13획 / 마땅 **당**	ㅣ ㅣ ㅆ ㅆ ㅆ 씀 씀 씀 씀 當 當 當 當		當選(당선)	正當(정당)
469 調	부수: 言 / 총 15획 / 고를 **조**	ㆍ ㆍ ㅡ ㅡ ㅡ 言 訁 訂 訂 訂 調 調 調 調 調		調和(조화)	語調(어조)
470 査	부수: 木 / 총 9획 / 조사할 **사**	一 十 才 木 木 杳 杳 杳 査		査定(사정)	調査(조사)
471 注	부수: 水 / 총 8획 / 부을 **주**	ㆍ ㆍ 氵 氵 疒 泞 注 注		注目(주목)	發注(발주)
472 油	부수: 水 / 총 8획 / 기름 **유**	ㆍ ㆍ 氵 氵 汩 汩 油 油		油量(유량)	注油(주유)
473 參	부수: ㅿ / 총 11획 / 참여할 **참**, 석 **삼**	ㆍ ㆍ ㅅ ㅿ ㅿ ㅿ 夗 纹 夈 参 參		參見(참견)	不參(불참)
474 加	부수: 力 / 총 5획 / 더할 **가**	ㄱ カ カ 加 加		加工(가공)	參加(참가)

쓰기 배정 한자 익히기

| 475 青 | 부수: 靑
총 8획
푸를 청 | 一 = 丰 圭 青 青 青 青 | 青春(청춘) 青年(청년) |

| 476 綠 | 부수: 糸
총 14획
푸를 록 | 纟 纟 纟 纟 糸 糺 紵 紵 紵 紵 綠 綠 | 綠色(녹색) 青綠(청록) |

| 477 出 | 부수: 凵
총 5획
날 출 | 丨 屮 屮 出 出 | 出發(출발) 外出(외출) |

| 478 世 | 부수: 一
총 5획
인간 세 | 一 十 十 十 世 | 世上(세상) 出世(출세) |

| 479 充 | 부수: 儿
총 6획
채울 충 | 丶 亠 云 去 产 充 | 充電(충전) 充足(충족) |

| 480 分 | 부수: 刀
총 4획
나눌 분 | 丿 八 今 分 | 分類(분류) 充分(충분) |

한자 익히기

다음 밑줄 친 낱말에 알맞은 漢字를 쓰시오.

- 우리 팀이 승리할 것이라는 나의 예상이 그대로 **적중**( )했다.
- 노동자들이 **정당**( )한 대우를 요구하며 파업을 하였다.
- 경찰은 어제 일어난 화재 사고의 경위를 **조사**( )했다.
- **주유**( )하는 동안에는 자동차의 시동을 꺼 두어야 한다.
- 우리는 이번 대회에서 경기의 승패보다는 **참가**( )에 의의를 두고 있다.
- 눈에 비치는 것은 푸른 하늘, 그리고 **청록**( )색 강물이었다.
- 내 공부의 목적은 **출세**( )가 아니다.
- 바닷물에 들어가기 전에는 준비 운동을 **충분**( )히 해야 한다.

그 밖의 한자어(6)

한자의 훈과 음을 생각하며, 순서에 따라 써 보세요.

481 太 | 부수: 大, 총 4획, 클 태 | 一 ナ 大 太 | 太祖(태조) 太初(태초)

482 陽 | 부수: 阜, 총 12획, 볕 양 | ' ｜ ｜' ｜’ ｜” ｜” ｜” 阽 阽 陽 陽 陽 | 陽地(양지) 太陽(태양)

483 特 | 부수: 牛, 총 10획, 특별할 특 | ' ｜ ｜ ｜ 牛 牛 牜 牯 特 特 | 特別(특별) 獨特(독특)

484 色 | 부수: 色, 총 6획, 빛 색 | ' ｜ ｜ 乞 多 色 | 色相(색상) 特色(특색)

485 便 | 부수: 人, 총 9획, 편할 편, 똥오줌 변 | ' ｜ ｜ ｜ 1' 何 佰 佰 便 | 便利(편리) 不便(불편)

486 安 | 부수: 宀, 총 6획, 편안 안 | ' ｜ ｜ 宀 宀 安 安 | 安全(안전) 便安(편안)

487 表 | 부수: 衣, 총 8획, 겉 표 | 一 = ≠ 主 主 声 表 表 | 表情(표정) 圖表(도표)

488 紙 | 부수: 糸, 총 10획, 종이 지 | ' ｜ ｜ 幺 幺 糸 糸 紅 紙 紙 | 紙面(지면) 表紙(표지)

489 風 | 부수: 風, 총 9획, 바람 풍 | ノ 几 凡 凡 風 風 風 風 風 | 風向(풍향) 東風(동풍)

490 速 | 부수: 辶, 총 11획, 빠를 속 | ' ｜ ｜ 一 市 束 束 涑 涑 速 速 | 速度(속도) 風速(풍속)

쓰기 배정 한자 익히기

| 491 筆 | 부수: 竹
총 12획
붓 **필** | ノ 2 ﾅ ｸ ｸ ｸｸ ｸｸ ｸｽ ｿ ｿ ｿｿ 竺 筆 | | 筆法(필법)　親筆(친필) |

| 492 寫 | 부수: 宀
총 15획
베낄 **사** | ﾉ 宀 宀 宀 宀 宀 宀 宀 宜 宜 宜 寫 寫 寫 寫 | | 寫本(사본)　筆寫(필사) |

| 493 害 | 부수: 宀
총 10획
해할 **해** | ﾉ 宀 宀 宀 宀 宀 宀 宀 宀 害 害 | | 害惡(해악)　水害(수해) |

| 494 惡 | 부수: 心
총 12획
악할 **악**, 미워할 **오** | ﾉ 一 丌 丌 丌 丌 亞 亞 亞 亞 亞 惡 惡 | | 惡習(악습)　改惡(개악) |

| 495 許 | 부수: 言
총 11획
허락할 **허** | ﾉ 一 二 言 言 言 言 言 許 許 許 | | 許多(허다)　不許(불허) |

| 496 可 | 부수: 口
총 5획
옳을 **가** | 一 ㄱ ㅋ 可 可 | | 可望(가망)　許可(허가) |

다음 밑줄 친 낱말에 알맞은 漢字를 쓰시오.

- 폭풍우가 걷히자, 눈부신 **태양**(　　)이 솟아올랐다.
- 우리 마을은 이렇다 할 **특색**(　　)은 없지만 항상 정감이 넘친다.
- 부모님은 자식들 걱정에 하루도 **편안**(　　)할 날이 없으시다.
- 이 책은 **표지**(　　)만 보아서는 어떤 내용인지 도무지 알 수 없다.
- 우리 나라를 강타한 태풍 '루사'의 순간 최대 **풍속**(　　)이 초속 56.7m를 기록했다.
- 시골 할아버지 댁에서 희귀한 **필사**(　　)본이 발견되었다.
- 자라나는 청소년에게 담배의 **해악**(　　)을 철저하게 가르쳐야 한다.
- 이 곳은 **허가**(　　) 없이는 어느 누구도 출입이 불가능하다.

그 밖의 한자어(7)

한자의 훈과 음을 생각하며, 순서에 따라 써 보세요.

497 形 — 부수: 彡, 총 7획, 모양 **형** — 一二于开形形形 — 形式(형식) 人形(인형)

498 局 — 부수: 尸, 총 7획, 판 **국** — 尸尸月局局局 — 局面(국면) 形局(형국)

499 火 — 부수: 火, 총 4획, 불 **화** — 丶丷少火 — 火山(화산) 消火(소화)

500 災 — 부수: 火, 총 7획, 재앙 **재** — 巛巛巛災災 — 災害(재해) 火災(화재)

다음 밑줄 친 낱말에 알맞은 漢字를 쓰시오.

- 2002 월드 컵은 전통 강호 브라질, 독일과 신흥 강호 터키, 한국이 4강 구도를 이룬 **형국**(□□)이 되었다.
- 겨울철에는 건조한 날씨와 부주의로 인해 많은 **화재**(□□)가 발생한다.
- 미국과 이라크의 전쟁이 새로운 **국면**(□□)으로 접어들었다.
- 평소에 **소화**(□□)기 사용법에 대해 숙지해야 한다.
- 이 곡은 소나타 **형식**(□□)의 피아노곡이다.
- 백두산의 천지는 **화산**(□□) 폭발로 생긴 호수이다.

1_ 다음 漢字語에 맞는 讀音을 연결하세요.
(1) 要領 •　　　　　　• ㉠ 녹지
(2) 陸橋 •　　　　　　• ㉡ 육교
(3) 綠地 •　　　　　　• ㉢ 분야
(4) 分野 •　　　　　　• ㉣ 요령

2_ 다음 문장에서 밑줄 친 漢字語의 讀音을 쓰세요.
(1) 이 일을 하려는 <u>目的</u>(　　)이 무엇인지 궁금하다.
(2) 우리는 축구를 하기 위해 축구공에 공기를 <u>注入</u>(　　)했다.
(3) 그는 3번의 낙선 끝에 드디어 국회의원에 <u>當選</u>(　　)되었다.
(4) <u>浴室</u>(　　)을 사용한 후에는 뒷사람을 위해 깨끗이 청소하도록 하자.

3_ 다음 □ 안에 알맞은 漢字의 訓을 쓰세요.
(1) 以下 (　　 이,　　 하)　　(2) 夕陽 (　　 석,　 양)
(3) 加入 (　　 가,　 입)　　(4) 特色 (　　 특,　 색)

4_ 다음 문장의 밑줄 친 낱말의 뜻에 알맞은 漢字를 〈例〉에서 찾아 그 기호를 쓰세요.

〈例〉　㉠ 紙　㉡ 災　㉢ 風　㉣ 的

(1) 주몽은 **과녁**을 향해 시위를 당겼다. (　　)
(2) **바람**이 불수록 나무 뿌리는 깊어진다. (　　)
(3) **종이**, 붓, 벼루, 먹을 '문방사우'라고 한다. (　　)
(4) 지나치게 발달한 문명이 **재앙**을 가져올 수 있다. (　　)

5_ 다음 괄호 속에 들어갈 漢字를 〈例〉에서 찾아 그 기호를 쓰세요.

〈例〉　㉠ 感　㉡ 發　㉢ 朝　㉣ 後

(1) '이씨 조선'을 줄여서 '李(　　　)'라고 한다.
(2) 우리 일행은 목적지를 향해 出(　　　)했다.
(3) 식사 뒤에 간단히 먹는 음식을 (　　　)食이라고 한다.
(4) 승민이는 책을 읽고 가슴이 터질 듯한 (　　　)動을 느꼈다.

6_ 다음 낱말의 뜻에 알맞은 漢字語를 〈例〉에서 골라 그 기호를 쓰세요.

〈例〉　㉠ 例外　㉡ 再建　㉢ 調査　㉣ 充分

(1) 다시 일으켜 세움. (　　　)
(2) 모자람이 없이 넉넉함. (　　　)
(3) 일반적인 규칙이나 정례에서 벗어나는 일. (　　　)
(4) 어떤 내용을 알기 위해 자세히 살피거나 찾아봄. (　　　)

7_ 다음 괄호 속에 들어갈 漢字를 〈例〉에서 찾아 漢字語를 만드세요.

〈例〉　㉠ 害　㉡ 安　㉢ 世　㉣ 特　㉤ 有　㉥ 筆

(1) 立身出(　　　)　　　(2) 大書特(　　　)
(3) 百(　　　)無益　　　(4) (　　　)別活動

8_ 다음 문장의 밑줄 친 漢字語를 漢字로 쓰세요.

(1) 일반적으로 **예외**(□□)없는 법은 없다.
(2) 이 제품은 다른 제품에 비해 **색상**(□□)이 아름답다.
(3) 노동자들이 **정당**(□□)한 대우를 요구하며 파업을 하였다.
(4) 우리는 이번 대회에서 경기의 승패보다는 **참가**(□□)에 의의를 두고 있다.

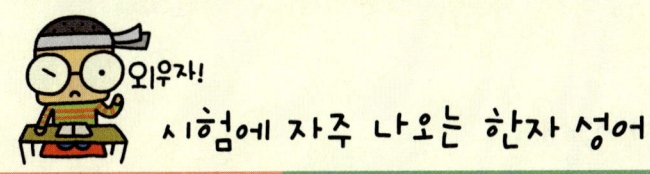
외우자! 시험에 자주 나오는 한자 성어

01 見物生心
볼 견, 물건 물, 날 생, 마음 심
물건을 보면 가지고 싶은 욕심이 생김.

見 物 生 心 見 物 生 心

02 交友以信
사귈 교, 벗 우, 써 이, 믿을 신
화랑의 세속 오계의 하나로, 벗을 사귈 때에는 믿음으로써 해야 한다는 뜻.

交 友 以 信 交 友 以 信

03 敎學相長
가르칠 교, 배울 학, 서로 상, 자랄 장
가르치고 배우는 것은 서로를 성장하게 함.

敎 學 相 長 敎 學 相 長

04 九死一生
아홉 구, 죽을 사, 한 일, 날 생
여러 차례 죽을 고비를 겪고 겨우 살아남.

九 死 一 生 九 死 一 生

05 多才多能
많을 다, 재주 재, 많을 다, 능할 능
재주가 많고 능력이 풍부함.

多 才 多 能 多 才 多 能

06 大書特筆
큰 대, 글 서, 특별할 특, 붓 필
'뚜렷이 드러나도록 큰 글자로 쓴다.'는 뜻으로, 신문 등에서 어떤 기사를 중요하게 다룰 때 쓰는 말.

大 書 特 筆 大 書 特 筆

I. 쓰기 배정 한자 익히기

한자능력검정시험 | I. 쓰기 배정 한자 익히기 **97**

외우자! 시험에 자주 나오는 한자 성어

07 同苦同樂
한가지 동, 쓸 고, 한가지 동, 즐길 락
괴로움과 즐거움을 함께함.

同苦同樂 同苦同樂

08 東問西答
동녘 동, 물을 문, 서녘 서, 대답 답
'동쪽을 물으면 서쪽을 대답한다.'는 뜻으로, 묻는 말에 대해 당치 않은 엉뚱한 대답을 할 때 쓰는 말.

東問西答 東問西答

09 馬耳東風
말 마, 귀 이, 동녘 동, 바람 풍
'말의 귀에 부는 동풍'이라는 뜻으로, 남의 의견이나 충고의 말을 귀담아듣지 아니하고 흘려버림을 이르는 말.

馬耳東風 馬耳東風

10 聞一知十
들을 문, 한 일, 알 지, 열 십
'하나를 듣고 열을 미루어 안다.'는 뜻으로, 지극히 총명함을 이르는 말.

聞一知十 聞一知十

11 門前成市
문 문, 앞 전, 이룰 성, 저자 시
'문 앞이 저자를 이룬다.'는 뜻으로, 찾아오는 사람이 많음을 비유.

門前成市 門前成市

12 百年大計
일백 백, 해 년, 큰 대, 셀 계
'백 년의 큰 계획'이라는 뜻으로, 먼 앞날까지 내다보고 세우는 큰 계획을 이르는 말.

百年大計 百年大計

쓰기 배정 한자 익히기

13. 百年河淸

일백 **백**, 해 **년**, 물 **하**, 맑을 **청**

'백 년을 기다려도 황하가 맑아지지 않는다.'는 뜻으로, 아무리 기다려도 어떤 일이 이루어지기 어려움을 이르는 말.

百 年 河 淸 百 年 河 淸

14. 百發百中

일백 **백**, 필 **발**, 일백 **백**, 가운데 **중**

'백 번 쏘아 백 번 맞춘다.'는 뜻으로, 계획이나 예상 따위가 꼭꼭 들어맞음을 이르는 말. (發-쏘다, 中-맞추다)

百 發 百 中 百 發 百 中

15. 父傳子傳

아비 **부**, 전할 **전**, 아들 **자**, 전할 **전**

대대로 아버지가 아들에게 전함.

父 傳 子 傳 父 傳 子 傳

16. 不問曲直

아닐 **불**, 물을 **문**, 굽을 **곡**, 곧을 **직**

옳고 그른 것을 묻지 않음.

不 問 曲 直 不 問 曲 直

17. 氷山一角

얼음 **빙**, 메 **산**, 한 **일**, 뿔 **각**

대부분이 숨겨져 있고 외부로 나타나 있는 것은 극히 일부분에 지나지 아니함을 비유적으로 이르는 말.

氷 山 一 角 氷 山 一 角

18. 山高水長

메 **산**, 높을 **고**, 물 **수**, 긴 **장**

'산은 언제까지나 높고 물은 영원히 흐른다.'는 뜻으로, 군자의 덕이 오래 전해짐을 비유.

山 高 水 長 山 高 水 長

외우자! 시험에 자주 나오는 한자 성어

19. 山戰水戰
메 산, 싸움 전, 물 수, 싸움 전
'산에서의 싸움과 물에서의 싸움'이라는 뜻으로, 세상일의 온갖 고난을 겪은 경험을 비유.

山戰水戰 山戰水戰

20. 山川草木
메 산, 내 천, 풀 초, 나무 목
'산과 내와 풀과 나무'라는 뜻으로, '자연'을 이르는 말.

山川草木 山川草木

21. 三三五五
석 삼, 석 삼, 다섯 오, 다섯 오
서넛 또는 대여섯 사람씩 여기저기 무리지어 다니거나 무슨 일을 하는 모양.

三三五五 三三五五

22. 生死苦樂
날 생, 죽을 사, 쓸 고, 즐길 락
삶과 죽음, 괴로움과 즐거움을 통틀어 이르는 말.

生死苦樂 生死苦樂

23. 身土不二
몸 신, 흙 토, 아닐 불, 두 이
'몸과 땅은 둘이 아니고 하나'라는 뜻으로, 자기가 사는 땅에서 산출된 농산물이 체질에 잘 맞는다는 말.

身土不二 身土不二

24. 十中八九
열 십, 가운데 중, 여덟 팔, 아홉 구
'열 가운데 여덟이나 아홉이 그러하다.'는 뜻으로, 거의 예외 없이 그러할 것이라는 추측을 나타내는 말.

十中八九 十中八九

25 言行一致
말씀 언, 행할 행, 한 일, 이를 치
말과 행동이 일치함.

26 靑山流水
푸를 청, 메 산, 흐를 류, 물 수
푸른 산에 맑은 물이라는 뜻으로, 막힘없이 썩 잘하는 말을 비유.

27 有口無言
있을 유, 입 구, 없을 무, 말씀 언
'입은 있으나 할 말이 없다.'는 뜻에서, 변명할 말이 없음을 이르는 말.

28 有名無實
있을 유, 이름 명, 없을 무, 열매 실
이름만 그럴 듯하고 실속은 없음.

29 以心傳心
써 이, 마음 심, 전할 전, 마음 심
말이나 글을 쓰지 않고 마음에서 마음으로 뜻을 전함.

30 人命在天
사람 인, 목숨 명, 있을 재, 하늘 천
사람이 오래 살고 일찍 죽음이 다 하늘에 매여 있음.

외우자! 시험에 자주 나오는 한자 성어

31. 一口二言
한 일, 입 구, 두 이, 말씀 언
'한 입으로 두 말을 한다.'는 뜻으로, 말을 이랬다저랬다함을 이르는 말.

一 口 二 言 一 口 二 言

32. 一長一短
한 일, 긴 장, 한 일, 짧을 단
장점도 있고 단점도 있음.

一 長 一 短 一 長 一 短

33. 一朝一夕
한 일, 아침 조, 한 일, 저녁 석
'하루 아침이나 하루 저녁'이라는 뜻으로, 아주 짧은 시일을 이르는 말.

一 朝 一 夕 一 朝 一 夕

34. 自問自答
스스로 자, 물을 문, 스스로 자, 대답 답
스스로 묻고 스스로 대답함.

自 問 自 答 自 問 自 答

35. 自手成家
스스로 자, 손 수, 이룰 성, 집 가
물려받은 재산이 없이 스스로의 힘으로 집안을 일으키고 재산을 모음.

自 手 成 家 自 手 成 家

36. 作心三日
지을 작, 마음 심, 석 삼, 날 일
'품은 마음이 사흘을 못 간다.'는 뜻으로, 결심이 굳지 못함을 빗대어 이르는 말.

作 心 三 日 作 心 三 日

37. 前無後無
앞 **전**, 없을 **무**, 뒤 **후**, 없을 **무**
이전에도 없었고, 앞으로도 없음.

前 無 後 無 前 無 後 無

38. 朝變夕改
아침 **조**, 변할 **변**, 저녁 **석**, 고칠 **개**
'아침 저녁으로 뜯어고친다.'는 뜻으로, 일관성 없이 자주 고침을 비유.

朝 變 夕 改 朝 變 夕 改

39. 靑天白日
푸를 **청**, 하늘 **천**, 흰 **백**, 날 **일**
환하게 밝은 대낮.

靑 天 白 日 靑 天 白 日

40. 淸風明月
맑을 **청**, 바람 **풍**, 밝을 **명**, 달 **월**
'맑은 바람과 밝은 달'이라는 뜻으로, 결백하고 온건한 성격을 평하여 이르는 말.

淸 風 明 月 淸 風 明 月

41. 春夏秋冬
봄 **춘**, 여름 **하**, 가을 **추**, 겨울 **동**
'봄·여름·가을·겨울'의 네 철을 아울러 이르는 말.

春 夏 秋 冬 春 夏 秋 冬

42. 花朝月夕
꽃 **화**, 아침 **조**, 달 **월**, 저녁 **석**
'꽃이 핀 아침과 달 뜬 저녁'이라는 뜻으로, 경치가 좋은 시절을 이르는 말.

花 朝 月 夕 花 朝 月 夕

 모범 답안

Ⅰ. 쓰기 배정 한자 익히기

 풀면서 익히기

26쪽 ~ 27쪽
1. (1)ⓒ(2)ⓒ(3)㉠(4)㉣ 2. (1)동창 (2)관객 (3)공식 (4)낙제 3. (1) 검을, 널 (2)가르칠, 과목 (3)그림, 갖출 (4)공부할, 제목 4. (1)ⓒ(2)㉠(3)㉣(4)ⓒ 5. (1)ⓒ(2)ⓒ(3)㉠(4)㉣ 6. (1)㉣(2)㉠(3)ⓒ(4)ⓒ 7. (1)㉤(2)㉥(3)㉣(4)㉠ 8. (1)訓話 (2)計算 (3)初章 (4)傳說

36쪽 ~ 37쪽
1. (1)㉣(2)ⓒ(3)㉠(4)ⓒ 2. (1)시종 (2)운해 (3)대설 (4)도시 3. (1)반, 섬 (2)잎, 글 (3)볼, 들을 (4)관계할, 문 4. (1)㉠(2)ⓒ(3)㉣(4)ⓒ 5. (1)ⓒ(2)ⓒ(3)㉠(4)㉣ 6. (1)ⓒ(2)㉣(3)ⓒ(4)㉠ 7. (1)ⓒ(2)㉠(3)㉣(4)㉥ 8. (1)左右 (2)北京 (3)小邑 (4)郡內

46쪽 ~ 47쪽
1. (1)ⓒ(2)㉠(3)㉣(4)ⓒ 2. (1)기술 (2)대비 (3)식수 (4)발전 3. (1) 찰, 찰 (2)팔, 살 (3)고기잡을, 마을 (4)붉을, 글자 4. (1)㉠(2)㉣(3)ⓒ(4)ⓒ 5. (1)ⓒ(2)ⓒ(3)㉠(4)㉣ 6. (1)㉣(2)ⓒ(3)ⓒ(4)㉠ 7. (1)㉥(2)㉣(3)㉣(4)㉤ 8. (1)古鐵 (2)生鮮 (3)銀行 (4)地力

56쪽 ~ 57쪽
1. (1)㉣(2)ⓒ(3)㉠(4)ⓒ 2. (1)타석 (2)합숙 (3)현재 (4)주야 3. (1) 일만, 해 (2)익힐, 익힐 (3)머무를, 그칠 (4)날랠, 선비 4. (1)㉠(2)ⓒ(3)ⓒ(4)㉣ 5. (1)㉠(2)ⓒ(3)ⓒ(4)㉣ 6. (1)㉠(2)ⓒ(3)㉣(4)ⓒ 7. (1)ⓒ(2)㉥(3)㉣(4)㉤ 8. (1)午前 (2)曜日 (3)臣下 (4)汽車

66쪽 ~ 67쪽
1. (1)ⓒ(2)㉠(3)㉣(4)ⓒ 2. (1) 의식 (2) 반성 (3) 우애 (4) 구급 3. (1) 빌, 복 (2) 기를, 기를 (3) 예도, 마디 (4) 약, 본받을 4. (1)ⓒ(2)ⓒ(3)ⓒ(4)㉣ 5. (1)㉠(2)ⓒ(3)ⓒ(4)㉣ 6. (1)ⓒ(2)ⓒ(3)ⓒ(4)㉠ 7. (1)㉠(2)㉣(3)ⓒ(4)ⓒ 8. (1)耳目 (2)成功 (3)幸運 (4)孝心

76쪽 ~ 77쪽
1. (1)㉠(2)ⓒ(3)㉣(4)ⓒ 2. (1) 친구 (2) 일체 (3) 활동 (4) 집단 3. (1)법, 법칙 (2)무리, 등급 (3)공경, 늙을 (4)한가지, 있을 4. (1)㉠(2)ⓒ(3)㉣(4)ⓒ 5. (1)㉠(2)㉣(3)ⓒ(4)ⓒ 6. (1)ⓒ(2)ⓒ(3)㉠(4)ⓒ 7. (1)㉥(2)ⓒ(3)㉠(4)㉣ 8. (1)白衣 (2)過多 (3)自由 (4)五億

86쪽 ~ 87쪽
1. (1)ⓒ(2)㉠(3)㉣(4)ⓒ 2. (1)정원 (2)신선 (3)초당 (4)가택 3. (1) 길, 살 (2) 고칠, 착할 (3) 큰바다, 집 (4) 굳셀, 열매 4. (1)㉠(2)ⓒ(3)㉠(4)ⓒ 5. (1)ⓒ(2)㉠(3)ⓒ(4)㉣ 6. (1)㉠(2)㉣(3)ⓒ(4)ⓒ 7. (1)㉥(2)㉤(3)ⓒ(4)ⓒ 8. (1)永遠 (2)不足 (3)法典 (4)夏服

95쪽 ~ 96쪽
1. (1)㉣(2)ⓒ(3)㉠(4)ⓒ 2. (1)목적 (2)주입 (3)당선 (4)욕실 3. (1) 써, 아래 (2) 저녁, 별 (3) 더할, 들 (4) 특별할, 빛 4. (1)㉣(2)㉠(3)ⓒ(4)ⓒ 5. (1)ⓒ(2)ⓒ(3)㉣(4)㉠ 6. (1)ⓒ(2)㉣(3)㉠(4)ⓒ 7. (1)ⓒ(2)㉥(3)㉠(4)㉣ 8. (1)例外 (2)色相 (3)正當 (4)參加

- 4급 배정 한자 500자 정리
- 모범 답안

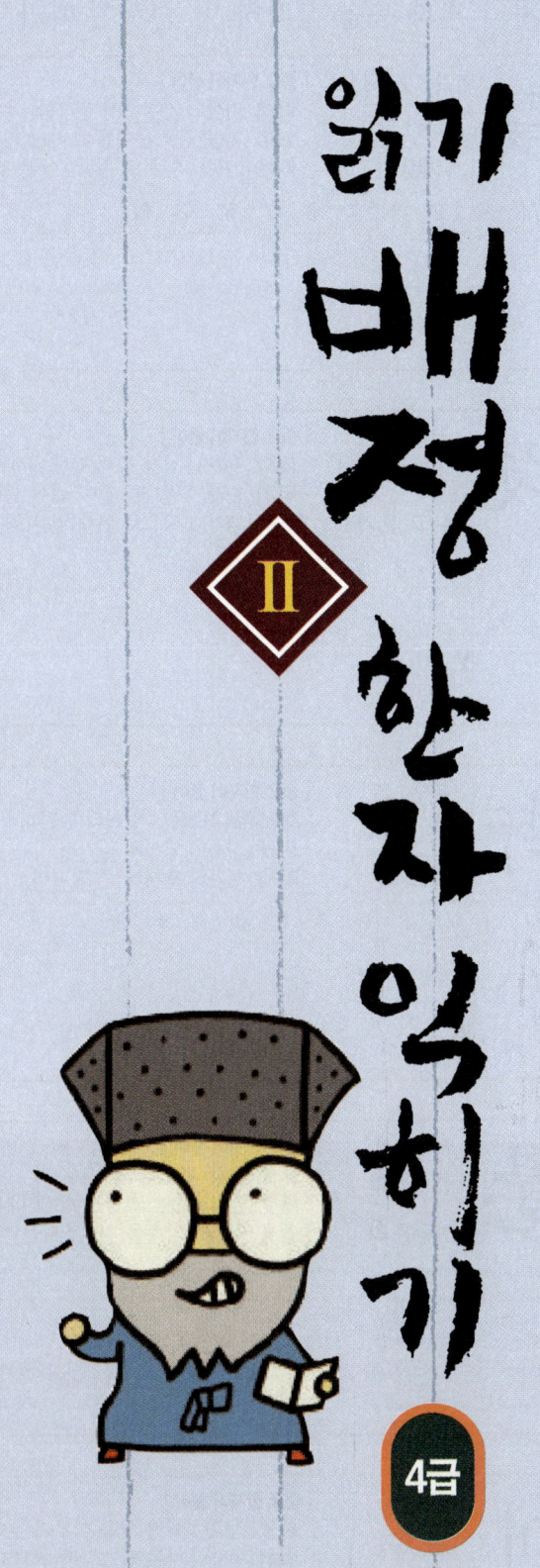

읽기 배정 한자 익히기 II
4급

 假 暇 街 覺 刻 簡 干 看

한자의 훈과 음을 생각하며, 순서에 따라 써 보세요.

001 假

- 부수 : 人(亻)
- 총 11획
- 거짓 **가**

[중요 한자어 풀이]
- 假想(가상) : 가정하여 생각함.
- 假名(가명) : 실제 이름이 아닌 가짜 이름.
- 假定(가정) : 임시로 정함. 어떤 조건을 임시로 설정함.

[활용]
- 假令(가령) 假死(가사)
- 假說(가설) 假聲(가성)
- 假分數(가분수)
- 假處分(가처분)

丿 亻 亻 亻' 亻" 亻" 伊 伊 俏 假 假

002 暇

- 부수 : 日
- 총 13획
- 틈·겨를 **가**

[중요 한자어 풀이]
- 休暇(휴가) : 직장 등의 단체에서 일정 기간 쉬는 일.
- 閑暇(한가) : 별다른 일이 없어 틈이 있음.
- 病暇(병가) : 병으로 인해 얻은 틈.

[활용]
- 餘暇(여가)
- 餘暇善用(여가선용)
- 出産休暇(출산휴가)

日 昛 昛 昛 昛 昛 昛 昛 暇

003 街

- 부수 : 行
- 총 12획
- 거리 **가**

[중요 한자어 풀이]
- 街路燈(가로등) : 길거리를 밝히기 위해 설치한 등.
- 街頭(가두) : 도시의 길거리.
- 市街(시가) : 도시의 큰 길거리.

[활용]
- 街道(가도) 商街(상가)
- 街路樹(가로수)
- 歡樂街(환락가)

丿 彳 彳 彳 彳 彳 衔 街 街 街 街

004 覺

- 부수 : 見
- 총 20획
- 깨달을 **각**

[중요 한자어 풀이]
- 味覺(미각) : 맛을 느끼는 감각.
- 感覺(감각) : 눈, 코 등을 통해 바깥 자극을 앎.
- 覺書(각서) : 약속을 지키겠다는 내용을 적은 문서.

[활용]
- 視覺(시각) 自覺(자각)
- 知覺(지각) 聽覺(청각)
- 先覺者(선각자)
- 視聽覺(시청각)

005 刻

- 부수 : 刀(刂)
- 총 8획
- 새길 **각**

[중요 한자어 풀이]
- 刻苦(각고) : 어떤 일을 이루기 위해 애를 씀.
- 木刻(목각) : 나무에 그림이나 글자 따위를 새김.
- 正刻(정각) : 틀림없는 바로 그 시각.

[활용]
- 刻印(각인) 陽刻(양각)
- 陰刻(음각) 寸刻(촌각)
- 刻骨難忘(각골난망)
- 一刻如三秋(일각여삼추)

丶 亠 亥 亥 亥 亥 刻 刻

*색자 표시는 시험 출제 중요 한자어

006 簡

부수 : 竹(⺮)
총 18획
대쪽·간략할 **간**

[중요 한자어 풀이]
· 簡略(간략) : 간단하고 소략함.
· 簡易(간이) : 간편하고 편리함, 또는 그런 상태.
· 書簡(서간) : 편지.

[활용]
簡便(간편) 簡字(간자)
竹簡(죽간)
書簡文(서간문)

007 千

부수 : 干
총 3획
방패 **간**

[중요 한자어 풀이]
· 若干(약간) : 얼마 되지 않음.
· 干支(간지) : 천간(天干)과 지지(地支).
· 救國干城(구국간성) : 나라를 구원하는 방패나 성과 같은 인물.

[활용]
干滿(간만) 十干(십간)
如干(여간) 干與(간여)

008 看

부수 : 目
총 9획
볼 **간**

[중요 한자어 풀이]
· 看板(간판) : 상점 따위의 이름을 써서 볼 수 있게 붙이는 표지.
· 看病(간병) : 아픈 사람을 돌보며 시중을 듦.
· 看守(간수) : 보살피며 지킴, 또는 교도관.

[활용]
看過(간과) 看護(간호)
看護師(간호사)
走馬看山(주마간산)

한자익히기

다음 □ 안에 밑줄 친 漢字語의 讀音을 쓰세요.

· 나는 컴퓨터 게임의 <u>假想</u>(　　) 세계와 실제 세계를 혼동할 때가 있다.
· 이번 여름 <u>休暇</u>(　　)는 푸른 바다가 보이는 곳에서 보내고 싶다.
· 길가의 <u>街路燈</u>(　　)을 모두 황색 나트륨 등으로 바꾸었다.
· 미식가들은 모두 <u>味覺</u>(　　)이 남보다 발달한 사람들일까?
· 그는 <u>刻苦</u>(　　)의 노력 끝에 획기적인 난치병 치료제를 개발했다.
· 포스터는 <u>簡略</u>(　　)한 문안과 효과적인 그림으로 주제를 전달한다.
· 다른 사람을 위한 배려는 <u>若干</u>(　　)의 관심만으로도 가능하다.
· 갑자기 몰려온 태풍에 큰 <u>看板</u>(　　) 하나가 뚝 떨어졌다.

減 監 敢 甘 甲 降 講 康

한자의 훈과 음을 생각하며, 순서에 따라 써 보세요.

009

減
부수 : 水(氵)
총 12획
덜 **감**

[중요 한자어 풀이]
- 減退(감퇴) : 줄어져 약해짐.
- 減少(감소) : 양이나 수치가 줆.
- 增減(증감) : 많아지거나 적어짐.

[활용]
減量(감량) 減速(감속)
減員(감원) 減軍(감군)
減縮(감축) 輕減(경감)
節減(절감) 減殺(감쇄)

丶丶氵氵沪沪沪减减减减

010

監
부수 : 皿
총 14획
볼 **감**

[중요 한자어 풀이]
- 監視(감시) : 단속하기 위해 주의 깊게 살핌.
- 監事(감사) : 재산이나 업무를 살피는 기관이나 사람.
- 校監(교감) : 학교장을 도와 학교 일을 맡아보는 직책.

[활용]
監禁(감금) 監察(감찰)
監收(감수)
國政監查(국정감사)
訓練都監(훈련도감)

丨丨丨丨丨丨丨丨丨丨丨丨監監

011

敢
부수 : 攴(攵)
총 12획
감히·구태여 **감**

[중요 한자어 풀이]
- 果敢(과감) : 과단성이 있고 용감함.
- 敢行(감행) : 과감하게 실행함.
- 勇敢(용감) : 용기가 있어 과감함.

[활용]
敢死(감사) 不敢(불감)
敢不生心(감불생심)

一丅工干王耳耳耳敢敢敢

012

甘
부수 : 甘
총 5획
달 **감**

[중요 한자어 풀이]
- 甘草(감초) : 단맛이 나는 풀. '어떤 일에나 빠지지 않고 한몫 끼는 사람'을 비유.
- 甘苦(감고) : 단맛과 쓴맛. 즐겁거나 괴로운 일을 비유.
- 甘酒(감주) : 엿기름과 밥알로 만든 단맛이 나는 음료. 식혜.

[활용]
甘味(감미) 甘受(감수)
甘水(감수) 甘雨(감우)
甘言利說(감언이설)
苦盡甘來(고진감래)

一十十十甘

013

甲
부수 : 田
총 5획
갑옷 **갑**

[중요 한자어 풀이]
- 甲富(갑부) : 첫째가는 큰 부자.
- 甲板(갑판) : 큰 배 위의 넓고 평평한 바닥.
- 回甲(회갑) : 환갑. 61세.

[활용]
甲年(갑년) 甲乙(갑을)
同甲(동갑) 六甲(육갑)
甲骨文字(갑골문자)
甲午更張(갑오경장)

丨冂日日甲

*색자 표시는 시험 출제 중요 한자어

014 降

부수 : 阜(阝)
총 9획
내릴 **강**, 항복할 **항**

[중요 한자어 풀이]
· 下降(하강) : 높은 곳에서 아래로 내려옴.
· 降服(항복) : 상대편의 힘에 눌려 굴복함.
· 降等(강등) : 등급이나 계급이 낮아짐.

[활용]
降福(강복) 降神(강신)
降水量(강수량)
急降下(급강하)

015 講

부수 : 言
총 17획
욀 **강**

[중요 한자어 풀이]
· 講師(강사) : 학교나 학원에서 강의를 하는 사람.
· 講讀(강독) : 글을 읽고 그 뜻을 밝힘.
· 休講(휴강) : 강의를 하지 않고 쉼.

[활용]
講論(강론) 講義(강의)
開講(개강) 受講(수강)
講習會(강습회)
聽講生(청강생)

016 康

부수 : 广
총 11획
편안 **강**

[중요 한자어 풀이]
· 健康(건강) : 정신·육체적으로 탈 없이 튼튼함.
· 康年(강년) : 편안한 해, 곧 풍년을 말함.
· 萬康(만강) : 아주 평안함.

[활용]
康福(강복)

한자익히기

다음 □ 안에 밑줄 친 漢字語의 讀音을 쓰세요.

• 나이가 드니 시력 <u>減退</u>(　　)를 막아준다는 약 선전에 귀가 솔깃해지는구나.
• 전쟁 위기가 고조되자, 국경 근방의 <u>監視</u>(　　)가 더 강화되었다.
• 일을 추진할 때는 <u>果敢</u>(　　)하게 밀어붙일 수도 있어야 한다.
• 너는 사사건건 약방에 <u>甘草</u>(　　)처럼 끼어드는구나!
• 임상옥은 인삼 무역권을 독점하여 당대 최고의 <u>甲富</u>(　　)가 되었다.
• 나는 그녀가 마치 <u>下降</u>(　　)한 선녀라도 되는 듯한 착각에 빠졌다.
• 성악을 전공한 누나는 대학에서 <u>講師</u>(　　)를 맡아 하고 있다.
• 어머님! 요즘 <u>健康</u>(　　)은 어떠십니까?

 個 更 拒 據 居 巨 傑 檢

한자의 훈과 음을 생각하며, 순서에 따라 써 보세요.

017 個
- 부수: 人(亻)
- 총 10획
- 낱 개

[중요 한자어 풀이]
- 個性(개성): 개체의 남다른 특성. 고유한 특징이나 성격.
- 個人(개인): 국가나 단체 등을 구성하는 낱낱의 사람.
- 各個(각개): 하나하나의 낱낱.

[활용]
個當(개당) 個體(개체)
別個(별개) 數個(수개)
個人技(개인기)
個人主義(개인주의)

丿 亻 亻 亻 們 們 個 個 個 個

個 個

018 更
- 부수: 曰
- 총 7획
- 다시 갱, 고칠 경

[중요 한자어 풀이]
- 更新(경신): 새롭게 고침. 늑갱신(更新).
- 更生(갱생): 죽기 직전에 다시 살아남.
- 三更(삼경): 밤 11시에서 새벽 1시 사이.

[활용]
更紙(갱지) 更張(경장)
初更(초경) 五更(오경)
更年期(갱년기)

一 一 丅 冂 戸 更 更

更 更

019 拒
- 부수: 手(扌)
- 총 8획
- 막을 거

[중요 한자어 풀이]
- 拒絶(거절): 요구나 제안, 부탁 등을 물리침.
- 拒逆(거역): 윗사람의 뜻이나 명령에 맞서 거스름.
- 抗拒(항거): 순종하지 않고 맞서서 반항함.

[활용]
拒止(거지)
拒否權(거부권)
拒否反應(거부반응)

一 十 扌 扩 扩 扣 拒 拒

拒 拒

020 據
- 부수: 手(扌)
- 총 16획
- 근거 거

[중요 한자어 풀이]
- 根據(근거): 의견·이론 따위의 이유나 바탕이 되는 것.
- 據點(거점): 어떤 활동의 근거가 되는 지점.
- 依據(의거): 어떤 사실이나 원리에 근거함.

[활용]
論據(논거) 雄據(웅거)
準據(준거) 占據(점거)
根據地(근거지)
證據物(증거물)

扌 扌 扩 扩 扩 扩 扩 护 护 捛 捛 據 據

據 據

021 居
- 부수: 尸
- 총 8획
- 살 거

[중요 한자어 풀이]
- 居處(거처): 일정하게 자리를 잡고 삶, 또는 그 곳.
- 居室(거실): 가족이 모여서 생활하는 공간.
- 別居(별거): 부부나 한 식구가 따로 떨어져 삶.

[활용]
居住(거주) 起居(기거)
同居(동거) 隱居(은거)
居家之樂(거가지락)
營外居住(영외거주)

一 コ 尸 尸 尸 居 居 居

居 居

*색자 표시는 시험 출제 중요 한자어

022 巨

부수: 工
총 5획
클 거

[중요 한자어 풀이]
- 巨物(거물): 큰 물건. 사회적으로 영향력이 큰 인물.
- 巨金(거금): 많은 돈.
- 巨人(거인): 몸이 아주 큰 사람.

[활용]
巨木(거목) 巨富(거부)
巨商(거상) 巨砲(거포)
巨視的(거시적)
名門巨族(명문거족)

一 丆 厂 巨 巨

023 傑

부수: 人(亻)
총 12획
뛰어날 걸

[중요 한자어 풀이]
- 人傑(인걸): 매우 뛰어난 인재.
- 傑作(걸작): 매우 훌륭한 작품.
- 傑出(걸출): 남보다 매우 뛰어남.

[활용]
傑物(걸물) 女傑(여걸)

024 檢

부수: 木
총 17획
검사할 검

[중요 한자어 풀이]
- 檢問(검문): 검사하고 자세히 따져 물음.
- 檢査(검사): 조사를 통해 옳고 그름을 판단하는 일.
- 身檢(신검): 신체 검사.

[활용]
檢印(검인) 檢針(검침)
判檢事(판검사)
檢定考試(검정고시)
知能檢査(지능검사)

다음 □ 안에 밑줄 친 漢字語의 讀音을 쓰세요.

- 교복은 소속감을 높여 주지만 個性(□□)은 살릴 수 없다.
- 이봉돌 선수는 이번 대회에서 마라톤 세계 신기록을 更新(□□)했다.
- 상대방의 기분을 상하지 않게 拒絶(□□)하는 것도 능력이더구나.
- 根據(□□) 없는 말로 사람들의 판단을 흐리게 하지 말아라.
- 서울로 유학을 온 상철이는 당분간 친구의 집에 居處(□□)하기로 하였다.
- 오늘 행사장엔 각계 巨物(□□)급 인사들이 모였다.
- 산천은 의구한데 人傑(□□)은 유수와 같아 간 데 없다.
- 탈옥수를 체포하기 위해 전국적으로 檢問(□□)이 강화되었다.

 儉 激 擊 犬 堅 潔 缺 慶

한자의 훈과 음을 생각하며, 순서에 따라 써 보세요.

025 儉

- 부수: 人(亻)
- 총 15획
- 검소할 **검**

[중요 한자어 풀이]
- 儉素(검소): 사치하지 않고 꾸밈없이 순수함.
- 儉約(검약): 돈이나 물건 등을 낭비하지 않고 아껴 씀.
- 勤儉(근검): 부지런하고 검소함.

[활용]
儉德(검덕) 貧儉(빈검)
節儉(절검) 清儉(청검)

026 激

- 부수: 水(氵)
- 총 16획
- 격할 **격**

[중요 한자어 풀이]
- 感激(감격): 마음 속에 몹시 느껴 감동함.
- 激流(격류): 사납고 빠르게 흐르는 물.
- 激怒(격노): 격렬하게 노함.

[활용]
激動(격동) 激烈(격렬)
激論(격론) 激戰(격전)
激化一路(격화일로)
自激之心(자격지심)

027 擊

- 부수: 手
- 총 17획
- 칠 **격**

[중요 한자어 풀이]
- 反擊(반격): 적을 되받아 공격함.
- 擊退(격퇴): 적을 쳐서 물리침.
- 出擊(출격): 적을 공격하러 출동함.

[활용]
擊破(격파) 目擊(목격)
一擊(일격) 進擊(진격)
各個擊破(각개격파)
人身攻擊(인신공격)

028 犬

- 부수: 犬
- 총 4획
- 개 **견**

[중요 한자어 풀이]
- 忠犬(충견): 주인에게 충직한 개.
- 愛犬(애견): 개를 귀여워함, 또는 그 개.
- 犬公(견공): 개를 사람처럼 높여 부르는 말.

[활용]
軍犬(군견) 名犬(명견)
鬪犬(투견) 黃犬(황견)
犬馬之勞(견마지로)

029 堅

- 부수: 土
- 총 11획
- 굳을 **견**

[중요 한자어 풀이]
- 堅固(견고): 굳고 튼튼함.
- 堅實(견실): 튼튼하고 충실함. 굳고 착실함.
- 中堅(중견): 단체에서 중심이 되는 중요한 사람들.

[활용]
堅持(견지)
中堅手(중견수)
中堅作家(중견작가)

*색자 표시는 시험 출제 중요 한자어

030 潔

부수 : 水(氵)
총 15획
깨끗할 결

[중요 한자어 풀이]
· 簡潔(간결) : 간단하고 깔끔함.
· 潔白(결백) : 지조를 더럽힘이 없이 깨끗함.
· 淸潔(청결) : 맑고 깨끗함.

[활용]
高潔(고결) 不潔(불결)
純潔(순결)

氵 氵 氵 沪 沪 沪 潔 潔 潔 潔 潔

031 缺

부수 : 缶
총 10획
이지러질 결

[중요 한자어 풀이]
· 缺點(결점) : 단점. 부족한 점.
· 缺席(결석) : 참석해야 할 자리에 나아가지 않음.
· 缺禮(결례) : 예의에 벗어나는 일을 함.

[활용]
缺本(결본) 缺損(결손)
缺員(결원) 病缺(병결)
缺損家庭(결손가정)
缺食兒童(결식아동)

032 慶

부수 : 心
총 15획
경사 경

[중요 한자어 풀이]
· 慶事(경사) : 축하할 만한 기쁜 일.
· 慶祝(경축) : 경사스러운 일을 축하함.
· 國慶日(국경일) : 나라의 경사를 기념하기 위해 정한 날.

[활용]
慶福(경복) 慶日(경일)
慶賀(경하) 大慶(대경)

다음 □ 안에 밑줄 친 漢字語의 讀音을 쓰세요. 『한자익히기』

• 할머니께서는 평생 <u>儉素</u>(□□)와 절약을 미덕으로 삼으셨다.

• 마음이 아픈 사람들은 따뜻한 말 한 마디에도 <u>感激</u>(□□)한답니다.

• 우리는 적들의 침략을 막아 내리라 굳게 다짐하고 <u>反擊</u>(□□)에 나섰다.

• 전북 임실군 오수면에 가면 주인을 위해 죽은 <u>忠犬</u>(□□)의 비가 있다.

• 이 건물은 재난에 대비하여 더욱 <u>堅固</u>(□□)하게 지어졌다.

• 글을 쓸 때나 말을 할 때 되도록 <u>簡潔</u>(□□)하게 해야 한다.

• 나는 사람의 <u>缺點</u>(□□)을 맘에 두기 전에 그의 장점을 키워주려고 노력한다.

• 형은 취직이 되고, 동생은 시험에 합격했으니 <u>慶事</u>(□□)가 겹쳤구나.

1_ 다음 漢字語의 讀音을 쓰세요.

<例>   心身 → 심신

(1) 街頭 (   )   (2) 看板 (   )
(3) 刻苦 (   )   (4) 假名 (   )
(5) 缺點 (   )   (6) 休暇 (   )

2_ 다음 訓과 音에 알맞은 漢字를 쓰세요.

(1) 덜 감 → (   )   (2) 달 감 → (   )
(3) 편안 강 → (   )   (4) 살 거 → (   )
(5) 막을 거 → (   )   (6) 경사 경 → (   )

3_ 다음 문장에서 밑줄 친 漢字語의 讀音을 쓰세요.
(1) 드디어 아군의 反擊(   )이 시작되었다.
(2) 싸우기도 전에 적군은 降服(   )하기 시작했다.
(3) 항상 淸潔(   )을 유지해야 질병을 예방할 수 있다.
(4) 병태는 책 한 권의 내용을 종이 한 장에 簡略(   )하게 정리했다.

4_ 다음 낱말의 뜻에 알맞은 漢字語를 <例>에서 골라 그 기호를 쓰세요.

<例>   ㉠ 敢行   ㉡ 女傑   ㉢ 更生   ㉣ 各個

(1) 과감하게 실행함. (   )
(2) 하나하나의 낱낱. (   )
(3) 죽기 직전에 다시 살아남. (   )
(4) 기개와 풍모가 뛰어난 여자. (   )

5. 다음 괄호 속에 들어갈 漢字를 〈例〉에서 찾아 漢字語를 만드세요.

〈例〉 ㉠ 甘 ㉡ 降 ㉢ 暇 ㉣ 刻
      ㉤ 舟 ㉥ 看 ㉦ 甲 ㉧ 城

(1) (　　) 骨難忘 : 뼈에 새길 만큼 큰 은혜를 입어 잊혀지지 아니함.
(2) 餘 (　　) 善用 : 한가로운 시간을 알맞게 잘 씀.
(3) 苦盡 (　　) 來 : 쓴 것이 다하면 단 것이 온다는 말로, 고생 끝에 즐거움이 옴.
(4) 走馬 (　　) 山 : 말을 타고 달리며 산천을 구경한다는 말로, 자세히 살피지 아니하고 대충 보고 지나침을 이르는 말.

6. 다음 漢字의 부수를 쓰세요.

(1) 講 → (　　)　　(2) 據 → (　　)
(3) 監 → (　　)　　(4) 居 → (　　)

7. 다음 문장의 밑줄 친 漢字語를 漢字로 쓰세요.

(1) 신형 컴퓨터를 사기엔 돈이 **약간**(　　) 모자란다.
(2) 우리 할아버지께서는 **검약**(　　) 정신이 몸에 배어 있다.
(3) **미각**(　　)이 뛰어난 사람이 음식도 잘 만들 수 있다.
(4) 주인을 구하고 대신 죽은 **충견**(　　)을 위해 마을 사람들이 동상을 만들었다.

8. 다음 漢字語의 뜻을 쓰세요.

(1) 書簡 (　　　　　　)
(2) 身檢 (　　　　　　)
(3) 病暇 (　　　　　　)
(4) 激流 (　　　　　　)

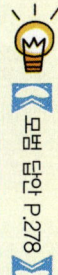

 警 境 經 鏡 傾 驚 係 戒

한자의 훈과 음을 생각하며, 순서에 따라 써 보세요.

033 警

- 부수 : 言
- 총 20획
- 깨우칠 **경**

[중요 한자어 풀이]
- 警告(경고) : 조심하도록 미리 주의를 줌.
- 警鍾(경종) : 위급한 일을 알리는 종이나 사이렌 소리.
- 女警(여경) : 여자 경찰관.

[활용]
警報(경보)   警句(경구)
軍警(군경)   義警(의경)
警覺心(경각심)
戰鬪警察(전투경찰)

034 境

- 부수 : 土
- 총 14획
- 지경 **경**

[중요 한자어 풀이]
- 環境(환경) : 생활체를 둘러싸고 직·간접으로 영향을 주는 자연.
- 國境(국경) : 나라와 나라의 영역을 가르는 경계.
- 境內(경내) : 일정한 지역의 안.

[활용]
境界(경계)   死境(사경)
仙境(선경)   心境(심경)
無人之境(무인지경)
無我之境(무아지경)

035 經

- 부수 : 糸
- 총 13획
- 지날·글 **경**

[중요 한자어 풀이]
- 經歷(경력) : 이제까지 지나온 학업·직업 따위의 내용.
- 經書(경서) : 사서오경 따위의 유교 교리를 써 놓은 책.
- 佛經(불경) : 불교의 교리를 써 놓은 책.

[활용]
經路(경로)   經理(경리)
經濟(경제)   讀經(독경)
經營(경영)   聖經(성경)
經世濟民(경세제민)

036 鏡

- 부수 : 金
- 총 19획
- 거울 **경**

[중요 한자어 풀이]
- 破鏡(파경) : 깨어진 거울. 부부가 이별하게 되는 일.
- 銅鏡(동경) : 구리로 만든 거울.
- 明鏡(명경) : 아주 맑은 거울.

[활용]
水鏡(수경)   眼鏡(안경)
內視鏡(내시경)
望遠鏡(망원경)
明鏡止水(명경지수)

037 傾

- 부수 : 人(亻)
- 총 13획
- 기울 **경**

[중요 한자어 풀이]
- 傾聽(경청) : 귀를 기울여 주의해 들음.
- 傾向(경향) : 마음이나 형세가 한 쪽으로 기울어짐.
- 傾國(경국) : 나라의 힘을 다 기울임. 또는 나라를 위태롭게 함.

[활용]
傾度(경도)   右傾(우경)
左傾(좌경)
傾國之色(경국지색)

*색자 표시는 시험 출제 중요 한자어

038 驚

부수: 馬
총 23획
놀랄 **경**

[중요 한자어 풀이]
· 驚異(경이) : 놀랍고 신기한 일.
· 驚歎(경탄) : 몹시 놀라며 감탄함.
· 大驚(대경) : 크게 놀람.

[활용]
驚氣(경기)
驚天動地(경천동지)
大驚失色(대경실색)
一鳴驚人(일명경인)

039 係

부수: 人(亻)
총 9획
맬 **계**

[중요 한자어 풀이]
· 關係(관계) : 둘 이상의 사람이나 사물이 서로 관련이 있음.
· 係員(계원) : 계 단위의 부서에서 일하는 사람.
· 係長(계장) : 계 단위의 부서를 감독하는 직책, 사람.

[활용]
因果關係(인과관계)

040 戒

부수: 戈
총 7획
경계할 **계**

[중요 한자어 풀이]
· 警戒(경계) : 뜻밖의 사고가 생기지 않게 미리 조심함.
· 戒律(계율) : 불자(佛者)가 지켜야 되는 규범.
· 破戒(파계) : 계(戒)를 받은 사람이 그 계율을 어김.

[활용]
十戒(십계)
世俗五戒(세속오계)
訓戒放免(훈계방면)
一罰百戒(일벌백계)

다음 □ 안에 밑줄 친 漢字語의 讀音을 쓰세요.

· 스포츠 경기에선 비신사적인 행동을 했을 경우 심판에게 <u>警告</u>(□□)를 받는다.
· 요즘 부쩍 <u>環境</u>(□□) 문제에 대한 관심이 높아졌다.
· 전문적인 일에 <u>經歷</u>(□□)이 꽤 있는 사람들도 구직난을 겪고 있다.
· 그 부부는 3년의 별거 끝에 <u>破鏡</u>(□□)을 맞았다.
· 사람들은 그의 말을 자신도 모르는 사이에 <u>傾聽</u>(□□)하게 되었다.
· 백두산 천지의 경치는 내가 본 광경 중 가장 <u>驚異</u>(□□)로운 것이었다.
· 두 사람의 <u>關係</u>(□□)가 예전과 달리 소원해졌다.
· 항상 자신을 <u>警戒</u>(□□)하는 마음을 놓치지 말아라.

季 鷄 階 系 繼 故 庫 孤

한자의 훈과 음을 생각하며, 순서에 따라 써 보세요.

---

041 季
- 부수 : 子
- 총 8획
- 계절 **계**

[중요 한자어 풀이]
- 季節(계절) : 일년을 춘·하·추·동으로 나눈 그 한 철.
- 四季(사계) : 사철. 봄·여름·가을·겨울의 네 계절을 말함.
- 春季(춘계) : 춘기(春期). 봄의 계절.

[활용]
季氏(계씨) 季子(계자)
夏季(하계) 秋季(추계)
冬季(동계)
季節風(계절풍)

필순: 丿 一 二 千 千 禾 禾 季 季

---

042 鷄
- 부수 : 鳥
- 21획
- 닭 **계**

[중요 한자어 풀이]
- 鷄林(계림) : '신라'의 다른 이름.
- 鷄鳴(계명) : 닭이 욺. 또는 그 소리.
- 養鷄(양계) : 닭을 기름.

[활용]
鬪鷄(투계)
烏骨鷄(오골계)
鷄卵有骨(계란유골)

---

043 階
- 부수 : 阜(阝)
- 총 12획
- 섬돌 **계**

[중요 한자어 풀이]
- 階段(계단) : 사람이 오르내리기 위해 만든 층층대.
- 位階(위계) : 벼슬의 품계. 지위나 계층 등의 등급.
- 音階(음계) : 일정한 음정의 순서로 음을 늘어놓은 것.

[활용]
階級(계급) 石階(석계)
品階(품계)
無産階級(무산계급)
地主階級(지주계급)

---

044 系
- 부수 : 糸
- 총 7획
- 이어맬 **계**

[중요 한자어 풀이]
- 系列(계열) : 조직적으로 이어진 순서. 같은 계통에 따른 배열.
- 家系(가계) : 대대로 이어 내려온 한 집안의 계통.
- 直系(직계) : 혈연 관계로 직접 이어진 계통.

[활용]
系圖(계도) 系統(계통)
世系(세계)

---

045 繼
- 부수 : 糸
- 총 20획
- 이을 **계**

[중요 한자어 풀이]
- 繼走(계주) : 이어달리기.
- 繼母(계모) : 의붓어머니. 원래의 어머니를 이은 어머니.
- 後繼(후계) : 어떤 사람이나 일의 뒤를 이음.

[활용]
繼承(계승) 繼投(계투)
承繼(승계) 繼父(계부)
引繼引受(인계인수)

*색자 표시는 시험 출제 중요 한자어

046

故 부수: 攴(攵) / 총 9획 / 연고 **고**

[중요 한자어 풀이]
· 故鄕(고향) : 태어나 자란 곳. 조상 때부터 대대로 살아온 곳.
· 故人(고인) : 죽은 사람. 오래 사귄 친구.
· 事故(사고) : 뜻밖에 일어난 불행한 일.

[활용]
故國(고국) 故意(고의)
有故(유고) 作故(작고)
溫故知新(온고지신)
故事成語(고사성어)

047

庫 부수: 广 / 총 10획 / 곳집 **고**

[중요 한자어 풀이]
· 國庫(국고) : 나라의 중앙 금고.
· 金庫(금고) : 돈이나 귀중품을 보관하는 궤나 창고.
· 入庫(입고) : 물건을 창고에 넣음.

[활용]
文庫(문고) 書庫(서고)
在庫(재고) 出庫(출고)
石氷庫(석빙고)
火藥庫(화약고)

048

孤 부수: 子 / 총 8획 / 외로울 **고**

[중요 한자어 풀이]
· 孤兒(고아) : 부모가 없어 돌볼 사람이 없는 아이.
· 孤島(고도) : 육지에서 멀리 떨어진 작은 섬.
· 孤立(고립) : 다른 사람과 차단되어 외톨이로 있음.

[활용]
孤獨(고독) 孤雲(고운)
德不孤(덕불고)
孤立無援(고립무원)
絕海孤島(절해고도)

한자익히기

다음 □ 안에 밑줄 친 漢字語의 讀音을 쓰세요.

· 季節(□□)이 바뀔 때마다 자연의 아름다움이 더 크게 느껴진다.
· 박제상이 말했다. "나는 鷄林(□□)의 신하이지 왜국의 신하가 아니다."
· 진구는 階段(□□)에서 뛰다가 넘어져 한 달 동안 깁스를 해야 했다.
· 대학의 이학·공학 系列(□□) 학과에 시설 지원이 이루어졌다.
· 운동회의 꽃은 각 반 달리기 대표들이 펼치는 繼走(□□)이다.
· 극심한 도로 정체에도 불구하고 명절 때면 사람들은 故鄕(□□)으로 향한다.
· 정부는 도심 녹화 사업에 國庫(□□) 80억을 들였다.
· 천애의 孤兒(□□)로 태어난 올리버는 온갖 학대를 받으며 자랐다.

穀 困 骨 攻 孔 官 管 鑛

한자의 훈과 음을 생각하며, 순서에 따라 써 보세요.

049 穀
- 부수: 禾
- 총 15획
- 곡식 곡

[중요 한자어 풀이]
- 穀食(곡식): 양식이 되는 쌀·보리·조·콩 따위.
- 穀類(곡류): 쌀이나 보리 등의 곡식을 합쳐 부르는 말.
- 秋穀(추곡): 가을에 수확한 곡식.

[활용]
- 穀氣(곡기) 穀物(곡물)
- 米穀(미곡) 雜穀(잡곡)
- 脫穀(탈곡)
- 五穀百果(오곡백과)

050 困
- 부수: 口
- 총 7획
- 곤할 곤

[중요 한자어 풀이]
- 疲困(피곤): 몸이나 마음이 지쳐서 고단함.
- 貧困(빈곤): 가난하여 살기 어려움.
- 困境(곤경): 어려운 형편이나 처지.

[활용]
- 困窮(곤궁) 勞困(노곤)
- 春困(춘곤)
- 困而知之(곤이지지)

051 骨
- 부수: 骨
- 총 10획
- 뼈 골

[중요 한자어 풀이]
- 骨格(골격): 뼈대.
- 頭骨(두골): 머리뼈.
- 遺骨(유골): 화장하고 남은 뼈. 무덤 속에서 나온 뼈.

[활용]
- 骨相(골상) 納骨(납골)
- 毛骨(모골)
- 言中有骨(언중유골)
- 白骨難忘(백골난망)

052 攻
- 부수: 攴(攵)
- 총 7획
- 칠 공

[중요 한자어 풀이]
- 攻防(공방): 적을 치는 일과 막는 일.
- 攻守(공수): 공격과 수비.
- 攻擊(공격): 나아가 적을 침.

[활용]
- 攻略(공략) 先攻(선공)
- 強攻(강공) 速攻(속공)
- 先制攻擊(선제공격)
- 難攻不落(난공불락)

053 孔
- 부수: 子
- 총 4획
- 구멍 공

[중요 한자어 풀이]
- 毛孔(모공): 털구멍.
- 眼孔(안공): 눈구멍.
- 孔子(공자): 중국 고대 사상가로 유교의 시조.

[활용]
- 孔孟(공맹) 穴孔(혈공)

*색자 표시는 시험 출제 중요 한자어

054 官

부수: 宀
총 8획
벼슬 관

[중요 한자어 풀이]
- 法官(법관): 사법권 행사에 관련된 공무원.
- 官吏(관리): 관직에 있는 사람.
- 上官(상관): 직책이 자기보다 높은 사람.

[활용]
官家(관가)　官民(관민)
警官(경관)　武官(무관)
文官(문관)　地官(지관)
官治行政(관치행정)

055 管

부수: 竹(⺮)
총 14획
대롱·주관할 관

[중요 한자어 풀이]
- 管理(관리): 어떤 일의 사무를 맡아 처리함.
- 銅管(동관): 구리로 만든 관.
- 血管(혈관): 혈액이 흐르는 관.

[활용]
氣管支(기관지)
保管(보관)　主管(주관)
毛細血管(모세혈관)
金管樂器(금관악기)

056 鑛

부수: 金
총 23획
쇳돌 광

[중요 한자어 풀이]
- 金鑛(금광): 금을 캐는 광산.
- 鑛山(광산): 광물을 캐는 곳.
- 鑛業(광업): 광물을 캐서 제련하는 작업을 하는 산업.

[활용]
鑛口(광구)　鑛夫(광부)
鑛石(광석)　採鑛(채광)
鑛産物(광산물)
鐵鑛石(철광석)

한자익히기

다음 □ 안에 밑줄 친 漢字語의 讀音을 쓰세요.

- 기상 이변으로 인해 각국의 <u>穀食</u>(□□) 수확량이 작년보다 떨어졌다.
- 구조대는 <u>疲困</u>(□□)함을 느낄 겨를도 없이 연이어 구조 작업을 진행했다.
- 찰흙으로 인물상을 만들 때에는 먼저 철사와 노끈으로 <u>骨格</u>(□□)을 만들어야 한다.
- 양팀의 치열한 <u>攻防</u>(□□)이 시종일관 사람들의 눈을 붙잡았다.
- 피지가 과다하게 분비되어 <u>毛孔</u>(□□)이 막히면 여드름이 생긴다.
- 길동이는 모든 사람에게 존경받는 훌륭한 <u>法官</u>(□□)이 되고 싶었다.
- 환절기에는 특히 건강을 잘 <u>管理</u>(□□)해야 한다.
- 고향에서 양질의 <u>金鑛</u>(□□)이 발견되었다는 신문 기사를 읽었다.

 求 句 究 構 群 君 屈 宮

한자의 훈과 음을 생각하며, 순서에 따라 써 보세요.

057 求

- 부수: 水
- 총 7획
- 구할 **구**

[중요 한자어 풀이]
- 求人(구인): 일할 사람을 구함.
- 求道(구도): 진리·깨달음의 경지를 구함.
- 請求(청구): 돈이나 물건을 달라고 요구함.

[활용]
求愛(구애) 求職(구직)
急求(급구) 希求(희구)
緣木求魚(연목구어)

一 十 扌 才 求 求 求

求 求

058 句

- 부수: 口
- 총 5획
- 글귀 **구**

[중요 한자어 풀이]
- 名句(명구): 뛰어나게 잘 된 글귀. 유명한 문구.
- 句節(구절): 한 토막의 글이나 말.
- 語句(어구): 말의 마디나 구절.

[활용]
文句(문구) 詩句(시구)
句讀點(구두점)
一言半句(일언반구)
五言絶句(오언절구)

丿 勹 勹 句 句

句 句

059 究

- 부수: 穴
- 총 7획
- 연구할·궁구할 **구**

[중요 한자어 풀이]
- 講究(강구): 방법이나 대책을 연구함.
- 究明(구명): 사물의 본질이나 원인을 연구해 밝힘.
- 學究(학구): 학문을 깊이 연구함.

[활용]
研究(연구) 推究(추구)
探究(탐구)
研究授業(연구수업)

丶 丷 宀 宀 空 究 究

究 究

060 構

- 부수: 木
- 총 14획
- 얽을 **구**

[중요 한자어 풀이]
- 構想(구상): 어떤 일에 대해 생각을 얽어 놓음.
- 構成(구성): 몇 가지 요소를 조립해 하나로 만드는 일.
- 虛構(허구): 사실이 아닌 것을 사실처럼 꾸며 냄.

[활용]
構圖(구도) 構文(구문)
構造(구조) 機構(기구)
意識構造(의식구조)
流通機構(유통기구)

木 朴 朴 栌 栌 栌 椲 槽 構 構 構

構 構

061 群

- 부수: 羊
- 총 13획
- 무리 **군**

[중요 한자어 풀이]
- 群落(군락): 같은 지역에 모여 생활하는 부락.
- 群舞(군무): 여러 사람이 무리지어 추는 춤.
- 群衆(군중): 수많은 사람들.

[활용]
群像(군상) 群小(군소)
群集(군집) 不群(불군)
群衆心理(군중심리)

フ ㄱ ㅋ 尹 君 君 君 君' 群 群 群 群

群 群

062 君

- 부수 : 口
- 총 7획
- 임금 **군**

[중요 한자어 풀이]
- 君臣(군신) : 임금과 신하.
- 君主(군주) : 임금.
- 聖君(성군) : 어질고 덕이 뛰어난 훌륭한 임금.

[활용]
君臨(군림) 君子(군자)
大君(대군) 暴君(폭군)
君臣有義(군신유의)
君師父一體(군사부일체)

ㄱ ㄱ ㅋ 尹 尹 君 君

063 屈

- 부수 : 尸
- 총 8획
- 굽힐 **굴**

[중요 한자어 풀이]
- 屈服(굴복) : 힘이 모자라 몸을 굽히고 복종함.
- 屈曲(굴곡) : 상하 또는 좌우로 꺾이고 굽음.
- 不屈(불굴) : 굽히지 않음.

[활용]
屈伏(굴복) 屈折(굴절)
屈從(굴종)
百折不屈(백절불굴)

ㄱ ㄱ 尸 尸 屈 屈 屈 屈

064 宮

- 부수 : 宀
- 총 10획
- 집 **궁**

[중요 한자어 풀이]
- 宮女(궁녀) : 나인. 궁중에서 일하는 여자.
- 古宮(고궁) : 옛 궁궐.
- 子宮(자궁) : 아기집. 태아가 착상하여 자라는 기관.

[활용]
宮城(궁성) 宮中(궁중)
宮合(궁합) 東宮(동궁)
王宮(왕궁) 龍宮(용궁)
景福宮(경복궁)

` ` 宀 宀 宮 宮 宮 宮 宮 宮

한자익히기

다음 □ 안에 밑줄 친 漢字語의 讀音을 쓰세요.

- 일주일째 <u>求人</u>(　　) 광고를 계속냈지만 전화 한 통 오지 않았다.
- 좋은 <u>名句</u>(　　) 하나가 사람의 일생을 바꾸어 놓기도 한다.
- 밤새도록 대책을 <u>講究</u>(　　)한 끝에 드디어 묘안을 찾아 냈다.
- 아직 <u>構想</u>(　　) 단계라 구체적인 말씀을 드리기는 이릅니다.
- 해마다 4월이면 산수유 <u>群落</u>(　　)이 온 마을을 노랗게 물들인다.
- <u>君臣</u>(　　) 관계에서는 충(忠)뿐만 아니라 의(義)도 중요하다.
- 우리 조상들은 외적에게 <u>屈服</u>(　　)하지 않고 끝까지 싸웠다.
- 낭인의 우두머리는 오래잖아 <u>宮女</u>(　　)들 틈에서 명성황후를 찾아 냈다.

1_ 다음 漢字語의 讀音을 쓰세요.

〈例〉 心身 → 심신

(1) 繼走 (　　　)　　(2) 金鑛 (　　　)
(3) 破鏡 (　　　)　　(4) 構成 (　　　)
(5) 驚歎 (　　　)　　(6) 秋穀 (　　　)

2_ 다음 訓과 音에 알맞은 漢字를 쓰세요.

(1) 계절 계 → (　　　)　　(2) 임금 군 → (　　　)
(3) 벼슬 관 → (　　　)　　(4) 집　궁 → (　　　)
(5) 뼈　골 → (　　　)　　(6) 무리 군 → (　　　)

3_ 다음 문장에서 밑줄 친 漢字語의 讀音을 쓰세요.

(1) 우직은 戒律(　　)을 받고 승려가 되었다.
(2) 이번 사건은 이웃에 무관심한 우리 사회에 警鍾(　　)을 울렸다.
(3) 선생님께서 直系(　　) 가족의 이름을 써 오라는 숙제를 내주셨다.
(4) 이 곳은 산간 지방이라 階段(　　)식 논이 아주 많다.

4_ 다음 낱말의 뜻에 알맞은 漢字語를 〈例〉에서 골라 그 기호를 쓰시오.

〈例〉 ㉠ 貧困　㉡ 句節　㉢ 屈服　㉣ 經路

(1) 지나는 길. (　　　)
(2) 한 토막의 말이나 글. (　　　)
(3) 가난하여 살기 어려움. (　　　)
(4) 힘이 모자라 굽히고 복종함. (　　　)

5_ 다음 괄호 속에 들어갈 漢字를 〈例〉에서 찾아 漢字語를 만드세요.

〈例〉 ㉠ 警 ㉡ 古 ㉢ 傾 ㉣ 志
     ㉤ 故 ㉥ 溪 ㉦ 鷄 ㉧ 骨

(1) (　　)國之色 : 임금을 현혹시켜 나라가 기울어지게 할 정도의 뛰어난 미인.
(2) 溫(　　)知新 : 옛 것을 배우고 이것을 미루어서 새 것을 앎.
(3) (　　)卵有骨 : 계란에도 뼈가 있다는 말로, 운이 나쁜 사람은 모처럼 좋은 기회를 맞아도 역시 일이 잘 안 됨을 말함.
(4) 言中有(　　) : 말 속에 뼈가 있다는 말로, 평범한 말 속에 깊은 뜻이 있는 경우를 말함.

6_ 다음 漢字의 부수를 쓰세요.
(1) 管 → (　　)　　(2) 究 → (　　)
(3) 係 → (　　)　　(4) 孤 → (　　)

7_ 다음 문장의 밑줄 친 漢字語를 漢字로 쓰세요.
(1) 새 집을 어떻게 지을지 한 달여 동안 **구상**(□□)했다.
(2) 언니는 결국 **구도**(□□)의 길을 나서기로 결심했다.
(3) 더 이상 **고인**(□□)의 뜻을 욕되게 해서는 안 됩니다.
(4) 참담한 **심경**(□□)이라 어떤 말을 해야 좋을지 알 수 없었다.

8_ 다음 漢字語의 뜻을 쓰세요.
(1) 毛孔 (　　　　　　)
(2) 古宮 (　　　　　　)
(3) 養鷄 (　　　　　　)
(4) 鑛山 (　　　　　　)

 시험에 자주 나오는 한자 성어(1)

01 甘言利說
달 **감**, 말씀 **언**, 이로울 **리**, 말씀 **설**
남의 비위에 맞도록 꾸민 말과 이로운 조건을 내세워 꾀는 말.

甘	言	利	說	甘	言	利	說

02 見利思義
볼 **견**, 이로울 **리**, 생각 **사**, 옳을 **의**
이로움을 보면 의리를 생각함.

見	利	思	義	見	利	思	義

03 結草報恩
맺을 **결**, 풀 **초**, 갚을 **보**, 은혜 **은**
'풀을 묶어서 은혜를 갚는다.'는 뜻으로, 죽어서도 은혜를 잊지 않음.

結	草	報	恩	結	草	報	恩

04 驚天動地
놀랄 **경**, 하늘 **천**, 움직일 **동**, 땅 **지**
'하늘을 놀라게 하고 땅을 들썩하게 한다.'는 뜻으로, 세상을 몹시 놀라게 함.

驚	天	動	地	驚	天	動	地

05 苦盡甘來
쓸 **고**, 다할 **진**, 달 **감**, 올 **래**
'괴로움이 다하면 즐거움이 온다.'는 뜻으로, 고생 끝에 낙이 있음.

苦	盡	甘	來	苦	盡	甘	來

06 公平無私
공평할 **공**, 평평할 **평**, 없을 **무**, 사사 **사**
사사로운 이익이나 욕심을 버리고 공정하게 사물을 보는 것.

公	平	無	私	公	平	無	私

한자 퍼즐

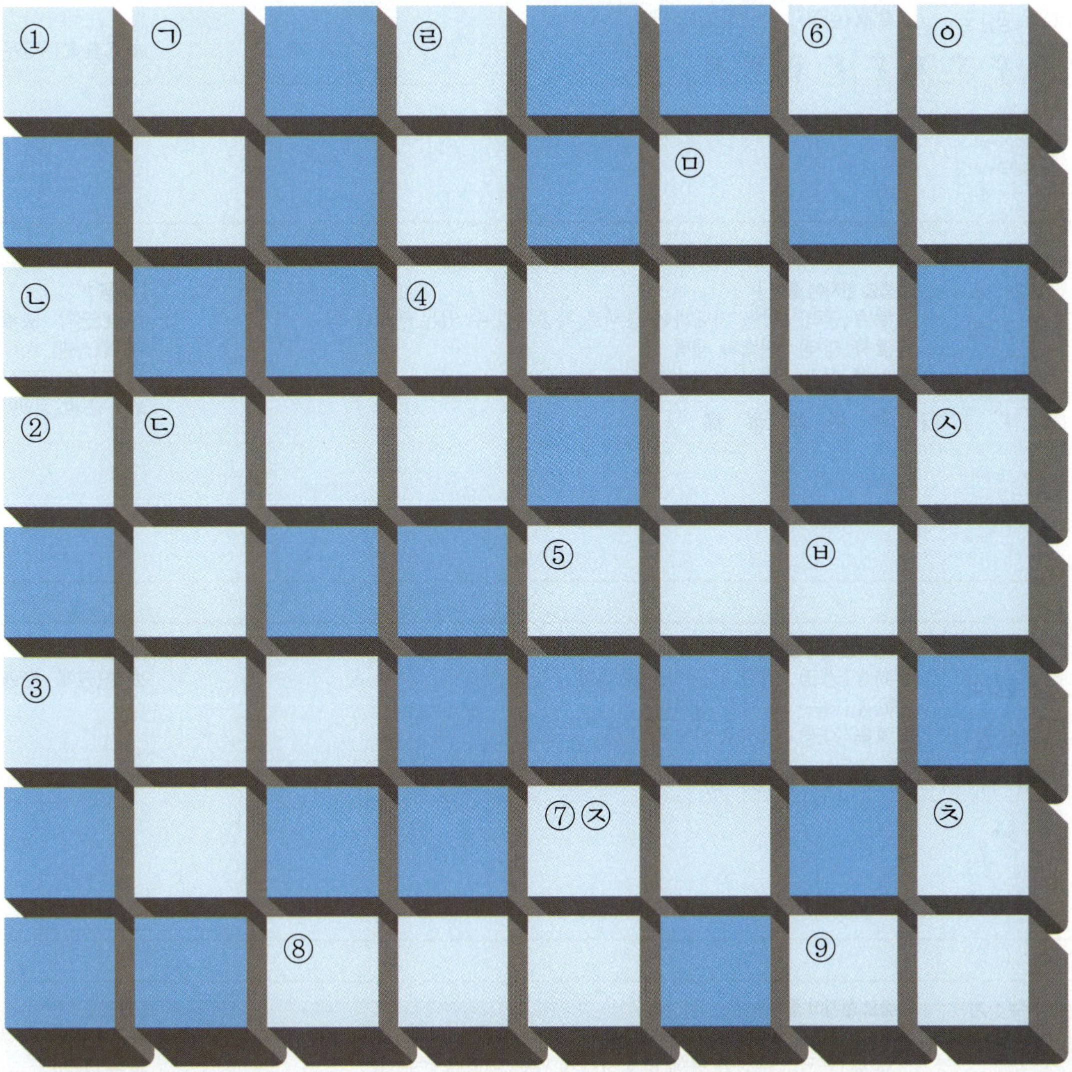

가로열쇠

① 닭을 기름.
② 몹시 놀라서 얼굴빛이 하얗게 질림.
③ 운동이나 놀이를 할 수 있도록 시설이 갖추어진 넓은 마당.
④ 동으로도 가고 서로도 간다는 말로, 이리저리 갈팡질팡함.
⑤ 정이 많고 느낌이 많음. 감수성이 예민하여 감동하기 쉬움.
⑥ 사철. 봄·여름·가을·겨울의 네 계절.
⑦ 조심하도록 미리 주의를 줌.
⑧ 외국에 살면서 자기 나라를 대표하여 외교적 일을 맡아보는 관직, 또는 그런 사람.
⑨ 아기집. 태아가 착상하여 자라는 기관.

세로열쇠

㉠ '신라'의 다른 이름.
㉡ 가벼이 여길 수 없음. 매우 중요하고 큼.
㉢ 하늘을 놀라게 하고 땅을 뒤흔든다는 말로, 매우 놀라운 일을 비유.
㉣ 임금을 현혹시켜 나라가 기울어지게 할 정도의 뛰어난 미인.
㉤ 사람이면 누구나 가지는 보통의 평범한 마음.
㉥ 분량이나 정도가 많고 적음, 또는 양이 적음.
㉦ 좋게 여기는 감정.
㉧ 일년을 춘·하·추·동으로 나눈 그 한 철.
㉨ 경찰관의 줄임말.
㉩ 옛 궁궐.

 窮 權 勸 券 卷 歸 均 極

한자의 훈과 음을 생각하며, 순서에 따라 써 보세요.

065 窮

- 부수: 穴
- 총 15획
- 다할·궁할 **궁**

[중요 한자어 풀이]
- 窮地(궁지) : 매우 어려운 일을 당한 처지.
- 窮理(궁리) : 사물의 이치를 깊이 연구함.
- 貧窮(빈궁) : 가난하고 궁색함.

[활용]
窮極(궁극) 困窮(곤궁)
無窮(무궁)
無窮花(무궁화)
無窮無盡(무궁무진)

066 權

- 부수: 木
- 총 22획
- 권세 **권**

[중요 한자어 풀이]
- 權力(권력) : 남을 지배하여 강제로 복종시킬 수 있는 권리나 힘.
- 權勢(권세) : 권력과 세력.
- 失權(실권) : 권리나 권세를 잃음.

[활용]
權益(권익) 國權(국권)
商權(상권) 人權(인권)
權不十年(권불십년)
治外法權(치외법권)

067 勸

- 부수: 力
- 총 20획
- 권할 **권**

[중요 한자어 풀이]
- 勸告(권고) : 어떤 일을 하도록 권함.
- 勸農(권농) : 농사를 장려함.
- 強勸(강권) : 억지로 하도록 권함.

[활용]
勸學(권학) 勸勉(권면)

068 券

- 부수: 刀
- 총 8획
- 문서 **권**

[중요 한자어 풀이]
- 食券(식권) : 음식과 교환하는 표.
- 福券(복권) : 추첨을 통해 당첨자에게 많은 배당을 주는 표.
- 地券(지권) : 땅문서.

[활용]
株券(주권) 旅券(여권)
證券(증권)
入場券(입장권)
回數券(회수권)

069 卷

- 부수: 卩(㔾)
- 총 8획
- 책 **권**

[중요 한자어 풀이]
- 卷數(권수) : 책의 수.
- 卷頭(권두) : 책의 첫머리.
- 壓卷(압권) : 책 안에서 가장 잘 지은 대목이나 시문. 가장 뛰어난 부분.

[활용]
卷末(권말) 別卷(별권)
書卷(서권) 席卷(석권)
全卷(전권) 下卷(하권)

*색자 표시는 시험 출제 중요 한자어

070 歸

- 부수: 止
- 총 18획
- 돌아갈 **귀**

[중요 한자어 풀이]
- 歸家(귀가) : 집으로 돌아감.
- 歸路(귀로) : 돌아오는 길.
- 回歸(회귀) : 일주하여 돌아옴.

[활용]
- 歸國(귀국) 歸農(귀농)
- 歸鄕(귀향)
- 不如歸(불여귀)
- 事必歸正(사필귀정)

071 均

- 부수: 土
- 총 7획
- 고를 **균**

[중요 한자어 풀이]
- 平均(평균) : 많은 수치나 양의 중간치.
- 均等(균등) : 고르고 가지런해 차이가 없음.
- 均分(균분) : 고르게 나눔.

[활용]
- 均一(균일) 均質(균질)
- 成均館(성균관)

072 極

- 부수: 木
- 총 13획
- 다할·극진할 **극**

[중요 한자어 풀이]
- 至極(지극) : 더할 수 없이 극진함.
- 極力(극력) : 힘을 아끼지 않고 다함.
- 極致(극치) : 도달할 수 있는 최고의 경지.

[활용]
- 極東(극동) 極言(극언)
- 極寒(극한) 登極(등극)
- 無極(무극) 北極(북극)
- 極樂往生(극락왕생)

한자익히기

다음 □ 안에 밑줄 친 漢字語의 讀音을 쓰세요.

- 옛 속담에 <u>窮地</u>(□□)에 몰린 쥐는 고양이를 문다고 했다.
- 10년 이상 가는 <u>權力</u>(□□)은 없다고 했다.
- 아버지는 의사의 <u>勸告</u>(□□)로 담배를 끊으셨다.
- 한 달치 <u>食券</u>(□□)을 사 놓으니 밥을 안 먹어도 배가 불렀다.
- 이 책은 <u>卷數</u>(□□)가 많아서 읽는데 시간이 너무 많이 걸린다.
- 명희는 <u>歸家</u>(□□)길에 동생에게 주려고 떡볶이를 샀다.
- 기말 시험이 끝나자마자 학생들은 <u>平均</u>(□□) 점수를 계산하고 있었다.
- 향심이의 <u>至極</u>(□□)한 효성에 감명받은 임금님은 큰 상을 내렸다.

劇 勤 筋 禁 器 起 奇 紀

한자의 훈과 음을 생각하며, 순서에 따라 써 보세요.

073 劇

- 부수 : 刀(刂)
- 총 15획
- 심할 **극**

[중요 한자어 풀이]
- 劇藥(극약) : 성질이 극렬한 약.
- 史劇(사극) : 역사상의 인물이나 사건을 소재로 한 역극.
- 劇惡無道(극악무도) : 더없이 악하고 도의심이 없음.

[활용]
劇本(극본)　劇場(극장)
歌劇(가극)　史劇(사극)
演劇(연극)　喜劇(희극)
人形劇(인형극)

필순: 丨 ト ヤ 广 尸 卢 虍 虎 虜 虜 虜 劇

074 勤

- 부수 : 力
- 총 13획
- 부지런할 **근**

[중요 한자어 풀이]
- 勤勉(근면) : 부지런히 일하여 힘씀.
- 皆勤(개근) : 학교나 직장 등에 빠짐없이 출석함.
- 退勤(퇴근) : 직장에서 근무를 마치고 나옴.

[활용]
勤儉(근검)　內勤(내근)
夜勤(야근)　外勤(외근)
通勤(통근)　特勤(특근)
勤勞者(근로자)

필순: 一 十 艹 廿 芇 苫 莒 董 董 勤 勤

075 筋

- 부수 : 竹(⺮)
- 총 12획
- 힘줄 **근**

[중요 한자어 풀이]
- 鐵筋(철근) : 콘크리트 속에 박아 뼈대로 삼는 가는 쇠막대기.
- 筋肉(근육) : 힘줄과 살.
- 筋力(근력) : 근육의 힘.

[활용]
筋骨(근골)　心筋(심근)
筋肉質(근육질)

필순: 丿 ト ⺮ ⺮ 竹 竹 笁 笁 笁 笁 筋 筋

076 禁

- 부수 : 示
- 총 13획
- 금할 **금**

[중요 한자어 풀이]
- 禁酒(금주) : 술을 마시지 못하게 함.
- 禁食(금식) : 종교나 치료 등의 일로 일정 기간 음식을 먹지 않거나 못 먹게 하는 일.
- 解禁(해금) : 금지했던 것을 풂.

[활용]
禁斷(금단)　禁物(금물)
嚴禁(엄금)　通禁(통금)
出入禁止(출입금지)

필순: 一 十 十 十 才 村 村 林 林 埜 埜 禁 禁

077 器

- 부수 : 口
- 총 16획
- 그릇 **기**

[중요 한자어 풀이]
- 樂器(악기) : 음악을 연주하는 데 쓰이는 기구의 총칭.
- 木器(목기) : 나무로 만든 그릇.
- 器具(기구) : 그릇이나 연장 등을 합쳐 이르는 말.

[활용]
武器(무기)　兵器(병기)
石器(석기)　容器(용기)
鐵器(철기)　土器(토기)
大器晚成(대기만성)

필순: 口 吅 吅 罒 哭 哭 器 器

*색자 표시는 시험 출제 중요 한자어

078
起 부수: 走 / 총 10획 / 일어날 **기**

[중요 한자어 풀이]
- 起立(기립) : 일어섬.
- 起用(기용) : 인재를 일으켜 씀.
- 興起(흥기) : 떨쳐 일어남.

[활용]
起居(기거) 起動(기동)
起源(기원) 起因(기인)
起死回生(기사회생)
再起不能(재기불능)

필순: 一 + 土 キ キ 走 走 起 起 起

079
奇 부수: 大 / 총 8획 / 기특할 **기**

[중요 한자어 풀이]
- 新奇(신기) : 새롭고 기이함.
- 奇行(기행) : 기이한 행동.
- 奇異(기이) : 유별나고 이상함.

[활용]
奇妙(기묘) 奇人(기인)
奇想天外(기상천외)

필순: 一 ナ 大 本 本 夲 夲 奇

080
紀 부수: 糸 / 총 9획 / 벼리 **기**

[중요 한자어 풀이]
- 世紀(세기) : 백 년을 단위로 하여 세는 시대 구분.
- 紀律(기율) : 사람 행위의 표준이 될만한 질서.
- 風紀(풍기) : 풍속이나 풍습에 대한 기율.

[활용]
軍紀(군기) 檀紀(단기)
西紀(서기)
紀元前(기원전)
新紀元(신기원)

필순: ㄥ ㄠ ㄠ 幺 幺 糸 紀 紀 紀

한자익히기

다음 □ 안에 밑줄 친 漢字語의 讀音을 쓰세요.

- 정부는 부동산 투기를 막기 위해서 <u>劇藥</u>(□□) 처방을 내렸다.
- 김 노인은 정직과 <u>勤勉</u>(□□)을 생활 신조로 삼아 평생을 살아 왔다.
- 검토 결과 이 건물에는 <u>鐵筋</u>(□□)이 지금보다 세 배는 더 있어야 한다는 결론이 나왔다.
- 흉년이 거듭되자, 전국에 <u>禁酒</u>(□□)령이 내려졌다.
- 학생들은 모두 집으로 돌아가고 <u>樂器</u>(□□)만이 연습실을 지키고 있었다.
- 입원했던 희동이가 돌아오자, 친구들은 <u>起立</u>(□□) 박수로 환영했다.
- 정말 오래 살고 볼 일이야. 이렇게 <u>新奇</u>(□□)한 일이 다 있다니.
- 우리의 21<u>世紀</u>(□□)는 전쟁과 빈곤이 없는 시대가 되어야 합니다.

 寄 機 暖 難 納 怒 努 斷

한자의 훈과 음을 생각하며, 순서에 따라 써 보세요.

081 寄
- 부수: 宀
- 총 11획
- 부칠 **기**

[중요 한자어 풀이]
- 寄與(기여) : 남에게 도움이 되도록 이바지함.
- 寄生(기생) : 다른 생물에 붙어 영양을 섭취하며 삶.
- 寄居(기거) : 일정한 곳에 의지해 먹고 자면서 생활함.

[활용]
寄食(기식)
寄宿舍(기숙사)
寄生蟲(기생충)

필순: 丶 宀 宀 宀 宀 宋 宋 宋 寄 寄 寄

082 機
- 부수: 木
- 총 16획
- 틀 **기**

[중요 한자어 풀이]
- 敵機(적기) : 적군의 비행기.
- 機長(기장) : 항공기의 운항을 책임지는 사람.
- 機器(기기) : 기구, 기계(機械) 등의 총칭.

[활용]
機能(기능) 機首(기수)
機體(기체) 機會(기회)
動機(동기) 好機(호기)
心機一轉(심기일전)

083 暖
- 부수: 日
- 총 13획
- 따뜻할 **난**

[중요 한자어 풀이]
- 暖房(난방) : 건물이나 방 안을 따뜻하게 함.
- 暖流(난류) : 따뜻한 해류.
- 寒暖(한란) : 추움과 따뜻함.

[활용]
暖帶(난대)
溫暖化(온난화)

084 難
- 부수: 隹
- 총 19획
- 어려울 **난**

[중요 한자어 풀이]
- 難民(난민) : 전쟁이나 재해로 어려운 상황에 빠진 백성.
- 難色(난색) : 꺼리거나 어려워하는 기색.
- 國難(국난) : 나라의 재난. 나라 전체의 큰 어려움.

[활용]
難聽(난청) 苦難(고난)
多事多難(다사다난)
衆口難防(중구난방)
白骨難忘(백골난망)

085 納
- 부수: 糸
- 총 10획
- 들일 **납**

[중요 한자어 풀이]
- 納得(납득) : 다른 사람의 말이나 행동을 받아들여 이해함.
- 納入(납입) : 세금이나 공과금을 내는 것.
- 未納(미납) : 내야 할 것을 아직 내지 않음.

[활용]
納稅(납세) 納品(납품)
代納(대납) 收納(수납)
容納(용납) 完納(완납)
公納金(공납금)

*색자 표시는 시험 출제 중요 한자어

086 怒

부수 : 心
총 9획
성낼 **노**

[중요 한자어 풀이]
- 怒氣(노기) : 성난 얼굴빛이나 그런 기운.
- 怒聲(노성) : 성난 목소리.
- 憤怒(분노) : 분개하여 몹시 화를 냄.

[활용]
怒色(노색) 怒言(노언)
大怒(대로)
怒發大發(노발대발)
喜怒哀樂(희로애락)

087 努

부수 : 力
총 7획
힘쓸 **노**

[중요 한자어 풀이]
- 努力(노력) : 애를 쓰고 힘을 들임.

[활용]
努力(노력)

088 斷

부수 : 斤
총 18획
끊을 **단**

[중요 한자어 풀이]
- 分斷(분단) : 끊어서 동강을 냄.
- 斷電(단전) : 전기의 공급이 중단됨.
- 斷食(단식) : 일정 기간 동안 음식을 끊고 먹지 않음.

[활용]
斷交(단교) 斷水(단수)
斷言(단언) 斷絕(단절)
無斷(무단) 勇斷(용단)
言語道斷(언어도단)

다음 ☐ 안에 밑줄 친 漢字語의 讀音을 쓰세요.

- 우리 팀의 승리에 결정적인 <u>寄與</u>(☐☐)를 한 분은 바로 식당 아주머니였다.
- 박 대위는 도망치는 <u>敵機</u>(☐☐)를 추격하기 시작했다.
- 지금은 3월이지만 날씨가 추워서 <u>暖房</u>(☐☐)을 해야 한다.
- <u>難民</u>(☐☐) 수용소에는 구호 물자가 속속 도착하기 시작했다.
- 선생님은 팥쥐의 결석 사유를 <u>納得</u>(☐☐)할 수 없었다.
- 장병들은 모두 <u>怒氣</u>(☐☐)를 띠고 왜군을 노려보았다.
- 그 부부는 아이를 살리기 위해 백방으로 <u>努力</u>(☐☐)한 끝에 치료약을 찾아 낼 수 있었다.
- 우리는 <u>分斷</u>(☐☐)의 아픔을 고스란히 간직한 비무장 지대를 바라보며 마음이 숙연해졌다.

端 檀 單 段 達 擔 黨 帶

한자의 훈과 음을 생각하며, 순서에 따라 써 보세요.

089 端
- 부수 : 立
- 총 14획
- 끝 **단**

[중요 한자어 풀이]
- 端午(단오) : 민속에서 음력 5월 초닷새를 명절로 이르는 말.
- 端正(단정) : 얌전하고 바름.
- 末端(말단) : 맨 끄트머리.

[활용]
端的(단적) 端整(단정)
極端(극단) 南端(남단)
發端(발단) 異端(이단)
端末機(단말기)

090 檀
- 부수 : 木
- 총 17획
- 박달나무 **단**

[중요 한자어 풀이]
- 檀君(단군) : 우리 나라의 시조 임금.
- 檀紀(단기) : 단군이 즉위한 서력 2333년 전을 원년으로 잡은 우리 나라의 기원.
- 檀木(단목) : 박달나무.

[활용]
檀弓(단궁) 黑檀(흑단)

091 單
- 부수 : 口
- 총 12획
- 홑 **단**

[중요 한자어 풀이]
- 名單(명단) : 어떤 일에 관련된 사람들의 이름을 하나하나 적은 표.
- 單色(단색) : 한 가지 빛깔.
- 單獨(단독) : 단 한 사람. 단 하나.

[활용]
單價(단가) 單線(단선)
單數(단수) 單語(단어)
單一(단일) 食單(식단)
單刀直入(단도직입)

092 段
- 부수 : 殳
- 총 9획
- 층계 **단**

[중요 한자어 풀이]
- 階段(계단) : 오르내리기 위해 비탈에 만든 층층대.
- 段數(단수) : 태권도나 바둑 등의 단의 등급을 매긴 수.
- 初段(초단) : 첫 번째 계단. 태권도 등의 첫째 단.

[활용]
段階(단계) 段落(단락)
上段(상단) 手段(수단)
有段者(유단자)
三段論法(삼단논법)

093 達
- 부수 : 辵(辶)
- 총 13획
- 통달할 **달**

[중요 한자어 풀이]
- 通達(통달) : 막힘이 없이 통하여 환히 앎.
- 達人(달인) : 학문이나 기예에 통달한 사람.
- 達筆(달필) : 능숙하게 잘 쓴 글씨, 또는 그런 글씨를 쓰는 사람.

[활용]
達觀(달관) 達成(달성)
未達(미달) 發達(발달)
傳達(전달) 下達(하달)
四通八達(사통팔달)

*색자 표시는 시험 출제 중요 한자어

094 擔

부수 : 手(扌)
총 16획
멜 **담**

[중요 한자어 풀이]
· 全擔(전담) : 어떤 일을 전부 도맡아 함.
· 擔當(담당) : 어떤 일을 맡음, 또는 그런 사람.
· 擔任(담임) : 학급이나 학년을 책임지고 맡아 봄, 또는 그런 사람.

[활용]
擔保(담보) 加擔(가담)
負擔(부담) 分擔(분담)
專擔(전담)

095 黨

부수 : 黑
총 20획
무리 **당**

[중요 한자어 풀이]
· 政黨(정당) : 정치적 주장이 같은 사람들이 정권을 잡기 위해 조직한 단체.
· 黨論(당론) : 정당의 의견이나 논의.
· 黨員(당원) : 정당에 가입하여 구성원이 된 사람.

[활용]
黨首(당수) 黨爭(당쟁)
朋黨(붕당) 野黨(야당)
與黨(여당) 脫黨(탈당)
作黨(작당) 合黨(합당)

096 帶

부수 : 巾
총 11획
띠 **대**

[중요 한자어 풀이]
· 眼帶(안대) : 눈병이 난 눈을 가리기 위해 눈에 대는 천.
· 帶同(대동) : 함께 데리고 감.
· 革帶(혁대) : 가죽으로 만든 띠.

[활용]
暖帶(난대) 溫帶(온대)
一帶(일대) 寒帶(한대)
多世帶(다세대)
連帶責任(연대책임)

한자익히기

다음 □ 안에 밑줄 친 漢字語의 讀音을 쓰세요.

· 端午(□□)는 일년 중 양기가 가장 왕성하다 하여 큰 명절로 여겨 왔다.
· 檀君(□□) 왕검은 우리 민족이 시조로 받드는 태초의 임금이다.
· 영심이는 두근거리는 심정으로 합격자 名單(□□)을 살펴 내려갔다.
· 내일부터 아침 운동으로 아파트 階段(□□)을 오르내리기로 했다.
· 최 선생은 세상일에 通達(□□)이나 한 듯 초연한 표정을 지으려고 애썼다.
· 이 지역에는 2세 미만의 영아들을 全擔(□□)해서 돌보는 탁아 시설이 들어설 예정이다.
· 政黨(□□)의 첫 번째 목적은 정권 획득이 아니라 국민을 위한 봉사여야 한다.
· 눈병이 돌자 학생들은 眼帶(□□)를 멋이나 되는 듯 하고 다녔다.

풀면서 익히기

1_ 다음 漢字語의 讀音을 쓰세요.

〈例〉 心身 → 심신

(1) 暖房 (　　　)　　(2) 窮理 (　　　)
(3) 黨論 (　　　)　　(4) 強勸 (　　　)
(5) 檀紀 (　　　)　　(6) 卷頭 (　　　)

2_ 다음 訓과 音에 알맞은 漢字를 쓰세요.

(1) 그릇 기 → (　　　)　　(2) 권세 권 → (　　　)
(3) 힘쓸 노 → (　　　)　　(4) 극진할 극 → (　　　)
(5) 성낼 노 → (　　　)　　(6) 벼리 기 → (　　　)

3_ 다음 문장에서 밑줄 친 漢字語의 讀音을 쓰세요.

(1) 내일 새벽 3시에서 4시까지 <u>斷電</u>(　　)이 될 예정이다.
(2) 만 19세 미만의 미성년자에게는 <u>福券</u>(　　)을 판매하지 않습니다.
(3) 구청장은 더 이상 예산을 늘릴 수 없다고 <u>難色</u>(　　)을 표했다.
(4) 김 감독은 젊은 시절 시간만 나면 <u>劇場</u>(　　)으로 달려가곤 했다.

4_ 다음 낱말의 뜻에 알맞은 漢字語를 〈例〉에서 골라 그 기호를 쓰세요.

〈例〉　㉠ 起立　㉡ 歸家　㉢ 新奇　㉣ 均分

(1) 일어섬. (　　　)
(2) 고르게 나눔. (　　　)
(3) 집으로 돌아감. (　　　)
(4) 새롭고 기이함. (　　　)

5_ 다음 괄호 속에 들어갈 漢字를 〈例〉에서 찾아 漢字語를 만드세요.

〈例〉 ㉠奇 ㉡段 ㉢斷 ㉣起
㉤興 ㉥器 ㉦擔 ㉧單

(1) 大(　　)晚成 : 큰 그릇을 만드는 데는 시간이 오래 걸린다는 말로, 큰 사람은 늦게 이루어진다는 뜻.
(2) (　　)刀直入 : 짧은 칼을 들고 직접 적진으로 뛰어들어간다는 뜻으로, 본론을 곧장 언급할 때 쓰는 말.
(3) (　　)死回生 : 거의 죽을 뻔했다가 다시 살아남.
(4) 言語道(　　) : 말의 길이 끊어졌다는 말로, 하도 어이가 없어서 말이 나오지 않음을 비유.

6_ 다음 漢字의 부수를 쓰세요.
(1) 黨 → (　　)　　(2) 段 → (　　)
(3) 帶 → (　　)　　(4) 寄 → (　　)

7_ 다음 문장의 밑줄 친 漢字語를 漢字로 쓰세요.
(1) 복남이는 **미납**(　　) 요금을 내러 은행에 갔다.
(2) **기장**(　　)은 비행기의 항로에 대해 설명했다.
(3) 나는 여러 색깔이 섞인 옷보다는 **단색**(　　) 옷을 더 좋아한다.
(4) 동생은 **단오**(　　)날에도 부모님께 세배를 해야 하는지 나에게 물어보았다.

8_ 다음 漢字語의 뜻을 쓰세요.
(1) 卷數 (　　　　　　)
(2) 筋力 (　　　　　　)
(3) 擔當 (　　　　　　)
(4) 達人 (　　　　　　)

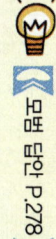

隊導盜逃徒督毒銅

한자의 훈과 음을 생각하며, 순서에 따라 써 보세요.

097 隊
- 부수: 阜(阝)
- 총 12획
- 무리 **대**

[중요 한자어 풀이]
- 隊員(대원): 부대나 집단을 이루고 있는 사람.
- 隊長(대장): 한 대(隊)의 우두머리.
- 軍隊(군대): 일정한 질서 하에 조직된 군인의 집단.

[활용]
隊列(대열)　入隊(입대)
小隊(소대)　中隊(중대)
先發隊(선발대)
海兵隊(해병대)

098 導
- 부수: 寸
- 총 16획
- 인도할 **도**

[중요 한자어 풀이]
- 導入(도입): 기술이나 방법 등을 끌어들임.
- 導出(도출): 판단이나 결론 등을 이끌어 냄.
- 善導(선도): 올바르고 좋은 길로 이끎.

[활용]
敎導(교도)　先導(선도)
引導(인도)　傳導(전도)
訓導(훈도)　指導(지도)
半導體(반도체)

099 盜
- 부수: 皿
- 총 12획
- 도둑 **도**

[중요 한자어 풀이]
- 盜難(도난): 도둑을 맞는 재난.
- 盜賊(도적): 도둑.
- 大盜(대도): 큰 도둑.

[활용]
盜用(도용)　盜聽(도청)
強盜(강도)

100 逃
- 부수: 辵(辶)
- 총 10획
- 도망할 **도**

[중요 한자어 풀이]
- 逃避(도피): 도망하여 피함.
- 逃亡(도망): 피하거나 쫓기어 달아남.
- 逃走(도주): 도망하여 달아남.

[활용]
夜半逃走(야반도주)
現實逃避(현실도피)

101 徒
- 부수: 彳
- 총 10획
- 무리 **도**

[중요 한자어 풀이]
- 生徒(생도): 사관 학교의 학생.
- 徒黨(도당): 불순한 사람의 무리.
- 信徒(신도): 어떤 종교를 믿는 사람.

[활용]
徒步(도보)　佛徒(불도)
逆徒(역도)　暴徒(폭도)
無爲徒食(무위도식)

*색자 표시는 시험 출제 중요 한자어

102 督

부수: 目
총 13획
감독할 독

[중요 한자어 풀이]
· 提督(제독) : 해군 함대를 감독하는 사령관.
· 督戰(독전) : 싸움을 감독하고 격려함.
· 監督(감독) : 어떤 일이나 사람을 살피어 단속함.

[활용]
督責(독책) 督察(독찰)
監督官(감독관)
基督敎(기독교)

103 毒

부수: 母
총 9획
독 독

[중요 한자어 풀이]
· 毒殺(독살) : 독약을 사용해 사람을 죽임.
· 毒藥(독약) : 독성을 가진 약.
· 無毒(무독) : 독이 없음.

[활용]
毒氣(독기) 毒性(독성)
毒草(독초) 惡毒(악독)
飮毒(음독) 中毒(중독)
至毒(지독) 解毒(해독)

104 銅

부수: 金
총 14획
구리 동

[중요 한자어 풀이]
· 銅錢(동전) : 구리로 만든 돈.(실제로는 구리와 주석의 합금으로 만듦.)
· 銅管(동관) : 구리로 만든 관.
· 銅線(동선) : 구리로 만든 줄.

[활용]
銅賞(동상) 黃銅(황동)
古銅色(고동색)
靑銅器(청동기)
金銀銅(금은동)

다음 □ 안에 밑줄 친 漢字語의 讀音을 쓰세요.

· 隊員(□□)들은 주민을 모두 대피시킨 뒤 사고 현장을 빠져 나왔다.
· 이 공장은 최근 선진 기술을 導入(□□)하고 설비를 현대화했다.
· 盜難(□□) 사고가 잦자, 감시용 카메라를 설치하기에 이르렀다.
· 범인은 3년간 전 세계로 逃避(□□) 행각을 벌였지만 결국 체포되었다.
· 사관 학교 시절의 나폴레옹은 말이 없고 자존심이 무척 강한 生徒(□□)였다.
· 영국인들은 넬슨 提督(□□)의 트라팔가 해전 승리를 기념하는 트라팔가 광장을 건설했다.
· 그 악명 높은 독재자는 결국 毒殺(□□)되어서야 권좌에서 물러났다.
· 동생은 銅錢(□□)을 한 푼 두 푼 모은 저금통을 들고 은행으로 갔다.

斗 豆 得 燈 羅 卵 亂 覽

한자의 훈과 음을 생각하며, 순서에 따라 써 보세요.

105
斗
- 부수: 斗
- 총 4획
- 말 **두**

[중요 한자어 풀이]
- 泰斗(태두): 태산북두. (어떤 전문 분야에서) 최고 권위자를 비유.
- 斗星(두성): 이십팔수의 여덟 번째 별자리. 북두칠성.
- 斗穀(두곡): 한 말 가량의 곡식.

[활용]
北斗七星(북두칠성)
一間斗屋(일간두옥)
泰山北斗(태산북두)

`丶 亠 二 斗`

106
豆
- 부수: 豆
- 총 7획
- 콩 **두**

[중요 한자어 풀이]
- 豆乳(두유): 진하게 만든 콩국.
- 綠豆(녹두): 콩과의 한해살이 풀. 열매 속에 팥보다 더 작고 녹색을 띠는 씨가 들어 있다.
- 大豆(대두): 콩.

[활용]
豆類(두류)
豆滿江(두만강)

`一 丆 ㅠ 戸 豆 豆 豆`

107
得
- 부수: 彳
- 총 11획
- 얻을 **득**

[중요 한자어 풀이]
- 得點(득점): 점수를 얻음. 또는 얻은 점수.
- 得失(득실): 얻음과 잃음.
- 利得(이득): 이익을 얻음.

[활용]
得道(득도) 得勢(득세)
得票(득표) 納得(납득)
習得(습득) 取得(취득)
自業自得(자업자득)

108
燈
- 부수: 火
- 총 16획
- 등 **등**

[중요 한자어 풀이]
- 電燈(전등): 전기로 빛을 내는 등.
- 石燈(석등): 돌로 만든 등.
- 燈油(등유): 등불을 켜거나 난방을 위해 사용하는 기름.

[활용]
觀燈(관등) 消燈(소등)
點燈(점등)
街路燈(가로등)
風前燈火(풍전등화)

109
羅
- 부수: 网(罒)
- 총 19획
- 벌일 **라**

[중요 한자어 풀이]
- 羅城(나성): 성의 외곽. 외성.
- 羅列(나열): 죽 벌여 놓음.
- 新羅(신라): 박혁거세가 세운 삼국의 하나.

[활용]
羅漢(나한) 網羅(망라)

140 한자능력검정시험 | 4급

*색자 표시는 시험 출제 중요 한자어

110 卵

부수 : 卩
총 7획
알 **란**

[중요 한자어 풀이]
· 鷄卵(계란) : 닭의 알. 달걀.
· 産卵(산란) : 알을 낳음.
· 魚卵(어란) : 물고기의 알.

[활용]
明卵(명란) 土卵(토란)
無精卵(무정란)
鷄卵有骨(계란유골)

111 亂

부수 : 乙(乚)
총 13획
어지러울 **란**

[중요 한자어 풀이]
· 心亂(심란) : 마음이 어지러움.
· 反亂(반란) : 지도자에 반대하여 난을 일으킴.
· 國亂(국란) : 나라 안에서 일어난 난리.

[활용]
內亂(내란) 動亂(동란)
淫亂(음란) 戰亂(전란)
自中之亂(자중지란)

112 覽

부수 : 見
총 21획
볼 **람**

[중요 한자어 풀이]
· 觀覽(관람) : 영화나 운동 경기 등을 구경함.
· 遊覽(유람) : 돌아다니며 구경함.
· 一覽(일람) : 한 번 죽 훑어봄.

[활용]
要覽(요람) 便覽(편람)
展覽會(전람회)
博覽會(박람회)

다음 ☐ 안에 밑줄 친 漢字語의 讀音을 쓰세요.

• 한국 역사학계의 <u>泰斗</u>(☐☐)인 김봉두 옹이 85세를 일기로 별세했다.

• 누리는 우유보다 <u>豆乳</u>(☐☐)를 더 좋아한다.

• 두 선수는 <u>得點</u>(☐☐) 랭킹 1위 자리를 놓고 각축전을 벌이고 있다.

• 발명왕 에디슨은 9,999번의 실패를 거듭한 끝에 <u>電燈</u>(☐☐)을 완성할 수 있었다.

• <u>羅城</u>(☐☐)까지 함락되었다는 소식에, 백성들은 당황해 어찌할 바를 몰랐다.

• <u>鷄卵</u>(☐☐)은 필수 영양소를 모두 포함한 완전 식품이다.

• 어제는 꿈자리가 뒤숭숭해 하루 종일 <u>心亂</u>(☐☐)했다.

• 우리 국민들은 월드 컵 개최국 국민답게 성숙한 <u>觀覽</u>(☐☐) 태도를 보여 주었다.

略 兩 糧 麗 慮 連 列 烈

한자의 훈과 음을 생각하며, 순서에 따라 써 보세요.

113 略
- 부수 : 田
- 총 11획
- 간략할·약할 **략**

[중요 한자어 풀이]
- 略圖(약도) : 간략하게 줄여 중요한 것만 그린 지도.
- 大略(대략) : 내용을 간략하게 한 대강의 줄거리.
- 中略(중략) : 말이나 글에서 중간 부분을 생략함.

[활용]
簡略(간략) 計略(계략)
黨略(당략) 省略(생략)
略語(약어) 戰略(전략)
智略(지략)

丨 冂 冃 田 田 田ㄱ 田久 田攵 田冬 略 略

114 兩
- 부수 : 入
- 총 8획
- 두 **량**

[중요 한자어 풀이]
- 兩親(양친) : 부친과 모친 두 분을 아울러 이르는 말.
- 兩分(양분) : 두 부분으로 나눔.
- 兩國(양국) : 두 나라.

[활용]
兩家(양가) 兩大(양대)
兩面(양면) 兩班(양반)
一擧兩得(일거양득)
進退兩難(진퇴양난)

一 厂 冂 币 币 兩 兩 兩

115 糧
- 부수 : 米
- 총 18획
- 양식 **량**

[중요 한자어 풀이]
- 軍糧(군량) : 군대의 양식.
- 糧食(양식) : 살기 위해 먹는 사람의 먹을거리.
- 糧穀(양곡) : 양식으로 쓰는 곡식.

[활용]
糧米(양미) 食糧(식량)
絕糧(절량)

丶 丷 二 半 米 米日 米旦 糧 糧 糧 糧

116 麗
- 부수 : 鹿
- 총 19획
- 고울 **려**

[중요 한자어 풀이]
- 流麗(유려) : 글 등의 어구가 유창하고 아름다움.
- 麗朝(여조) : '고려 왕조'의 줄임말.
- 美麗(미려) : 아름답고 고움.

[활용]
高麗(고려) 秀麗(수려)
華麗(화려)
高句麗(고구려)
美辭麗句(미사여구)

一 厂 币 丽 严 严 严 麗 麗 麗 麗

117 慮
- 부수 : 心
- 총 15획
- 생각할 **려**

[중요 한자어 풀이]
- 心慮(심려) : 마음 속으로 걱정함.
- 考慮(고려) : 생각하고 헤아려 봄.
- 思慮(사려) : 여러 가지로 신중하게 생각함.

[활용]
配慮(배려)
千慮一得(천려일득)
朝不慮夕(조불려석)

丶 广 广 卢 庐 虍 虎 虑 慮 慮

*색자 표시는 시험 출제 중요 한자어

118 連

부수 : 辵(辶)
총 11획
이을 **련**

[중요 한자어 풀이]
· 連休(연휴) : 휴일이 이틀 이상 계속되는 일.
· 連結(연결) : 이어 맺음.
· 連作(연작) : 한 땅에 같은 작물을 해마다 심음. 이어짓기.

[활용]
連發(연발) 連續(연속)
連勝(연승) 連日(연일)
連坐(연좌)
連戰連勝(연전연승)

一 ㄱ ㅁ 日 甲 亘 車 車 連 連 連

119 列

부수 : 刀(刂)
총 6획
벌일 **렬**

[중요 한자어 풀이]
· 列車(열차) : 철도에서, 여러 대의 객차나 화차를 일렬로 편성한 차량.
· 列擧(열거) : 여러 가지 예나 사실을 죽 늘어놓음.
· 一列(일렬) : 하나로 벌인 줄.

[활용]
羅列(나열) 隊列(대열)
配列(배열) 分列(분열)
列強(열강) 列國(열국)

一 ㄱ 歹 歹 列 列

120 烈

부수 : 火(灬)
총 10획
매울 **렬**

[중요 한자어 풀이]
· 強烈(강렬) : 세차고 맹렬함.
· 烈女(열녀) : 절개가 굳은 여자.
· 烈火(열화) : 맹렬하게 타는 불.

[활용]
激烈(격렬) 極烈(극렬)
先烈(선열) 烈士(열사)
壯烈(장렬) 痛烈(통렬)

一 ㄱ 歹 歹 列 列 列 烈 烈 烈

한자익히기

다음 □ 안에 밑줄 친 漢字語의 讀音을 쓰세요.

• 노인은 **略圖**(　　) 한 장만 들고 무작정 상경했다고 한다.

• 그래, **兩親**(　　)은 모두 편안하신가?

• 우리는 적의 보급로를 차단하여 **軍糧**(　　)을 탈취하는 작전을 세웠다.

• 나는 그의 **流麗**(　　)한 글솜씨에 탄복했다.

• 조그마한 일로 **心慮**(　　)를 끼쳐드려 대단히 죄송합니다.

• 이번 **連休**(　　)에는 부모님과 함께 봉사 활동을 다녀올 작정이다.

• **列車**(　　) 출발 시간이 다 되었지만 민수는 나타나지 않았다.

• 그의 첫인상은 너무 **強烈**(　　)해서 잊을래야 잊을 수 없었다.

 錄 論 龍 柳 留 輪 律 離

한자의 훈과 음을 생각하며, 순서에 따라 써 보세요.

121 錄

- 부수 : 金
- 총 16획
- 기록할 **록**

[중요 한자어 풀이]
- 錄音(녹음) : 소리를 재생할 수 있는 기계로 기록하는 일.
- 圖錄(도록) : 내용을 그림이나 사진으로 엮은 목록.
- 語錄(어록) : 위인들의 말을 간추려 모은 기록.

[활용]
- 記錄(기록) 錄畫(녹화)
- 登錄(등록) 收錄(수록)
- 圖書目錄(도서목록)
- 王朝實錄(왕조실록)

122 論

- 부수 : 言
- 총 15획
- 논할 **론**

[중요 한자어 풀이]
- 論說(논설) : 자신의 주장을 조리 있게 논하여 설명함.
- 論議(논의) : 어떤 문제에 대해 토론함.
- 異論(이론) : 다른 의론.

[활용]
- 論難(논란) 論理(논리)
- 論文(논문) 論爭(논쟁)
- 言論(언론) 正論(정론)
- 討論(토론) 評論(평론)

123 龍

- 부수 : 龍
- 총 16획
- 용 **룡**

[중요 한자어 풀이]
- 龍王(용왕) : 용궁의 임금.
- 靑龍(청룡) : 四神(사신)의 하나로 동쪽을 지키는 용 모양의 짐승.
- 土龍(토룡) : 땅에 사는 용 모양의 동물, 곧 지렁이.

[활용]
- 飛龍(비룡) 龍馬(용마)
- 龍神(용신) 黃龍(황룡)
- 登龍門(등용문)

124 柳

- 부수 : 木
- 총 9획
- 버들 **류**

[중요 한자어 풀이]
- 細柳(세류) : 가지가 가늘고 긴 버들.
- 折柳(절류) : 버들 가지를 꺾는다는 말로, 이별을 뜻함.
- 花柳(화류) : 꽃과 버들, 또는 기생.

[활용]
- 細柳(세류) 折柳(절류)
- 花柳(화류)

125 留

- 부수 : 田
- 총 10획
- 머무를 **류**

[중요 한자어 풀이]
- 留意(유의) : 마음에 새겨 둠.
- 留任(유임) : 임기가 끝났으나 그 자리에 계속 머물러 있음.
- 保留(보류) : 어떤 일을 즉시 처리하지 않고 미루어 둠.

[활용]
- 居留(거류) 留級(유급)
- 留保(유보) 留宿(유숙)
- 停留場(정류장)

*색자 표시는 시험 출제 중요 한자어

126 輪

부수 : 車
총 15획

바퀴 **륜**

[중요 한자어 풀이]
· 輪讀(윤독) : 여러 사람이 같은 글이나 책을 돌려 가며 읽음.
· 輪番(윤번) : 차례로 번을 돎, 또는 그 돌아가는 차례.
· 車輪(차륜) : 수레바퀴.

[활용]
年輪(연륜) 輪作(윤작)
三輪(삼륜)
五輪旗(오륜기)

一 厂 戸 百 亘 車 車 車 軒 軒 軒 軡 輪 輪 輪

輪 輪

127 律

부수 : 彳
총 9획

법칙 **률**

[중요 한자어 풀이]
· 律動(율동) : 일정한 규칙에 따라 움직임.
· 軍律(군율) : 군대의 법.
· 自律(자율) : 남의 간섭 없이 스스로의 규칙에 따라 어떤 일을 함.

[활용]
規律(규율) 法律(법률)
音律(음률)
千篇一律(천편일률)
二律背反(이율배반)

' 彳 彳 彳 彳 彳 律 律 律

律 律

128 離

부수 : 隹
총 18획

떠날 **리**

[중요 한자어 풀이]
· 離別(이별) : 서로 떨어져 헤어짐.
· 離婚(이혼) : 부부가 헤어지기로 하고 혼인 관계를 소멸시킴.
· 分離(분리) : 서로 나누어 떨어짐.

[활용]
離間(이간) 離脫(이탈)
離散家族(이산가족)
離合集散(이합집산)

亠 亠 亠 亠 亠 离 离 离 离 离 雒 離 離 離

離 離

다음 □ 안에 밑줄 친 漢字語의 讀音을 쓰세요.

- 자기 목소리를 <u>錄音</u>(　　)해 들어 보면 전혀 딴 사람 같을 때가 있다.
- 파병 문제에 대해 심각한 <u>論議</u>(　　)가 이루어졌지만 결론이 나지 않았다.
- 어촌에서는 지금도 <u>龍王</u>(　　)에게 무사고와 풍어를 비는 용신제가 행해지고 있다.
- 봄이 되니 <u>細柳</u>(　　)가 하늘하늘 춤을 췄다.
- 약을 먹기 전에는 <u>留意</u>(　　) 사항을 잘 읽어 보아야 한다.
- 매주 수요일마다 모여 이육사의 시를 <u>輪讀</u>(　　)하기로 했다.
- 책임이 없는 <u>自律</u>(　　)은 때때로 큰 혼란을 불러오기도 한다.
- 예로부터 <u>離別</u>(　　)의 정표로 버들 가지를 꺾어 주는 풍습이 있었다.

풀면서 익히기

1_ 다음 漢字語의 讀音을 쓰세요.

〈例〉 心身 → 심신

(1) 督戰 (　　　)　　(2) 糧食 (　　　)
(3) 細柳 (　　　)　　(4) 新羅 (　　　)
(5) 錄音 (　　　)　　(6) 輪讀 (　　　)

2_ 다음 訓과 音에 알맞은 漢字를 쓰세요.

(1) 콩 두 → (　　　)　　(2) 무리 도 → (　　　)
(3) 벌릴 렬 → (　　　)　　(4) 도둑 도 → (　　　)
(5) 두 량 → (　　　)　　(6) 법칙 률 → (　　　)

3_ 다음 문장에서 밑줄 친 漢字語의 讀音을 쓰세요.

(1) 막 뛰어갔더니 주머니에서 銅錢(　　) 소리가 짤랑짤랑 났다.
(2) 전국 곳곳에서 反亂(　　)이 일어나고 있다는 보고가 들어왔다.
(3) 이제까지 말한 것을 정리하자면 大略(　　) 이러한 내용이었다.
(4) 만수는 離別(　　)을 앞두고 눈물을 보이지 않기 위해 애써 외면하려고 했다.

4_ 다음 낱말의 뜻에 알맞은 漢字語를 〈例〉에서 골라 그 기호를 쓰세요.

〈例〉 ㉠ 善導　㉡ 保留　㉢ 異論　㉣ 石燈

(1) 다른 의론. (　　　)
(2) 돌로 만든 등. (　　　)
(3) 올바르고 좋은 길로 이끎. (　　　)
(4) 어떤 일을 즉시 처리하지 않고 미루어 둠. (　　　)

5_ 다음 괄호 속에 들어갈 漢字를 〈例〉에서 찾아 漢字語를 만드세요.

〈例〉 ㉠ 得 ㉡ 燈 ㉢ 等 ㉣ 慮
　　　 ㉤ 徒 ㉥ 逃 ㉦ 麗 ㉧ 自

(1) 無爲(　　)食 : 하는 일 없이 놀고먹음.
(2) 自業自(　　) : 자신이 저지른 일의 결과를 자신이 받음.
(3) 風前(　　)火 : '바람 앞의 등불'이라는 뜻으로, 형세가 매우 위태로움을 비유.
(4) 朝不(　　)夕 : '아침에 저녁 일을 생각하지 못한다.'는 뜻으로, 형세가 너무 절박하여 앞일을 생각할 겨를이 없는 경우를 말함.

6_ 다음 漢字의 부수를 쓰세요.
(1) 龍 → (　　)　　(2) 隊 → (　　)
(3) 斗 → (　　)　　(4) 輪 → (　　)

7_ 다음 문장의 밑줄 친 漢字語를 漢字로 쓰세요.
(1) **연휴**(　　)를 맞아 할머님을 뵈러 갔다.
(2) 그는 생전에 주목받지 못하다 사후에 추리 소설의 **태두**(　　)로 평가받고 있다.
(3) 바쁘시겠지만 **일람**(　　)해 주시면 감사하겠습니다.
(4) 왕건은 **고려**(　　)를 세워 500년의 왕업을 닦아 놓았다.

8_ 다음 漢字語의 뜻을 쓰세요.
(1) 魚卵 (　　　　　　　　)
(2) 烈女 (　　　　　　　　)
(3) 逃亡 (　　　　　　　　)
(4) 毒殺 (　　　　　　　　)

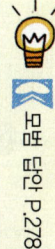

시험에 자주 나오는 한자 성어(2)

07 君臣有義
임금 군, 신하 신, 있을 유, 옳을 의
임금과 신하는 의리가 있어야 함.

君臣有義 君臣有義

08 今時初聞
이제 금, 때 시, 처음 초, 들을 문
바로 지금 처음으로 들음.

今時初聞 今時初聞

09 起死回生
일어날 기, 죽을 사, 돌아올 회, 날 생
죽을 뻔하다가 다시 살아남.

起死回生 起死回生

10 難兄難弟
어려울 난, 형 형, 어려울 난, 아우 제
실력이 엇비슷하여 우열을 가리기 어려움.

難兄難弟 難兄難弟

11 論功行賞
논할 론, 공 공, 다닐 행, 상줄 상
공로의 크고 작음을 조사하여 상을 줌.

論功行賞 論功行賞

12 多多益善
많을 다, 많을 다, 더할 익, 착할 선
많으면 많을수록 더욱 좋음.

多多益善 多多益善

한자 퍼즐

가로열쇠

① 죽 벌여 놓음.
② 큰 도둑.
③ 구리와 주석의 합금.
④ 어떤 일의 사무를 맡아 처리함.
⑤ 닭의 알. 달걀.
⑥ 살아 있는 초목에서 꺾은 진짜 꽃. 조화(造花)의 반대말.
⑦ 같은 편 속에서 일어나는 싸움.
⑧ 남의 눈을 피해 한밤중에 도망감.
⑨ 육체의 균형이 주는 아름다움.

세로열쇠

㉠ 삼국의 하나. 박혁거세가 세운 나라.
㉡ 철도에서, 여러 대의 객차나 화차를 일렬로 편성한 차량. 기차.
㉢ 도둑을 맞는 재난.
㉣ 구리로 만든 관.
㉤ 알의 형태로 태어나, 어미의 몸 밖에서 부화하여 알을 깨고 나오는 일.
㉥ 매우 사랑하여 소중히 여기는 모양.
㉦ 스스로 물어보고 스스로 답함.
㉧ 이어달리기.
㉨ 상온(常溫)에서 전기를 전달하는 성질이 양도체와 절연체의 중간 정도 되는 물질.

 滿 妹 脈 勉 鳴 模 毛 牧

한자의 훈과 음을 생각하며, 순서에 따라 써 보세요.

129 滿
- 부수 : 水(氵)
- 총 14획
- 찰 **만**

[중요 한자어 풀이]
- 滿足(만족) : 부족함 없이 흐뭇함.
- 滿月(만월) : 둥근 달.
- 不滿(불만) : 마음에 차지 않은 느낌.

[활용]
滿期(만기)　滿員(만원)
滿開(만개)　滿面(만면)
滿發(만발)　滿水(만수)
滿場一致(만장일치)

130 妹
- 부수 : 女
- 총 8획
- 누이 **매**

[중요 한자어 풀이]
- 男妹(남매) : 오라비와 누이.
- 姉妹(자매) : 손윗누이와 손아랫누이.
- 妹弟(매제) : 손아랫누이의 남편.

[활용]
妹兄(매형)　義妹(의매)
妹氏(매씨)　妹夫(매부)

131 脈
- 부수 : 肉(月)
- 총 10획
- 줄기 **맥**

[중요 한자어 풀이]
- 山脈(산맥) : 산이 길게 이어져 줄기 모양을 한 산지.
- 血脈(혈맥) : 혈통.
- 命脈(명맥) : 생명, 목숨.

[활용]
金脈(금맥)　動脈(동맥)
亂脈(난맥)　文脈(문맥)
水脈(수맥)　人脈(인맥)
氣盡脈盡(기진맥진)

132 勉
- 부수 : 力
- 총 9획
- 힘쓸 **면**

[중요 한자어 풀이]
- 勤勉(근면) : 부지런히 힘씀.
- 勉學(면학) : 학문에 힘씀.

[활용]
勸勉(권면)　力勉(역면)

133 鳴
- 부수 : 鳥
- 총 14획
- 울 **명**

[중요 한자어 풀이]
- 悲鳴(비명) : 몹시 놀랄 때 지르는 외마디 소리.
- 自鳴鐘(자명종) : 스스로 울려서 시각을 알려 주는 시계.
- 耳鳴(이명) : 소리가 울리는 것처럼 느껴지는 귀의 질환.

[활용]
鷄鳴(계명)　長鳴(장명)
鳴動(명동)　共鳴(공명)
百家爭鳴(백가쟁명)

*색자 표시는 시험 출제 중요 한자어

134 模
- 부수: 木
- 총 15획
- 본뜰 **모**

[중요 한자어 풀이]
- 模範(모범) : 본받아 배울 본보기.
- 模造(모조) : 본떠서 만듦.
- 模樣(모양) : 겉으로 본 생김새나 형상.

[활용]
模寫(모사) 模作(모작)
規模(규모)

木 木 木 木 木 朴 柑 柑 桠 模 模

135 毛
- 부수: 毛
- 총 4획
- 터럭 **모**

[중요 한자어 풀이]
- 毛皮(모피) : 털가죽.
- 毛根(모근) : 털의 뿌리 부분.
- 毛織(모직) : 털실로 짠 피륙.

[활용]
毛髮(모발) 毛骨(모골)
毛布(모포) 純毛(순모)
羊毛(양모) 牛毛(우모)
九牛一毛(구우일모)

一 二 三 毛

136 牧
- 부수: 牛
- 총 8획
- 칠 **목**

[중요 한자어 풀이]
- 牧童(목동) : 마소나 양을 치는 아이.
- 牧場(목장) : 마소나 양을 놓아기르는 시설.
- 牧畜(목축) : 가축을 길러 번식시키는 일.

[활용]
牧歌(목가) 牧師(목사)
牧夫(목부) 牧者(목자)
牧草(목초)
牧民心書(목민심서)

丿 亠 牛 牛 牜 牜 牧 牧

한자익히기

다음 □ 안에 밑줄 친 漢字語의 讀音을 쓰세요.

- 누나는 남자 친구의 선물에 매우 滿足(　　)했다.
- 이번 대회에서 뛰어난 성적으로 男妹(　　)가 나란히 입상을 하였다.
- 선발대는 벌써 태백 山脈(　　)에 도착하였다.
- 우리 선생님은 勤勉(　　)하고 성실한 분이시다.
- 텔레비전에서 나는 悲鳴(　　) 소리에 깜짝 놀랐다.
- 내 짝 상호는 模範(　　) 학생으로 표창을 받았다.
- 날씨가 추워지자, 毛皮(　　) 코트를 입은 사람들이 많이 눈에 띈다.
- 양들은 한가로이 풀을 뜯고, 牧童(　　)은 피리를 불었다.

 妙 墓 舞 武 務 味 未 密

한자의 훈과 음을 생각하며, 순서에 따라 써 보세요.

137
妙 부수: 女 / 총 7획 / 묘할 묘

[중요 한자어 풀이]
· 妙技(묘기): 절묘한 재주.
· 妙策(묘책): 아주 교묘한 꾀.
· 妙藥(묘약): 신통하게 잘 듣는 약.

[활용]
妙案(묘안) 奇妙(기묘)
絶妙(절묘) 妙味(묘미)
妙方(묘방) 妙手(묘수)
妙技百出(묘기백출)

138
墓 부수: 土 / 총 14획 / 무덤 묘

[중요 한자어 풀이]
· 墓地(묘지): 무덤이 있는 땅.
· 省墓(성묘): 조상의 산소에 가서 인사를 드리고, 산소를 살피는 일.
· 墓碑(묘비): 무덤 앞에 세우는 비석.

[활용]
墓所(묘소) 墓域(묘역)
墓祭(묘제)
國立墓地(국립묘지)
共同墓地(공동묘지)

139
舞 부수: 舛 / 총 14획 / 춤출 무

[중요 한자어 풀이]
· 舞臺(무대): 연극·무용 따위를 공연하기 위해 마련한 자리.
· 劍舞(검무): 칼춤.
· 歌舞(가무): 노래하고 춤을 춤.

[활용]
舞曲(무곡) 群舞(군무)
亂舞(난무)
飮酒歌舞(음주가무)

140
武 부수: 止 / 총 8획 / 호반 무

[중요 한자어 풀이]
· 武術(무술): 무인으로써 갖추어야 할 기술.
· 武官(무관): 조선 시대 무과 출신의 벼슬아치.
· 武人(무인): 무예를 닦은 사람.

[활용]
武士(무사) 武力(무력)
武藝(무예) 武將(무장)
文武(문무) 武骨(무골)
武功(무공) 武器(무기)

141
務 부수: 力 / 총 11획 / 힘쓸 무

[중요 한자어 풀이]
· 勤務(근무): 일을 맡아봄.
· 義務(의무): 마땅히 해야 할 직분.
· 雜務(잡무): 자질구레한 일.

[활용]
敎務(교무) 內務(내무)
勞務(노무) 服務(복무)
總務(총무) 實務(실무)
務實力行(무실역행)

142

味
- 부수: 口
- 총 8획
- 맛 **미**

[중요 한자어 풀이]
- 味覺(미각) : 혀로 맛을 느끼는 감각.
- 吟味(음미) : 그 깊은 뜻을 맛봄.
- 加味(가미) : 양념 따위로 맛을 더하는 일

[활용]
意味(의미) 妙味(묘미)
調味(조미) 性味(성미)
甘味(감미) 口味(구미)
山海珍味(산해진미)

` 丨 冂 口 吖 吓 咔 味 味 `

143

未
- 부수: 木
- 총 5획
- 아닐 **미**

[중요 한자어 풀이]
- 未來(미래) : 아직 다가오지 않은 때.
- 未滿(미만) : 정한 수나 정도에 차지 못함.
- 未聞(미문) : 아직 듣지 않음.

[활용]
未定(미정) 未收(미수)
未開(미개) 未歸(미귀)
未達(미달) 未明(미명)
未成年者(미성년자)

` 一 二 十 才 未 `

144

密
- 부수: 宀
- 총 11획
- 빽빽할 **밀**

[중요 한자어 풀이]
- 密林(밀림) : 큰 나무들이 빽빽하게 들어선 수풀.
- 密集(밀집) : 빽빽하게 모임.
- 過密(과밀) : 한 곳에 지나치게 빽빽히 모여 있음.

[활용]
密度(밀도) 秘密(비밀)
密談(밀담) 密告(밀고)
密賣(밀매) 密命(밀명)
密語(밀어)

` 丶 丷 宀 宀 宓 宓 宓 宓 宓 密 密 `

한자익히기

다음 □ 안에 밑줄 친 漢字語의 讀音을 쓰세요.

- 서커스의 묘미는 역시 공중 회전 妙技(　　)에 있다.
- 태수는 현충일에 국립 墓地(　　)에 가서 호국 영령들의 넋을 기렸다.
- 그 가수는 舞臺(　　)에 서기에 앞서 호흡을 가다듬었다.
- 사범님은 많은 관중들 앞에서 새로운 武術(　　)을 선보였다.
- 소방대원인 삼촌은 며칠에 한번은 비상 勤務(　　)를 하신다.
- 봄 들판의 향긋한 냉이는 우리의 味覺(　　)을 자극한다.
- 지성이의 꿈은 未來(　　)에 대통령이 되는 것이다.
- 친구들과 密林(　　) 탐험을 시작한 지 일주일이 되었다.

拍 博 髮 妨 防 房 訪 配

한자의 훈과 음을 생각하며, 순서에 따라 써 보세요.

145 拍
- 부수 : 手(扌)
- 총 8획
- 칠 **박**

[중요 한자어 풀이]
- 拍手(박수) : 손뼉을 여러 번 치는 일.
- 拍子(박자) : 규칙적으로 되풀이되는 음악 시간의 기본 단위.

[활용]
拍車(박차)

一 亅 扌 扌' 扌' 拍 拍 拍

146 博
- 부수 : 十
- 총 12획
- 넓을 **박**

[중요 한자어 풀이]
- 博士(박사) : 널리 아는 것이 많거나 어느 부분에 능통한 사람.
- 博愛(박애) : 차별 없이 두루 사랑함.
- 博識(박식) : 넓게 앎.

[활용]
博覽會(박람회)
博而不精(박이부정)
博學多識(박학다식)

147 髮
- 부수 : 髟
- 총 15획
- 터럭 **발**

[중요 한자어 풀이]
- 假髮(가발) : 머리에 덧쓰는 가짜 머리털.
- 白髮(백발) : 하얗게 센 머리털.
- 理髮(이발) : 머리카락을 깎고 다듬음.

[활용]
毛髮(모발) 頭髮(두발)
長髮(장발) 髮毛(발모)
黑髮(흑발) 銀髮(은발)
危機一髮(위기일발)

148 妨
- 부수 : 女
- 총 7획
- 방해할 **방**

[중요 한자어 풀이]
- 妨害(방해) : 남의 일에 짓궂게 훼방하여 못하게 함.
- 無妨(무방) : 지장이 없음.

[활용]
妨止(방지) ≒ 防止(방지)

149 防
- 부수 : 阜(阝)
- 총 7획
- 막을 **방**

[중요 한자어 풀이]
- 防犯(방범) : 범죄가 일어나지 않도록 막음.
- 防水(방수) : 물이 새거나 흐르는 것을 막음.
- 消防(소방) : 불이 나지 않게 미리 막고, 불을 끄는 일.

[활용]
防備(방비) 防共(방공)
防空(방공) 防音(방음)
防災(방재) 善防(선방)
豫防(예방)

*색자 표시는 시험 출제 중요 한자어

150 房

부수 : 戶
총 8획
방 **방**

[중요 한자어 풀이]
· 暖房(난방) : 따뜻한 방.
· 房門(방문) : 방으로 드나드는 문.
· 冊房(책방) : 책을 팔거나 사는 가게.

[활용]
畫房(화방)　各房(각방)
工房(공방)　筆房(필방)
新房(신방)　六房(육방)
金銀房(금은방)

151 訪

부수 : 言
총 11획
찾을 **방**

[중요 한자어 풀이]
· 訪韓(방한) : 한국을 방문함.
· 探訪(탐방) : 어떤 사람이나 장소를 탐문하여 찾아봄.
· 訪問(방문) : 어떤 사람이나 장소를 찾아가서 봄.

[활용]
訪北(방북)　訪美(방미)
訪日(방일)　訪中(방중)
來訪(내방)　禮訪(예방)
訪問客(방문객)

152 配

부수 : 酉
총 10획
나눌·짝 **배**

[중요 한자어 풀이]
· 配置(배치) : 사람을 알맞은 자리에 나누어 앉힘.
· 配給(배급) : 물건을 나누어 줌.
· 宅配(택배) : 짐·서류 등을 지정된 장소까지 직접 배달하는 일.

[활용]
配達(배달)　配列(배열)
配役(배역)　交配(교배)
配當(배당)　配慮(배려)
利益配當(이익배당)

다음 □ 안에 밑줄 친 漢字語의 讀音을 쓰세요.

- 수많은 관중들이 그 선수에게 拍手(　　)를 보냈다.
- 삼촌은 올해 대학원에서 博士(　　) 학위를 받았다.
- 바람이 너무 세서 假髮(　　)이 날아가 버렸다.
- 도서관에서는 남에게 妨害(　　)되지 않도록 조용히 공부해야 한다.
- 防犯(　　)대원 아저씨들은 매일 밤 순찰을 하신다.
- 겨울철 暖房(　　) 온도를 조금만 내려도 에너지를 크게 절약할 수 있다.
- 외국의 대통령이 국빈 자격으로 訪韓(　　)하였다.
- 생활하기에 편리하도록 가구를 새로 配置(　　)했다.

 背 拜 罰 伐 犯 範 壁 辯

한자의 훈과 음을 생각하며, 순서에 따라 써 보세요.

153 背
- 부수: 肉(月)
- 총 9획
- 등 배

[중요 한자어 풀이]
- 背景(배경): 뒤쪽의 경치.
- 背信(배신): 신의를 저버림.
- 背恩(배은): 은혜를 배신함.

[활용]
腹背(복배) 背反(배반)
背後(배후) 向背(향배)
背恩忘德(배은망덕)
背水之陣(배수지진)

154 拜
- 부수: 手
- 총 9획
- 절 배

[중요 한자어 풀이]
- 禮拜(예배): 신, 부처에게 공손한 마음으로 절하는 일.
- 敬拜(경배): 공경하여 공손히 절함.
- 歲拜(세배): 섣달 그믐이나 정초에 하는 인사나 절.

[활용]
拜禮(배례) 拜上(배상)
崇拜(숭배) 拜金(배금)
單拜(단배) 再拜(재배)
參拜(참배)

155 罰
- 부수: 网(罒)
- 총 14획
- 벌할 벌

[중요 한자어 풀이]
- 罰金(벌금): 범죄의 처벌로써 부과하는 돈.
- 罰則(벌칙): 법규를 어겼을 때 처벌을 정해 놓은 규칙.
- 賞罰(상벌): 상과 벌.

[활용]
罰點(벌점) 罰責(벌책)
嚴罰(엄벌) 天罰(천벌)
一罰百戒(일벌백계)
信賞必罰(신상필벌)

156 伐
- 부수: 人(亻)
- 총 6획
- 칠 벌

[중요 한자어 풀이]
- 討伐(토벌): 적을 병력으로 공격하여 없앰.
- 伐木(벌목): 나무를 벰.
- 伐草(벌초): 무덤의 잡초를 베어서 깨끗이 함.

[활용]
殺伐(살벌) 北伐(북벌)
伐採(벌채)

157 犯
- 부수: 犬(犭)
- 총 5획
- 범할 범

[중요 한자어 풀이]
- 犯人(범인): 죄를 저지른 사람.
- 犯行(범행): 법을 어기는 짓.
- 再犯(재범): 다시 죄를 지음.

[활용]
共犯(공범) 防犯(방범)
事犯(사범) 雜犯(잡범)
犯行(범행) 戰犯(전범)
主犯(주범) 眞犯(진범)

*색자 표시는 시험 출제 중요 한자어

158 範

부수 : 竹(⺮)
총 15획

법 **범**

[중요 한자어 풀이]
· 範圍(범위) : 한정된 구역의 언저리.
· 規範(규범) : 사물의 본보기. 모범.
· 示範(시범) : 모범을 보임.

[활용]
模範(모범) 敎範(교범)
師範(사범)

' ⺮ ⺮ ⺮ ⺮ ⺮ 笛 笛 筲 範 範

範 範

159 壁

부수 : 土
총 16획

벽 **벽**

[중요 한자어 풀이]
· 壁畫(벽화) : 벽에 장식으로 그린 그림.
· 城壁(성벽) : 성곽의 벽.
· 防音壁(방음벽) : 시끄러운 소리를 막기 위해 설치한 벽.

[활용]
壁紙(벽지) 壁報(벽보)
外壁(외벽) 氷壁(빙벽)
石壁(석벽) 音壁(음벽)
奇巖絶壁(기암절벽)

壁 壁

160 辯

부수 : 辛
총 21획

말씀 **변**

[중요 한자어 풀이]
· 辯論(변론) : 옳고 그름을 말함.
· 辯護士(변호사) : 소송이나 일반 법률 사무를 업으로 행하는 사람.
· 雄辯(웅변) : 조리 있고 힘차게 거침없이 말함.

[활용]
答辯(답변) 達辯(달변)
辯士(변사) 强辯(강변)
口辯(구변) 言辯(언변)
代辯人(대변인)

辯 辯

한자익히기

다음 □ 안에 밑줄 친 漢字語의 讀音을 쓰세요.

• 친구들과 바다를 <u>背景</u>(　　)으로 사진을 찍었다.

• 민주는 일요일에 경건한 마음으로 <u>禮拜</u>(　　)를 드렸다.

• 아버지는 교통 신호를 어겨 <u>罰金</u>(　　)을 냈다.

• 병사들이 백성들을 괴롭히는 도적을 <u>討伐</u>(　　)하였다.

• 이 사건의 <u>犯人</u>(　　)은 결국 잡히고 말았다.

• 내가 아는 <u>範圍</u>(　　) 내에서 대답해 주겠다.

• 화가는 혼신의 힘을 다해 성당에 <u>壁畫</u>(　　)를 그렸다.

• 그는 항상 형편이 어려운 사람들의 <u>辯論</u>(　　)을 맡아 주었다.

풀면서 익히기

1_ 다음 漢字語의 讀音을 쓰세요.

〈例〉 武術 → 무술

(1) 滿足 (　　　)　　　(2) 男妹 (　　　)
(3) 山脈 (　　　)　　　(4) 勤勉 (　　　)
(5) 悲鳴 (　　　)　　　(6) 模範 (　　　)

2_ 다음 訓과 音에 알맞은 漢字를 쓰세요.

(1) 터럭 모 → (　　　)　　(2) 칠 목 → (　　　)
(3) 묘할 묘 → (　　　)　　(4) 무덤 묘 → (　　　)
(5) 춤출 무 → (　　　)　　(6) 호반 무 → (　　　)

3_ 다음 문장에서 밑줄 친 漢字語의 讀音을 쓰세요.

(1) 아버지는 한 직장에서 30년간 勤務(　　)하셨다.
(2) 선생님께서는 味覺(　　)이 음식 맛을 결정한다고 하셨다.
(3) 한국 축구 팀의 선전을 보고 뜨거운 拍手(　　)를 보냈다.
(4) 병구는 동화책에 나온 密林(　　) 이야기를 읽고 탐험을 떠나고 싶었다.

4_ 다음 낱말의 뜻에 알맞은 漢字語를 〈例〉에서 골라 그 기호를 쓰세요.

〈例〉 ㉠ 加味　 ㉡ 未來　 ㉢ 密集　 ㉣ 歌舞

(1) 빽빽하게 모임. (　　　)
(2) 노래하고 춤을 춤. (　　　)
(3) 아직 다가오지 않은 때. (　　　)
(4) 양념 따위로 맛을 더하는 일. (　　　)

5_ 다음 괄호 속에 들어갈 漢字를 〈例〉에서 찾아 漢字語를 만드세요.

〈例〉 ㉠ 拍 ㉡ 鳴 ㉢ 未 ㉣ 配
      ㉤ 背 ㉥ 髮 ㉦ 脈 ㉧ 博

(1) (　　　)學多識 : 학식이 넓고 재주가 많음.
(2) 氣盡(　　　)盡 : 기력이 다하고 맥이 풀림.
(3) (　　　)恩忘德 : 입은 은덕을 저버리고 배신함.
(4) 百家爭(　　　) : 많은 학자들이 거리낌 없이 자유로이 논쟁하는 일.

6_ 다음 漢字의 부수를 쓰세요.
(1) 博 → (　　　)　　(2) 範 → (　　　)
(3) 妨 → (　　　)　　(4) 辯 → (　　　)

7_ 다음 문장의 밑줄 친 漢字語를 漢字로 쓰세요.
(1) 덕수궁 돌담을 **배경**(□□)으로 가족 사진을 찍었다.
(2) 김좌진 장군이 이끄는 독립군이 일본 군대를 **토벌**(□□)하였다.
(3) 아저씨는 교통 법규를 위반하여 **벌금**(□□)을 내었다.
(4) 우리 형제는 경건한 마음으로 **예배**(□□)를 드렸다.

8_ 다음 漢字語의 뜻을 쓰세요.
(1) 犯人 (　　　　　　　　　)
(2) 暖房 (　　　　　　　　　)
(3) 訪韓 (　　　　　　　　　)
(4) 壁畫 (　　　　　　　　　)

邊普報步寶保複伏

한자의 훈과 음을 생각하며, 순서에 따라 써 보세요.

161 邊
- 부수: 辵(辶)
- 총 19획
- 가 **변**

[중요 한자어 풀이]
- 江邊(강변): 강가.
- 周邊(주변): 둘레의 언저리.
- 邊境(변경): 나라와 나라의 경계가 되는 변두리 지역.

[활용]
邊方(변방)　海邊(해변)
官邊(관변)　等邊(등변)
路邊(노변)　身邊(신변)
川邊(천변)

162 普
- 부수: 日
- 총 12획
- 넓을 **보**

[중요 한자어 풀이]
- 普及(보급): 널리 알려서 사용하게 함.
- 普通(보통): 특별하지 않고 예사로움.

[활용]
普施(보시)

163 報
- 부수: 土
- 총 12획
- 갚을·알릴 **보**

[중요 한자어 풀이]
- 報道(보도): 새 소식을 널리 알림.
- 報答(보답): 은혜나 호의를 갚음.
- 報恩(보은): 은혜를 갚음.

[활용]
報告(보고)　日報(일보)
報國(보국)　報復(보복)
官報(관보)
日氣豫報(일기예보)

164 步
- 부수: 止
- 총 7획
- 걸음 **보**

[중요 한자어 풀이]
- 讓步(양보): 길이나 자리 따위를 남에게 내줌.
- 步行(보행): 걸어가는 일.
- 散步(산보): 산책. 한가한 마음으로 이리저리 거닒.

[활용]
步兵(보병)　步調(보조)
步道(보도)　步行(보행)
進步(진보)　速步(속보)
五十步百步(오십보백보)

165 寶
- 부수: 宀
- 총 20획
- 보배 **보**

[중요 한자어 풀이]
- 家寶(가보): 한 집안의 보물.
- 寶石(보석): 귀중히 여겨지는 광물.
- 寶物(보물): 보배로운 물건.

[활용]
寶庫(보고)　寶貨(보화)
國寶(국보)　財寶(재보)
七寶(칠보)
常平通寶(상평통보)

*색자 표시는 시험 출제 중요 한자어

166 保

- 부수: 人(亻)
- 총 9획
- 지킬 보

[중요 한자어 풀이]
- 保護(보호): 약한 것을 돌보아 지킴.
- 保全(보전): 온전하게 지킴.
- 保安(보안): 안전하게 지킴.

[활용]
保存(보존) 保守(보수)
保證(보증) 保險(보험)
安保(안보) 保健(보건)
安全保障(안전보장)

丿 亻 亻 尸 尸 仔 俘 保 保

167 複

- 부수: 衣(衤)
- 총 14획
- 겹칠 복

[중요 한자어 풀이]
- 複製(복제): 본디의 것과 똑같이 만듦.
- 複數(복수): 둘 이상의 수.
- 複雜(복잡): 사물이나 사정이 겹치고 뒤섞여 어수선함.

[활용]
複式(복식) 複道(복도)
複寫(복사) 複合(복합)
複利(복리)
複製不許(복제불허)

丶 丿 才 衤 衤 衤 衤 衤 袙 袙 袙 複 複 複

168 伏

- 부수: 人(亻)
- 총 6획
- 엎드릴 복

[중요 한자어 풀이]
- 屈伏(굴복): 머리를 숙이고 엎드림.
- 降伏(항복): 진 것을 인정하고 굴복함.
- 三伏(삼복): 초복, 중복, 말복을 통틀어 이르는 말.

[활용]
伏兵(복병) 初伏(초복)
伏拜(복배) 伏線(복선)
伏中(복중) 中伏(중복)
起伏(기복) 末伏(말복)

丿 亻 亻 𠂉 伏 伏

다음 □ 안에 밑줄 친 漢字語의 讀音을 쓰세요.

- 우리 가족은 江邊(□□)이 내려다보이는 집으로 이사를 갔다.
- 올해 안에 최신 컴퓨터가 각 학교에 普及(□□)된다.
- 중동에서 전쟁이 일어나자, 각 방송사는 전황 報道(□□)에 여념이 없었다.
- 영수는 지하철에서 할아버지께 자리를 讓步(□□)하였다.
- 우리 집 家寶(□□)는 대대로 내려오는 책과 보검이다.
- 우리는 자연을 保護(□□)할 의무가 있다.
- 1996년 7월, 영국의 로슬린 연구소에서 최초의 複製(□□) 양 돌리가 탄생하였다.
- 장군은 적군의 뜻에 절대 屈伏(□□)할 수 없었다.

 復 府 婦 副 富 否 負 粉

한자의 훈과 음을 생각하며, 순서에 따라 써 보세요.

169 復
- 부수: 彳
- 총 12획
- 회복할 **복** · 다시 **부**

[중요 한자어 풀이]
- 復習(복습): 배운 것을 되풀이하여 익힘.
- 往復(왕복): 갔다가 돌아옴.
- 復活(부활): 죽었다가 다시 살아남.

[활용]
- 復歸(복귀)　回復(회복)
- 復興(부흥)　復古(복고)
- 復校(복교)　復唱(복창)
- 重言復言(중언부언)

170 府
- 부수: 广
- 총 8획
- 마을 · 관청 **부**

[중요 한자어 풀이]
- 政府(정부): 국가의 정책을 집행하는 행정부.
- 三府(삼부): 입법부, 행정부, 사법부를 이르는 말.
- 學府(학부): 학문이나 학자가 모이는 곳.

[활용]
- 府使(부사)　權府(권부)
- 無政府(무정부)
- 議政府(의정부)

171 婦
- 부수: 女
- 총 11획
- 며느리 **부**

[중요 한자어 풀이]
- 主婦(주부): 가장의 아내. 또는 주인인 부인.
- 婦女(부녀): 부인과 여자. 여성.
- 孝婦(효부): 효성스러운 며느리.

[활용]
- 婦德(부덕)　婦道(부도)
- 婦人(부인)　子婦(자부)
- 新婦(신부)
- 夫婦有別(부부유별)

172 副
- 부수: 刀(刂)
- 총 11획
- 버금 **부**

[중요 한자어 풀이]
- 副賞(부상): 따로 덧붙여 주는 상.
- 副業(부업): 본업 외에 가지는 직업.
- 副食(부식): 주식에 곁들여서 먹는 음식.

[활용]
- 副將(부장)　副詞(부사)
- 副官(부관)　副木(부목)
- 副題(부제)
- 副作用(부작용)

173 富
- 부수: 宀
- 총 12획
- 부자 **부**

[중요 한자어 풀이]
- 富者(부자): 재산이 많은 사람.
- 貧富(빈부): 가난함과 넉넉함.
- 富國(부국): 경제력이 넉넉한 나라.

[활용]
- 富強(부강)　甲富(갑부)
- 富農(부농)　致富(치부)
- 富村(부촌)　巨富(거부)
- 富貴功名(부귀공명)

*색자 표시는 시험 출제 중요 한자어

174 否

부수 : 口
총 7획
아닐 부

[중요 한자어 풀이]
· 否定(부정) : 인정하지 않음.
· 拒否(거부) : 승낙하지 않음.
· 否決(부결) : 의안을 승인하지 않기로 결정함.

[활용]
可否(가부) 與否(여부)
否認(부인) 安否(안부)
曰可曰否(왈가왈부)

一 フ オ 不 不 否 否

175 負

부수 : 貝
총 9획
질 부

[중요 한자어 풀이]
· 勝負(승부) : 이김과 짐.
· 負擔(부담) : 의무 · 책임 따위를 떠맡음.
· 負傷(부상) : 몸에 상처를 입음.

[활용]
負役(부역) 請負(청부)
自負心(자부심)

176 粉

부수 : 米
총 10획
가루 분

[중요 한자어 풀이]
· 粉乳(분유) : 가루우유.
· 粉末(분말) : 가루.
· 粉食(분식) : 곡식의 가루로 만든 음식.

[활용]
粉筆(분필) 粉紅(분홍)
金粉(금분) 魚粉(어분)
花粉(화분) 製粉(제분)

한자익히기

다음 □ 안에 밑줄 친 漢字語의 讀音을 쓰세요.

· 민수는 학교에서 돌아오면 반드시 그 날 배운 것을 復習(　　)한다.
· 政府(　　)는 부동산 투기 근절을 위한 특별법을 시행하기로 했다.
· 평범한 主婦(　　)였던 어머니는 아버지의 실직을 계기로 생활 전선에 뛰어들었다.
· 퀴즈 대회에서 우승한 학생들은 副賞(　　)으로 노트북 컴퓨터를 받았다.
· 가장 시급한 과제는 貧富(　　)의 격차를 줄이는 일이다.
· 창조론을 否定(　　)한 다윈의 학설은 당시의 학계에 큰 파장을 불러일으켰다.
· 이번 경기는 연장전까지 가는 치열한 접전 끝에 勝負(　　)를 가릴 수 있었다.
· 우리 나라는 지난 1991년부터 조제 粉乳(　　) 광고를 금지하고 있다.

憤 佛 備 飛 悲 非 碑 批

한자의 훈과 음을 생각하며, 순서에 따라 써 보세요.

177 憤
- 부수: 心(忄)
- 총 15획
- 분할 **분**

[중요 한자어 풀이]
- 憤怒(분노): 분하여 몹시 성을 냄.
- 激憤(격분): 몹시 분개함.
- 憤痛(분통): 몹시 분하여 마음이 쓰리고 아픔.

[활용]
- 憤然(분연) 憤敗(분패)
- 悲憤(비분) 公憤(공분)
- 發憤(발분) 義憤(의분)
- 痛憤(통분)

필순: ᅟᅠ丶 忄 忄 忄 忄 忄 忄 忄 忄 愔 愔 愔 憤 憤

憤 憤

178 佛
- 부수: 人(亻)
- 총 7획
- 부처 **불**

[중요 한자어 풀이]
- 石佛(석불): 돌로 만든 불상.
- 佛敎(불교): 석가모니의 가르침을 따르는 종교.
- 佛經(불경): 불교의 가르침을 적은 경전.

[활용]
- 佛家(불가) 成佛(성불)
- 佛堂(불당) 佛徒(불도)
- 佛門(불문) 佛法(불법)
- 佛事(불사) 佛心(불심)

필순: 丿 亻 亻 伫 佛 佛 佛

佛 佛

179 備
- 부수: 人(亻)
- 총 12획
- 갖출 **비**

[중요 한자어 풀이]
- 準備(준비): 미리 마련하여 갖춤.
- 豫備(예비): 미리 준비함.
- 整備(정비): (뒤섞이거나 흩어진 것을) 가다듬어 바로 갖춤.

[활용]
- 備品(비품) 具備(구비)
- 備考(비고) 對備(대비)
- 未備(미비) 不備(불비)
- 防備(방비) 守備(수비)

필순: 丿 亻 亻 亻 伫 伫 伫 伻 倄 備 備 備

備 備

180 飛
- 부수: 飛
- 총 9획
- 날 **비**

[중요 한자어 풀이]
- 飛行(비행): 날아다님.
- 飛虎(비호): 나는 듯이 날쌘 범.
- 飛上(비상): 날아오름.

[활용]
- 飛火(비화) 飛仙(비선)
- 雄飛(웅비) 飛龍(비룡)
- 飛行船(비행선)

필순: ᅟᅠ乙 飞 飞 飞 飞 飛 飛 飛 飛

飛 飛

181 悲
- 부수: 心
- 총 12획
- 슬플 **비**

[중요 한자어 풀이]
- 悲劇(비극): 슬픈 결말로 끝맺는 극.
- 喜悲(희비): 기쁨과 슬픔.
- 悲觀(비관): 일이 뜻대로 되지 않아 슬퍼하거나 실망함.

[활용]
- 悲感(비감) 悲運(비운)
- 悲憤(비분) 悲歎(비탄)
- 悲壯(비장) 悲報(비보)
- 一喜一悲(일희일비)

필순: 丿 丨 긴 늬 긔 非 非 非 非 悲 悲 悲

悲 悲

*색자 표시는 시험 출제 중요 한자어

182
非 부수: 非 / 총 8획 / 아닐 비

[중요 한자어 풀이]
· 非理(비리) : 도리에 어긋나는 일.
· 是非(시비) : 옳음과 그름.
· 非常(비상) : 정상적이지 않음.

[활용]
非命(비명) 非難(비난)
非行(비행) 非禮(비례)
非番(비번) 非情(비정)
是是非非(시시비비)

183
碑 부수: 石 / 총 13획 / 비석 비

[중요 한자어 풀이]
· 詩碑(시비) : 시를 새긴 비.
· 碑文(비문) : 비석에 새긴 글.
· 墓碑(묘비) : 무덤 앞에 세우는 비석.

[활용]
碑銘(비명) 口碑(구비)
碑石(비석)
記念碑(기념비)

184
批 부수: 手(扌) / 총 7획 / 비평할 비

[중요 한자어 풀이]
· 批評(비평) : 옳고 그름 따위를 평가함.
· 批判(비판) : 비평하여 판단함.
· 批點(비점) : 시문(詩文)의 잘된 곳에 찍는 점.

[활용]
批難(비난) 批答(비답)

한자익히기

다음 □ 안에 밑줄 친 漢字語의 讀音을 쓰세요.

· 사람들의 <u>憤怒</u>(　)는 쉽게 가라앉지 않았다.
· 전쟁으로 인하여 귀중한 <u>石佛</u>(　)이 파손되었다.
· 동생은 내일 있을 소풍을 <u>準備</u>(　)하느라 밤늦도록 부산을 떨었다.
· 철새들 중에는 먹이와 번식지를 찾아 해마다 수천 킬로미터를 <u>飛行</u>(　)하는 것들도 있다.
· 관객들은 <u>悲劇</u>(　)을 보면서 감정의 정화(카타르시스)를 경험하게 된다.
· 그 정치인은 <u>非理</u>(　)에 연루되어 검찰에 소환되었다.
· 언덕 위에 있는 <u>詩碑</u>(　)에는 김소월의 시가 새겨져 있다.
· 문단에 발표된 그의 소설은 많은 사람들에게서 다양한 <u>批評</u>(　)을 받았다.

 祕 貧 辭 私 絲 射 謝 師

한자의 훈과 음을 생각하며, 순서에 따라 써 보세요.

185 祕

- 부수 : 示
- 총 10획
- 숨길 비

[중요 한자어 풀이]
- 祕密(비밀) : 남에게 알려서는 안 되는 일의 내용.
- 祕法(비법) : 비밀의 방법.
- 神祕(신비) : 불가사의하고 영묘한 비밀.

[활용]
祕境(비경) 祕書(비서)
祕方(비방) 祕傳(비전)
祕策(비책) 祕話(비화)
極祕(극비)

186 貧

- 부수 : 貝
- 총 11획
- 가난할 빈

[중요 한자어 풀이]
- 貧民(빈민) : 가난한 사람들.
- 貧富(빈부) : 가난함과 넉넉함.
- 淸貧(청빈) : 성정이 청렴하여 살림이 구차함.

[활용]
貧困(빈곤) 貧窮(빈궁)
貧弱(빈약) 貧血(빈혈)
貧國(빈국) 貧農(빈농)
貧寒(빈한) 極貧(극빈)

187 辭

- 부수 : 辛
- 총 19획
- 말씀 사

[중요 한자어 풀이]
- 辭典(사전) : 낱말을 일정한 순서로 배열하여 해석한 책.
- 辭說(사설) : 말함. 잔소리로 늘어 놓는 말.
- 辭任(사임) : 맡고 있던 일자리를 스스로 내놓고 물러남.

[활용]
辭表(사표) 辭意(사의)
辭職(사직) 答辭(답사)
美辭麗句(미사여구)

188 私

- 부수 : 禾
- 총 7획
- 사사 사

[중요 한자어 풀이]
- 私立(사립) : 개인이나 민간 단체가 설립하여 유지하는 일.
- 私談(사담) : 사사로이 하는 이야기.
- 私兵(사병) : 개인이 사사로이 길러 부리는 병사.

[활용]
私的(사적) 私見(사견)
私心(사심) 私服(사복)
私席(사석)
先公後私(선공후사)

189 絲

- 부수 : 糸
- 총 12획
- 실 사

[중요 한자어 풀이]
- 綿絲(면사) : 무명실.
- 生絲(생사) : 삶아서 익히지 않은 명주실.
- 金絲(금사) : 금실.

[활용]
原絲(원사) 銀絲(은사)
製絲(제사) 鐵絲(철사)
合絲(합사)
一絲不亂(일사불란)

*색자 표시는 시험 출제 중요 한자어

190 射

부수 : 寸
총 10획
쏠 사

[중요 한자어 풀이]
· 射擊(사격) : 총이나 대포를 쏨.
· 射手(사수) : 총포나 화살 따위를 쏘는 사람.
· 射殺(사살) : 활이나 총으로 쏘아 죽임.

[활용]
射出(사출) 亂射(난사)
反射(반사) 發射(발사)
速射(속사) 應射(응사)
注射(주사) 直射(직사)

191 謝

부수 : 言
총 17획
사례할 사

[중요 한자어 풀이]
· 謝罪(사죄) : 자신이 지은 죄에 대해 용서를 빎.
· 謝恩(사은) : 입은 은혜에 대하여 감사함.
· 厚謝(후사) : 후하게 사례함.

[활용]
謝過(사과) 謝禮(사례)
謝意(사의) 感謝(감사)
謝絕(사절)

192 師

부수 : 巾
총 10획
스승 사

[중요 한자어 풀이]
· 教師(교사) : 학생을 가르치거나 돌보는 사람.
· 師弟(사제) : 스승과 제자.
· 師範(사범) : 남의 스승이 될만한 모범.

[활용]
師道(사도) 師表(사표)
師母(사모) 師父(사부)
師恩(사은) 師團(사단)
大師(대사) 藥師(약사)

다음 □ 안에 밑줄 친 漢字語의 讀音을 쓰세요.

• 사춘기는 남모르는 祕密(□□)이 많은 시기이다.

• 도시가 팽창하면서 교통·환경·도시 貧民(□□) 문제 등이 심각한 사회 현안이 되었다.

• 진수는 중학생이 되어 새 영어 辭典(□□)을 구입했다.

• 원산 학사는 우리 나라 최초의 근대적 私立(□□) 학교이다.

• 산업 혁명은 방적 기계의 발명으로 綿絲(□□)를 대량 생산하면서부터 시작되었다.

• 그는 올림픽에서 射擊(□□) 선수로 이름을 날렸다.

• 장발장은 謝罪(□□)하는 마음으로 봉사를 하였다.

• 훌륭한 教師(□□)는 훌륭한 제자를 만든다.

풀면서 익히기

1_ 다음 漢字語의 讀音을 쓰세요.

<例> 悲劇 → 비극

(1) 射擊 (   ) (2) 謝罪 (   )
(3) 敎師 (   ) (4) 祕密 (   )
(5) 貧民 (   ) (6) 辭典 (   )

2_ 다음 訓과 音에 알맞은 漢字를 쓰세요.

(1) 실 사 → (   ) (2) 아닐 비 → (   )
(3) 분할 분 → (   ) (4) 부처 불 → (   )
(5) 겹칠 복 → (   ) (6) 스승 사 → (   )

3_ 다음 문장에서 밑줄 친 漢字語의 讀音을 쓰세요.

(1) 이 碑石(☐☐)은 오랫동안 길가에 방치되어 글씨를 알아볼 수 없다.
(2) 그 피아니스트는 혹독한 批評(☐☐)에도 아랑곳하지 않았다.
(3) 학생들은 수학 여행을 위한 만반의 準備(☐☐)를 끝냈다.
(4) 나는 우주를 마음껏 飛行(☐☐)하는 우주인이 되고 싶다.

4_ 다음 낱말의 뜻에 알맞은 漢字語를 <例>에서 골라 그 기호를 쓰세요.

<例> ㉠ 祕法   ㉡ 私兵   ㉢ 射殺   ㉣ 勝負

(1) 쏘아 죽임. (   )
(2) 비밀의 방법. (   )
(3) 이김과 짐. (   )
(4) 개인이 사사로이 길러 부리는 병사. (   )

5_ 다음 괄호 속에 들어갈 漢字를 〈例〉에서 찾아 漢字語를 만드세요.

〈例〉 ㉠ 婦　㉡ 悲　㉢ 辭　㉣ 飛
　　　㉤ 殺　㉥ 絲　㉦ 富　㉧ 副

(1) 美(　　)麗句 : 아름다운 문구.
(2) 一(　　)不亂 : 질서나 체계 따위가 어지러움이 없음.
(3) 一喜一(　　) : 기쁜 일과 슬픈 일이 번갈아 일어남.
(4) 夫(　　)有別 : 부부 사이에 지켜야 할 인륜의 구별.

6_ 다음 漢字의 부수를 쓰세요.
(1) 復 → (　　)　　(2) 府 → (　　)
(3) 副 → (　　)　　(4) 婦 → (　　)

7_ 다음 문장의 밑줄 친 漢字語를 漢字로 쓰세요.
(1) 크낙새는 천연 기념물로 지정되어 <u>보호</u>(□□)받고 있다.
(2) 유관순 열사는 일본인 간수에게 끝까지 <u>굴복</u>(□□)하지 않았다.
(3) 주시경은 한글 <u>보급</u>(□□)과 한글 문법 체계화를 위해 평생을 바쳤다.
(4) <u>산보</u>(□□)하러 나갔던 동생이 코스모스를 한 아름 꺾어서 돌아왔다.

8_ 다음 漢字語의 뜻을 쓰세요.
(1) 富國 (　　　　　　)
(2) 江邊 (　　　　　　)
(3) 報恩 (　　　　　　)
(4) 家寶 (　　　　　　)

모범답안 P.278

시험에 자주 나오는 한자 성어(3)

13. 多事多難
많을 다, 일 사, 많을 다, 어려울 난
여러 가지로 일도 많고 어려움도 많음.

多事多難 多事多難

14. 大同小異
큰 대, 한가지 동, 작을 소, 다를 이
거의 같고 조금 다름.

大同小異 大同小異

15. 大義名分
큰 대, 옳을 의, 이름 명, 나눌 분
사람으로서 마땅히 지키고 행하여야 할 도리나 본분.

大義名分 大義名分

16. 獨不將軍
홀로 독, 아닐 불, 장수 장, 군사 군
'혼자서는 장군이 못 된다.'는 뜻으로, 남의 의견을 무시하고 매사를 혼자 처리하는 것을 이름.

獨不將軍 獨不將軍

17. 燈下不明
등 등, 아래 하, 아닐 불, 밝을 명
'등불 밑이 밝지 못하다.'는 뜻으로, 가까이에 있는 것을 오히려 잘 모름을 이름.

燈下不明 燈下不明

18. 燈火可親
등 등, 불 화, 옳을 가, 친할 친
'등불과 친할 만하다.'는 뜻으로, 등불 아래서 책을 읽기 좋은 계절인 가을을 이름.

燈火可親 燈火可親

한자 퍼즐

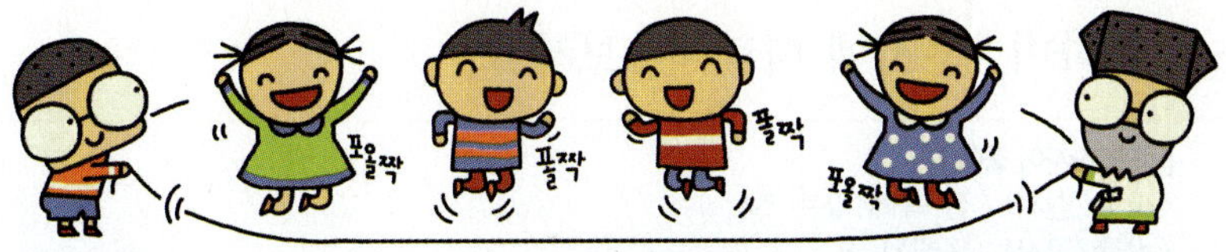

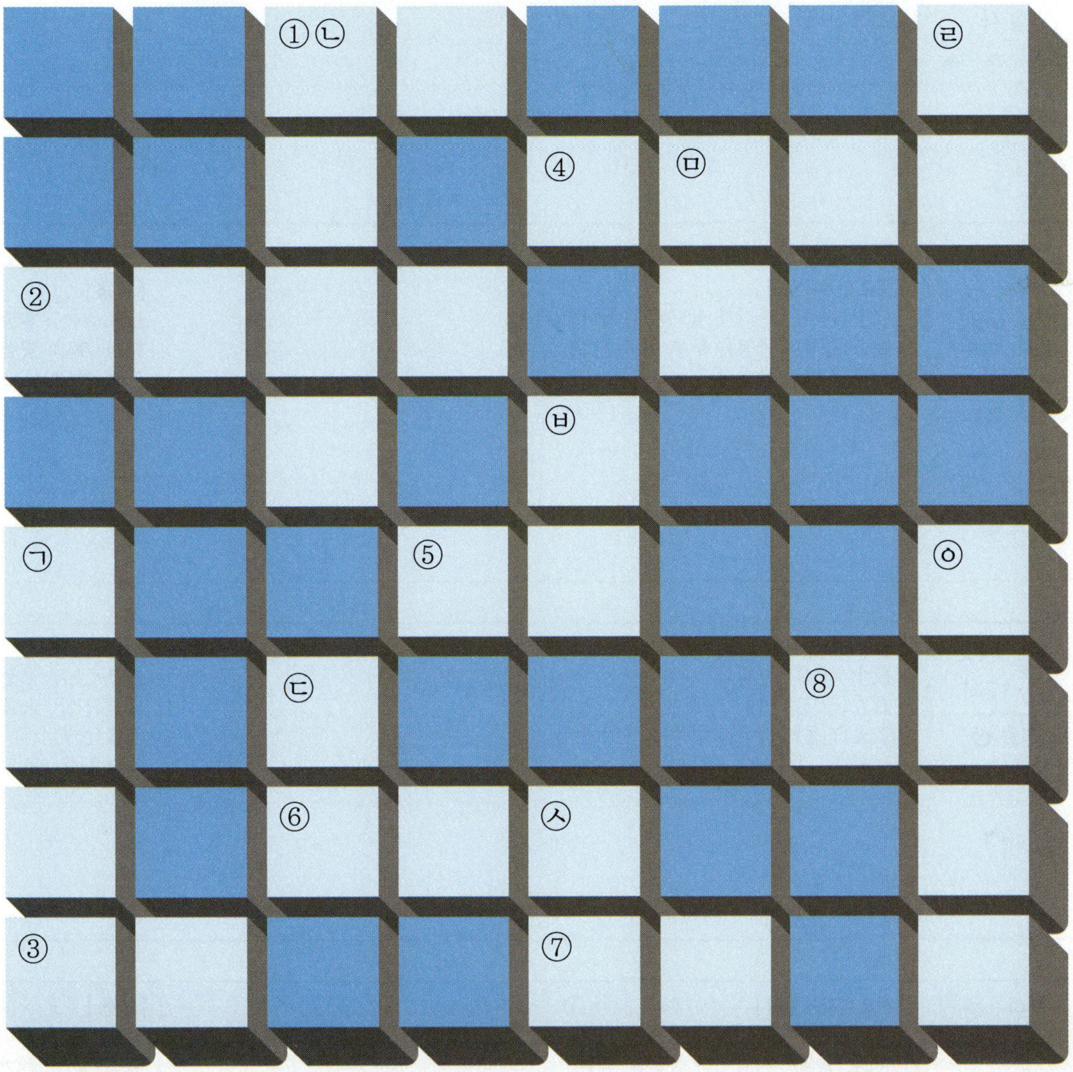

 가로열쇠   세로열쇠

① 마음에 부족함이 없이 흐뭇함.
② '아홉 마리의 소 가운데 박힌 하나의 털'이라는 뜻으로 '썩 많은 가운데 섞인 아주 적은 것'을 비유하여 이르는 말.
③ 슬픈 결말로 끝맺는 극.
④ 많은 학자나 논객이 거리낌없이 자유로이 논쟁하는 일.
⑤ 이전의 상태로 돌아옴.
⑥ 시끄러운 소리를 막기 위해 설치한 벽.
⑦ 화가 또는 조각가가 작품을 만드는 방.
⑧ 가난한 사람들.

㉠ 기쁜 일과 슬픈 일이 번갈아 일어남.
㉡ 그 자리에 있는 모든 사람의 의견이 완전히 일치하는 일.
㉢ 불이 나지 않도록 미리 막고, 불이 났을 때 불을 끄는 일.
㉣ 소리가 잇따라 울리는 것처럼 느껴지는 귀의 질환.
㉤ 한 집안의 보물.
㉥ 갔다가 돌아옴.
㉦ 벽에 장식으로 그린 그림.
㉧ 정약용이 관리의 바른 길을 깨우치려고 쓴 책.

寺 舍 散 殺 狀 常 床 想

한자의 훈과 음을 생각하며, 순서에 따라 써 보세요.

193
寺
- 부수 : 寸
- 총 6획
- 절 **사**

[중요 한자어 풀이]
- 山寺(산사) : 산 속에 있는 절.
- 古寺(고사) : 오래된 절.
- 寺院(사원) : 절.

[활용]
本寺(본사) 末寺(말사)
佛國寺(불국사)

필순: 一 十 土 寺 寺 寺

194
舍
- 부수 : 舌
- 총 8획
- 집 **사**

[중요 한자어 풀이]
- 官舍(관사) : 관리가 살도록 관에서 지은 집.
- 廳舍(청사) : 관청을 두루 이르는 말.
- 舍宅(사택) : 살림집.

[활용]
校舍(교사) 客舍(객사)
鷄舍(계사) 黨舍(당사)
牛舍(우사) 畜舍(축사)

필순: ノ 人 ㅅ 스 슥 숚 슣 舍 舍

195
散
- 부수 : 攴(攵)
- 총 12획
- 흩을 **산**

[중요 한자어 풀이]
- 散步(산보) : 산책.
- 散在(산재) : 이곳 저곳 흩어져 있음.
- 散文(산문) : 자유롭게 쓴 보통의 문장.

[활용]
散亂(산란) 散賣(산매)
散髮(산발) 散調(산조)
散策(산책)
離合集散(이합집산)

196
殺
- 부수 : 殳
- 총 11획
- 죽일 **살**, 감할 **쇄**

[중요 한자어 풀이]
- 殺傷(살상) : 죽이거나 상처를 입힘.
- 殺生(살생) : 사람이나 동물을 죽임.
- 殺害(살해) : 남을 죽임.

[활용]
殺到(쇄도) 殺氣(살기)
殺伐(살벌) 殺意(살의)
殺人(살인) 射殺(사살)
殺生有擇(살생유택)

197
狀
- 부수 : 犬
- 총 8획
- 형상 **상**, 문서 **장**

[중요 한자어 풀이]
- 現狀(현상) : 현재의 상태.
- 狀態(상태) : 현재의 모양.
- 年賀狀(연하장) : 새해를 축하하는 글이 담긴 서장.

[활용]
賞狀(상장) 狀況(상황)
窮狀(궁상) 病狀(병상)
實狀(실상) 異狀(이상)
原狀回復(원상회복)

198 常

- 부수: 巾
- 총 11획
- 떳떳할 **상**

[중요 한자어 풀이]
- 平常(평상): 평상시의 준말. 보통 때.
- 正常(정상): 바른 상태.
- 恒常(항상): 늘.

[활용]
- 常備(상비) 常設(상설)
- 常識(상식) 常勤(상근)
- 常道(상도) 常民(상민)
- 常時(상시) 日常(일상)

필순: 丶 丷 丷 ⺌ 兴 兴 学 学 学 常 常

199 床

- 부수: 广
- 총 7획
- 상 **상**

[중요 한자어 풀이]
- 病床(병상): 병자가 누워 있는 침상.
- 冊床(책상): 책을 읽거나 쓰는 데 쓰이는 상.
- 同床異夢(동상이몽): 같은 잠자리에서 다른 꿈을 꿈. ※ 夢(꿈 몽) - 3급Ⅱ 한자

[활용]
- 寢床(침상) 起床(기상)
- 獨床(독상) 溫床(온상)
- 平床(평상)
- 交子床(교자상)

필순: 丶 亠 广 广 庄 庄 床

200 想

- 부수: 心
- 총 13획
- 생각 **상**

[중요 한자어 풀이]
- 想像(상상): 머릿속에서 그려 생각함.
- 想念(상념): 마음 속에 떠오르는 생각.
- 感想(감상): 마음 속에 느끼어 일어나는 생각.

[활용]
- 構想(구상) 假想(가상)
- 豫想(예상) 回想(회상)
- 思想(사상) 想起(상기)
- 想定(상정) 空想(공상)

필순: 一 十 木 ホ 相 相 相 相 想 想 想

다음 □ 안에 밑줄 친 漢字語의 讀音을 쓰세요.

- 해질 무렵 <u>山寺</u>(　　)의 처마 끝에서 풍경 소리가 은은히 퍼지고 있었다.
- 시장은 <u>官舍</u>(　　)를 개조하여 시민들에게 개방하였다.
- 부모님은 저녁마다 함께 <u>散步</u>(　　)를 가신다.
- 많은 사람들을 <u>殺傷</u>(　　)할 수 있는 무기들이 폐기되었다.
- 반응제를 집어 넣었지만 별다른 <u>現狀</u>(　　)은 일어나지 않았다.
- 갑작스러운 일을 당해도 <u>平常</u>(　　)시와 같이 침착하게 행동해야 한다.
- <u>病床</u>(　　)에 누워 있는 친구들을 위해 공연을 준비하였다.
- 이야기 속에 나오는 용은 <u>想像</u>(　　)의 동물이다.

 傷 象 宣 舌 設 星 聖 盛

한자의 훈과 음을 생각하며, 순서에 따라 써 보세요.

201
傷 다칠 상
- 부수: 人(亻)
- 총 13획

[중요 한자어 풀이]
- 傷處(상처): 몸의 다친 자리.
- 重傷(중상): 몹시 다침.
- 傷心(상심): 마음 아파함.

[활용]
- 傷害(상해) 輕傷(경상)
- 公傷(공상) 落傷(낙상)
- 負傷(부상) 殺傷(살상)
- 食傷(식상) 外傷(외상)

丿 亻 亻 亻 伫 佇 佇 佇 俜 傌 傷 傷

202
象 코끼리 상
- 부수: 豕
- 총 12획

[중요 한자어 풀이]
- 象牙(상아): 코끼리의 두 개의 어금니. ※ 牙(어금니 아)-3급 한자
- 形象(형상): 관념을 표현 수단으로 구상화함.
- 象形文字(상형문자): 물체의 모양을 본떠 만든 글자.

[활용]
- 印象(인상) 假象(가상)
- 具象(구상) 對象(대상)
- 事象(사상) 表象(표상)
- 現象(현상)

203
宣 베풀 선
- 부수: 宀
- 총 9획

[중요 한자어 풀이]
- 宣敎(선교): 종교를 전하여 널리 알림.
- 宣言(선언): 널리 펴서 나타냄.
- 宣戰(선전): 전쟁 개시를 선언함.

[활용]
- 宣傳(선전) 宣布(선포)
- 宣告(선고) 宣明(선명)
- 宣言文(선언문)
- 宣戰布告(선전포고)

204
舌 혀 설
- 부수: 舌
- 총 6획

[중요 한자어 풀이]
- 舌戰(설전): 말다툼.
- 舌禍(설화): 말의 내용으로 사람들의 비난을 받아 입는 화.
- 口舌數(구설수): 시비하거나 헐뜯는 말을 들을 운수.

[활용]
- 舌音(설음) 毒舌(독설)
- 長廣舌(장광설)

205
設 베풀 설
- 부수: 言
- 총 11획

[중요 한자어 풀이]
- 設立(설립): 새로 세움.
- 施設(시설): 도구나 장치 등을 베풀어서 차림.
- 建設(건설): 건물이나 시설을 만들어 세움.

[활용]
- 設置(설치) 設備(설비)
- 設問(설문) 設定(설정)
- 設計(설계) 設令(설령)
- 爲人設官(위인설관)

*색자 표시는 시험 출제 중요 한자어

206 星

부수 : 日
총 9획

별 **성**

[중요 한자어 풀이]
- 金星(금성) : 태양계 아홉 행성의 하나.
- 星座(성좌) : 별 자리.
- 流星(유성) : 별똥별.

[활용]
星群(성군) 星雲(성운)
木星(목성) 星火(성화)
人工衛星(인공위성)
日月星辰(일월성신)

`丨 冂 曰 日 尸 戸 旦 星 星`

207 聖

부수 : 耳
총 13획

성인 **성**

[중요 한자어 풀이]
- 聖堂(성당) : 가톨릭의 교회당.
- 聖人(성인) : 세인의 모범으로서 숭배 받을 만한 사람.
- 聖地(성지) : 신성시되는 땅.

[활용]
聖經(성경) 聖賢(성현)
聖歌(성가) 聖句(성구)
聖君(성군) 聖女(성녀)
聖徒(성도) 聖者(성자)

`一 厂 F F E 耳 耳 耶 耶 聖 聖 聖`

208 盛

부수 : 皿
총 12획

성할 **성**

[중요 한자어 풀이]
- 盛行(성행) : 매우 성하게 행해짐.
- 盛大(성대) : 아주 성하고 큼. 크고 장함.
- 盛業(성업) : 사업이나 장사가 잘 되는 일.

[활용]
盛德(성덕) 大盛(대성)
盛典(성전) 盛夏(성하)
強盛(강성) 盛時(성시)
興盛(흥성)

`丿 厂 F 斤 成 成 成 成 盛 盛 盛 盛`

한자익히기

다음 □ 안에 밑줄 친 漢字語의 讀音을 쓰세요.

- 동생이 놀이터에서 놀다가 넘어져 무릎에 <u>傷處</u>(□□)가 생겼다.
- 아버지께서 <u>象牙</u>(□□)로 만든 도장을 선물로 주셨다.
- 삼촌은 칠레에서 <u>宣敎</u>(□□) 활동을 하신다.
- 가벼운 <u>舌戰</u>(□□)으로 시작하여 결국은 큰 싸움으로 번졌다.
- 그 분은 병원을 <u>設立</u>(□□)하여 아픈 사람들을 돌보았다.
- 새벽에 반짝이는 저 별은 샛별로 불리는 <u>金星</u>(□□)이다.
- 건우는 일요일에는 부모님과 함께 <u>聖堂</u>(□□)에 간다.
- 학생들 사이에서 아바타를 만드는 것이 <u>盛行</u>(□□)하고 있다.

聲 城 誠 細 稅 勢 素 掃

한자의 훈과 음을 생각하며, 순서에 따라 써 보세요.

209 聲
- 부수: 耳
- 총 17획
- 소리 성

[중요 한자어 풀이]
- 名聲(명성): 좋은 평판.
- 聲樂(성악): 목소리를 통하여 감정을 표현하는 음악.
- 聲帶(성대): 소리를 내는 기관.

[활용]
- 聲量(성량) 聲援(성원)
- 聲討(성토) 高聲(고성)
- 聲價(성가) 聲明(성명)
- 異口同聲(이구동성)

210 城
- 부수: 土
- 총 10획
- 재 성

[중요 한자어 풀이]
- 城壁(성벽): 성곽의 벽.
- 山城(산성): 산에 쌓은 성.
- 北漢山城(북한산성): 북한산에 쌓은 성.

[활용]
- 長城(장성) 城門(성문)
- 城內(성내) 城主(성주)
- 開城(개성) 京城(경성)
- 古城(고성) 王城(왕성)

211 誠
- 부수: 言
- 총 14획
- 정성 성

[중요 한자어 풀이]
- 誠實(성실): 정성스럽고 참됨.
- 誠意(성의): 정성스러운 마음.
- 孝誠(효성): 효도하는 정성.

[활용]
- 誠金(성금) 精誠(정성)
- 誠米(성미) 熱誠(열성)
- 忠誠(충성) 致誠(치성)
- 至誠感天(지성감천)

212 細
- 부수: 糸
- 총 11획
- 가늘 세

[중요 한자어 풀이]
- 細分(세분): 잘게 나눔.
- 細密(세밀): 가늘고 정밀함.
- 明細書(명세서): 내용을 자세히 적은 문서.

[활용]
- 細工(세공) 細胞(세포)
- 細目(세목) 細部(세부)
- 細心(세심) 細則(세칙)
- 竹細工(죽세공)

213 稅
- 부수: 禾
- 총 12획
- 세금 세

[중요 한자어 풀이]
- 稅金(세금): 국가가 조세로서 징수하는 돈.
- 關稅(관세): 세관을 통과할 때 내는 세금.
- 國稅(국세): 국가의 경비로 쓰기 위해 징수하는 세금.

[활용]
- 課稅(과세) 稅吏(세리)
- 稅目(세목) 稅法(세법)
- 稅收(세수) 稅入(세입)
- 稅則(세칙) 血稅(혈세)

*색자 표시는 시험 출제 중요 한자어

214 勢

부수: 力
총 13획

형세 세

[중요 한자어 풀이]
· 權勢(권세): 권력과 세력.
· 勢力(세력): 남을 누를 수 있는 기세와 힘.
· 強勢(강세): 강한 세력이나 기세.

[활용]
勢道(세도)　加勢(가세)
氣勢(기세)　家勢(가세)
敎勢(교세)　大勢(대세)
破竹之勢(파죽지세)

215 素

부수: 糸
총 10획

본디 · 흴 소

[중요 한자어 풀이]
· 素質(소질): 태어날 때부터 지니고 있는 능력.
· 素望(소망): 평소의 희망.
· 素材(소재): 어떤 것을 만드는데 바탕이 되는 자료.

[활용]
素朴(소박)　素服(소복)
素養(소양)　素行(소행)
儉素(검소)　色素(색소)
平素(평소)

216 掃

부수: 手(扌)
총 11획

쓸 소

[중요 한자어 풀이]
· 淸掃(청소): 깨끗이 쓸고 닦음.
· 一掃(일소): 남김없이 모두 쓸어 버림.
· 掃除(소제): 쓸어서 깨끗이함.

[활용]
掃滅(소멸)

다음 □ 안에 밑줄 친 漢字語의 讀音을 쓰세요.

• 요리 대회에서 우승한 사람은 큰 <u>名聲</u>(　　)을 얻게 된다.

• 적병들이 <u>城壁</u>(　　)을 타고 올라오고 있다.

• 그는 매우 <u>誠實</u>(　　)한 사람으로 인정을 받았다.

• 빨간색을 <u>細分</u>(　　)하면 각각 느낌이 다른 수만 가지의 빨간색을 얻을 수 있다.

• 소득이 많은 사람에게는 많은 <u>稅金</u>(　　)이 부과된다.

• 아무리 큰 <u>權勢</u>(　　)라도 10년을 가기 어렵다.

• 상호는 동물을 특징있게 그리는 것에 <u>素質</u>(　　)이 있다.

• 오랜만에 물탱크를 <u>淸掃</u>(　　)했더니 검은 물이 나왔다.

 笑 續 俗 屬 損 松 頌 送

한자의 훈과 음을 생각하며, 순서에 따라 써 보세요.

217 笑

- 부수: 竹(⺮)
- 총 10획
- 웃음 **소**

[중요 한자어 풀이]
- 談笑(담소): 웃으며 이야기함.
- 爆笑(폭소): 갑자기 터져 나오는 웃음.
- 一笑一少(일소일소): 한 번 웃으면 한 번 젊어짐.

[활용]
笑話(소화) 苦笑(고소)
失笑(실소)
拍掌大笑(박장대소)
※掌(손바닥 장)-3급Ⅱ 한자

필순: ノ ト ㅏ ㅓ ㅓㅓ ㅓㅓㅓ 竺 笑 竿 笑

笑 笑

218 續

- 부수: 糸
- 총 21획
- 이을 **속**

[중요 한자어 풀이]
- 連續劇(연속극): 끊이지 않고 이어서 방영하는 방송극.
- 續篇(속편): 본편의 뒷이야기로 이어서 만들어지는 것.
- 繼續(계속): 끊이지 아니하고 이어지는.

[활용]
續開(속개) 續報(속보)
續出(속출) 續行(속행)
續會(속회) 勤續(근속)
手續(수속) 存續(존속)

續 續

219 俗

- 부수: 人(亻)
- 총 9획
- 풍속 **속**

[중요 한자어 풀이]
- 俗談(속담): 널리 구전되는 민간 격언.
- 風俗(풍속): 옛날부터 내려오는 생활의 습관.
- 民俗(민속): 민간의 풍속.

[활용]
俗世(속세) 世俗(세속)
低俗(저속) 俗物(속물)
俗說(속설) 俗語(속어)
美風良俗(미풍양속)

俗 俗

220 屬

- 부수: 尸
- 총 21획
- 붙일 **속**

[중요 한자어 풀이]
- 所屬(소속): 어떤 기관이나 조직에 딸려 붙음.
- 金屬(금속): 쇠붙이.
- 屬國(속국): 정치적으로 다른 나라에 매여 있는 나라.

[활용]
歸屬(귀속) 屬性(속성)
配屬(배속) 專屬(전속)
族屬(족속) 從屬(종속)
金屬活字(금속활자)

屬 屬

221 損

- 부수: 手(扌)
- 총 13획
- 덜 **손**

[중요 한자어 풀이]
- 損失(손실): 축나거나 잃어버리거나 하여 손해를 봄.
- 損害(손해): 밑지거나 해가 됨.
- 損益(손익): 손실과 이익.

[활용]
損金(손금) 損傷(손상)
缺損(결손) 破損(파손)

損 損

*색자 표시는 시험 출제 중요 한자어

222 松

- 부수: 木
- 총 8획
- 소나무 송

[중요 한자어 풀이]
- 松板(송판) : 소나무 널빤지.
- 松竹梅(송죽매) : '소나무·매화나무·대나무'를 이르는 말.
- 松花(송화) : 소나무의 꽃.

[활용]
松林(송림)　松蟲(송충)
老松(노송)　美松(미송)
白松(백송)　海松(해송)
青松綠竹(청송녹죽)

一 十 オ 木 才 松 松 松

223 頌

- 부수: 頁
- 총 13획
- 칭송할·기릴 송

[중요 한자어 풀이]
- 稱頌(칭송) : 공덕을 칭찬하여 기림.
- 讚頌(찬송) : 훌륭한 덕을 칭송함.
- 頌祝(송축) : 경사스러운 일을 칭송하여 축하함.

[활용]
頌歌(송가)　頌德(송덕)
頌辭(송사)　訟詩(송시)
頌德碑(송덕비)

224 送

- 부수: 辵(辶)
- 총 10획
- 보낼 송

[중요 한자어 풀이]
- 送別(송별) : 멀리 떠나는 이를 이별하여 보냄.
- 送年(송년) : 한해를 보냄.
- 歡送(환송) : 축복하고 기쁜 마음으로 보냄.

[활용]
送金(송금)　送電(송전)
送達(송달)　送料(송료)
送辭(송사)　送電(송전)
送舊迎新(송구영신)

다음 □ 안에 밑줄 친 漢字語의 讀音을 쓰세요. 〔한자익히기〕

- 친구들과 모닥불 주위에 모여 앉아 談笑(□□)를 나누었다.
- 같은 시간대에 방송되는 連續劇(□□□)은 시청률 경쟁이 매우 치열하다.
- 말 한마디로 천 냥 빚을 갚는다는 俗談(□□)이 있다.
- 그의 所屬(□□)은 귀신도 잡는다는 해병대이다.
- 이번 거래는 損失(□□)을 따져볼 필요가 없다.
- 이 松板(□□)은 가구를 짜기 위해 만들어 놓은 것이다.
- 많은 이들의 稱頌(□□)을 받는 훌륭한 사람이 되길 바란다.
- 전학 가는 친구를 위해 送別(□□) 파티를 준비하였다.

풀면서 익히기

1_ 다음 漢字語의 讀音을 쓰세요.

<例>　平常 → 평상

(1) 病床 (　　　)　　(2) 想像 (　　　)
(3) 傷處 (　　　)　　(4) 象牙 (　　　)
(5) 宣敎 (　　　)　　(6) 舌戰 (　　　)

2_ 다음 訓과 音에 알맞은 漢字를 쓰세요.

(1) 베풀 설 → (　　　)　　(2) 별 성 → (　　　)
(3) 형세 세 → (　　　)　　(4) 본디 소 → (　　　)
(5) 이을 속 → (　　　)　　(6) 덜 손 → (　　　)

3_ 다음 문장에서 밑줄 친 漢字語의 讀音을 쓰세요.

(1) 그는 과학자로서 매우 名聲(　　)이 높다.
(2) 강훈이는 誠實(　　)한 사람으로 주위의 평판이 아주 좋다.
(3) 稅金(　　)을 납부하는 것은 국민의 의무이다.
(4) 이번 일요일에는 聖堂(　　)에서 세례식이 있다.

4_ 다음 낱말의 뜻에 알맞은 漢字語를 <例>에서 골라 그 기호를 쓰세요.

<例>　㉠ 盛行　　㉡ 細分　　㉢ 城壁　　㉣ 權勢

(1) 성곽의 벽. (　　　)
(2) 잘게 나눔. (　　　)
(3) 매우 성하게 행해짐. (　　　)
(4) 권력과 세력. (　　　)

5_ 다음 괄호 속에 들어갈 漢字를 〈例〉에서 찾아 漢字語를 만드세요.

〈例〉 ㉠ 聲 ㉡ 俗 ㉢ 寺 ㉣ 送
      ㉤ 散 ㉥ 設 ㉦ 舍 ㉧ 笑

(1) 一(　　)一少 : 한 번 웃으면 한 번 젊어진다.
(2) 美風良(　　) : 아름답고 좋은 풍속.
(3) (　　)舊迎新 : 묵은해를 보내고 새해를 맞음.
(4) 異口同(　　) : 여러 사람의 말이 한결같음.

6_ 다음 漢字의 부수를 쓰세요.
(1) 掃 → (　　)　　(2) 松 → (　　)
(3) 頌 → (　　)　　(4) 殺 → (　　)

7_ 다음 문장의 밑줄 친 漢字語를 漢字로 쓰세요.
(1) 모두 그의 모습을 보고 **실소**(□□)를 금할 수 없었다.
(2) 그 가수는 **소속**(□□) 회사를 바꾸었다.
(3) 시장님은 **관사**(□□)에 가서도 일을 계속하셨다.
(4) 한여름의 장마는 일주일 내내 **계속**(□□) 되었다.

8_ 다음 漢字語의 뜻을 쓰세요.
(1) 民俗 (　　　　　　　　)
(2) 損害 (　　　　　　　　)
(3) 古寺 (　　　　　　　　)
(4) 現狀 (　　　　　　　　)

收 修 受 授 守 秀 叔 肅

한자의 훈과 음을 생각하며, 순서에 따라 써 보세요.

225 收
- 부수: 攵(攴)
- 총 6획
- 거둘 **수**

[중요 한자어 풀이]
- 秋收(추수) : 가을에 곡식을 거두어들임.
- 收金(수금) : 돈을 받아들임. 돈을 걷음.
- 收去(수거) : 거두어 감.

[활용]
收容(수용) 收入(수입)
收買(수매) 收復(수복)
收益(수익) 收集(수집)
春耕秋收(춘경추수)

필순: ㅣ ㅐ ㅐ' ㅐ'' 收

226 修
- 부수: 人(亻)
- 총 10획
- 닦을 **수**

[중요 한자어 풀이]
- 修行(수행) : 행실을 바르게 닦음.
- 修養(수양) : 몸과 마음을 단련하여 지혜, 품성, 도덕을 닦음.
- 修身(수신) : 마음과 행실을 바르게 하도록 심신을 닦음.

[활용]
修道(수도) 修練(수련)
修交(수교) 修女(수녀)
修德(수덕) 修理(수리)
修習(수습)

227 受
- 부수: 又
- 총 8획
- 받을 **수**

[중요 한자어 풀이]
- 受容(수용) : 받아들임.
- 受賞(수상) : 상을 받음.
- 受納(수납) : 보내온 금품 따위를 받아서 넣음.

[활용]
受信(수신) 受講(수강)
受領(수령) 受動(수동)
受配(수배) 受難(수난)
受注(수주)

228 授
- 부수: 手(扌)
- 총 11획
- 줄 **수**

[중요 한자어 풀이]
- 授與(수여) : 증서, 상장, 훈장 따위를 줌.
- 授乳(수유) : 젖먹이에게 젖을 주어 먹임.
- 授業(수업) : 학업이나 기술을 가르쳐줌.

[활용]
敎授(교수) 授權(수권)
授賞(수상) 授受(수수)
授乳(수유)
硏究授業(연구수업)

229 守
- 부수: 宀
- 총 6획
- 지킬 **수**

[중요 한자어 풀이]
- 守備(수비) : 지키어 막음.
- 守則(수칙) : 지켜야 할 규칙.
- 守護(수호) : 지키고 보호함.

[활용]
守衛(수위) 守兵(수병)
守城(수성) 守勢(수세)
守節(수절) 固守(고수)
死守(사수)

*색자 표시는 시험 출제 중요 한자어

230 秀

부수: 禾
총 7획
빼어날 **수**

[중요 한자어 풀이]
- 秀才(수재) : 머리가 좋고 재주가 뛰어난 사람.
- 俊秀(준수) : 풍채가 썩 빼어남.
- 秀作(수작) : 빼어난 작품.

[활용]
秀作(수작) 秀麗(수려)
優秀(우수)
最優秀(최우수)

231 叔

부수: 又
총 8획
아재비 **숙**

[중요 한자어 풀이]
- 叔父(숙부) : 아버지의 동생.
- 叔母(숙모) : 숙부의 아내.
- 堂叔(당숙) : 아버지의 사촌 형제.

[활용]
叔父母(숙부모)
外叔母(외숙모)

232 肅

부수: 聿
총 13획
엄숙할 **숙**

[중요 한자어 풀이]
- 自肅(자숙) : 스스로 행동이나 태도를 삼감.
- 靜肅(정숙) : 조용하고 엄숙함.
- 肅然(숙연) : 엄숙함.

[활용]
肅黨(숙당) 肅拜(숙배)
肅正(숙정) 肅淸(숙청)
嚴肅(엄숙)

다음 □ 안에 밑줄 친 漢字語의 讀音을 쓰세요.

- 봄에 밭을 갈지 않으면 가을에 <u>秋收</u>(　　)하는 기쁨도 없다.
- 올해는 모든 과목을 <u>修行</u>(　　) 평가로 평가한다.
- 자기와 다른 의견도 <u>受容</u>(　　)할 수 있어야 한다.
- 새로운 치료제를 개발한 과학자에게 노벨상이 <u>授與</u>(　　)되었다
- 우리 축구팀은 <u>守備</u>(　　) 능력은 뛰어나지만 공격 능력이 약하다.
- 훌륭한 선생님들이 많은 학교로 <u>秀才</u>(　　)들이 몰렸다.
- 우리들은 명절이면 <u>叔父</u>(　　)님 댁에 인사를 간다.
- 잘못을 저지른 우리들은 <u>自肅</u>(　　)하는 마음으로 지내고 있다.

純崇承施視詩試是

한자의 훈과 음을 생각하며, 순서에 따라 써 보세요.

233 純 (순수할 순)
- 부수: 糸
- 총 10획

[중요 한자어 풀이]
- 純度(순도): 물질의 순수한 정도.
- 純潔(순결): 순수하고 깨끗함.
- 純金(순금): 순수한 황금.

[활용]
純毛(순모) 純種(순종)
純化(순화) 純白(순백)
純益(순익) 純情(순정)
純正(순정) 純朴(순박)

필순: ' ㄠ 幺 纟 糸 糸 紀 純 純

234 崇 (높을 숭)
- 부수: 山
- 총 11획

[중요 한자어 풀이]
- 崇拜(숭배): 훌륭히 여겨 높여 공경함.
- 崇禮門(숭례문): 조선 시대 한양 도성의 남쪽 정문의 이름. 서울의 남대문.
- 崇高(숭고): 높고 엄숙하며 거룩함.

[활용]
崇尙(숭상)

필순: ' 山 屮 屮 岁 岁 岸 常 崇 崇

235 承 (이을 승)
- 부수: 手
- 총 8획

[중요 한자어 풀이]
- 傳承(전승): 계통을 대대로 전하여 이어 감.
- 口承(구승): 말로 전하여 이어 내려옴.
- 繼承(계승): 조상이나 선임자를 이어 받음.

[활용]
承服(승복) 承認(승인)
起承轉結(기승전결)

필순: ' 了 了 孓 手 手 承 承

236 施 (베풀 시)
- 부수: 方
- 총 9획

[중요 한자어 풀이]
- 施工(시공): 공사를 시행함.
- 施設(시설): 도구나 장치 등을 베풀어 차림.
- 施術(시술): 술법을 베풂. 수술을 함.

[활용]
施賞(시상) 施行(시행)
施策(시책) 施政(시정)
施主(시주) 實施(실시)

필순: ' 亠 方 方 扩 扩 拖 施 施

237 視 (볼 시)
- 부수: 見
- 총 12획

[중요 한자어 풀이]
- 視力(시력): 모양 따위를 보고 분간하는 눈의 능력.
- 視覺(시각): 빛깔이나 모양을 분간하는 눈의 감각.
- 視察(시찰): 돌아다니며 실지 사정을 살펴봄.

[활용]
視點(시점) 視界(시계)
視野(시야) 視察(시찰)
可視(가시) 輕視(경시)
視聽覺(시청각)

필순: ' 亠 亍 亓 示 示 初 初 神 神 視 視

*색자 표시는 시험 출제 중요 한자어

238 詩

부수 : 言
총 13획

시 시

[중요 한자어 풀이]
· 詩人(시인) : 시를 짓는 사람.
· 詩想(시상) : 시를 짓기 위한 시인의 구상.
· 童詩(동시) : 어린이를 위한 시.

[활용]
詩歌(시가) 詩集(시집)
漢詩(한시) 詩句(시구)
詩論(시론) 詩文(시문)
詩作(시작) 詩心(시심)

239 試

부수 : 言
총 13획

시험 시

[중요 한자어 풀이]
· 試食(시식) : 맛을 보기 위해서 시험 삼아 먹어 봄.
· 應試(응시) : 시험을 치름.
· 考試生(고시생) : 고시 공부를 하는 수험생.

[활용]
試圖(시도) 試飮(시음)
試料(시료) 試驗(시험)
試案(시안) 試作(시작)
試合(시합) 豫試(예시)

240 是

부수 : 日
총 9획

이 · 옳을 시

[중요 한자어 풀이]
· 是認(시인) : 옳다고 인정함.
· 是非(시비) : 잘잘못.
· 校是(교시) : 학교의 근본 정신을 나타내는 표어.

[활용]
是正(시정) 或是(혹시)
亦是(역시) 國是(국시)
本是(본시) 必是(필시)
是非曲直(시비곡직)

한자익히기

다음 □ 안에 밑줄 친 漢字語의 讀音을 쓰세요.

· 우리 집에 있는 황금 거북은 純度(　　)가 99.9%이다.
· 우리 민족은 조상을 崇拜(　　)하는 마음이 철저하다.
· 우리 고유의 음식은 후세까지 傳承(　　)되어야 한다.
· 지진으로 무너진 다리를 튼튼하게 다시 施工(　　)하였다.
· 나빠진 視力(　　)을 회복시킬 수 있는 여러 가지 방법이 개발되었다.
· 가을에는 누구나 詩人(　　)이 된다.
· 식품 매장에서 새로 나온 빵을 試食(　　)했다.
· 범인은 증거를 대자, 결국 죄를 是認(　　)하였다.

息 申 深 氏 眼 暗 壓 額

한자의 훈과 음을 생각하며, 순서에 따라 써 보세요.

241 息

- 부수: 心
- 총 10획
- 쉴 **식**

[중요 한자어 풀이]
- 安息(안식): 몸과 마음을 편히 쉼.
- 休息(휴식): 쉼.
- 歎息(탄식): 한탄하여 한숨을 쉼.

[활용]
- 消息(소식) 子息(자식)
- 女息(여식) 令息(영식)
- 安息年(안식년)
- 自強不息(자강불식)

필순: ′ ′ ń ń 自 自 自 息 息 息

242 申

- 부수: 田
- 총 5획
- 납 **신**

[중요 한자어 풀이]
- 申請(신청): 청구하기 위해 의사 표시를 하는 일.
- 申告(신고): 윗사람에게 사실을 알리거나 보고하는 일.
- 上申(상신): 윗사람에게 의견 따위를 여쭘.

[활용]
- 內申(내신)
- 異議申請(이의신청)
- 甲申政變(갑신정변)

필순: ′ 口 日 日 申

243 深

- 부수: 水(氵)
- 총 11획
- 깊을 **심**

[중요 한자어 풀이]
- 深夜(심야): 깊은 밤.
- 水深(수심): 물의 깊이.
- 深層(심층): 사물의 속이나 깊이 있는 층.

[활용]
- 深度(심도) 深刻(심각)
- 深意(심의) 深海(심해)
- 深化(심화) 夜深(야심)
- 深思熟考(심사숙고)

244 氏

- 부수: 氏
- 총 4획
- 각시·성씨 **씨**

[중요 한자어 풀이]
- 氏族(씨족): 같은 조상에서 나온 일족.
- 姓氏(성씨): 성의 높임말.
- 宗氏(종씨): 먼 일가 사이에 상대를 일컬을 때 하는 말.

[활용]
- 氏名(씨명) 季氏(계씨)
- 弟氏(제씨) 兄氏(형씨)
- 無名氏(무명씨)

필순: ′ ⊂ 𠂉 氏

245 眼

- 부수: 目
- 총 11획
- 눈 **안**

[중요 한자어 풀이]
- 眼鏡(안경): 눈을 보호하기 위해 눈에 쓰는 도구.
- 眼帶(안대): 눈병이 났을 때, 눈을 보호하기 위해 가리는 천 조각.
- 眼藥(안약): 눈병에 쓰는 약.

[활용]
- 眼科(안과) 眼球(안구)
- 眼光(안광) 眼目(안목)
- 眼中(안중) 開眼(개안)
- 主眼點(주안점)

*색자 표시는 시험 출제 중요 한자어

246
暗
부수: 日
총 13획
어두울 **암**

[중요 한자어 풀이]
· 明暗(명암) : 밝고 어두움.
· 暗黑(암흑) : 캄캄한 어두움.
· 暗算(암산) : 머릿속으로 계산함.

[활용]
暗記(암기)　暗示(암시)
暗票(암표)　黑暗(흑암)
暗殺(암살)　暗色(암색)
暗室(암실)　暗雲(암운)

丨 冂 日 日 日` 日亠 日立 日产 日产 昤 暗 暗 暗

247
壓
부수: 土
총 17획
누를 **압**

[중요 한자어 풀이]
· 壓縮(압축) : 압력을 주어 부피를 작게 함.
· 壓力(압력) : 다른 물체를 누르는 힘.
· 水壓(수압) : 물의 압력.

[활용]
壓卷(압권)　血壓(혈압)
制壓(제압)　壓死(압사)
壓勝(압승)　加壓(가압)
高氣壓(고기압)

一 厂 厂 厂 厃 厃 厭 厭 厭 厭 壓

248
額
부수: 頁
총 18획
이마 **액**

[중요 한자어 풀이]
· 巨額(거액) : 많은 액수의 돈.
· 額數(액수) : 금액.
· 額子(액자) : 그림이나 사진 따위를 벽에 걸기 위한 틀.

[활용]
金額(금액)　額面(액면)
定額(정액)　高額(고액)
多額(다액)　半額(반액)
額面價(액면가)

丶 丶 宀 宂 宊 客 客 客 額 額 額 額

한자익히기

다음 □ 안에 밑줄 친 漢字語의 讀音을 쓰세요.

- 맑은 공기와 시원한 바람이 있는 숲은 우리에게 <u>安息</u>(　　)을 준다.
- 이사한 뒤에 위성 텔레비전을 <u>申請</u>(　　)하였다.
- 에너지를 절약하기 위해 <u>深夜</u>(　　) 전력을 이용하였다.
- 우리 나라는 <u>氏族</u>(　　) 사회의 성격이 강하다.
- 진수는 시력이 나빠져 <u>眼鏡</u>(　　)을 쓰게 되었다.
- 그의 미술 작품은 <u>明暗</u>(　　)이 확실하게 드러난다.
- 빈 캔을 <u>壓縮</u>(　　)하여 재활용 쓰레기통에 넣었다.
- 할머니께서 불우 이웃을 돕기 위해 <u>巨額</u>(　　)을 기부하셨다.

 液 羊 樣 嚴 與 如 餘 逆

한자의 훈과 음을 생각하며, 순서에 따라 써 보세요.

249 液
- 부수 : 水(氵)
- 총 11획
- 진 **액**

[중요 한자어 풀이]
- 樹液(수액) : 나무에서 분비하는 즙.
- 血液(혈액) : 동물의 혈관 속을 순환하는 체액.
- 液化(액화) : 기체를 액체가 되게 함.

[활용]
液體(액체) 精液(정액)
血液檢査(혈액검사)

丶 丶 氵 氵 浐 浐 浐 浐 浐 液 液

250 羊
- 부수 : 羊
- 총 6획
- 양 **양**

[중요 한자어 풀이]
- 羊毛(양모) : 양의 털.
- 羊皮(양피) : 양의 가죽.
- 九折羊腸(구절양장) : 아홉 번 꼬부라진 양의 창자처럼 산길이 험하고 꼬불꼬불 한 것.

[활용]
羊肉(양육) 白羊(백양)
山羊(산양)
羊頭狗肉(양두구육)
※ 狗(개 구) - 3급 한자

丶 丶 丷 丷 兰 羊

251 樣
- 부수 : 木
- 총 15획
- 모양 **양**

[중요 한자어 풀이]
- 外樣(외양) : 겉모양.
- 多樣(다양) : 여러 가지 모양.
- 樣式(양식) : 정해진 공통의 형식이나 방식.

[활용]
樣相(양상) 見樣(견양)
樣態(양태) 文樣(문양)
各樣各色(각양각색)

木 木 木 木 木 样 样 样 样 样 樣 樣

252 嚴
- 부수 : 口
- 총 20획
- 엄할 **엄**

[중요 한자어 풀이]
- 嚴格(엄격) : 매우 엄함.
- 謹嚴(근엄) : 삼가고 엄함.
- 尊嚴(존엄) : 높고 엄숙함.

[활용]
嚴禁(엄금) 嚴戒(엄계)
嚴命(엄명) 嚴密(엄밀)
嚴父(엄부) 嚴重(엄중)
嚴冬雪寒(엄동설한)

丨 口 口 厂 严 严 严 严 严 严 严 严 厳 嚴

253 與
- 부수 : 白
- 총 14획
- 더불 · 줄 **여**

[중요 한자어 풀이]
- 與件(여건) : 일을 하는 출발점으로써의 주어진 조건.
- 與否(여부) : 그러함과 그렇지 아니함.
- 授與(수여) : 증서, 상장 따위를 줌.

[활용]
與黨(여당) 與信(여신)
與野(여야) 干與(간여)
賞與金(상여금)
與民同樂(여민동락)

丶 丨 F F 白 白 白 與 與 與 與 與 與

*색자 표시는 시험 출제 중요 한자어

254

如 부수: 女 / 총 6획 / 같을 **여**

[중요 한자어 풀이]
· 如前(여전) : 앞과 같음.
· 如此(여차) : 이와 같음.
· 始終如一(시종여일) : 처음부터 끝까지 한결같음.

[활용]
如干(여간) 如何(여하)
或如(혹여)

`ㄴ ㄠ 女 如 如 如`

255

餘 부수: 食 / 총 16획 / 남을 **여**

[중요 한자어 풀이]
· 餘白(여백) : 아무것도 없이 비어서 남아 있는 부분.
· 餘生(여생) : 한 평생의 남은 인생.
· 餘暇(여가) : 틈.

[활용]
餘力(여력) 餘念(여념)
餘韻(여운) 餘談(여담)
餘望(여망)
窮餘之策(궁여지책)

256

逆 부수: 辵(辶) / 총 10획 / 거스를 **역**

[중요 한자어 풀이]
· 逆境(역경) : 고생이 많은 불행한 처지.
· 逆流(역류) : 거꾸로 흐름.
· 逆行(역행) : 반대 방향으로 나아감.

[활용]
逆說(역설) 逆戰(역전)
拒逆(거역) 逆徒(역도)
逆算(역산) 逆水(역수)
忠言逆耳(충언역이)

다음 □ 안에 밑줄 친 漢字語의 讀音을 쓰세요. 〔한자익히기〕

• 이른 봄에 나오는 <u>樹液</u>(□□)을 받아 마시면 몸에 좋다고 한다.
• 올 겨울에는 <u>羊毛</u>(□□) 이불을 구입할 것이다.
• 그의 <u>外樣</u>(□□)은 거칠어 보였지만 마음은 부드러운 사람이었다.
• 민지는 <u>嚴格</u>(□□)한 기숙사 생활을 잘 견디어 냈다.
• 이번 방학에는 <u>與件</u>(□□)이 허락한다면 배낭 여행을 갈 것이다.
• 10년 만에 만난 동창은 <u>如前</u>(□□)히 예뻤다.
• 우리 나라의 그림은 <u>餘白</u>(□□)의 미를 중요시한다.
• <u>逆境</u>(□□)을 딛고 일어선 사람만이 성공할 수 있다.

풀면서 익히기

1_ 다음 漢字語의 讀音을 쓰세요.

〈例〉 安息 → 안식

(1) 純度 (   )   (2) 崇拜 (   )
(3) 承認 (   )   (4) 施工 (   )
(5) 視力 (   )   (6) 試驗 (   )

2_ 다음 訓과 音에 알맞은 漢字를 쓰세요.

(1) 납 신 → (   )   (2) 눈 안 → (   )
(3) 성씨 씨 → (   )   (4) 깊을 심 → (   )
(5) 어두울 암 → (   )   (6) 누를 압 → (   )

3_ 다음 문장에서 밑줄 친 漢字語의 讀音을 쓰세요.

(1) 고로쇠물은 고로쇠나무의 樹液( )을 모은 것이다.
(2) 어머니께서 羊毛( ) 이불과 베개를 사 주셨다.
(3) 外樣( )의 아름다움보다는 내면의 아름다움이 중요하다.
(4) 우리 수학 선생님은 매우 嚴格( )한 분이시다.

4_ 다음 낱말의 뜻에 알맞은 漢字語를 〈例〉에서 골라 그 기호를 쓰세요.

〈例〉 ㉠ 秀作   ㉡ 秋收   ㉢ 自肅   ㉣ 守備

(1) 빼어난 작품. (   )
(2) 스스로 행동이나 태도를 삼감. (   )
(3) 가을에 곡식을 거두어들임. (   )
(4) 지키어 막음. (   )

5_ 다음 괄호 속에 들어갈 漢字를 〈例〉에서 찾아 漢字語를 만드세요.

〈例〉 ㉠ 與 ㉡ 承 ㉢ 修 ㉣ 拜
　　 ㉤ 逆 ㉥ 如 ㉦ 作 ㉧ 餘

(1) 起(　　)轉結 : 한시의 구성법의 한 가지.
(2) (　　)民同樂 : 임금이 백성들과 함께 즐김.
(3) 始終(　　)一 : 처음부터 끝까지 한결같음.
(4) 忠言(　　)耳 : 충고하는 말은 귀에 거슬림.

6_ 다음 漢字의 부수를 쓰세요.
(1) 餘 → (　　)　　(2) 逆 → (　　)
(3) 叔 → (　　)　　(4) 修 → (　　)

7_ 다음 문장의 밑줄 친 漢字語를 漢字로 쓰세요.
(1) 우리 민족은 일제 강점기 36년 동안 온갖 **수난**(□□)을 겪었다.
(2) 위험을 무릅쓰고 인명을 구한 구조대원에게 훈장이 **수여**(□□)되었다.
(3) 동건이는 **여건**(□□)이 되면 피아노를 배우고 싶어한다.
(4) 동생이 그린 그림을 **액자**(□□)에 넣어 벽에 걸었다.

8_ 다음 漢字語의 뜻을 쓰세요.
(1) 明暗 (　　　　　　　　)
(2) 深夜 (　　　　　　　　)
(3) 詩人 (　　　　　　　　)
(4) 是認 (　　　　　　　　)

시험에 자주 나오는 한자 성어(4)

19. 目不識丁
눈 목, 아닐 불, 알 식, 고무래 정
'丁자를 알지 못한다.'는 뜻으로, 글자를 전혀 모름. 또는 그런 사람의 비유.

目 不 識 丁 目 不 識 丁

20. 美風良俗
아름다울 미, 바람 풍, 어질 량, 풍속 속
아름답고 좋은 풍속.

美 風 良 俗 美 風 良 俗

21. 非一非再
아닐 비, 한 일, 아닐 비, 두 재
한두 번이 아니고 많음.

非 一 非 再 非 一 非 再

22. 事必歸正
일 사, 반드시 필, 돌아갈 귀, 바를 정
일은 반드시 바른 길로 돌아감.

事 必 歸 正 事 必 歸 正

23. 殺身成仁
죽일 살, 몸 신, 이룰 성, 어질 인
자신을 죽여 어진 일을 이룸. 옳은 일을 위하여 자신을 희생함.

殺 身 成 仁 殺 身 成 仁

24. 先公後私
먼저 선, 공평할 공, 뒤 후, 사사 사
공적인 일을 먼저 하고 사적인 일을 나중에 함.

先 公 後 私 先 公 後 私

한자 퍼즐

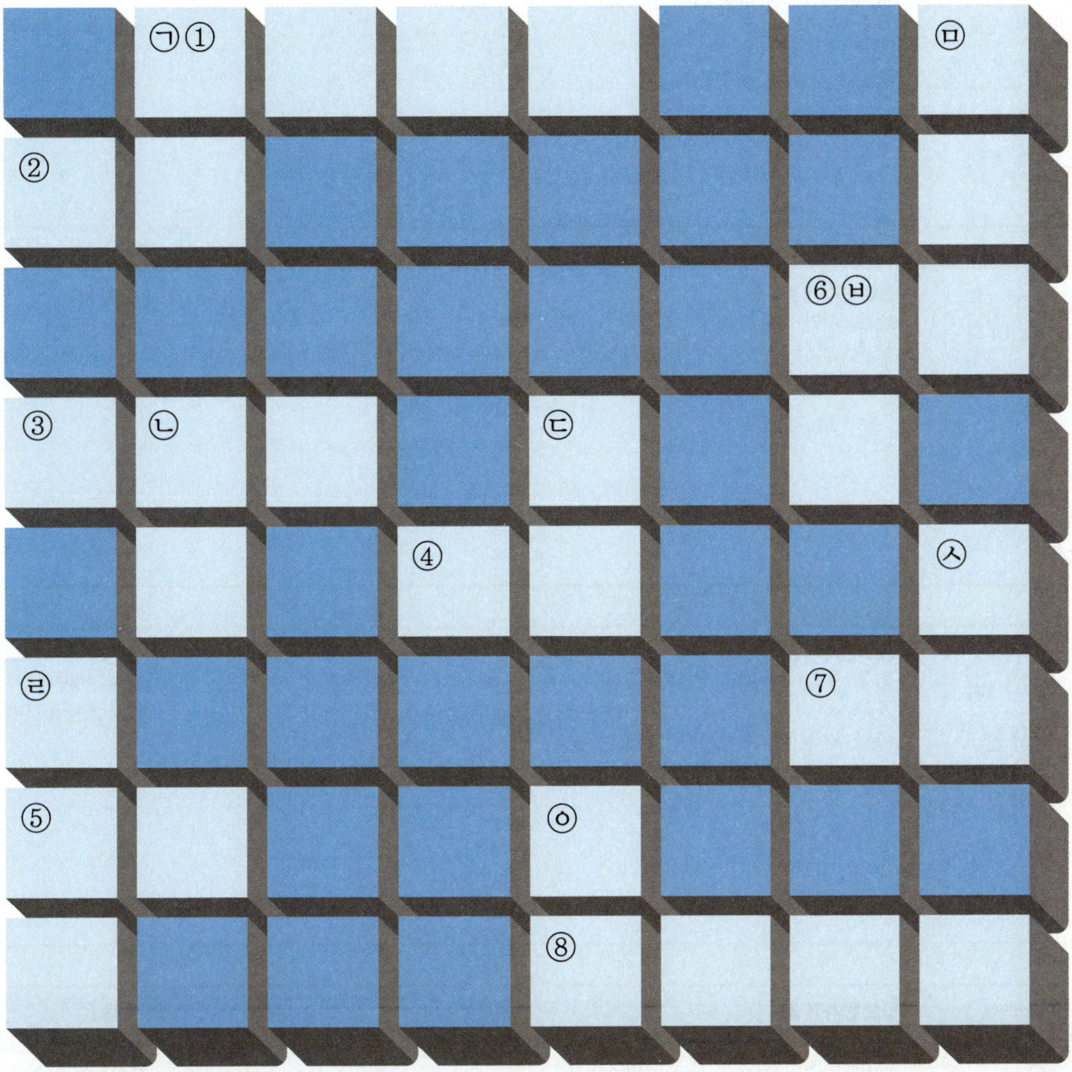

| 가 로 열 쇠 | 세 로 열 쇠 |

① 양의 머리를 내걸어 놓고 실제로는 개고기를 판다는 뜻으로, '선전은 버젓하지만 내실이 따르지 못함'을 비유하여 이르는 말.
② 순수한 모직물이나 털실.
③ 시비나 헐뜯는 말을 들을 운수.
④ 관청을 두루 이르는 말.
⑤ 가늘고 정밀함.
⑥ 시가와 산문.
⑦ 쉼.
⑧ 함부로 살생을 하지 말아야 한다는 계율.

㉠ 양의 털.
㉡ 말다툼.
㉢ 관리가 살도록 관에서 지은 집.
㉣ 내용을 자세히 적은 문서.
㉤ 선언하는 내용을 적은 글.
㉥ 시를 짓기 위한 시인의 구상.
㉦ 몸과 마음을 편히 쉼.
㉧ 쏘아 죽임.

《모범답안 P.280》

易 域 鉛 延 緣 燃 演 研

한자의 훈과 음을 생각하며, 순서에 따라 써 보세요.

257 易
- 부수: 日
- 총 8획
- 바꿀 역·쉬울 이

[중요 한자어 풀이]
- 貿易(무역): 지방과 지방 사이에 상품을 팔고 사거나 바꾸는 상행위.
- 交易(교역): 물건을 서로 바꾸는 일.
- 容易(용이): 아주 쉬움.

[활용]
安易(안이) 簡易(간이)
難易度(난이도)
易地思之(역지사지)

필순: 一 冂 曰 日 旦 月 易 易

258 域
- 부수: 土
- 총 11획
- 지경 역

[중요 한자어 풀이]
- 地域(지역): 일정한 땅의 구역이나 땅의 경계.
- 聖域(성역): 신성한 지역. 특히 종교상 신성하여 범해서는 안 되게 되어 있는 지역.
- 領域(영역): 관계되는 범위. 세력이 미치는 범위.

[활용]
區域(구역)
地域社會(지역사회)

259 鉛
- 부수: 金
- 총 13획
- 납 연

[중요 한자어 풀이]
- 鉛筆(연필): 가는 나무 속에 흑연으로 심을 넣어 만든 필기 용구의 한 가지.
- 黑鉛(흑연): 순수한 탄소로만 이루어진 광물의 한 가지.
- 鉛鐵(연철): 납과 철이 섞여 있는 광석.

[활용]
鉛粉(연분)
無鉛揮發油(무연휘발유)

260 延
- 부수: 廴
- 총 7획
- 늘일 연

[중요 한자어 풀이]
- 延期(연기): 정해 놓은 기한을 물림.
- 延命(연명): 목숨을 겨우 이어 살아감.
- 延長(연장): 길이 또는 시간을 늘임.

[활용]
順延(순연) 延着(연착)
延性(연성)
延人員(연인원)

261 緣
- 부수: 糸
- 총 15획
- 인연 연

[중요 한자어 풀이]
- 因緣(인연): 사물들 사이에 서로 맺어지는 관계.
- 緣分(연분): 서로 관계를 가지게 되는 인연.
- 緣由(연유): 무슨 일이 거기에서 비롯됨. 유래함.

[활용]
地緣(지연) 學緣(학연)
血緣(혈연)
緣木求魚(연목구어)

*색자 표시는 시험 출제 중요 한자어

262 燃

부수: 火
총 16획
탈 연

[중요 한자어 풀이]
- 燃料(연료): 열·빛·동력 따위를 얻기 위하여 태우는 물질을 통틀어 이르는 말.
- 可燃性(가연성): 불에 타는 성질.
- 燃費(연비): 자동차가 1ℓ의 연료로 달릴 수 있는 거리를 나타낸 수치.

[활용]
內燃(내연) 不燃(불연)
燃燈會(연등회)
核燃料(핵연료)

263 演

부수: 水(氵)
총 14획
펼 연

[중요 한자어 풀이]
- 演技(연기): 관객 앞에서 연극·노래 따위의 재주를 나타내 보임. 또는 그 재주.
- 演說(연설): 많은 사람 앞에서 자기의 주장을 말함. 또는 그 말.
- 演劇(연극): 배우가 무대 위에서 대본에 따라 동작과 대사를 통하여 표현하는 예술.

[활용]
演士(연사) 講演(강연)
協演(협연) 競演(경연)
上演(상연) 公演(공연)
演藝人(연예인)

264 研

부수: 石
총 11획
갈 연

[중요 한자어 풀이]
- 研修(연수): 학문 따위를 연구하고 닦음.
- 研究(연구): 사물을 깊이 생각하고 자세히 조사하여 어떤 이치나 사실을 밝혀 냄.
- 研考(연고): 연구하고 궁리함.

[활용]
研究院(연구원)
研究授業(연구수업)

다음 □ 안에 밑줄 친 漢字語의 讀音을 쓰세요.

- 현대는 과거와 달리 국가 간의 <u>貿易</u>(　　)이 활발하다.
- 오늘 일부 <u>地域</u>(　　)에서는 천둥 번개를 동반한 비가 내릴 것으로 예상됩니다.
- 필기구의 발달로 점점 <u>鉛筆</u>(　　)을 쓰는 학생이 줄어들고 있다.
- 비가 내리는 관계로 오늘 체육 대회는 다음 주로 <u>延期</u>(　　)되었다.
- 불가에서는 옷깃만 스쳐도 <u>因緣</u>(　　)이라고 하지 않았던가.
- 석유값의 상승으로 인해 <u>燃料</u>(　　)비가 큰 부담이 되고 있다.
- 그는 30대임에도 불구하고 노인 역을 훌륭히 <u>演技</u>(　　)하였다.
- 삼촌은 오늘부터 2주 동안 <u>研修</u>(　　)를 받는다.

煙 榮 營 迎 映 藝 豫 誤

한자의 훈과 음을 생각하며, 순서에 따라 써 보세요.

265 煙
- 부수 : 火
- 총 13획
- 연기 **연**

[중요 한자어 풀이]
· 禁煙(금연) : 담배를 끊음.
· 煙草(연초) : 담배.
· 煙氣(연기) : 물건이 탈 때 생기는 빛깔이 있는 기체.

[활용]
吸煙(흡연) 愛煙(애연)
無煙炭(무연탄)

266 榮
- 부수 : 木
- 총 14획
- 영화 **영**

[중요 한자어 풀이]
· 榮光(영광) : 빛나는 영예.
· 榮華(영화) : 권력과 부귀를 마음껏 누리는 일.
· 榮轉(영전) : 지금까지보다 더 좋은 지위로 전임하는 일.

[활용]
榮達(영달) 虛榮(허영)
公榮(공영)

267 營
- 부수 : 火
- 총 17획
- 경영할 **영**

[중요 한자어 풀이]
· 營業(영업) : 이익을 얻을 목적으로 사업을 경영하는 일, 또는 그 사업.
· 經營(경영) : 방침을 세워 사업을 함.
· 民營(민영) : 민간이 경영함.

[활용]
運營(운영) 營利(영리)
營爲(영위) 營內(영내)
國營(국영) 營養(영양)
營農(영농) 兵營(병영)

268 迎
- 부수 : 辵(辶)
- 총 8획
- 맞을 **영**

[중요 한자어 풀이]
· 歡迎(환영) : 기쁘게 맞음.
· 迎接(영접) : 손을 맞아 접대함.
· 迎入(영입) : 사람을 맞아들임.

[활용]
送迎(송영) 迎合(영합)
送舊迎新(송구영신)

269 映
- 부수 : 日
- 총 9획
- 비칠 **영**

[중요 한자어 풀이]
· 反映(반영) : 어떤 영향이 다른 것에 비쳐 나타남.
· 映畫(영화) : 필름을 연속으로 영사막에 비춰, 사물의 움직임을 재현해 보이는 것.
· 終映(종영) : 영화 따위의 상영이 끝남.

[활용]
上映(상영) 放映(방영)
映寫機(영사기)
無聲映畫(무성영화)

270 藝

- 부수: 艸(艹)
- 총 19획
- 재주 **예**

[중요 한자어 풀이]
- 藝術(예술): 미를 창조하고 표현하는 인간의 활동, 또는 그 산물.
- 藝能(예능): 영화·연극·음악·무용 등 예술과 관련된 능력을 통틀어 이르는 말.
- 文藝(문예): 학문과 예술.

[활용]
書藝(서예) 演藝(연예)
武藝(무예) 技藝(기예)
園藝(원예) 工藝(공예)
學藝會(학예회)

271 豫

- 부수: 豕
- 총 16획
- 미리 **예**

[중요 한자어 풀이]
- 豫想(예상): 미리 어림잡아 생각함, 또는 그 생각.
- 豫測(예측): 앞으로의 일을 미리 짐작함.
- 豫感(예감): 무슨 일이 일어날 것 같다는 것을 사전에 느끼는 일, 또는 그런 느낌.

[활용]
豫告(예고) 豫備(예비)
豫約(예약) 豫定(예정)
豫防(예방)

272 誤

- 부수: 言
- 총 14획
- 그르칠 **오**

[중요 한자어 풀이]
- 誤解(오해): 잘못 이해함. 그릇된 판단을 내림.
- 誤記(오기): 글자나 글을 잘못 적음.
- 誤差(오차): 실지로 계산하거나 측량한 값과 이론적으로 정확한 값과의 차이.

[활용]
誤算(오산) 誤發(오발)
誤判(오판) 誤答(오답)
過誤(과오) 誤報(오보)

한자익히기

다음 □ 안에 밑줄 친 漢字語의 讀音을 쓰세요.

- 많은 사람들이 건강을 위해 <u>禁煙</u>(　　) 운동에 동참하고 있다.
- 옛날에는 과거에 급제하면 가문의 <u>榮光</u>(　　)으로 여겨 마을 잔치를 하였다.
- 아버지는 <u>營業</u>(　　)부 부장님이시다.
- 그가 귀국하는 공항에는 많은 <u>歡迎</u>(　　) 인파가 기다리고 있었다.
- 영화에는 그 시대의 의식이 <u>反映</u>(　　)되어 있다.
- <u>藝術</u>(　　)은 길고 인생은 짧다.
- 오늘 본 시험에는 <u>豫想</u>(　　)했던 문제가 많이 출제되었다.
- 어제 친구와 사소한 <u>誤解</u>(　　)로 심하게 다투었다.

玉 往 謠 容 優 遇 郵 圓

한자의 훈과 음을 생각하며, 순서에 따라 써 보세요.

273 玉
- 부수 : 玉
- 총 5획
- 구슬 **옥**

[중요 한자어 풀이]
- 玉石(옥석) : 옥돌. 옥과 돌이라는 뜻으로 좋은 것과 나쁜 것을 구분함을 이르는 말.
- 玉體(옥체) : 남을 높이어 그의 '몸'을 이르는 말.
- 玉鏡(옥경) : 옥으로 만든 거울.

[활용]
玉帶(옥대) 玉篇(옥편)
玉座(옥좌) 珠玉(주옥)
金枝玉葉(금지옥엽)
※ 枝(가지 지) - 3급Ⅱ 한자

필순: 一 二 干 王 玉

274 往
- 부수 : 彳
- 총 8획
- 갈 **왕**

[중요 한자어 풀이]
- 往來(왕래) : 가고 오고 함.
- 往復(왕복) : 갔다가 돌아옴.
- 往年(왕년) : 지나간 해.

[활용]
旣往(기왕)
說往說來(설왕설래)
右往左往(우왕좌왕)

필순: ノ ク ィ ィ' ィ" ィ" 往 往

275 謠
- 부수 : 言
- 총 17획
- 노래 **요**

[중요 한자어 풀이]
- 農謠(농요) : 농부들이 농사일을 하며 부르는, 주로 농사에 관계된 내용의 속요.
- 歌謠(가요) : 악가나 속요. 대중들이 부르는 노래.
- 民謠(민요) : 민중들 사이에서 불리는 노래의 총칭.

[활용]
俗謠(속요) 童謠(동요)
高麗歌謠(고려가요)

276 容
- 부수 : 宀
- 총 10획
- 얼굴 **용**

[중요 한자어 풀이]
- 容器(용기) : 물건을 담는 그릇.
- 容納(용납) : 그냥 받아들이거나 내버려 두는 것.
- 威容(위용) : 위엄 있는 모양이나 모습.

[활용]
容易(용이) 許容(허용)
容認(용인) 容量(용량)
受容(수용) 美容(미용)

277 優
- 부수 : 人(亻)
- 총 17획
- 넉넉할 **우**

[중요 한자어 풀이]
- 優等(우등) : 뛰어나게 훌륭한 등급.
- 優待(우대) : 특별히 잘 대우하는 것.
- 優良(우량) : 뛰어나게 좋은 것.

[활용]
優勢(우세) 優位(우위)
優秀(우수) 優勝(우승)
優性(우성) 優先(우선)

*색자 표시는 시험 출제 중요 한자어

278 遇

부수 : 辵(辶)
총 13획
만날 **우**

[중요 한자어 풀이]
· 境遇(경우) : 놓여 있는 조건이나 놓이게 되는 형편 또는 사정.
· 待遇(대우) : 예의를 갖추어 남을 대함.
· 禮遇(예우) : 예의를 지켜 정중히 대우하는 것.

[활용]
不遇(불우) 處遇(처우)

口 卩 閂 禺 禺 禺 遇 遇 遇

279 郵

부수 : 邑(阝)
총 11획
우편 **우**

[중요 한자어 풀이]
· 郵送(우송) : 우편으로 보내는 것.
· 郵便(우편) : 편지나 기타 물품을 전국 또는 전세계에 보내 주는 제도.
· 郵票(우표) : 우편 요금을 납부한 표시로 우편물에 붙이는 증표.

[활용]
郵遞局(우체국)
郵便番號(우편번호)
※ 遞(갈릴 체) - 3급 한자

一 二 三 千 千 壬 垂 垂 垂 郵 郵

280 圓

부수 : 囗
총 13획
둥글 **원**

[중요 한자어 풀이]
· 圓形(원형) : 둥근 형상.
· 圓卓(원탁) : 둥근 탁자.
· 圓滿(원만) : 모난 데가 없이 둥글둥글하고 부드러움.

[활용]
團圓(단원) 圓舞(원무)
圓心(원심)
同心圓(동심원)
天圓地方(천원지방)

丨 冂 冂 冂 門 門 門 周 周 圓 圓 圓

한자익히기

다음 □ 안에 밑줄 친 漢字語의 讀音을 쓰세요.

· 玉石(□□)을 가리듯 인재를 골라 낼 수 있는 안목이 필요하다.
· 교통의 발달로 지역 간의 往來(□□)가 활발해지고 있다.
· 농부들이 農謠(□□)를 부르며 논에 모를 심고 있었다.
· 전자 레인지를 쓸 때는 반드시 적절한 容器(□□)를 사용해야 한다.
· 늘 열심히 공부하던 수현이는 졸업식날 優等(□□)상을 받았다.
· 가스가 샐 境遇(□□)에는 우선 환기를 시켜야 한다.
· 인터넷의 발달로 전자 郵便(□□)을 이용하는 사람이 늘어나고 있다.
· 로마 시대의 圓形(□□) 경기장인 콜로세움에는 지금도 많은 관광객들이 찾아온다.

 員 源 援 怨 衛 爲 委 圍

한자의 훈과 음을 생각하며, 순서에 따라 써 보세요.

281
員 부수: 口 / 총 10획 / 인원 **원**

[중요 한자어 풀이]
- 減員(감원) : 조직과 단체의 인원을 줄이는 것.
- 滿員(만원) : 정원이 다 차는 일.
- 社員(사원) : 회사에 근무하는 사람.

[활용]
定員(정원) 官員(관원)
缺員(결원) 敎員(교원)
人員(인원) 職員(직원)
構成員(구성원)

282
源 부수: 水(氵) / 총 13획 / 근원 **원**

[중요 한자어 풀이]
- 語源(어원) : 어떤 말이 생겨난 근원.
- 根源(근원) : 사물이 비롯되는 본바탕.
- 發源(발원) : 강물의 흐름이 시작됨, 또는 그 근원.

[활용]
源流(원류) 財源(재원)
源泉(원천) 資源(자원)
水源(수원) 起源(기원)

283
援 부수: 手(扌) / 총 12획 / 도울 **원**

[중요 한자어 풀이]
- 應援(응원) : 편들어 격려하거나 돕는 일.
- 救援(구원) : 위험이나 곤란에 빠져 있는 사람을 구해 줌.
- 援助(원조) : 도와 주는 것.

[활용]
援軍(원군) 援兵(원병)
援護(원호) 後援(후원)
支援(지원) 聲援(성원)

284
怨 부수: 心 / 총 9획 / 원망할 **원**

[중요 한자어 풀이]
- 怨望(원망) : 못마땅하게 여겨 탓하거나 불평을 가지고 미워하는 것.
- 怨聲(원성) : 사람들의 원망하는 소리.
- 怨恨(원한) : 원망스럽고 한이 되는 생각.

[활용]
宿怨(숙원) 民怨(민원)
舊怨(구원)

285
衛 부수: 行 / 총 15획 / 지킬 **위**

[중요 한자어 풀이]
- 護衛(호위) : 따라다니며 곁에서 보호하고 지킴.
- 防衛(방위) : 적이 쳐들어오는 것을 막아서 지킴.
- 衛生(위생) : 의식주(衣食住) 등에 주의하여 신체의 건강을 보전함.

[활용]
守衛(수위) 親衛(친위)
近衛兵(근위병)
衛星中繼(위성중계)

200 한자능력검정시험 | 4급

*색자 표시는 시험 출제 중요 한자어

286 爲

| 부수 : 爪
총 12획
할 위 | [중요 한자어 풀이]
· 人爲的(인위적) : 사람이 일부러 한 모양이나 성질의 것.
· 無作爲(무작위) : 우연에 맡겨 해 보는 일.
· 當爲性(당위성) : 마땅히 그렇게 해야 할 성질. | [활용]
爲主(위주) 爲民(위민)
爲始(위시)
無爲徒食(무위도식) |

` ´ ´´ ´´´ 尸 戶 爲 爲 爲 爲 爲

287 委

| 부수 : 女
총 8획
맡길 위 | [중요 한자어 풀이]
· 委員(위원) : 단체의 특정 사항의 처리를 위임받은 사람.
· 委任狀(위임장) : 어떤 사람에게 어떤 일을 위임한다는 뜻을 적은 문서.
· 常委(상위) : '상임 위원회'의 준말. | [활용]
特委(특위)
委員會(위원회) |

一 二 千 千 禾 秂 季 委

288 圍

| 부수 : 囗
총 12획
에워쌀 위 | [중요 한자어 풀이]
· 周圍(주위) : 어떤 곳의 바깥 둘레.
· 範圍(범위) : 제한된 구역의 언저리.
· 圍立(위립) : 빙 둘러서는 것. | [활용]
包圍(포위)
廣範圍(광범위) |

丨 冂 冂 門 門 閁 周 周 圍 圍

다음 □ 안에 밑줄 친 漢字語의 讀音을 쓰세요.

- 기업체들은 불황을 겪으면서 대규모의 減員(□□)을 단행했다.
- 글자의 語源(□□)을 살펴보면 의미를 쉽게 이해할 수 있다.
- 우리 학교 야구부가 결승에 올라 모두 야구장으로 應援(□□)을 하러 갔다.
- 같은 땅이면서도 다른 나라가 되게 한 철책선이 怨望(□□)스럽다.
- 왕비는 근위병의 護衛(□□)를 받으며 궁을 빠져 나와 마차에 올라탔다.
- 강수가 부족할 때는 구름씨를 뿌려서 人爲的(□□□)으로 비를 내리게 한다.
- 어제 회의에서 동석이가 상임 委員(□□)으로 선출됐다.
- 내 周圍(□□)에는 마음을 털어놓을 친구들이 많이 있다.

풀면서 익히기

1_ 다음 漢字語의 讀音을 쓰세요.

〈例〉　漢子 → 한자

(1) 交易 (　　　)　　(2) 領域 (　　　)
(3) 歌謠 (　　　)　　(4) 黑鉛 (　　　)
(5) 煙氣 (　　　)　　(6) 燃費 (　　　)

2_ 다음 訓과 音에 알맞은 漢字를 쓰세요.

(1) 비칠 영 → (　　　)　　(2) 재주 예 → (　　　)
(3) 근원 원 → (　　　)　　(4) 구슬 옥 → (　　　)
(5) 원망할 원 → (　　　)　　(6) 얼굴 용 → (　　　)

3_ 다음 문장에서 밑줄 친 漢字語의 讀音을 쓰세요.

(1) 경기가 延長(　　)전으로 들어갔다.
(2) 회장의 부재로 부회장에게 업무 일체를 委任(　　)하였다.
(3) 우리는 국가 대표 축구 팀을 應援(　　)하기 위해 상암동 경기장에 모였다.
(4) 요즘은 郵票(　　)를 붙인 편지보다 전자 우편을 더 많이 이용한다.

4_ 다음 낱말의 뜻에 알맞은 漢字語를 〈例〉에서 골라 그 기호를 쓰세요.

〈例〉　㉠ 往來　　㉡ 周圍　　㉢ 研修　　㉣ 減員

(1) 인원을 줄임. (　　　)
(2) 가고 옴. (　　　)
(3) 어떤 곳의 바깥 둘레. (　　　)
(4) 학문 따위를 연구하고 닦음. (　　　)

5_ 다음 괄호 속에 들어갈 漢字를 〈例〉에서 찾아 漢字語를 만드세요.

〈例〉 ㉠ 易 ㉡ 迎 ㉢ 優 ㉣ 緣
　　 ㉤ 圓 ㉥ 誤 ㉦ 遇 ㉧ 榮

(1) 送舊(　　)新 : 묵은해를 보내고 새해를 맞이함.
(2) (　　)木求魚 : 나무에 올라가 물고기를 구함.
(3) 天(　　)地方 : 하늘은 둥글고 땅은 네모남.
(4) (　　)地思之 : 처지를 바꾸어 생각함. 상대편의 처지에서 생각해 봄.

6_ 다음 漢字의 부수를 쓰세요.
(1) 員 → (　　)　　(2) 營 → (　　)
(3) 豫 → (　　)　　(4) 衛 → (　　)

7_ 다음 문장의 밑줄 친 漢字語를 漢字로 쓰세요.
(1) 요즘 직장인들 사이에는 **금연**(　　) 열풍이 불고 있다.
(2) 나는 많은 사람들 앞에서 **연설**(　　)하는 것을 좋아한다.
(3) 이번 캠프는 비가 와서 참가 **인원**(　　)이 별로 없었다.
(4) 공연장에는 **예상**(　　)보다 많은 사람들이 모였다.

8_ 다음 漢字語의 뜻을 쓰세요.
(1) 待遇 (　　　　　　)
(2) 容器 (　　　　　　)
(3) 榮光 (　　　　　　)
(4) 優等 (　　　　　　)

慰 威 危 遺 遊 儒 乳 肉

한자의 훈과 음을 생각하며, 순서에 따라 써 보세요.

289 慰
- 부수: 心
- 총 15획
- 위로할 위

[중요 한자어 풀이]
- 慰勞(위로): 따뜻한 말이나 행동으로 괴로움을 덜어 주거나 슬픔을 달래 주는 것.
- 慰樂(위락): 위안과 즐거움.
- 慰安(위안): 위로하여 마음을 안심시키는 것.

[활용] 慰問(위문) 自慰(자위)

290 威
- 부수: 女
- 총 9획
- 위엄 위

[중요 한자어 풀이]
- 威勢(위세): 위엄이 있는 기세.
- 威信(위신): 위엄과 신망.
- 威嚴(위엄): 의젓하고 엄숙한 태도나 기세.

[활용] 威容(위용) 威力(위력) 威壓(위압) 威風堂堂(위풍당당)

291 危
- 부수: 卩(㔾)
- 총 6획
- 위태할 위

[중요 한자어 풀이]
- 危重(위중): 병세가 무겁고 위태로움.
- 危機(위기): 위험한 고비나 경우.
- 危急(위급): 위태롭고 급박함.

[활용] 安危(안위) 危險(위험) 危險信號(위험신호) 危機意識(위기의식)

292 遺
- 부수: 辵(辶)
- 총 16획
- 남길 유

[중요 한자어 풀이]
- 遺物(유물): 선대의 인류가 후세에 삶의 흔적으로 남긴 물건.
- 遺言(유언): 죽음에 이르러서 부탁하여 남기는 말.
- 遺産(유산): 죽은 이가 남겨 놓은 재산.

[활용] 遺訓(유훈) 遺品(유품) 遺書(유서) 遺志(유지) 遺作(유작) 遺骨(유골)

293 遊
- 부수: 辵(辶)
- 총 13획
- 놀 유

[중요 한자어 풀이]
- 遊牧(유목): 거처를 정하지 않고 가축을 몰고 다니며 하는 목축.
- 遊覽(유람): 구경하여 돌아다님.
- 交遊(교유): 서로 사귀어 놀거나 왕래함.

[활용] 遊說(유세) 外遊(외유) 遊擊手(유격수) 遊園地(유원지) 周遊天下(주유천하)

*색자 표시는 시험 출제 중요 한자어

294 儒

- 부수: 人(亻)
- 총 16획
- 선비 **유**

[중요 한자어 풀이]
- 儒敎(유교): 공자(孔子)가 주창한 유학(儒學)을 받드는 교.
- 儒林(유림): 유도를 닦는 학자들.
- 儒學(유학): 유교의 학문.

[활용]
儒生(유생)　儒家(유가)
儒佛仙(유불선)

필순: 丿 亻 亻 亻 伊 伊 伊 伊 伊 儒 儒

295 乳

- 부수: 乙(乚)
- 총 8획
- 젖 **유**

[중요 한자어 풀이]
- 牛乳(우유): 암소의 젖.
- 乳兒(유아): 젖먹이.
- 乳母(유모): 어머니를 대신하여 젖을 먹여 길러 주는 여자.

[활용]
粉乳(분유)　豆乳(두유)
授乳(수유)　乳齒(유치)
乳製品(유제품)
離乳食(이유식)

필순: 丿 丶 丶 爫 爫 爭 爭 乳

296 肉

- 부수: 肉
- 총 6획
- 고기 **육**

[중요 한자어 풀이]
- 肉眼(육안): 망원경이나 현미경 등을 통하지 않고 직접 보는 눈.
- 血肉(혈육): 피와 살. (자기가 낳은) 자식.
- 肉體(육체): 사람의 몸.

[활용]
肉親(육친)　肉身(육신)
肉感(육감)　肉彈(육탄)
肉聲(육성)　肉類(육류)
弱肉強食(약육강식)

필순: 丨 冂 內 內 肉 肉

한자익히기

다음 ☐ 안에 밑줄 친 漢字語의 讀音을 쓰세요.

- 내가 시험에 떨어지자, 많은 친구들이 <u>慰勞</u>(☐☐)해 주었다.
- 연합군의 <u>威勢</u>(☐☐)에 적군의 사기가 땅에 떨어졌다.
- 할아버님이 <u>危重</u>(☐☐)하다는 연락을 받았다.
- 경주 남산에서 많은 <u>遺物</u>(☐☐)들이 발굴되었다.
- 몽고 지방에는 아직도 전통 생활 방식을 고수하는 <u>遊牧</u>(☐☐)민들이 살고 있다.
- 조선 시대에는 <u>儒敎</u>(☐☐)를 국가 통치 이념으로 삼았다.
- 어머니께서 버터, 밀가루, <u>牛乳</u>(☐☐)를 섞은 반죽으로 과자를 만들어 주셨다.
- 감기 바이러스는 너무 미세하여 <u>肉眼</u>(☐☐)으로 식별이 불가능하다.

隱 恩 陰 應 義 議 儀 疑

한자의 훈과 음을 생각하며, 순서에 따라 써 보세요.

297. 隱
- 부수: 阜(阝)
- 총 17획
- 숨을 은

[중요 한자어 풀이]
- 隱居(은거): 사회적 활동을 기피하여 숨어 삶.
- 隱士(은사): 벼슬하지 않고 숨어 사는 선비.
- 隱密(은밀): 숨겨서 모양이나 흔적이 드러나지 않음.

[활용]
隱身(은신)　隱語(은어)
隱退(은퇴)
隱然中(은연중)

298. 恩
- 부수: 心
- 총 10획
- 은혜 은

[중요 한자어 풀이]
- 恩惠(은혜): 자연이나 남에게서 받는 고마운 혜택.
- 恩師(은사): 가르침의 은혜를 베풀어 준 스승.
- 恩功(은공): 은혜와 공로.

[활용]
報恩(보은)　恩人(은인)
恩德(은덕)
結草報恩(결초보은)

299. 陰
- 부수: 阜(阝)
- 총 11획
- 그늘 음

[중요 한자어 풀이]
- 陰陽(음양): 음과 양.
- 陰地(음지): 그늘진 곳.
- 陰凶(음흉): 마음이 음침하고 흉악함.

[활용]
光陰(광음)　陰性(음성)
寸陰(촌음)　陰刻(음각)
陰德陽報(음덕양보)

300. 應
- 부수: 心
- 총 17획
- 응할 응

[중요 한자어 풀이]
- 應答(응답): 물음이나 부름에 응하여 대답함.
- 應當(응당): 마땅히, 당연히.
- 應試(응시): 시험에 응함.

[활용]
應用(응용)　對應(대응)
應待(응대)　應手(응수)
相應(상응)　順應(순응)

301. 義
- 부수: 羊
- 총 13획
- 옳을 의

[중요 한자어 풀이]
- 義務(의무): 마땅히 해야 할 직분.
- 義士(의사): (나라와 민족을 위해) 의로운 행동으로 목숨을 바친 사람.
- 義理(의리): 사람으로서 마땅히 지켜야 할 바른 도리.

[활용]
正義(정의)　義擧(의거)
信義(신의)　義人(의인)
義兵(의병)　義足(의족)
見利思義(견리사의)

*색자 표시는 시험 출제 중요 한자어

302 議

부수 : 言
총 20획
의논할 의

[중요 한자어 풀이]
· 議論(의논) : 서로 의견을 주고받음.
· 議決(의결) : 합의에 의하여 어떤 의안(議案)에 대한 의사를 결정하는 일.
· 議長(의장) : 회의에서 의사(議事)를 주재하는 사람.

[활용]
議席(의석) 議員(의원)
會議(회의) 討議(토의)
動議(동의) 議題(의제)
同議(동의) 合議(합의)

303 儀

부수 : 人(亻)
총 15획
거동 의

[중요 한자어 풀이]
· 儀式(의식) : 의례(儀禮)를 갖추어 베푸는 행사.
· 儀禮(의례) : 형식을 갖춘 예의.
· 儀典(의전) : 의식.

[활용]
祭天儀式(제천의식)
國民儀禮(국민의례)

304 疑

부수 : 疋
총 14획
의심할 의

[중요 한자어 풀이]
· 疑心(의심) : 확실히 알지 못하거나 믿지 못하여 이상하게 생각함, 또는 그런 마음.
· 疑問(의문) : 의심스러운 생각을 함, 또는 그런 일.
· 質疑(질의) : 의심나는 점을 물어서 밝힘.

[활용]
容疑者(용의자)
半信半疑(반신반의)

다음 □ 안에 밑줄 친 漢字語의 讀音을 쓰세요.

- 고려가 망하자, 隱居(　　)하면서 벼슬에 나아가지 않은 선비들이 많았다.
- 사람이 恩惠(　　)를 잊는다면 금수보다 나을 것이 없다.
- 모든 사물에는 陰陽(　　)의 조화가 깃들어 있다.
- 문을 두드리고 한참을 기다렸지만 방 안에서는 아무 應答(　　)이 없었다.
- 모든 국민에게는 교육의 義務(　　)가 있다.
- 그는 한마디 議論(　　)도 없이 진로를 결정했다.
- 대회의 성공을 비는 儀式(　　)이 성대하게 거행되었다.
- 확실치 않은 일로 남을 疑心(　　)해서는 안 된다.

 依異移益仁引印認

한자의 훈과 음을 생각하며, 순서에 따라 써 보세요.

305
依 부수: 人(亻) / 총 8획 / 의지할 의

[중요 한자어 풀이]
- 依支(의지): (다른 것에) 몸을 기댐, 또는 기댈 대상.
- 依存(의존): 남에게 의지하여 있음.
- 依他(의타): 남에게 의지함.

[활용]
歸依(귀의) 依據(의거)
舊態依然(구태의연)

필순: ノ 亻 亻 亻 伫 依 依 依

306
異 부수: 田 / 총 11획 / 다를 이

[중요 한자어 풀이]
- 異見(이견): 남과 다른 의견. 이론(異論).
- 異端(이단): 정통 학파나 종파에 벗어나는 다른 설(說)이나 파벌을 주장하는 일.
- 異國(이국): 다른 나라. 외국.

[활용]
異變(이변) 奇異(기이)
異例(이례) 異色(이색)
異性(이성) 異意(이의)

필순: 丨 口 曰 田 田 巴 巴 晃 里 異 異

307
移 부수: 禾 / 총 11획 / 옮길 이

[중요 한자어 풀이]
- 移民(이민): 다른 나라의 땅으로 옮겨 가서 사는 일.
- 移動(이동): 옮아 움직임. 움직여서 자리를 바꿈.
- 移轉(이전): (처소나 주소 따위를) 다른 데로 옮김.

[활용]
移植(이식) 移送(이송)
變移(변이) 移住(이주)

308
益 부수: 皿 / 총 10획 / 더할 익

[중요 한자어 풀이]
- 收益(수익): 일이나 사업 등을 하여 이익을 거두어들임, 또는 그 이익.
- 國益(국익): 국가의 이익. 국리(國利).
- 有益(유익): 이익이 있음. 도움이 될 만함. 이로움.

[활용]
利益(이익) 益鳥(익조)
公益(공익) 實益(실익)
老益壯(노익장)
益者三友(익자삼우)

309
仁 부수: 人(亻) / 총 4획 / 어질 인

[중요 한자어 풀이]
- 仁者無敵(인자무적): 어진 사람은 천하에 적이 없음.
- 仁義(인의): 어질고 의로움.
- 仁術(인술): 어진 덕을 베푸는 법.

[활용]
仁義禮智(인의예지)
殺身成仁(살신성인)

*색자 표시는 시험 출제 중요 한자어

310 引

부수: 弓
총 4획
끌 **인**

[중요 한자어 풀이]
· 引力(인력) : 떨어져 있는 두 물체가 서로 끌어당기는 힘.
· 引上(인상) : 끌어 올림.
· 引導(인도) : 가르쳐 일깨움. 길을 안내함.

[활용]
引火(인화)
吸引力(흡인력)
引受引繼(인수인계)
我田引水(아전인수)

311 印

부수: 卩
총 6획
도장 **인**

[중요 한자어 풀이]
· 印稅(인세) : 출판사로부터 저작권자에게 지급되는 저작권의 사용료.
· 印章(인장) : 도장.
· 印朱(인주) : 도장을 찍을 때 쓰는 붉은 빛깔의 재료.

[활용]
職印(직인)　刻印(각인)
印畫紙(인화지)

312 認

부수: 言
총 14획
알 **인**

[중요 한자어 풀이]
· 認定(인정) : 옳다고 믿고 정함.
· 認可(인가) : (어떤 일을) 인정하여 허락함.
· 認識(인식) : 사물을 깨달아 아는 일.

[활용]
認證(인증)　容認(용인)
否認(부인)　誤認(오인)
自他共認(자타공인)

다음 □ 안에 밑줄 친 漢字語의 讀音을 쓰세요. 〔한자익히기〕

· 남에게 <u>依支</u>(□□)하기보다는 스스로 일을 해결하려는 노력이 필요하다.
· 몇몇 <u>異見</u>(□□)이 있었지만 이번 회의는 비교적 순조롭게 결말이 났다.
· 그는 11살 때 온 가족이 영국으로 <u>移民</u>(□□)을 갔다.
· 우리 회사는 지난 3월에 기대 이상의 <u>收益</u>(□□)을 올렸다.
· '<u>仁者無敵</u>(□□□□)'이라더니 과연 사람들은 어진 그의 의견을 묵묵히 따라 주었다.
· 뉴턴은 '만유 <u>引力</u>(□□)의 법칙'을 발견하였다.
· 그는 출간된 책의 <u>印稅</u>(□□)와 수익금을 모두 장학 재단에 기부했다.
· 다른 사람에게 <u>認定</u>(□□)을 받으려면 많은 노력이 필요하다.

姿 姉 資 殘 雜 障 將 裝

한자의 훈과 음을 생각하며, 순서에 따라 써 보세요.

313 姿
- 부수 : 女
- 총 9획
- 모양 **자**

[중요 한자어 풀이]
- 姿勢(자세) : 몸을 가누는 모양. 무슨 일에 대하는 마음가짐.
- 姿態(자태) : 모양이나 모습.
- 姿色(자색) : 아름다운 자태와 안색.

[활용]
雄姿(웅자)
基本姿勢(기본자세)

` ゛ 丶 ゛ 冫 次 次 姿 姿

314 姉
- 부수 : 女
- 총 8획
- 손윗누이 **자**

[중요 한자어 풀이]
- 姉妹(자매) : 여자끼리의 동기. 손윗누이와 손아랫누이. 여형제.
- 姉母會(자모회) : 어린이들의 교육을 위하여 그 자모들이 구성한 후원 단체.
- 姉兄(자형) : 손윗누이의 남편. 매형. 자부(姉夫).

[활용]
兄弟姉妹(형제자매)

し 女 女 女 妒 妒 姉 姉

315 資
- 부수 : 貝
- 총 13획
- 재물 **자**

[중요 한자어 풀이]
- 資料(자료) : 무엇을 하기 위한 재료.
- 資格(자격) : 일정한 신분·지위를 가지거나, 어떤 행동을 하는 데 필요한 조건.
- 資本(자본) : 사업을 하는데 필요한 돈. 밑천.

[활용]
資質(자질) 資源(자원)
資産(자산) 出資(출자)
投資(투자) 資材(자재)

316 殘
- 부수 : 歹
- 총 12획
- 남을 **잔**

[중요 한자어 풀이]
- 殘留(잔류) : 남아서 처져 있음.
- 殘金(잔금) : 쓰고 남은 돈. 잔액.
- 殘在(잔재) : 남아 있음.

[활용]
殘額(잔액) 殘量(잔량)
殘雪(잔설) 殘餘(잔여)
敗殘兵(패잔병)

317 雜
- 부수 : 隹
- 총 18획
- 섞일 **잡**

[중요 한자어 풀이]
- 雜談(잡담) : 쓸데없이 지껄이는 말.
- 雜念(잡념) : 여러 가지 쓸데없는 생각.
- 雜穀(잡곡) : 쌀 이외의 곡식을 통틀어 이르는 말.

[활용]
雜草(잡초) 混雜(혼잡)
雜多(잡다) 雜費(잡비)
雜音(잡음) 雜種(잡종)

318 障

- 부수: 阜(阝)
- 총 14획
- 막을 **장**

[중요 한자어 풀이]
- 故障(고장): 기계나 설비 따위의 기능에 이상이 생김.
- 障害(장해): 하고자 하는 일을 막아 방해함, 또는 그것.
- 障壁(장벽): 방해가 되는 사물을 비유하여 이르는 말.

[활용]
支障(지장)
安全保障(안전보장)

319 將

- 부수: 寸
- 총 11획
- 장수 **장**

[중요 한자어 풀이]
- 將來(장래): 앞으로 닥쳐올 날.
- 將軍(장군): 군(軍)을 통솔하는 무관(武官).
- 將校(장교): 육·해·공군의 소위 이상의 무관을 통틀어 이르는 말.

[활용]
將星(장성) 將次(장차)
名將(명장) 將兵(장병)
日就月將(일취월장)

320 裝

- 부수: 衣
- 총 13획
- 꾸밀 **장**

[중요 한자어 풀이]
- 裝備(장비): (어떤 장치와 설비 등을) 갖추어 차림, 또는 그 장치나 비품.
- 裝置(장치): (기계나 설비 따위를) 어떤 목적에 따라 기능하도록 설치함.
- 服裝(복장): 옷, 또는 옷차림.

[활용]
武裝(무장) 變裝(변장)
男裝(남장)
裝身具(장신구)

다음 □ 안에 밑줄 친 漢字語의 讀音을 쓰세요.

- 서예를 할 때는 <u>姿勢</u>(　　)가 중요하다.
- 우리 <u>姉妹</u>(　　)는 우애가 각별하다.
- 오빠는 발표 수업을 하기 위해 인터넷으로 여러 가지 <u>資料</u>(　　)를 모았다.
- 일부 군사들은 전쟁이 끝난 뒤에도 계속 <u>殘留</u>(　　)할 예정이다.
- 수업 시간에 <u>雜談</u>(　　)을 하다가 선생님께 꾸중을 들었다.
- 기계 내부의 전기 장치에 물이 묻으면 <u>故障</u>(　　)이 나기 쉽다.
- 나의 <u>將來</u>(　　) 희망은 자동차 엔지니어이다.
- 이 병원은 첨단 의료 <u>裝備</u>(　　)와 우수한 의료진을 갖추고 있다.

풀면서 익히기

1_ 다음 漢字語의 讀音을 쓰세요.

<例>　　漢字 → 한자

(1) 陰陽 (　　　)　　　(2) 收益 (　　　)
(3) 認可 (　　　)　　　(4) 姉妹 (　　　)
(5) 資料 (　　　)　　　(6) 殘金 (　　　)

2_ 다음 訓과 音에 알맞은 漢字를 쓰세요.

(1) 섞일 잡 → (　　　)　　(2) 장수 장 → (　　　)
(3) 꾸밀 장 → (　　　)　　(4) 숨을 은 → (　　　)
(5) 옮길 이 → (　　　)　　(6) 의논할 의 → (　　　)

3_ 다음 문장에서 밑줄 친 漢字語의 讀音을 쓰세요.

(1) 스승의 恩惠(☐☐)는 하늘과도 같다.
(2) 모든 사물에는 引力(☐☐)이 작용하고 있다.
(3) 우리 학교는 월요일마다 服裝(☐☐) 검사를 한다.
(4) 疑問(☐☐)이 나는 점은 바로바로 물어보십시오.

4_ 다음 낱말의 뜻에 알맞은 漢字語를 〈例〉에서 골라 그 기호를 쓰세요.

<例>　　㉠ 交遊　　㉡ 義務　　㉢ 儀式　　㉣ 陰凶

(1) 마음이 음침하고 흉악함. (　　　)
(2) 서로 사귀어 놀거나 왕래함. (　　　)
(3) 마땅히 해야 할 직분. (　　　)
(4) 의례(儀禮)를 갖추어 베푸는 행사. (　　　)

5_ 다음 괄호 속에 들어갈 漢字를 〈例〉에서 찾아 漢字語를 만드세요.

〈例〉 ㄱ 遺 ㄴ 依 ㄷ 恩 ㄹ 肉
　　 ㅁ 乳 ㅂ 義 ㅅ 引 ㅇ 威

(1) (　　)風堂堂 : 위엄 있는 풍채가 의젓하고 떳떳함.
(2) 弱(　　)強食 : 약한 것이 강한 것에게 먹힘.
(3) 見利思(　　) : 이로움을 보면 의리를 먼저 생각함.
(4) 結草報(　　) : 죽어 혼령이 되어서라도 은혜를 잊지 않고 갚는다는 뜻.

6_ 다음 漢字의 부수를 쓰세요.
(1) 遺 → (　　)　　(2) 儒 → (　　)
(3) 異 → (　　)　　(4) 應 → (　　)

7_ 다음 문장의 밑줄 친 漢字語를 漢字로 쓰세요.
(1) 많은 작가들이 **인세**(　　)를 받으며 생활하고 있다.
(2) **자세**(　　)를 바르게 해야 글씨를 바로 쓸 수 있다.
(3) **육안**(　　)으로 볼 수 있는 별의 개수는 대략 5,000여 개 정도라고 한다.
(4) 어제 휴대 전화가 **고장**(　　)나서 수리를 맡겼다.

8_ 다음 漢字語의 뜻을 쓰세요.
(1) 隱居 (　　　　　　　　)
(2) 議論 (　　　　　　　　)
(3) 疑心 (　　　　　　　　)
(4) 移民 (　　　　　　　　)

시험에 자주 나오는 한자 성어(5)

25. 眼下無人
눈 안, 아래 하, 없을 무, 사람 인
'눈 아래 사람이 없다.'는 뜻으로, 사람됨이 교만하여 남을 업신여김을 이름.

眼下無人 眼下無人

26. 藥房甘草
약 약, 방 방, 달 감, 풀 초
'약방에 감초'라는 뜻으로, 무슨 일에나 끼어들기 좋아하는 사람을 일컫는 말.

藥房甘草 藥房甘草

27. 言中有骨
말씀 언, 가운데 중, 있을 유, 뼈 골
'말 가운데 뼈가 있다.'는 뜻으로, 평범한 말 같지만 그 속에 깊은 속뜻이 들어 있음을 이름.

言中有骨 言中有骨

28. 溫故知新
따뜻할 온, 연고 고, 알 지, 새 신
옛 것을 익혀 새 것을 앎.

溫故知新 溫故知新

29. 右往左往
오른 우, 갈 왕, 왼 좌, 갈 왕
방향을 정하지 못하고 이리저리 갈팡질팡함.

右往左往 右往左往

30. 牛耳讀經
소 우, 귀 이, 읽을 독, 글 경
'쇠귀에 경 읽기'라는 뜻으로, 아무리 일러주어도 소용 없음을 이름.

牛耳讀經 牛耳讀經

한자 퍼즐

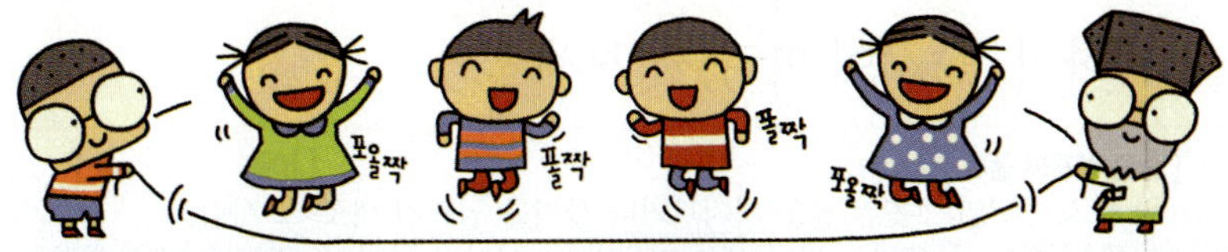

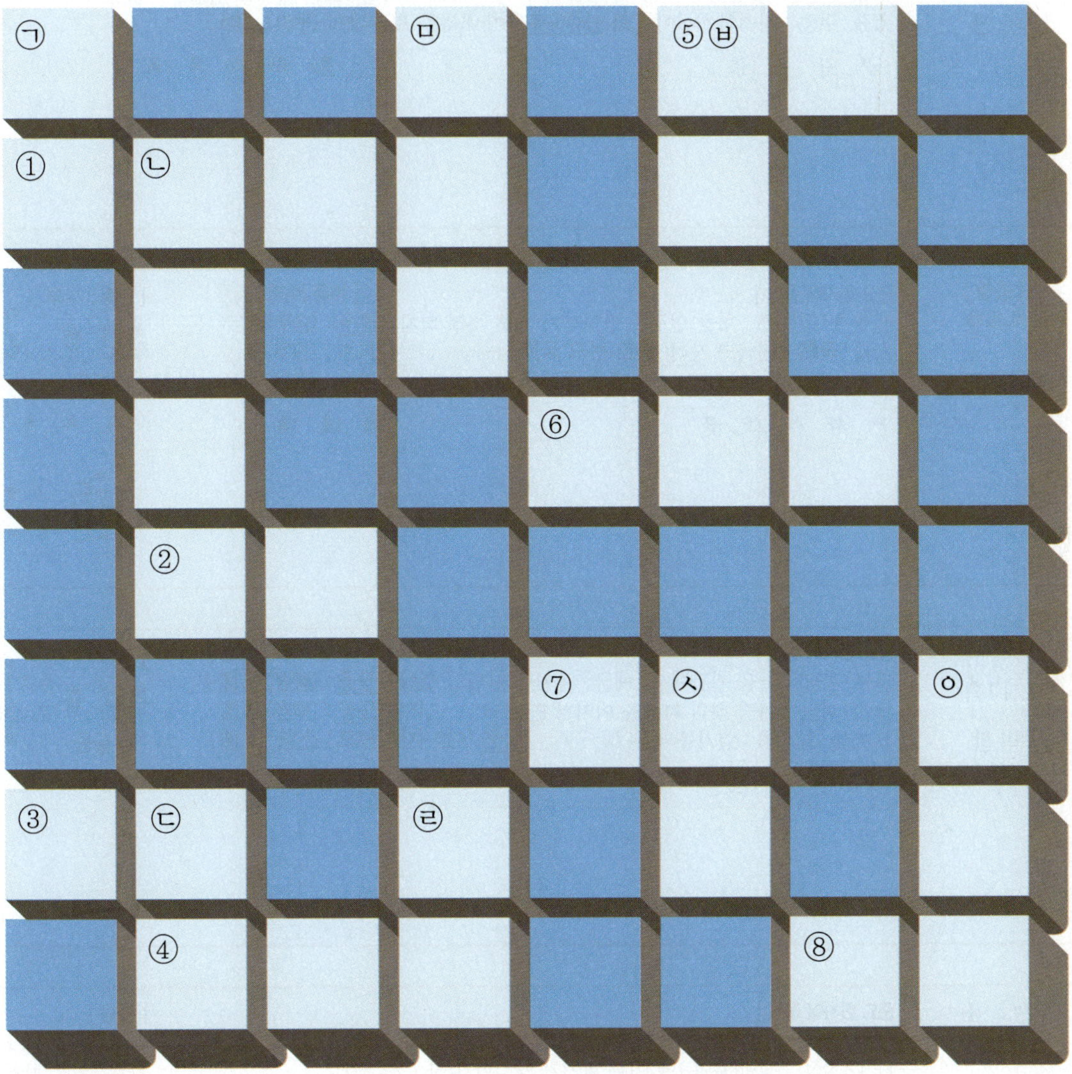

가로 열쇠

① 죽어 혼령이 되어서라도 은혜를 잊지 않고 갚는다는 뜻. 풀을 묶어 은혜를 갚음.
② 빛깔을 다른 빛깔과 구별하는 데 근거가 되는 빛깔의 특질.
③ 크게 이김.
④ 전쟁에 지고 살아남은 군사.
⑤ 알맞은 성질. 작업에 대한 각 개인의 적응 능력.
⑥ 국민이 인간답게 살아가기 위해 국가에 요구할 수 있는 권리.
⑦ 담배를 끊음.
⑧ 일정 기간 동안 일정 금액을 불입한 다음 만기가 되면 찾기로 약속된, 은행 저금의 한 가지.

세로 열쇠

㉠ 서로 이어서 맺음.
㉡ 풀빛과 녹색은 같은 색임.
㉢ 이기고 짐.
㉣ 바다에서 근무하는 군인.
㉤ 졸업생이 스승의 은혜에 감사하는 뜻으로 베푸는 모임.
㉥ 상태나 변화에 적합하거나 잘 적응하는 것만이 살아남고, 그렇지 못한 것은 멸망하는 일.
㉦ 물건이 탈 때 생기는 빛깔이 있는 기체.
㉧ 가난한 학생이나 우수한 학생에게 학비 보조금으로 내주는 돈.

《모범 답안 P.280》

張 奬 帳 壯 腸 低 底 敵

한자의 훈과 음을 생각하며, 순서에 따라 써 보세요.

321 張

- 부수: 弓
- 총 11획
- 베풀 **장**

[중요 한자어 풀이]
- 張本人(장본인): 못된 일을 저지르거나 물의를 일으킨 바로 그 사람.
- 伸張(신장): (물체의 크기나 세력 따위가) 늘어나고 펼쳐짐, 또는 늘이고 펼침.
- 主張(주장): 자기의 학설이나 의견 따위를 굳이 내세움, 또는 그 학설이나 의견.

[활용]
張力(장력)　出張(출장)
虛張聲勢(허장성세)

322 奬

- 부수: 大
- 총 14획
- 장려할 **장**

[중요 한자어 풀이]
- 奬學金(장학금): 학술 연구를 장려하기 위해 특정 학자나 단체 등에 내주는 돈.
- 勸奬(권장): 권하고 장려(奬勵)함.

[활용]
奬勵(장려)
※ 勵(힘쓸 려) - 3급Ⅱ 한자

323 帳

- 부수: 巾
- 총 11획
- 장막 **장**

[중요 한자어 풀이]
- 通帳(통장): 금융 기관에서, 예금·융자금 따위의 출납을 기록하여 주는 장부.
- 揮帳(휘장): 여러 폭의 피륙을 이어서 만든 막.
- 日記帳(일기장): 일기를 적는 책.

[활용]
練習帳(연습장)
布帳馬車(포장마차)

324 壯

- 부수: 士
- 총 7획
- 장할 **장**

[중요 한자어 풀이]
- 壯烈(장렬): (의기가) 씩씩하고 열렬함.
- 壯丁(장정): 성년(成年)에 이른 혈기가 왕성한 남자.
- 壯元(장원): 왕조 때, 과거에서 갑과(甲科)에 수석으로 급제함, 또는 그 사람.

[활용]
壯大(장대)　壯士(장사)
壯觀(장관)　壯年(장년)
壯談(장담)　雄壯(웅장)
悲壯(비장)　健壯(건장)

325 腸

- 부수: 肉(月)
- 총 13획
- 창자 **장**

[중요 한자어 풀이]
- 斷腸(단장): '창자가 끊어질 듯한 슬픔이나 괴로움'을 이르는 말.
- 直腸(직장): 장의 끝 부분. 곧은창자.
- 大腸(대장): 소장(小腸)의 끝에서 항문에 이르는 소화 기관. 큰창자.

[활용]
小腸(소장)
九折羊腸(구절양장)
十二指腸(십이지장)

*색자 표시는 시험 출제 중요 한자어

326

低 낮을 저
- 부수: 人(亻)
- 총 7획

[중요 한자어 풀이]
- 低質(저질): 질이 낮음. 바탕이 좋지 않음.
- 低速(저속): 느린 속도.
- 低空(저공): 고도가 낮은 공중. ↔ 고공(高空).

[활용]
低級(저급) 低價(저가)
低俗(저속) 低溫(저온)
最低(최저) 低調(저조)

ノ 亻 亻 仁 任 低 低

327

底 밑 저
- 부수: 广
- 총 8획

[중요 한자어 풀이]
- 底力(저력): 속에 간직하고 있는 든든한 힘.
- 海底(해저): 바다의 밑바닥.
- 底意(저의): (드러내지 않고) 속에 품고 있는 뜻.

[활용]
基底(기저) 底邊(저변)

丶 亠 广 广 庀 庄 底 底

328

敵 대적할 적
- 부수: 攴(攵)
- 총 15획

[중요 한자어 풀이]
- 敵軍(적군): 적국의 군대.
- 敵對(적대): 적으로 맞서 버팀.
- 敵地(적지): 적의 땅. 적의 세력 아래 들어가 있는 지역.

[활용]
敵手(적수) 敵兵(적병)
敵陣(적진) 敵意(적의)
天敵(천적) 宿敵(숙적)
仁者無敵(인자무적)

丶 亠 丷 产 产 产 产 商 商 啇 啇 敵 敵 敵

한자익히기

다음 ☐ 안에 밑줄 친 漢字語의 讀音을 쓰세요.

- 어제 유리창을 깬 <u>張本人</u>(　　　)은 바로 철수였다.
- 어려운 환경에도 굴하지 않고 열심히 공부한 미영이가 <u>獎學金</u>(　　　)을 받게 되었다.
- 어머니는 그 동안 저축한 돈이 들어 있는 <u>通帳</u>(　　)을 말없이 꺼내 놓으셨다.
- 충주 탄금대는 신립 장군이 임진왜란 당시 <u>壯烈</u>(　　)하게 최후를 맞이한 곳이기도 하다.
- <u>斷腸</u>(　　)의 아픔으로 반 세기를 지내 온 실향민들에게 드디어 상봉의 길이 열렸다.
- 값이 싸서 사 온 물건이었는데 역시 겉만 그럴싸한 <u>低質</u>(　　) 상품이었다.
- 위기가 닥쳐왔을 때 그 사람의 <u>底力</u>(　　)이 발휘되기도 한다.
- 결국 아군의 화력에 밀려 <u>敵軍</u>(　　)이 항복하였다.

 績 賊 適 籍 積 田 轉 錢

한자의 훈과 음을 생각하며, 순서에 따라 써 보세요.

329 績
- 부수: 糸
- 총 17획
- 길쌈 **적**

[중요 한자어 풀이]
- 成績(성적): 어떤 일을 한 뒤에 나타난 결과.
- 功績(공적): 쌓은 공로.
- 實績(실적): (어떤 일에서 이룬) 실제의 공적이나 업적.

[활용]
業績(업적)　行績(행적)
治績(치적)

330 賊
- 부수: 貝
- 총 13획
- 도둑 **적**

[중요 한자어 풀이]
- 海賊(해적): 바다에서 배를 습격하여 재물을 빼앗는 도둑.
- 盜賊(도적): 남의 물건을 빼앗거나 훔치는 짓, 또는 그런 짓을 하는 사람.
- 山賊(산적): 산 속에 숨어 살면서 남의 재물을 빼앗는 도둑.

[활용]
逆賊(역적)　義賊(의적)

331 適
- 부수: 辵(辶)
- 총 15획
- 맞을 **적**

[중요 한자어 풀이]
- 適當(적당): 정도나 이치에 꼭 알맞고 마땅함.
- 適切(적절): 꼭 알맞음.
- 適期(적기): 알맞은 시기.

[활용]
適性(적성)　適用(적용)
適者生存(적자생존)

332 籍
- 부수: 竹(⺮)
- 총 20획
- 문서 **적**

[중요 한자어 풀이]
- 書籍(서적): 책. 서책(書冊).
- 國籍(국적): 국가의 구성원으로서의 자격·신분.
- 本籍(본적): 호적이 있는 곳.

[활용]
戶籍(호적)　學籍(학적)
在籍(재적)　地籍(지적)

333 積
- 부수: 禾
- 총 16획
- 쌓을 **적**

[중요 한자어 풀이]
- 積金(적금): 일정한 기간마다 일정한 금액을 적립하는 저금.
- 積善(적선): 선(善)을 쌓음. 착한 일을 많이 함.
- 積立(적립): 모아서 쌓아 둠.

[활용]
見積(견적)　面積(면적)
容積(용적)　集積(집적)
積極的(적극적)

334 田

부수 : 田
총 5획

밭 **전**

[중요 한자어 풀이]
- 油田(유전) : 석유가 나는 곳. 석유가 땅 속에 묻혀 있는 지역.
- 田園(전원) : 논밭과 동산. 시골.
- 火田(화전) : 산이나 들에 불을 지른 다음 파서 일구어 농사를 짓는 밭.

[활용]
我田引水(아전인수)

丨 冂 冃 田 田

335 轉

부수 : 車
총 18획

구를 **전**

[중요 한자어 풀이]
- 轉勤(전근) : 근무처를 옮김.
- 轉出(전출) : 딴 곳으로 이주하여 감.
- 轉入(전입) : 이 거주지에서 저 거주지로 옮기어 들어감.

[활용]
轉學(전학) 轉用(전용)
反轉(반전) 好轉(호전)
運轉(운전) 回轉(회전)

一 百 亘 車 車 軖 軒 軺 軺 輚 轉 轉

336 錢

부수 : 金
총 16획

돈 **전**

[중요 한자어 풀이]
- 銅錢(동전) : 구리나 구리의 합금으로 만든 돈.
- 金錢(금전) : 돈. 금으로 만든 돈.
- 本錢(본전) : 밑천으로 들인 돈.

[활용]
錢票(전표) 葉錢(엽전)
急錢(급전) 紙錢(지전)

ノ 人 亽 亼 亽 余 余 金 金 鈛 鈛 銭 錢

다음 □ 안에 밑줄 친 漢字語의 讀音을 쓰세요.

- 중간 고사 <u>成績</u>(□□)을 확인한 민수는 눈앞이 캄캄해졌다.
- 장보고는 남해의 <u>海賊</u>(□□)을 소탕하고 해상 무역권을 장악하였다.
- 겨울철 호흡기 건강을 위해서는 <u>適當</u>(□□)한 실내 습도를 유지해야 한다.
- 요즘 학생들 사이에 컴퓨터 게임 관련 <u>書籍</u>(□□)이 큰 인기를 얻고 있다.
- 보람이는 한 달에 2,000원씩 용돈을 모아 <u>積金</u>(□□)을 붓기로 했다.
- 이라크는 세계에서 석유가 두 번째로 많이 나는 <u>油田</u>(□□) 지대를 가지고 있다.
- 아버지께서는 춘천으로 <u>轉勤</u>(□□)을 가시게 되었다.
- 내 동생은 <u>銅錢</u>(□□)이 생기면 저금통에 저금을 한다.

專 絶 折 點 占 接 整 靜

한자의 훈과 음을 생각하며, 순서에 따라 써 보세요.

337
專 오로지 **전**
- 부수: 寸
- 총 11획

[중요 한자어 풀이]
- 專攻(전공): 어느 일정한 부문에 대하여 전문적으로 연구함.
- 專門(전문): 오로지 한 사업을 연구 또는 담당함.
- 專務(전무): 어떤 일을 전적으로, 또는 전문적으로 맡아 봄, 또는 그 사람.

[활용]
專屬(전속) 專念(전념)
專任(전임) 專擔(전담)
專有物(전유물)

338
絶 끊을 **절**
- 부수: 糸
- 총 12획

[중요 한자어 풀이]
- 斷絶(단절): 어떤 관계나 교류를 끊음.
- 絶望(절망): 모든 희망이 끊어짐. 희망을 다 버림.
- 絶交(절교): 서로 교제를 끊음. 단교(斷交).

[활용]
絶景(절경) 絶妙(절묘)
氣絶(기절) 根絶(근절)
絶好(절호) 謝絶(사절)

339
折 꺾을 **절**
- 부수: 手(扌)
- 총 7획

[중요 한자어 풀이]
- 折半(절반): 하나를 반으로 가름, 또는 그렇게 가른 반.
- 曲折(곡절): 복잡한 사연이나 내용.
- 骨折(골절): 뼈가 부러짐.

[활용]
屈折(굴절)
百折不屈(백절불굴)

340
點 점 **점**
- 부수: 黑
- 총 17획

[중요 한자어 풀이]
- 點數(점수): 성적을 나타내는 숫자.
- 點檢(점검): 낱낱이 검사함, 또는 그 검사.
- 點線(점선): 줄지어 찍은 점으로써 이루어진 선.

[활용]
點字(점자) 點火(점화)
點心(점심) 點燈(점등)
據點(거점) 爭點(쟁점)
得點(득점) 時點(시점)

341
占 점령할·점칠 **점**
- 부수: 卜
- 총 5획

[중요 한자어 풀이]
- 占領(점령): 다른 나라의 영토를 무력으로 빼앗아 자기 나라의 지배 아래 둠.
- 占據(점거): (일정한 곳을) 차지하여 자리를 잡음.
- 占有(점유): 자기 소유로 함. 차지함.

[활용]
獨占(독점) 先占(선점)
強占(강점)
占星術(점성술)

*색자 표시는 시험 출제 중요 한자어

342 接

- 부수: 手(扌)
- 총 11획
- 이을 **접**

[중요 한자어 풀이]
- 接近(접근) : 가까이 함. 바싹 다가붙음.
- 接着(접착) : 착 달라붙음.
- 接受(접수) : 돈이나 물건 따위를 받음.

[활용]
接續(접속) 直接(직접)
接合(접합) 接戰(접전)
接種(접종) 待接(대접)

필순: 一 † 扌 扩 扩 护 护 按 接 接

343 整

- 부수: 攴(攵)
- 총 16획
- 가지런할 **정**

[중요 한자어 풀이]
- 整理(정리) : 어수선하거나 쓸데없는 것을 없애고 가지런하게 바로잡음.
- 整備(정비) : 뒤섞이고 흩어진 것을 가다듬어 바로 갖춤.
- 整形(정형) : 모양을 가지런히 함. 형체를 바로잡음.

[활용]
整列(정렬) 整然(정연)
整數(정수)

필순: 一 厂 戸 戸 申 東 東 敕 敕 敕 整

344 靜

- 부수: 靑
- 총 16획
- 고요할 **정**

[중요 한자어 풀이]
- 安靜(안정) : 편안하고 고요함.
- 靜肅(정숙) : 조용하고 엄숙함.
- 動靜(동정) : 움직임과 정지함. 상황 등의 변천 상태.

[활용]
靜脈(정맥) 平靜(평정)
靜電氣(정전기)

필순: 一 二 ㄐ 土 靑 靑 靑 靑 靜 靜 靜 靜

다음 □ 안에 밑줄 친 漢字語의 讀音을 쓰세요.

- 나는 대학에 진학해서 법학을 **專攻**(　　)하고 싶다.
- 1992년, 우리 나라는 대만과 국교를 **斷絕**(　　)하였다.
- 나는 사과를 **折半**(　　)으로 나누어 동생에게 주었다.
- 그 선수는 마루 운동 종목에서 만점에 가까운 **點數**(　　)를 받았다.
- 전봉준이 이끄는 동학군은 전주를 **占領**(　　)하는 등 크게 세력을 떨쳤다.
- 이 지역은 민간인의 **接近**(　　)을 통제하고 있다.
- 혜미는 신학기를 앞두고 새로 배울 책들을 책장에 **整理**(　　)하며 각오를 다졌다.
- 환자는 이제 겨우 **安靜**(　　)을 찾은 듯 잠이 들었다.

 丁 程 政 精 帝 濟 提 制

한자의 훈과 음을 생각하며, 순서에 따라 써 보세요.

345 丁
- 부수: 一
- 총 2획
- 고무래·장정 **정**

[중요 한자어 풀이]
- 白丁(백정): 평민. 소나 돼지 따위를 잡는 일을 업으로 하던 사람.
- 壯丁(장정): 성년(成年)에 이른 혈기가 왕성한 남자.
- 兵丁(병정): 병역을 치르고 있는 장정.

[활용]
目不識丁(목불식정)

一丁

346 程
- 부수: 禾
- 총 12획
- 한도·길 **정**

[중요 한자어 풀이]
- 程度(정도): 알맞은 한도.
- 工程(공정): 작업이 되어 가는 정도.
- 旅程(여정): 여행의 노정(路程). 일정.

[활용]
過程(과정) 道程(도정)
日程(일정) 上程(상정)
方程式(방정식)
里程標(이정표)

´ ´ 千 禾 禾 禾 和 和 程 程 程 程

347 政
- 부수: 攴(攵)
- 총 9획
- 정사 **정**

[중요 한자어 풀이]
- 政治(정치): 국가의 주권자가 그 영토 및 백성을 다스림.
- 政權(정권): 정치를 행하는 권력.
- 政界(정계): 정치에 관계되는 분야. 정치 사회.

[활용]
政局(정국) 政爭(정쟁)
政見(정견) 政事(정사)
政府(정부) 政勢(정세)
暴政(폭정)

一 丁 F 正 正 正 政 政 政

348 精
- 부수: 米
- 총 14획
- 정할 **정**

[중요 한자어 풀이]
- 精誠(정성): 참되고 거짓이 없는 마음.
- 精神(정신): 사고나 감정을 다스리는 인간의 마음.
- 精讀(정독): 자세히 읽음.

[활용]
精密(정밀) 精選(정선)
精氣(정기) 受精(수정)
精米所(정미소)
精肉店(정육점)

349 帝
- 부수: 巾
- 총 9획
- 임금 **제**

[중요 한자어 풀이]
- 帝國(제국): 황제(皇帝)가 다스리는 나라.
- 皇帝(황제): 제국(帝國)의 군주.
- 帝王(제왕): 황제와 국왕을 통틀어 이르는 말.

[활용]
帝號(제호) 天帝(천제)
上帝(상제) 帝政(제정)

222 한자능력검정시험 | 4급

*색자 표시는 시험 출제 중요 한자어

350 濟

부수 : 水(氵)
총 17획
건널 **제**

[중요 한자어 풀이]
· 經濟(경제) : 나라를 잘 다스려 백성을 고난에서 건짐. 經世濟民(경세제민)의 준말.
· 救濟(구제) : 사람을 구원하여 건져 줌.
· 決濟(결제) : 일을 처리하여 끝을 냄.

[활용]
濟州道(제주도)
經世濟民(경세제민)

351 提

부수 : 手(扌)
총 12획
끌 **제**

[중요 한자어 풀이]
· 提案(제안) : 의안(議案)을 냄, 또는 그 의안.
· 提示(제시) : 어떠한 의사를 드러내어 보임.
· 提起(제기) : 의논에 붙이기 위하여 의견을 내어 놓음.

[활용]
提議(제의) 提出(제출)
提請(제청) 前提(전제)

352 制

부수 : 刀(刂)
총 8획
절제할 **제**

[중요 한자어 풀이]
· 制定(제정) : 제도나 규정 따위를 만들어 정함.
· 制度(제도) : 정해진 법규. 마련된 법도.
· 制動(제동) : 기계 따위의 운동을 멈추게 함. 속력을 떨어뜨림.

[활용]
制約(제약) 規制(규제)
制止(제지) 強制(강제)
節制(절제)

다음 □ 안에 밑줄 친 漢字語의 讀音을 쓰세요.

· 본래 '<u>白丁</u>(□□)'이란 지위나 관직이 없는 평민을 일컫는 말이었다.
· 친한 친구 사이일수록 <u>程度</u>(□□)를 지나친 행동은 삼가해야 한다.
· <u>政治</u>(□□)가 안정되어야 국민의 생활도 편안해진다.
· 윤혁이는 <u>精誠</u>(□□)을 다해 동생을 간호했다.
· 1897년 10월, 고종은 국호를 '대한 <u>帝國</u>(□□)'이라고 선포하고 황제에 즉위했다.
· 요즘 <u>經濟</u>(□□) 상황이 매우 안 좋다고 한다.
· 서울 특별시는 시정 발전을 위한 시민 <u>提案</u>(□□)을 공모하고 있다.
· 우리 나라의 헌법은 1947년에 <u>制定</u>(□□)되었다.

풀면서 익히기

1_ 다음 漢字語의 讀音을 쓰세요.

〈例〉 漢字 → 한자

(1) 壯烈 (　　　) (2) 整備 (　　　)
(3) 大腸 (　　　) (4) 轉學 (　　　)
(5) 油田 (　　　) (6) 低質 (　　　)

2_ 다음 訓과 音에 알맞은 漢字를 쓰세요.

(1) 쌓을 적 → (　　　) (2) 도둑 적 → (　　　)
(3) 끌 제 → (　　　) (4) 이을 접 → (　　　)
(5) 베풀 장 → (　　　) (6) 문서 적 → (　　　)

3_ 다음 문장에서 밑줄 친 漢字語의 讀音을 쓰세요.

(1) 허생은 과일과 말총을 獨占(　　)하여 큰 이익을 남겼다.
(2) 현대의 많은 국가가 민주적인 政治(　　)를 하고 있다.
(3) 제너가 예방 백신 接種(　　) 실험에 성공하면서 인류는 천연두라는 무서운 질병에서 해방되었다.
(4) 시간이 흐르자 많은 수의 敵軍(　　)이 항복해 왔다.

4_ 다음 낱말의 뜻에 알맞은 漢字語를 〈例〉에서 골라 그 기호를 쓰세요.

〈例〉 ㉠ 通帳　 ㉡ 底意　 ㉢ 斷絶　 ㉣ 安靜

(1) 편안하고 고요함. (　　　)
(2) 금융 기관에서, 예금·융자금 따위의 출납을 기록하여 주는 장부. (　　　)
(3) 속에 품고 있는 뜻. (　　　)
(4) 어떤 관계나 교류를 끊음. (　　　)

5_ 다음 괄호 속에 들어갈 漢字를 〈例〉에서 찾아 漢字語를 만드세요.

〈例〉 ㉠折 ㉡傳 ㉢田 ㉣接
㉤政 ㉥丁 ㉦濟 ㉧壯

(1) 我(　　)引水 : 제 논에 물 대기.
(2) 百(　　)不屈 : 백 번 꺾여도 굴하지 않음.
(3) 目不識(　　) : '丁'자도 알아보지 못함.
(4) 經世(　　)民 : 나라를 잘 다스려 백성을 고난에서 건짐.

6_ 다음 漢字의 부수를 쓰세요.
(1) 錢 → (　　)　　(2) 敵 → (　　)
(3) 績 → (　　)　　(4) 適 → (　　)

7_ 다음 문장의 밑줄 친 漢字語를 漢字로 쓰세요.
(1) 오늘 **점심**(□□) 시간에는 친구들과 축구를 했다.
(2) 모든 일에는 **정성**(□□)이 필요하다.
(3) 현대 사회에는 여러 가지 **제도**(□□)들이 필요하다.
(4) **동전**(□□)의 사용이 점차 줄어들고 있다.

8_ 다음 漢字語의 뜻을 쓰세요.
(1) 專門 (　　　　　　　　)
(2) 程度 (　　　　　　　　)
(3) 皇帝 (　　　　　　　　)
(4) 適當 (　　　　　　　　)

 際 除 祭 製 助 鳥 早 造

한자의 훈과 음을 생각하며, 순서에 따라 써 보세요.

353 際
- 부수: 阜(阝)
- 총 14획
- 즈음·가 **제**

[중요 한자어 풀이]
- 國際(국제): 나라와 나라 사이의 관계.
- 交際(교제): 사람과 사람이 서로 사귐.
- 實際(실제): 있는 그대로의, 또는 나타나거나 당하는 그대로의 상태나 형편.

[활용]
際限(제한)

`' ' ｦ ｦ ｦ阝 阝 阝 阝 阝 際 際 際 際`

354 除
- 부수: 阜(阝)
- 총 10획
- 덜 **제**

[중요 한자어 풀이]
- 除外(제외): 범위 밖에 두어 빼어 놓음.
- 除去(제거): 덜어서 없애 버림.
- 除名(제명): 명부에서 성명을 빼어 버림.

[활용]
除籍(제적) 解除(해제)
除隊(제대) 除草(제초)
切除(절제) 除夜(제야)

355 祭
- 부수: 示
- 총 11획
- 제사 **제**

[중요 한자어 풀이]
- 祝祭(축제): 경축하여 벌이는 큰 잔치나 행사.
- 祭禮(제례): 제사의 예절.
- 祭器(제기): 제사 때 쓰는 그릇.

[활용]
祭壇(제단)

356 製
- 부수: 衣
- 총 14획
- 지을 **제**

[중요 한자어 풀이]
- 製品(제품): 재료를 써서 물건을 만듦.
- 製藥(제약): 약을 만듦. 또는 만들어진 약.
- 製造(제조): 원료를 가공하여 제품을 만듦.

[활용]
製鐵(제철) 製本(제본)
手製(수제) 特製(특제)

357 助
- 부수: 力
- 총 7획
- 도울 **조**

[중요 한자어 풀이]
- 助言(조언): 곁에서 말을 거들거나 일깨워 줌.
- 助力(조력): 힘을 써 도와 줌.
- 助演(조연): 한 작품에서 주역을 도와 극을 전개해 나가는 역할을 함.

[활용]
協助(협조)

*색자 표시는 시험 출제 중요 한자어

358 鳥

부수 : 鳥
총 11획
새 조

[중요 한자어 풀이]
· 吉鳥(길조) : 좋은 일이 있을 것을 미리 알려 주는 새.
· 鳥類(조류) : 새무리.
· 白鳥(백조) : 고니. 오릿과의 물새.

[활용]
九官鳥(구관조)
七面鳥(칠면조)
鳥足之血(조족지혈)
一石二鳥(일석이조)

359 早

부수 : 日
총 6획
이를 조

[중요 한자어 풀이]
· 早期(조기) : 이른 시기. 이른 때.
· 早朝(조조) : 이른 아침.
· 早速(조속) : 이르고도 빠르다.

[활용]
早退(조퇴) 早速(조속)
早産(조산)

360 造

부수 : 辵(辶)
총 11획
지을 조

[중요 한자어 풀이]
· 造化(조화) : 만물을 창조하고 기르는 천지 자연의 이치.
· 造景(조경) : 경관(景觀)을 아름답게 꾸미는 일.
· 造林(조림) : 나무를 심거나 씨를 뿌려 숲을 만듦.

[활용]
造成(조성) 造形(조형)
製造(제조) 造作(조작)
造花(조화) 改造(개조)
造物主(조물주)

한자익히기

다음 □ 안에 밑줄 친 漢字語의 讀音을 쓰세요.

- 國際(　　) 정세가 매우 급박하게 변하고 있다.
- 나는 몸이 안 좋아 이번 행사에서 除外(　　)되었다.
- 이번 주는 우리 학교 祝祭(　　) 기간이다.
- 요즈음은 인터넷으로 여러 製品(　　)의 품질과 가격을 비교해 볼 수 있다.
- 형진이는 나에게 많은 助言(　　)을 해 주는 고마운 친구이다.
- 우리 조상들은 예전부터 까치를 吉鳥(　　)로 생각하였다.
- 早期(　　) 유학을 떠나는 학생들이 점차 늘고 있다.
- 아버지께서는 造景(　　) 사업에 몸담고 계신다.

 條 潮 組 尊 存 宗 鐘 從

한자의 훈과 음을 생각하며, 순서에 따라 써 보세요.

361 條
- 부수: 木
- 총 11획
- 가지 **조**

[중요 한자어 풀이]
- 條件(조건): 어떤 사물이 성립되거나 발생하는 데 갖추어야 하는 요소.
- 條目(조목): 정해 놓은 법률이나 규정 따위의, 낱낱의 조항이나 항목.
- 信條(신조): 굳게 믿어 지키고 있는 생각.

[활용]
條約(조약) 條例(조례)
條理(조리) 條文(조문)

丿 亻 亻 亻 攸 攸 攸 俘 修 條 條

條 條

362 潮
- 부수: 水(氵)
- 총 15획
- 조수·밀물 **조**

[중요 한자어 풀이]
- 高潮(고조): 감정이나 기세가 가장 고양된 상태를 비유하여 이르는 말.
- 潮水(조수): 주기적으로 들어왔다 나갔다 하는 바닷물.
- 滿潮(만조): 밀물로 해면이 가장 높아진 상태.

[활용]
潮差(조차) 潮流(조류)
風潮(풍조) 退潮(퇴조)
潮力發電(조력발전)

丶 丶 氵 氵 汁 浐 浐 浐 浐 渖 渖 潮

潮 潮

363 組
- 부수: 糸
- 총 11획
- 짤 **조**

[중요 한자어 풀이]
- 組立(조립): 짜 맞춤, 또는 그 짜 맞춘 것.
- 組織(조직): 사람이나 물건이 모여서 질서 있는 하나의 집합체를 이룸.
- 組合(조합): 공동 사업을 목적으로 두 사람 이상이 출자한 단체.

[활용]
組成(조성) 勞組(노조)
組長(조장)

幺 幺 幺 幺 糸 糸 糽 紃 細 組 組

組 組

364 尊
- 부수: 寸
- 총 12획
- 높을 **존**

[중요 한자어 풀이]
- 尊重(존중): 소중하게 여김, 또는 소중하게 여겨 받듦.
- 尊貴(존귀): 지위나 신분 따위가 높고 귀함.
- 尊敬(존경): 남의 훌륭한 행위, 인격 따위를 높여 공경함.

[활용]
尊嚴(존엄) 尊稱(존칭)
至尊(지존)
自尊心(자존심)

丶 八 八 广 竹 竹 酋 酋 酋 酋 尊 尊

尊 尊

365 存
- 부수: 子
- 총 6획
- 있을 **존**

[중요 한자어 풀이]
- 存在(존재): 실제로 있음, 또는 있는 그것.
- 保存(보존): 잘 지니어 상하거나 없어지지 않게 함.
- 實存(실존): 실제로 존재하는 일.

[활용]
存立(존립) 存續(존속)
共存(공존)

一 ナ 才 左 存 存

存 存

366 宗
- 부수: 宀
- 총 8획
- 마루 **종**

[중요 한자어 풀이]
- 宗族(종족): 성과 본이 같은 겨레붙이.
- 宗家(종가): 한 문중에서 맏이로만 이어 온 큰집.
- 宗孫(종손): 종가의 맏자손, 종가의 대를 이을 자손.

[활용]
- 宗敎(종교) 宗派(종파)
- 太宗(태종) 宗親(종친)
- 改宗(개종) 宗會(종회)

367 鍾
- 부수: 金
- 총 20획
- 쇠북 **종**

[중요 한자어 풀이]
- 鍾路(종로): 서울의 종각이 있는 네거리. ≒鐘路
- 打鍾(타종): 종을 침.
- 警鍾(경종): 경계하기 위하여 치는 종, 또는 주의나 충고.

[활용]
- 招人鍾(초인종)
- 鍾乳石(종유석)

368 從
- 부수: 彳
- 총 11획
- 좇을 **종**

[중요 한자어 풀이]
- 服從(복종): 남의 명령에 그대로 따름.
- 從來(종래): (지난 어느 때를 기준하여) 지금까지 내려오는 동안.
- 順從(순종): 순순히 복종함.

[활용]
- 從事(종사) 主從(주종)
- 相從(상종) 從前(종전)
- 白衣從軍(백의종군)

다음 □ 안에 밑줄 친 漢字語의 讀音을 쓰세요.

- 테레사 수녀는 우리에게 條件(　　) 없는 사랑을 보여 주었다.
- 골을 넣자 경기장의 분위기가 더욱 高潮(　　)되었다.
- 내 동생은 로봇을 組立(　　)하는 것을 제일 좋아한다.
- 어른을 공경하고 尊重(　　)해야 한다.
- 그는 학교에서 없어서는 안 될 存在(　　)이다.
- 동물에게는 宗族(　　)을 지켜 대를 이어 가려는 본능이 있다.
- 새해를 맞아 보신각 타종식을 보기 위해 鍾路(　　)로 갔다.
- 신하는 왕의 말에 服從(　　)해야 했다.

座走周朱酒竹準衆

한자의 훈과 음을 생각하며, 순서에 따라 써 보세요.

369 座

- 부수: 广
- 총 10획
- 자리 **좌**

[중요 한자어 풀이]
- 座席(좌석): 앉는 자리.
- 王座(왕좌): 임금이 앉는 자리. 어좌(御座). 옥좌(玉座).
- 星座(성좌): 별자리.

[활용]
座中(좌중) 計座(계좌)
講座(강좌) 座定(좌정)
座談會(좌담회)

丶 亠 广 广 广 庐 应 应 座 座

370 走

- 부수: 走
- 총 7획
- 달릴 **주**

[중요 한자어 풀이]
- 競走(경주): 일정한 거리를 달음질하여 그 빠르기를 겨루는 운동.
- 走行(주행): (자동차 따위) 주로 동력으로 움직이는 탈것이 달려감.
- 走破(주파): 정해진 거리를 끝까지 달림.

[활용]
走力(주력) 走者(주자)
走馬燈(주마등)
走馬看山(주마간산)

一 十 土 十 + 走 走

371 周

- 부수: 口
- 총 8획
- 두루 **주**

[중요 한자어 풀이]
- 一周(일주): 한 바퀴를 돎, 또는 그 한 바퀴.
- 周知(주지): (여러 사람이) 두루 앎. 널리 앎.
- 周圍(주위): 어떤 사람이나 사물을 둘러싸고 있는 환경.

[활용]
周邊(주변) 周易(주역)

丿 几 月 円 円 周 周 周

372 朱

- 부수: 木
- 총 6획
- 붉을 **주**

[중요 한자어 풀이]
- 朱黃(주황): 빨강과 노랑의 중간색. 주황빛. 주황색.
- 印朱(인주): 도장을 찍을 때 쓰는 붉은 빛깔의 재료.
- 朱紅(주홍): 붉은빛과 누른빛의 중간으로 붉은 쪽에 가까운 빛깔. 주홍빛.

[활용]
朱子學(주자학)

丿 ㄏ ㄷ 牛 牛 朱

373 酒

- 부수: 酉
- 총 10획
- 술 **주**

[중요 한자어 풀이]
- 藥酒(약주): '술'을 점잖게 이르는 말.
- 酒量(주량): 견딜 수 있을 만큼 마시는 술의 분량.
- 酒稅(주세): 주류(酒類)에 매기는 소비세.

[활용]
酒母(주모) 禁酒(금주)
酒店(주점) 勸酒(권주)
飮酒(음주) 洋酒(양주)

丶 冫 氵 氵 沪 沪 洒 洒 酒 酒

*색자 표시는 시험 출제 중요 한자어

374 竹

- 부수: 竹
- 총 6획
- 대 **죽**

[중요 한자어 풀이]
- 竹刀(죽도): 대로 만든 칼. 대칼.
- 竹簡(죽간): 고대 중국에서, 글자를 적은 대나무 조각을 엮어서 만든 책.
- 竹器(죽기): 대로 만든 그릇.

[활용]
長竹(장죽) 竹林(죽림)
竹細工(죽세공)
竹馬故友(죽마고우)

375 準

- 부수: 水(氵)
- 총 13획
- 준할 **준**

[중요 한자어 풀이]
- 基準(기준): 기본이 되는 표준.
- 準據(준거): 어떤 일을 기준이나 근거로 하여 거기에 따름.
- 準則(준칙): 준거할 기준이 되는 규칙.

[활용]
準備(준비) 水準(수준)
平準化(평준화)
標準語(표준어)

376 衆

- 부수: 血
- 총 12획
- 무리 **중**

[중요 한자어 풀이]
- 出衆(출중): 여러 사람 가운데에서 뛰어남.
- 聽衆(청중): 강연·설교 등을 듣는 군중.
- 衆論(중론): 여러 사람의 의견.

[활용]
觀衆(관중) 衆智(중지)
群衆(군중) 民衆(민중)
公衆電話(공중전화)
衆口難防(중구난방)

한자익히기

다음 □ 안에 밑줄 친 漢字語의 讀音을 쓰세요.

- 배우들을 자세히 보고 싶어서 맨 앞줄 <u>座席</u>(　　)에 앉았다.
- 나는 나중에 커서 <u>競走</u>(　　)용 자동차를 몰아보고 싶다.
- 형과 나는 100일 간의 세계 <u>一周</u>(　　)를 계획해 놓았다.
- 초록색 잎사귀 사이로 <u>朱黃</u>(　　)색 호박이 탐스럽게 달려 있다.
- 아버지께서는 가끔 친구분들과 <u>藥酒</u>(　　)를 드신다.
- 검도 시합을 하다가 <u>竹刀</u>(　　)로 어깨를 맞았다.
- 모든 평가에서는 채점 <u>基準</u>(　　)이 명백해야 한다.
- 욱현이는 우리들 중에서 제일 외모가 <u>出衆</u>(　　)하다.

增 證 指 志 至 支 持 誌

한자의 훈과 음을 생각하며, 순서에 따라 써 보세요.

377 增
- 부수: 土
- 총 15획
- 더할 증

[중요 한자어 풀이]
- 增加(증가): 수나 양이 많아짐, 또는 많아지게 함.
- 增員(증원): 사람을 늘림.
- 增進(증진): 점점 더하여 가거나 나아감.

[활용]
增設(증설) 增強(증강)
增便(증편) 急增(급증)

378 證
- 부수: 言
- 총 19획
- 증거 증

[중요 한자어 풀이]
- 證明(증명): 어떤 사실이나 결론이 참인지 아닌지를 밝히는 일.
- 證據(증거): 어떤 사실을 증명할 수 있는 근거.
- 證書(증서): 어떤 사실을 증명하는 문서.

[활용]
證人(증인) 證券(증권)
反證(반증) 考證(고증)
證言(증언) 檢證(검증)

379 指
- 부수: 手(扌)
- 총 9획
- 가리킬 지

[중요 한자어 풀이]
- 指目(지목): 어떠하다고 가리키어 정함.
- 指示(지시): 가리켜 보임.
- 指向(지향): 일정한 목표를 정하여 나아감.

[활용]
指命(지명) 指定(지정)
中指(중지) 指標(지표)
指南鐵(지남철)

380 志
- 부수: 心
- 총 7획
- 뜻 지

[중요 한자어 풀이]
- 意志(의지): 생각. 뜻. 실행하려는 적극적인 마음가짐.
- 志士(지사): 국가·민족·사회를 위해 자기 몸을 바쳐 일하려는 포부를 가진 사람.
- 志願(지원): 뜻하여 바람.

[활용]
同志(동지) 志學(지학)
氣志(기지) 雄志(웅지)

381 至
- 부수: 至
- 총 6획
- 이를 지

[중요 한자어 풀이]
- 至大(지대): 더없이 크다.
- 至極(지극): 어떠한 정도나 상태 따위가 극도에 이르러 더할 나위 없다.
- 至當(지당): 이치에 꼭 맞다. 더없이 마땅하다.

[활용]
至誠(지성) 至尊(지존)
冬至(동지) 至毒(지독)
自初至終(자초지종)
至誠感天(지성감천)

*색자 표시는 시험 출제 중요 한자어

382 支

부수 : 支
총 4획
지탱할 **지**

[중요 한자어 풀이]
- 支持(지지) : 개인이나 단체 따위의 의견·정책에 찬동하여 원조함.
- 支配(지배) : 거느려 부림. 다스림. 통치함.
- 支店(지점) : 본점에서 갈라져 나온 가게.

[활용]
支給(지급) 支障(지장)
支流(지류) 支社(지사)
支出(지출) 依支(의지)

一 十 サ 支

383 持

부수 : 手(扌)
총 9획
가질 **지**

[중요 한자어 풀이]
- 持續(지속) : 어떤 상태가 오래 계속됨.
- 持論(지론) : 늘 주장하는 의견이나 이론(理論).
- 持病(지병) : 늘 앓으면서 고통을 당하는 병.

[활용]
持參(지참) 持分(지분)
所持(소지) 堅持(견지)
持久力(지구력)

384 誌

부수 : 言
총 14획
기록할 **지**

[중요 한자어 풀이]
- 校誌(교지) : 학생들이 교내에서 편집·발행하는 잡지.
- 日誌(일지) : 그날 그날의 직무상의 기록을 적은 책.
- 雜誌(잡지) : 호(號)를 거듭하여 정기적으로 간행되는 출판물.

[활용]
誌面(지면) 本誌(본지)
誌上(지상) 外誌(외지)
會誌(회지)

다음 ☐ 안에 밑줄 친 漢字語의 讀音을 쓰세요.

- 토요일 오후가 되자, 차량의 수가 두 배로 <u>增加</u>(   )했다.
- 과학에서는 이론을 <u>證明</u>(   )하는 일이 무엇보다 중요하다.
- 선생님께서는 수업 시간에 졸고 있는 나를 <u>指目</u>(   )하셨다.
- 큰 뜻을 이루려면 굳은 <u>意志</u>(   )가 필요하다.
- 영은이는 모든 사람들의 <u>至大</u>(   )한 관심을 받고 있다.
- 우리 반 아이들은 교외로 소풍을 가자는 의견을 <u>支持</u>(   )하였다.
- 건강을 위해서 운동은 <u>持續</u>(   )적으로 해야 된다.
- 내 손으로 직접 <u>校誌</u>(   )를 만드니 뿌듯했다.

풀면서 익히기

1_ 다음 漢字語의 讀音을 쓰세요.

<例>　　漢字 → 한자

(1) 尊重 (　　　)　　　(2) 證明 (　　　)
(3) 保存 (　　　)　　　(4) 支店 (　　　)
(5) 基準 (　　　)　　　(6) 校誌 (　　　)

2_ 다음 訓과 音에 알맞은 漢字를 쓰세요.

(1) 더할 증 → (　　　)　　(2) 지을 제 → (　　　)
(3) 가질 지 → (　　　)　　(4) 가지 조 → (　　　)
(5) 무리 중 → (　　　)　　(6) 이를 조 → (　　　)

3_ 다음 문장에서 밑줄 친 漢字語의 讀音을 쓰세요.

(1) 아버지께서는 무역업에 從事(　　)하고 계신다.
(2) 製品(　　)의 질은 판매와 밀접한 관련이 있다.
(3) 위암은 早期(　　)에 발견하여 수술하면 완치가 가능하다.
(4) 나의 목표는 세계 一周(　　)를 하는 것이다.

4_ 다음 낱말의 뜻에 알맞은 漢字語를 <例>에서 골라 그 기호를 쓰세요.

<例>　　㉠ 造景　　㉡ 潮水　　㉢ 出衆　　㉣ 藥酒

(1) '술'을 점잖게 이르는 말. (　　　)
(2) 경관(景觀)을 아름답게 꾸미는 일. (　　　)
(3) 해와 달의 인력에 의해서 주기적으로 들어왔다 나갔다 하는 바닷물. (　　　)
(4) 뭇사람 가운데에서 뛰어남. (　　　)

5_ 다음 괄호 속에 들어갈 漢字를 〈例〉에서 찾아 漢字語를 만드세요.

〈例〉 ㉠ 祭 ㉡ 助 ㉢ 至 ㉣ 竹
      ㉤ 鳥 ㉥ 志 ㉦ 增 ㉧ 走

(1) (　　)馬看山 : 달리는 말 위에서 산천을 구경함.
(2) (　　)誠感天 : 지극한 정성에 하늘이 느껴 감동함.
(3) (　　)馬故友 : '대말을 타고 함께 놀던 친구'란 뜻.
(4) (　　)足之血 : 새 발의 피.

6_ 다음 漢字의 부수를 쓰세요.
(1) 鳥 → (　　)　　(2) 組 → (　　)
(3) 宗 → (　　)　　(4) 鍾 → (　　)

7_ 다음 문장의 밑줄 친 漢字語를 漢字로 쓰세요.
(1) 주연 배우보다 **조연**(　　) 배우가 더 인기를 끄는 경우도 있다.
(2) 나의 취미는 기계를 **조립**(　　)하는 것이다.
(3) 나는 아침에 **좌석**(　　) 버스를 타고 등교한다.
(4) 도장과 **인주**(　　)는 서로 뗄레야 뗄 수 없는 관계이다.

8_ 다음 漢字語의 뜻을 쓰세요.
(1) 信條 (　　　　　)
(2) 竹器 (　　　　　)
(3) 指示 (　　　　　)
(4) 意志 (　　　　　)

시험에 자주 나오는 한자 성어(6)

31. 有備無患
있을 유, 갖출 비, 없을 무, 근심 환
준비가 있으면 근심이 없음.

有備無患 有備無患

32. 異口同聲
다를 이, 입 구, 한가지 동, 소리 성
여러 사람의 말이 한결같음.

異口同聲 異口同聲

33. 以熱治熱
써 이, 더울 열, 다스릴 치, 더울 열
열로써 열을 다스림.

以熱治熱 以熱治熱

34. 一擧兩得
한 일, 들 거, 두 량, 얻을 득
한 가지 일로 두 가지를 얻음.

一擧兩得 一擧兩得

35. 自初至終
스스로 자, 처음 초, 이를 지, 마칠 종
처음부터 끝까지의 동안이나 과정.

自初至終 自初至終

36. 走馬看山
달릴 주, 말 마, 볼 간, 메 산
'달리는 말 위에서 산천을 구경한다.'는 뜻으로, 이것저것을 바빠 서둘러 대강대강 보고 지나감.

走馬看山 走馬看山

한자 퍼즐

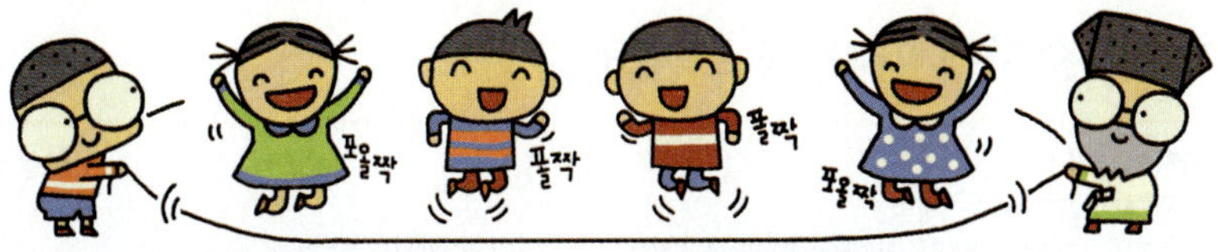

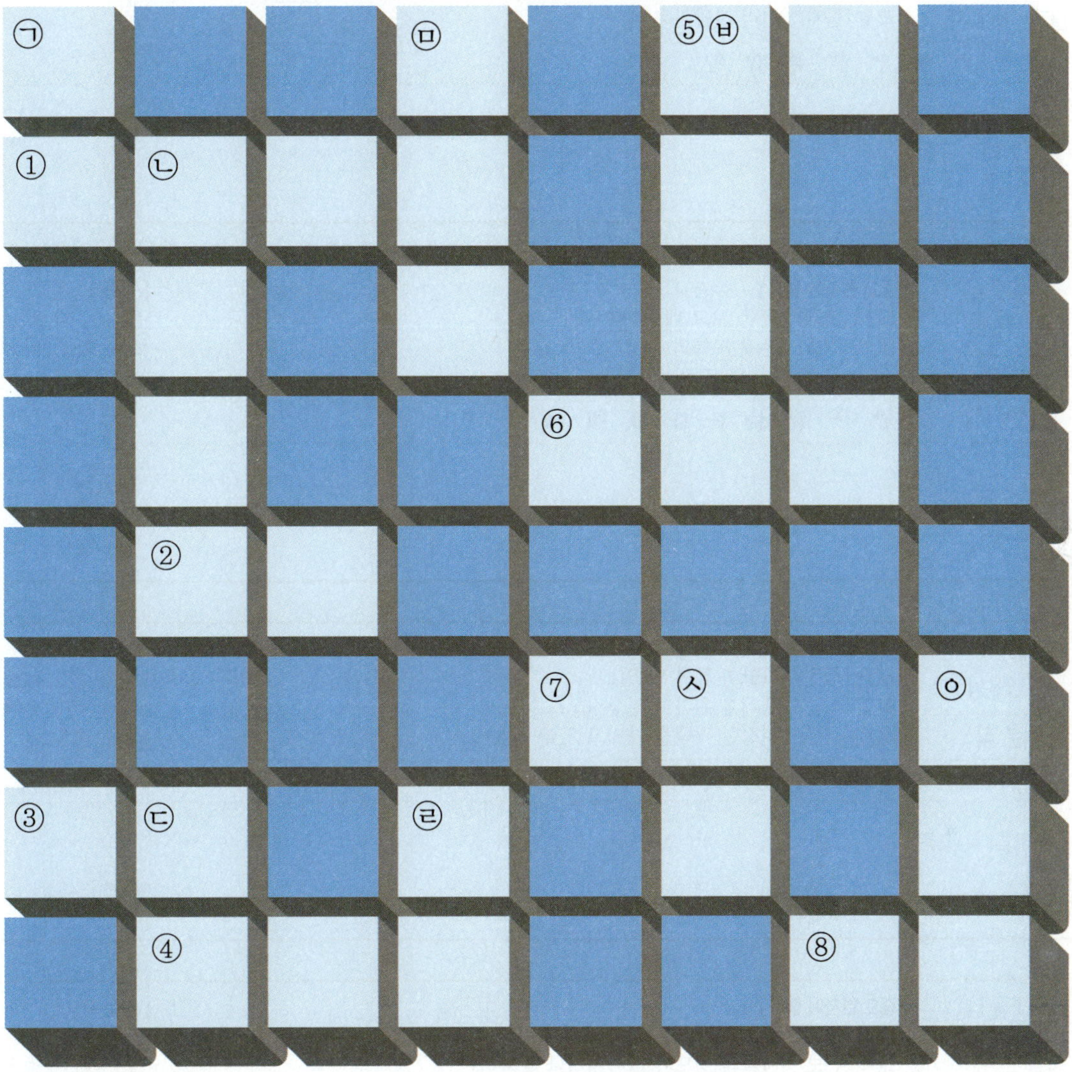

가로열쇠

① 많으면 많을수록 좋음.
② 어렵고 쉬움.
③ 옷.
④ 몸치장을 하는 데 쓰는 제구.
⑤ 우리 편의 군사. 우리 군사.
⑥ 자연의 풍경을 제재(題材)로 하여 그린 그림. 산수도(山水圖).
⑦ 도장을 찍을 때 묻혀 쓰는 붉은 빛깔의 재료.
⑧ 종을 침.

세로열쇠

㉠ 지나치게 많음.
㉡ 여러 가지로 일도 많고 어려움도 많음.
㉢ 옷, 또는 옷차림.
㉣ 어떤 일을 할 때에 쓰이는 연장. 연모.
㉤ 인간의 본성은 선천적으로 선하며, 나쁜 행위는 물욕에서 생겨난 후천적인 것이라고 주장한 맹자(孟子)의 설. ↔ 성악설(性惡說).
㉥ 제 논에 물 대기.
㉦ 빨강과 노랑의 중간색.
㉧ 사람을 부르는 데 쓰이는 작은 종이나 전령(電鈴).

모범 답안 P.280

智 織 職 進 眞 盡 珍 陣

한자의 훈과 음을 생각하며, 순서에 따라 써 보세요.

385 智

- 부수: 日
- 총 12획
- 슬기·지혜 **지**

[중요 한자어 풀이]
- 智略(지략): 슬기로운 계략.
- 機智(기지): 그때 그때의 상황에 따라서 재빨리 발휘되는 재치, 슬기
- 衆智(중지): 여러 사람의 지혜.

[활용]
理智的(이지적)

` ゛ ナ 夂 矢 知 知 知 智 智 智`

386 織

- 부수: 糸
- 총 18획
- 짤 **직**

[중요 한자어 풀이]
- 組織(조직): 끈을 꼬고 베를 짜는 일.
- 織物(직물): 온갖 피륙의 총칭.
- 毛織(모직): 짐승의 털로 짠 피륙.

[활용]
手織(수직) 織造(직조)
織女(직녀) 織機(직기)
織布(직포)

387 職

- 부수: 耳
- 총 18획
- 직분 **직**

[중요 한자어 풀이]
- 職分(직분): 마땅히 해야 할 일.
- 職業(직업): 생계를 위하여 일상적으로 하는 일.
- 職場(직장): 일정한 직책을 가지고 일을 하는 곳.

[활용]
就職(취직) 職位(직위)
職務(직무) 公職(공직)
職責(직책)

388 進

- 부수: 辶(辵)
- 총 12획
- 나아갈 **진**

[중요 한자어 풀이]
- 進路(진로): 앞으로 나아갈 길.
- 進步(진보): 사물의 정도가 나아지거나 발달하는 일.
- 進退(진퇴): 나아감과 물러섬.

[활용]
進級(진급) 先進(선진)
推進(추진) 進出(진출)
進退兩難(진퇴양난)
進退維谷(진퇴유곡)

389 眞

- 부수: 目
- 총 10획
- 참 **진**

[중요 한자어 풀이]
- 眞理(진리): 참된 이치.
- 眞價(진가): 참된 값어치.
- 眞實(진실): 참됨. ↔ 虛僞(허위)

[활용]
眞相(진상) 純眞(순진)
眞空(진공)
眞面目(진면목)
眞理探究(진리탐구)

*색자 표시는 시험 출제 중요 한자어

390 盡

부수 : 皿
총 14획

다할 **진**

[중요 한자어 풀이]
· 盡力(진력) : 있는 힘을 다함.
· 賣盡(매진) : 남김없이 다 팔림.
· 盡言(진언) : 생각한 바를 다 말함.

[활용]
盡終日(진종일)
無窮無盡(무궁무진)
盡人事待天命(진인사대천명)

` ⁊ ㄱ ㅋ 킈 킈 聿 聿 肀 聿 畫 畫 盡 盡`

391 珍

부수 : 玉(王)
총 9획

보배 **진**

[중요 한자어 풀이]
· 珍味(진미) : 맛있는 음식.
· 珍貴(진귀) : 보배롭고 귀중함.
· 珍奇(진기) : 보배롭고 기이함.

[활용]
珍客(진객) 珍本(진본)
珍品(진품) 珍寶(진보)

`‐ ⼆ 于 王 玝 珎 珍 珍 珍`

392 陣

부수 : 阜(阝)
총 10획

진칠 **진**

[중요 한자어 풀이]
· 陣地(진지) : 진치고 있는 곳.
· 陣營(진영) : 진을 친 곳.
· 對陣(대진) : 적과 마주하여 진을 침.

[활용]
一陣(일진) 陣痛(진통)
布陣(포진) 陣頭(진두)
背水陣(배수진)
自由陣營(자유진영)

`' ㄱ ㄹ ㅌ ㅌ ㅌ 阿 阿 阿 陣`

다음 □ 안에 밑줄 친 漢字語의 讀音을 쓰세요.

- 이순신 장군은 <u>智略</u>(□□)이 아주 뛰어난 장수였다.
- 이번에 우리 학교에서는 산악회를 <u>組織</u>(□□)하였다.
- 직장 내에서는 맡은 바 <u>職分</u>(□□)에 충실해야 한다.
- 학생들은 장래의 <u>進路</u>(□□)에 대해 심사숙고해야 한다.
- 학문의 궁극적 목적은 <u>眞理</u>(□□)를 탐구하는 것이다.
- 원준이는 100m 달리기에서 <u>盡力</u>(□□)을 다했다.
- 우리는 이번 여행에서 각 지방의 <u>珍味</u>(□□)를 맛보았다.
- 한신이 <u>陣地</u>(□□)를 강가에 구축하자 사람들은 이상하게 생각하였다.

 次差讚察創採冊處

한자의 훈과 음을 생각하며, 순서에 따라 써 보세요.

393
次 부수: 欠 / 총 6획 / 버금 **차**

[중요 한자어 풀이]
- 次例(차례): 나아가는 순서.
- 目次(목차): 목록의 차례.
- 席次(석차): 성적의 차례.

[활용]
次期(차기) 次男(차남)
今次(금차) 順次(순차)
次官(차관)

394
差 부수: 工 / 총 10획 / 다를 **차**

[중요 한자어 풀이]
- 差異(차이): 서로 다름.
- 誤差(오차): 실지로 계산한 값과 이론적으로 정확한 값과의 차이.
- 差等(차등): 차이가 나는 등급.

[활용]
落差(낙차) 差別(차별)
差額(차액) 時差(시차)
差減(차감)
千差萬別(천차만별)

395
讚 부수: 言 / 총 26획 / 기릴 **찬**

[중요 한자어 풀이]
- 讚辭(찬사): 칭찬하는 말이나 글.
- 讚美(찬미): 칭송하고 기림.
- 禮讚(예찬): 높이고 기림.

[활용]
稱讚(칭찬) 讚歌(찬가)
讚揚(찬양)
自畫自讚(자화자찬)

396
察 부수: 宀 / 총 14획 / 살필 **찰**

[중요 한자어 풀이]
- 觀察(관찰): 사물을 자세하게 살펴봄.
- 視察(시찰): 돌아다니며 살펴봄.
- 考察(고찰): 사물을 밝히기 위하여 깊이 살핌.

[활용]
査察(사찰) 省察(성찰)
監察(감찰) 警察(경찰)

397
創 부수: 刀(刂) / 총 12획 / 비롯할 **창**

[중요 한자어 풀이]
- 創造(창조): 처음으로 만듦.
- 創刊(창간): 정기 간행물을 맨 처음 간행함.
- 創作(창작): 생각해 내어 처음 만듦.

[활용]
創立(창립) 創建(창건)
創業(창업) 創意(창의)
草創期(초창기)
創世記(창세기)

*색자 표시는 시험 출제 중요 한자어

398 採

부수: 手(扌)
총 11획
캘 채

[중요 한자어 풀이]
· 採用(채용) : 사람을 뽑아 씀.
· 採點(채점) : 점수를 매김.
· 採集(채집) : 잡거나 따거나 캐거나 하여 모음.

[활용]
伐採(벌채) 採血(채혈)
採擇(채택) 採石(채석)
採錄(채록) 採光(채광)

一 十 才 才 才 才 扩 护 挣 採 採

399 冊

부수: 冂
총 5획
책 책

[중요 한자어 풀이]
· 別冊(별책) : 따로 나누어 엮어 만든 책.
· 書冊(서책) : 책자.

[활용]
冊子(책자) 分冊(분책)
冊立(책립) 冊房(책방)
冊床(책상) 冊名(책명)

丿 冂 冊 冊

400 處

부수: 虍
총 11획
곳 처

[중요 한자어 풀이]
· 處理(처리) : 일을 마무리지음.
· 處所(처소) : 사람이 살거나 머물러 있는 곳.
· 出處(출처) : 사물이 나온 근거.

[활용]
難處(난처) 處分(처분)
處方(처방) 處世(처세)
處身(처신) 居處(거처)

丶 ㄱ ㅏ 广 广 卢 卢 虎 虎 處 處

다음 □ 안에 밑줄 친 漢字語의 讀音을 쓰세요.

· 공공 장소에서는 반드시 次例(□□)를 지켜야 한다.
· 철수와 영희는 差異(□□)가 많이 있지만 잘 어울린다.
· 남윤이는 착한 일을 하여 선생님과 친구들에게 讚辭(□□)를 들었다.
· 형진이는 벌의 생태를 자세히 觀察(□□)하여 기록했다.
· 그는 종교를 통해 다양한 작품 세계를 創造(□□)했다.
· 우리 회사에서는 이번에 신입 사원을 採用(□□)하였다.
· 소년 잡지를 샀더니 別冊(□□) 부록을 덤으로 주었다.
· 자기에게 주어진 일을 깔끔하게 處理(□□)해야 인정을 받게 된다.

泉 請 廳 聽 招 總 銃 推

한자의 훈과 음을 생각하며, 순서에 따라 써 보세요.

401 泉
- 부수 : 水
- 총 9획
- 샘 천

[중요 한자어 풀이]
- 溫泉(온천) : 더운물이 솟아나는 샘.
- 源泉(원천) : 물이 흘러나오는 근원.
- 泉石(천석) : 샘과 돌. 자연의 경치.

[활용]
- 黃泉(황천)   鑛泉(광천)
- 九泉(구천)   酒泉(주천)
- 藥泉(약천)

402 請
- 부수 : 言
- 총 15획
- 청할 청

[중요 한자어 풀이]
- 申請(신청) : 신고하여 청구함.
- 請求(청구) : 청하여 구함.
- 請問(청문) : 청하여 물음.

[활용]
- 請婚(청혼)   請負(청부)
- 要請(요청)   請願(청원)
- 再請(재청)

403 廳
- 부수 : 广
- 총 25획
- 관청 청

[중요 한자어 풀이]
- 大廳(대청) : 집채의 방과 방 사이에 있는 큰 마루.
- 官廳(관청) : 국가의 사무를 맡아 보는 기관.
- 廳舍(청사) : 관청의 건물.

[활용]
- 道廳(도청)   郡廳(군청)
- 區廳(구청)
- 兵務廳(병무청)

404 聽
- 부수 : 耳
- 총 22획
- 들을 청

[중요 한자어 풀이]
- 聽衆(청중) : 연설 등을 듣는 사람들.
- 聽取(청취) : 방송 등을 들음.
- 聽力(청력) : 소리를 듣는 능력.

[활용]
- 聽覺(청각)   視聽(시청)
- 聽聞會(청문회)

405 招
- 부수 : 手(扌)
- 총 8획
- 부를 초

[중요 한자어 풀이]
- 招待(초대) : 손님을 불러서 대접함.
- 招請(초청) : 청하여 부름.
- 招來(초래) : 어떤 결과를 가져오게 함.

[활용]
- 自招(자초)   問招(문초)
- 招人鍾(초인종)
- 招請狀(초청장)

*색자 표시는 시험 출제 중요 한자어

406 總

- 부수: 糸
- 총 17획
- 다 총

[중요 한자어 풀이]
- 總力(총력): 전체의 힘.
- 總理(총리): 총괄하여 다스림.
- 總計(총계): 전체를 한데 모아서 셈함.

[활용]
總論(총론) 總員(총원)
總統(총통) 總角(총각)
總務(총무)

필순: 總

407 銃

- 부수: 金
- 총 14획
- 총 총

[중요 한자어 풀이]
- 銃彈(총탄): 총알.
- 小銃(소총): 조그마한 총.
- 長銃(장총): 긴 총.

[활용]
銃口(총구) 銃器(총기)
銃殺(총살) 銃聲(총성)
鳥銃(조총)
空氣銃(공기총)

408 推

- 부수: 手(扌)
- 총 11획
- 밀 추

[중요 한자어 풀이]
- 推進(추진): 앞으로 밀고 나감.
- 推理(추리): 사리를 미루어 생각함.
- 推定(추정): 추측하여 결정함.

[활용]
推移(추이) 推測(추측)
類推(유추)

다음 □ 안에 밑줄 친 漢字語의 讀音을 쓰세요. 〔한자익히기〕

- 온양은 가장 오래된 <u>溫泉</u>(　　) 지역 중의 한 곳이다.
- 그는 고향에 가려고 휴가를 <u>申請</u>(　　)하였다.
- '<u>大廳</u>(　　)을 빌리면 안방을 넘본다.'는 속담이 있다.
- 영수는 <u>聽衆</u>(　　)을 감동시키는 연설을 하였다.
- 철수는 생일에 많은 친구들을 <u>招待</u>(　　)하였다.
- 학생은 무엇보다도 본분인 학업에 <u>總力</u>(　　)을 기울여야 한다.
- 그는 전쟁에서 수많은 <u>銃彈</u>(　　)을 피해 구사일생으로 살아남았다.
- 지방 자치 단체는 폐광된 지역을 공원으로 만들려는 계획을 <u>推進</u>(　　)하고 있다.

縮 蓄 築 蟲 忠 取 就 趣

한자의 훈과 음을 생각하며, 순서에 따라 써 보세요.

409 縮
- 부수: 糸
- 총 17획
- 줄일 **축**

[중요 한자어 풀이]
- 縮小(축소): 줄여 작게 함.
- 收縮(수축): 줄거나 오그라듦.
- 伸縮(신축): 늘이고 줄임.

[활용]
短縮(단축) 減縮(감축)
軍縮(군축) 壓縮(압축)
縮地法(축지법)

필순: ⼚ ⼚ ⼚ ⼚ 乡 糸 糸 糸 紵 紵 紵 紵 紵 紵 縮 縮 縮

410 蓄
- 부수: 艸(⺿)
- 총 14획
- 모을 **축**

[중요 한자어 풀이]
- 貯蓄(저축): 절약해 모아 둠.
- 蓄財(축재): 돈이나 재물을 모아 쌓음.
- 蓄積(축적): 많이 쌓아 둠.

[활용]
備蓄(비축)
不正蓄財(부정축재)

411 築
- 부수: 竹(⺮)
- 총 16획
- 쌓을 **축**

[중요 한자어 풀이]
- 建築(건축): 건물을 쌓는 일.
- 新築(신축): 새로 짓거나 건축함.
- 築城(축성): 성을 쌓음.

[활용]
築造(축조) 改築(개축)
構築(구축) 增築(증축)

412 蟲
- 부수: 虫
- 총 18획
- 벌레 **충**

[중요 한자어 풀이]
- 蟲齒(충치): 벌레 먹은 이.
- 害蟲(해충): 해로운 벌레.
- 成蟲(성충): 다 성장한 어른벌레. ↔ 幼蟲(유충)

[활용]
益蟲(익충) 寸蟲(촌충)
甲蟲(갑충) 蟲害(충해)

413 忠
- 부수: 心
- 총 8획
- 충성 **충**

[중요 한자어 풀이]
- 忠實(충실): 성실하고 참됨.
- 忠告(충고): 진심으로 남의 허물을 경계하여 타이름.
- 忠臣(충신): 충성스러운 신하.

[활용]
忠孝(충효) 忠言(충언)
事君以忠(사군이충)
忠臣不事二君(충신불사이군)

*색자 표시는 시험 출제 중요 한자어

414 取

부수 : 又
총 8획

가질 **취**

[중요 한자어 풀이]
· 取得(취득) : 손에 넣음.
· 取材(취재) : 재료나 제재 등을 찾아서 얻음.
· 採取(채취) : 자연물을 캐거나 줍거나 따서 거두어 들임.

[활용]
取消(취소) 爭取(쟁취)
聽取者(청취자)

一 「 Г F F 耳 取 取

415 就

부수 : 尢
총 12획

나아갈 **취**

[중요 한자어 풀이]
· 成就(성취) : 목적대로 일을 이룸.
· 就業(취업) : 직장에 나아가 일함.
· 就任(취임) : 임무에 나아감.

[활용]
去就(거취) 就寢(취침)
就航(취항) 就學(취학)
就職(취직)

` 一 亠 古 古 古 亨 京 京 就 就 就

416 趣

부수 : 走
총 15획

뜻 **취**

[중요 한자어 풀이]
· 趣味(취미) : 마음에 끌려 일정한 방향으로 쏠리는 흥미.
· 情趣(정취) : 정감을 불러일으키는 흥취.
· 趣向(취향) : 취미가 쏠리는 방향.

[활용]
別趣(별취) 興趣(흥취)

一 十 キ キ 丰 走 走 走 起 起 起 趣 趣

다음 □ 안에 밑줄 친 漢字語의 讀音을 쓰세요. *한자익히기*

• 새로운 정부는 국가 기관의 규모를 <u>縮小</u>(　　)하였다.

• 어릴 때부터 <u>貯蓄</u>(　　)하는 습관을 가져야 한다.

• 석굴암을 통해 신라의 <u>建築</u>(　　) 기술을 엿볼 수 있다.

• 하루에 3번 양치질을 해야 <u>蟲齒</u>(　　)를 예방할 수 있다.

• 어느 누구나 자기에게 주어진 일에 <u>忠實</u>(　　)해야 한다.

• 어머니께서는 지난 달에 운전 면허증을 <u>取得</u>(　　)하셨다.

• 목적한 바를 <u>成就</u>(　　)하려면 피나는 노력이 필요하다.

• 사람들은 다양한 <u>趣味</u>(　　) 생활을 하고 있다.

풀면서 익히기

1_ 다음 漢字語의 讀音을 쓰세요.

<例>　教室 → 교실

(1) 智略 (　　　)　　(2) 職業 (　　　)
(3) 差異 (　　　)　　(4) 創造 (　　　)
(5) 招待 (　　　)　　(6) 忠臣 (　　　)

2_ 다음 訓과 音에 알맞은 漢字를 쓰세요.

(1) 참 진 → (　　　)　　(2) 버금 차 → (　　　)
(3) 청할 청 → (　　　)　　(4) 충성 충 → (　　　)
(5) 나아갈 진 → (　　　)　(6) 살필 찰 → (　　　)

3_ 다음 문장에서 밑줄 친 漢字語의 讀音을 쓰세요.

(1) 소녀는 어려운 고비마다 <u>機智</u>(　　)를 발휘했다.
(2) 국회 의원들이 산불 피해 지역을 <u>視察</u>(　　)했다.
(3) 오늘은 브라질 축구 대표팀을 <u>招請</u>(　　)하여 시합을 하는 날이다.
(4) <u>忠告</u>(　　)를 잘 받아들여 단점을 고치는 사람이 되어야 한다.

4_ 다음 낱말의 뜻에 알맞은 漢字語를 <例>에서 골라 그 기호를 쓰세요.

<例>　㉠ 進步　㉡ 差等　㉢ 聽取　㉣ 忠實

(1) 성실하고 참됨. (　　　)
(2) 앞으로 나아감. (　　　)
(3) 방송 등을 들음. (　　　)
(4) 차이나는 등급. (　　　)

5_ 다음 괄호 속에 들어갈 漢字를 〈例〉에서 찾아 漢字語를 만드세요.

〈例〉 ㉠ 眞   ㉡ 智   ㉢ 進   ㉣ 創
     ㉤ 蓄   ㉥ 讚   ㉦ 差   ㉧ 廳

(1) (　　)理探究 : 참된 이치를 찾아서 구함.
(2) 自畫自(　　) : 자기가 한 일을 자기 스스로 자랑함.
(3) 千(　　)萬別 : (여러 가지 사물에) 차이와 구별이 아주 많음.
(4) (　　)退兩難 : 이러기도 어렵고 저러기도 어려운 난처한 처지에 놓여 있음.

6_ 다음 漢字의 부수를 쓰세요.
(1) 織 → (　　)　　(2) 創 → (　　)
(3) 請 → (　　)　　(4) 忠 → (　　)

7_ 다음 문장의 밑줄 친 漢字語를 漢字로 쓰세요.
(1) 휴식은 활력의 **원천**(　　)이라고 할 수 있다.
(2) 철수는 장래의 **진로**(　　)를 방송인으로 정했다.
(3) 청소년 독자를 겨냥한 신문이 **창간**(　　)되었다.
(4) 여유있는 삶을 살기 위해서 **직장**(　　)을 잘 선택해야 한다.

8_ 다음 漢字語의 뜻을 쓰세요.
(1) 眞理 (　　　　　　　　)
(2) 進退 (　　　　　　　　)
(3) 席次 (　　　　　　　　)
(4) 忠臣 (　　　　　　　　)

 測 層 治 置 齒 侵 寢 針

한자의 훈과 음을 생각하며, 순서에 따라 써 보세요.

417 測
- 부수: 水(氵)
- 총 12획
- 헤아릴 **측**

[중요 한자어 풀이]
- 測量(측량): 생각하여 헤아림.
- 推測(추측): 미루어 생각하여 헤아림.
- 觀測(관측): 관찰하여 헤아림.

[활용]
- 豫測(예측) 計測(계측)
- 測定(측정) 測候(측후)
- 測雨器(측우기)

418 層
- 부수: 尸
- 총 15획
- 층 **층**

[중요 한자어 풀이]
- 高層(고층): 높은 층.
- 層階(층계): 여러 층으로 된 계단.
- 單層(단층): 단 하나의 층.

[활용]
- 地層(지층) 上層(상층)
- 層數(층수) 深層(심층)
- 炭層(탄층) 階層(계층)
- 中間層(중간층)

419 治
- 부수: 水(氵)
- 총 8획
- 다스릴 **치**

[중요 한자어 풀이]
- 治安(치안): 나라를 잘 다스려 편안하게 함.
- 治水(치수): 물을 잘 다스려 피해를 막음.
- 政治(정치): 국가의 주권자가 국민을 다스리는 일.

[활용]
- 治國(치국) 統治(통치)
- 治世(치세) 法治(법치)
- 治山治水(치산치수)
- 萬病通治(만병통치)

420 置
- 부수: 网(罒)
- 총 13획
- 둘 **치**

[중요 한자어 풀이]
- 置重(치중): 어떤 일에 중점을 둠.
- 放置(방치): 그대로 버려둠.
- 備置(비치): 갖추어 마련하여 둠.

[활용]
- 配置(배치) 位置(위치)
- 設置(설치) 裝置(장치)
- 對置(대치) 安置(안치)

421 齒
- 부수: 齒
- 총 15획
- 이 **치**

[중요 한자어 풀이]
- 乳齒(유치): 젖니. ↔ 영구치
- 蟲齒(충치): 벌레 먹은 이.
- 義齒(의치): 이를 뽑아 낸 자리에 보충해 만든 이.

[활용]
- 齒科(치과) 齒痛(치통)
- 齒石(치석) 齒藥(치약)
- 亡子計齒(망자계치)

*색자 표시는 시험 출제 중요 한자어

422 侵

부수: 人(亻)
총 9획
침노할 **침**

[중요 한자어 풀이]
· 侵入(침입): 침범해 들어감.
· 侵攻(침공): 침입하여 공격함.
· 侵略(침략): 침범하여 약탈함.

[활용]
來侵(내침) 侵害(침해)
侵犯(침범) 南侵(남침)
不可侵(불가침)

丿 亻 亻' 亻' 亻' 仨 伊 侵 侵

侵 侵

423 寢

부수: 宀
총 14획
잘 **침**

[중요 한자어 풀이]
· 寢室(침실): 자는 방.
· 寢具(침구): 잠을 자는 데 쓰는 이부자리, 베개 따위를 통틀어 이르는 말.
· 寢食(침식): 잠과 식사. 일상 생활

[활용]
寢床(침상) 就寢(취침)
寢食(침식) 起寢(기침)
不寢番(불침번)

丶 宀 宀 宀' 宀' 疒 疒 疒 疒 疒 寢 寢

寢 寢

424 針

부수: 金
총 10획
바늘 **침**

[중요 한자어 풀이]
· 針術(침술): 침으로 병을 고치는 기술.
· 針線(침선): 바늘과 실. 바느질.
· 毒針(독침): 독이 있는 침이나 바늘.

[활용]
長針(장침) 針母(침모)
分針(분침) 時針(시침)
針小棒大(침소봉대)
※ 棒(막대 봉)—1급 한자

丿 𠂉 𠂉 𠂉 𠂉 𠂉 金 金 金 針

針 針

한자익히기

다음 □ 안에 밑줄 친 漢字語의 讀音을 쓰세요.

• 토지를 정확히 測量(□□)한 후에 공사를 시작해야 한다.

• 도심에는 高層(□□) 건물이 많이 있다.

• 새로 출범하는 정부는 무엇보다 治安(□□) 유지에 힘쓸 것을 약속했다.

• 학생들은 공부할 때 한 과목에 置重(□□)해서는 안 된다.

• 젖먹이 때 나서 아직 갈지 않은 이를 乳齒(□□)라고 한다.

• 중환자실은 세균의 侵入(□□)을 막기 위해 외부와 철저하게 격리되어 있다.

• 우리 집은 寢室(□□)이 두 개이고, 욕실은 한 개이다.

• 명의(名醫) 허준은 針術(□□)에 뛰어났다.

稱 快 歎 彈 脫 探 態 擇

한자의 훈과 음을 생각하며, 순서에 따라 써 보세요.

425 稱
- 부수: 禾
- 총 14획
- 일컬을 **칭**

[중요 한자어 풀이]
- 稱讚(칭찬): 잘한다고 추어올림.
- 稱頌(칭송): 공덕을 칭찬하여 기림.
- 尊稱(존칭): 공경하여 높이어 부르는 칭호.

[활용]
- 名稱(명칭) 稱號(칭호)
- 假稱(가칭) 愛稱(애칭)
- 別稱(별칭) 改稱(개칭)
- 人稱(인칭) 呼稱(호칭)

426 快
- 부수: 心(忄)
- 총 7획
- 쾌할 **쾌**

[중요 한자어 풀이]
- 快樂(쾌락): 상쾌하고 즐거움.
- 快擧(쾌거): 통쾌한 행동.
- 輕快(경쾌): 가볍고 상쾌함.

[활용]
- 快感(쾌감) 快速(쾌속)
- 快活(쾌활) 痛快(통쾌)
- 明快(명쾌)

427 歎
- 부수: 欠
- 총 15획
- 탄식할 **탄**

[중요 한자어 풀이]
- 歎息(탄식): 한숨 쉬며 한탄함.
- 歎服(탄복): 감탄하여 마음으로 따름.
- 感歎(감탄): 감동하여 찬탄함.

[활용]
- 痛歎(통탄) 歎聲(탄성)
- 恨歎(한탄) 驚歎(경탄)
- 亡羊之歎(망양지탄)
- 風樹之歎(풍수지탄)

428 彈
- 부수: 弓
- 총 15획
- 탄알 **탄**

[중요 한자어 풀이]
- 彈壓(탄압): 권력을 써서 누름.
- 彈力(탄력): 팽팽하게 버티는 힘.
- 彈道(탄도): 쏜 탄알이 공중으로 날아가는 길.

[활용]
- 彈性(탄성) 實彈(실탄)
- 銃彈(총탄) 砲彈(포탄)
- 指彈(지탄) 防彈(방탄)
- 爆彈(폭탄) 肉彈(육탄)

429 脫
- 부수: 肉(月)
- 총 11획
- 벗을 **탈**

[중요 한자어 풀이]
- 脫落(탈락): 범위에 들지 못하고 떨어지거나 빠짐.
- 脫出(탈출): 몸을 빼어 도망함.
- 脫色(탈색): 색이 바래어 빠짐.

[활용]
- 脫線(탈선) 脫衣(탈의)
- 脫退(탈퇴) 脫毛(탈모)
- 解脫(해탈) 脫穀(탈곡)
- 脫字(탈자) 脫走(탈주)

*색자 표시는 시험 출제 중요 한자어

430 探

- 부수: 手(扌)
- 총 11획
- 찾을 **탐**

[중요 한자어 풀이]
- 探究(탐구): 파고들어 깊이 연구함.
- 探査(탐사): 더듬어 살펴 조사함.
- 探險(탐험): 위험을 무릅쓰고 찾아다니며 살핌.

[활용]
探知(탐지) 探鳥(탐조)
探問(탐문) 探訪(탐방)

431 態

- 부수: 心
- 총 14획
- 모습 **태**

[중요 한자어 풀이]
- 態度(태도): 몸을 가지는 모양이나 맵시.
- 狀態(상태): 사물의 현상이 처하여 있는 모양.
- 世態(세태): 세상의 형편이나 모양.

[활용]
姿態(자태) 作態(작태)
形態(형태) 動態(동태)
實態(실태) 事態(사태)
千態萬象(천태만상)

432 擇

- 부수: 手(扌)
- 총 16획
- 가릴 **택**

[중요 한자어 풀이]
- 選擇(선택): 골라서 뽑음.
- 擇一(택일): 여럿 가운데서 하나를 고름.
- 擇日(택일): 좋은 날짜를 가림.

[활용]
採擇(채택)
兩者擇一(양자택일)

다음 □ 안에 밑줄 친 漢字語의 讀音을 쓰세요.

- 착한 일을 하여 <u>稱讚</u>(□□)을 받으면 기분이 좋다.
- 순간적인 <u>快樂</u>(□□)에 몰두하면 인생을 망치기 쉽다.
- 부모님이 돌아가신 후에 <u>歎息</u>(□□)하는 일이 없어야 한다.
- 일제의 <u>彈壓</u>(□□) 속에서도 우리 민족의 독립 운동은 계속되었다.
- 학교 축구 선수 선발 시험에서 5명이 <u>脫落</u>(□□)하였다.
- 건우는 거미의 생태를 <u>探究</u>(□□) 주제로 정했다.
- 지수는 생활 <u>態度</u>(□□)가 좋아서 선생님께 칭찬을 받았다.
- 우리는 살면서 종종 <u>選擇</u>(□□)의 기로에 서는 일이 있다.

討 統 痛 退 投 鬪 破 波

한자의 훈과 음을 생각하며, 순서에 따라 써 보세요.

433 討

부수: 言
총 10획
칠 **토**

[중요 한자어 풀이]
- 討論(토론): 여러 사람이 의견을 말하여 옳고 그름을 따져 논함.
- 討伐(토벌): 군대를 보내어 침.
- 聲討(성토): 여러 사람이 어떤 잘못을 소리높여 규탄함.

[활용]
檢討(검토) 討議(토의)

` 一 ｜ 十 士 吉 言 言 訂 討 討

434 統

부수: 糹
총 12획
거느릴 **통**

[중요 한자어 풀이]
- 統合(통합): 통일하여 합침.
- 統治(통치): 도맡아 다스림.
- 血統(혈통): 같은 핏줄을 타고난 겨레붙이의 계통.

[활용]
統計(통계) 統一(통일)
統制(통제) 傳統(전통)
系統(계통)

435 痛

부수: 疒
총 12획
아플 **통**

[중요 한자어 풀이]
- 苦痛(고통): 몸이나 마음이 괴롭고 아픔.
- 頭痛(두통): 머리가 아픈 증세.
- 悲痛(비통): 몹시 슬픔.

[활용]
痛快(통쾌) 陣痛(진통)
痛歎(통탄) 哀痛(애통)
怨痛(원통)

436 退

부수: 辶(辵)
총 10획
물러날 **퇴**

[중요 한자어 풀이]
- 退場(퇴장): 어떤 장소에서 물러남.
- 退步(퇴보): 뒤로 물러섬.
- 後退(후퇴): 뒤로 물러감.

[활용]
退職(퇴직) 退化(퇴화)
退路(퇴로) 退治(퇴치)
退任(퇴임) 早退(조퇴)
進退兩難(진퇴양난)

437 投

부수: 手(扌)
총 7획
던질 **투**

[중요 한자어 풀이]
- 投身(투신): 어떤 일에 몸을 던져 종사함.
- 投石(투석): 돌을 던짐.
- 投資(투자): 자금이나 자본을 댐.

[활용]
投書(투서) 投票(투표)
投入(투입) 投手(투수)
好投(호투) 投球(투구)
投宿(투숙) 投降(투항)

252 한자능력검정시험 | 4급

*색자 표시는 시험 출제 중요 한자어

438 鬪

부수: 鬥
총 20획
싸움 **투**

[중요 한자어 풀이]
- 鬪志(투지) : 싸우려고 하는 의지.
- 鬪爭(투쟁) : 싸움.
- 鬪士(투사) : 싸움터에 나가 싸우는 사람.

[활용]
鬪牛(투우)　格鬪(격투)
決鬪(결투)　戰鬪(전투)
死鬪(사투)　血鬪(혈투)
暗鬪(암투)

丨 𠂉 𠃜 門 鬥 鬥 鬥 鬥 鬪 鬪 鬪

439 破

부수: 石
총 10획
깨뜨릴 **파**

[중요 한자어 풀이]
- 破産(파산) : 재산이 거덜남.
- 破損(파손) : 깨어져 못 쓰게 됨.
- 破鏡(파경) : 깨어진 거울.

[활용]
讀破(독파)　走破(주파)
破局(파국)　看破(간파)
難破(난파)　打破(타파)
破竹之勢(파죽지세)

一 ㄱ 了 石 石 石 矿 矿 矽 破

440 波

부수: 水(氵)
총 8획
물결 **파**

[중요 한자어 풀이]
- 波及(파급) : 전하여 널리 퍼짐.
- 風波(풍파) : 세찬 바람과 험한 물결.
- 波動(파동) : 물결의 움직임.

[활용]
秋波(추파)　波高(파고)
波長(파장)　世波(세파)
音波(음파)　電波(전파)
波狀攻勢(파상공세)

丶 丶 氵 氵 氵 沪 波 波

다음 □ 안에 밑줄 친 漢字語의 讀音을 쓰세요.

- 우리 반 반장은 <u>討論</u>(　　) 시간에는 아주 신이 난다.
- 정부는 복잡하게 나뉘어 있는 조직을 <u>統合</u>(　　)하기로 했다.
- 전쟁의 <u>苦痛</u>(　　)은 당해 본 사람만이 알 수 있다.
- 공연이 끝나자, 배우들은 모두 <u>退場</u>(　　)하였다.
- 송수익 일가는 독립 운동에 온 가족이 한 마음으로 <u>投身</u>(　　)하였다.
- 축구 시합에 참가한 우리 선수들의 <u>鬪志</u>(　　)가 참으로 대단하다.
- 도박에 빠져 지내던 김씨는 결국 <u>破産</u>(　　)하고 말았다.
- '좋은 책 읽기 운동'이 전국적으로 <u>波及</u>(　　)되었다.

 派 判 篇 評 閉 砲 布 包

한자의 훈과 음을 생각하며, 순서에 따라 써 보세요.

441 派

- 부수: 水(氵)
- 총 9획
- 갈래 **파**

[중요 한자어 풀이]
- 派生(파생): 근본에서 갈리어 나와 생김.
- 分派(분파): 여러 갈래로 나뉘어 갈라짐.
- 流派(유파): 줄거리되는 계통에서 갈라져 나온 한 파.

[활용]
黨派(당파) 宗派(종파)
學派(학파) 派兵(파병)
派生語(파생어)

442 判

- 부수: 刀(刂)
- 총 7획
- 판단할 **판**

[중요 한자어 풀이]
- 判決(판결): 시비나 선악을 판단하여 결정함.
- 判定(판정): 판단하여 결정함.
- 判異(판이): 분명하게 아주 다름.

[활용]
批判(비판) 判例(판례)
判別(판별) 誤判(오판)
判讀(판독) 評判(평판)
身言書判(신언서판)

443 篇

- 부수: 竹(⺮)
- 총 15획
- 책 **편**

[중요 한자어 풀이]
- 長篇(장편): 긴 글로 한 편을 이룬 글.
- 篇次(편차): 서책 분류의 차례.
- 篇首(편수): 시·문장 또는 책의 첫머리.

[활용]
玉篇(옥편) 全篇(전편)
短篇(단편)
千篇一律(천편일률)

444 評

- 부수: 言
- 총 12획
- 평할 **평**

[중요 한자어 풀이]
- 批評(비평): 사물의 옳고 그름을 평가하여 논함.
- 評論(평론): 비평하고 논하는 문학 장르의 한 형태.
- 評判(평판): 세상 사람의 비평.

[활용]
好評(호평) 評價(평가)
品評(품평) 惡評(악평)
評傳(평전) 寸評(촌평)
論評(논평)

445 閉

- 부수: 門
- 총 11획
- 닫을 **폐**

[중요 한자어 풀이]
- 閉會(폐회): 회의를 마침. ↔ 開會(개회)
- 閉門(폐문): 문을 닫음.
- 閉店(폐점): 가게를 닫음.

[활용]
密閉(밀폐) 開閉(개폐)
閉校(폐교) 閉業(폐업)

446 砲

- 부수: 石
- 총 10획
- 대포 **포**

[중요 한자어 풀이]
- 砲手(포수): 총으로 짐승을 잡는 사냥꾼.
- 砲彈(포탄): 대포의 탄환.
- 砲火(포화): 대포 등을 쏠 때 나오는 불.

[활용]
大砲(대포) 空砲(공포)
砲聲(포성) 發砲(발포)
銃砲(총포)
砲兵隊(포병대)

一 丆 ア 石 石 石ノ 石ク 砲 砲 砲

447 布

- 부수: 巾
- 총 5획
- 베·펼 **포**, 보시 **보**

[중요 한자어 풀이]
- 公布(공포): 일반에게 널리 펴서 알림.
- 布木(포목): 베와 무명.
- 布告(포고): 공식적으로 일반에게 알림.

[활용]
布陣(포진) 布帳(포장)
布敎(포교) 布石(포석)
流布(유포) 配布(배포)
布衣之交(포의지교)

ノ ナ 才 右 布

448 包

- 부수: 勹
- 총 5획
- 쌀 **포**

[중요 한자어 풀이]
- 小包(소포): 조그마하게 싼 물건. '소포 우편'의 준말.
- 包容(포용): 넣어 쌈. 도량이 넓어 남의 잘못을 감싸줌.
- 內包(내포): 어떤 개념의 내용이 되는 여러 속성.

[활용]
包子(포자)

ノ 勹 勽 包 包

다음 □ 안에 밑줄 친 漢字語의 讀音을 쓰세요.

- 영어는 라틴어에서 派生(□□)된 언어이다.
- 판사는 공정한 判決(□□)을 내려야 한다.
- 그는 일간 신문에 長篇(□□) 소설을 연재한다.
- 맹목적으로 따르지 말고 批評(□□)하는 자세를 지녀야 한다.
- 회의의 안건이 모두 처리되자, 의장은 閉會(□□)를 선언하였다.
- 나라에서는 호랑이를 잡기 위해 모든 砲手(□□)를 동원하였다.
- 정부는 법령을 바꾼 뒤 公布(□□)하였다.
- 오늘 친구로부터 小包(□□)를 받았다.

풀면서 익히기

1_ 다음 漢字語의 讀音을 쓰세요.

          〈例〉   學校 → 학교

(1) 放置 (　　　　)　　　(2) 觀測 (　　　　)
(3) 稱讚 (　　　　)　　　(4) 痛歎 (　　　　)
(5) 鬪爭 (　　　　)　　　(6) 長篇 (　　　　)

2_ 다음 訓과 音에 알맞은 漢字를 쓰세요.

(1) 다스릴 치 → (　　　　)　　　(2) 둘 치 → (　　　　)
(3) 찾을 탐 → (　　　　)　　　(4) 던질 투 → (　　　　)
(5) 바늘 침 → (　　　　)　　　(6) 베 포 → (　　　　)

3_ 다음 문장에서 밑줄 친 漢字語의 讀音을 쓰세요.

(1) 우리 집은 <u>單層</u>(　　　)으로 된 양옥이다.
(2) 일을 마치고 집으로 돌아가는 발걸음이 <u>輕快</u>(　　　)하였다.
(3) 그의 잘못에 대해서 급우들은 용서하지 않고 <u>聲討</u>(　　　)하였다.
(4) 전쟁의 <u>砲火</u>(　　　) 속에서 겨우 목숨을 구하였다.

4_ 다음 낱말의 뜻에 알맞은 漢字語를 〈例〉에서 골라 그 기호를 쓰세요.

      〈例〉 ㉠ 針術 ㉡ 感歎 ㉢ 投資 ㉣ 閉會

(1) 회의를 마침. (　　　　)
(2) 자본이나 자금을 댐. (　　　　)
(3) 침으로 병을 고치는 기술. (　　　　)
(4) 감동하여 찬탄함. (　　　　)

5_ 다음 괄호 속에 들어갈 漢字를 〈例〉에서 찾아 漢字語를 만드세요.

〈例〉 ㉠置 ㉡針 ㉢破 ㉣稱
　　 ㉤歎 ㉥評 ㉦統 ㉧態

(1) (　　)小棒大 : 바늘만한 것을 몽둥이만 하다고 과장하여 말함.
(2) (　　)竹之勢 : 대적할 수 없을 정도로 막힘없이 무찔러 나아가는 맹렬한 기세.
(3) 風樹之(　　) : 어버이가 돌아가시어 효도하고 싶어도 할 수 없는 슬픔.
(4) 千(　　)萬象 : 천차만별의 상태. 모든 사물이 제각기 다른 모습을 하고 있음.

6_ 다음 漢字의 부수를 쓰세요.
(1) 測 → (　　)　　(2) 脫 → (　　)
(3) 投 → (　　)　　(4) 閉 → (　　)

7_ 다음 문장의 밑줄 친 漢字語를 漢字로 쓰세요.
(1) 영수의 장래 희망은 국민을 위해 **정치**(　　)를 하는 정치가가 되는 것이다.
(2) 그는 야음을 틈타 포로 수용소를 **탈출**(　　)하였다.
(3) 나는 장차 법조계에 **투신**(　　)하여 훌륭한 변호사가 되고 싶다.
(4) 그녀는 공부도 잘 하고 예의도 바르다는 **평판**(　　)을 듣는다.

8_ 다음 漢字語의 뜻을 쓰세요.
(1) 高層 (　　　　　　)
(2) 後退 (　　　　　　)
(3) 寢室 (　　　　　　)
(4) 閉門 (　　　　　　)

시험에 자주 나오는 한자 성어 (ㄱ)

37. 竹馬故友
대 죽, 말 마, 연고 고, 벗 우
'대나무 말을 타고 놀던 벗'이라는 뜻으로, 어릴 때부터 같이 놀며 자란 벗을 이름.

38. 寸鐵殺人
마디 촌, 쇠 철, 죽일 살, 사람 인
'짧은 쇠조각으로 사람을 죽인다.'는 뜻으로, 날카로운 경구로 상대방의 마음을 크게 흔듦을 비유.

39. 秋風落葉
가을 추, 바람 풍, 떨어질 락, 잎 엽
가을 바람에 떨어지는 나뭇잎. 세력이나 형세가 갑자기 기울거나 시듦.

40. 治山治水
다스릴 치, 메 산, 다스릴 치, 물 수
산을 다스리고 물을 다스림. 산과 내를 잘 관리하여 가뭄이나 홍수를 예방함을 이름.

41. 風前燈火
바람 풍, 앞 전, 등 등, 불 화
'바람 앞의 등불'이라는 뜻으로, 매우 위태로운 지경을 비유함.

42. 興盡悲來
일 흥, 다할 진, 슬플 비, 올 래
즐거움이 다하면 슬픔이 옴. 세상일이 돌고 돎을 이르는 말.

한자 퍼즐

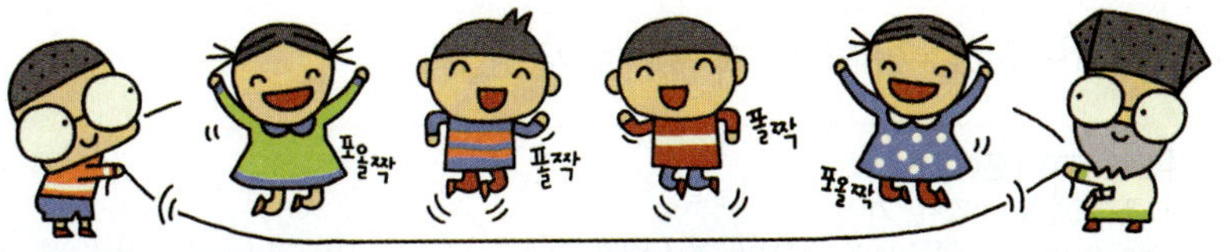

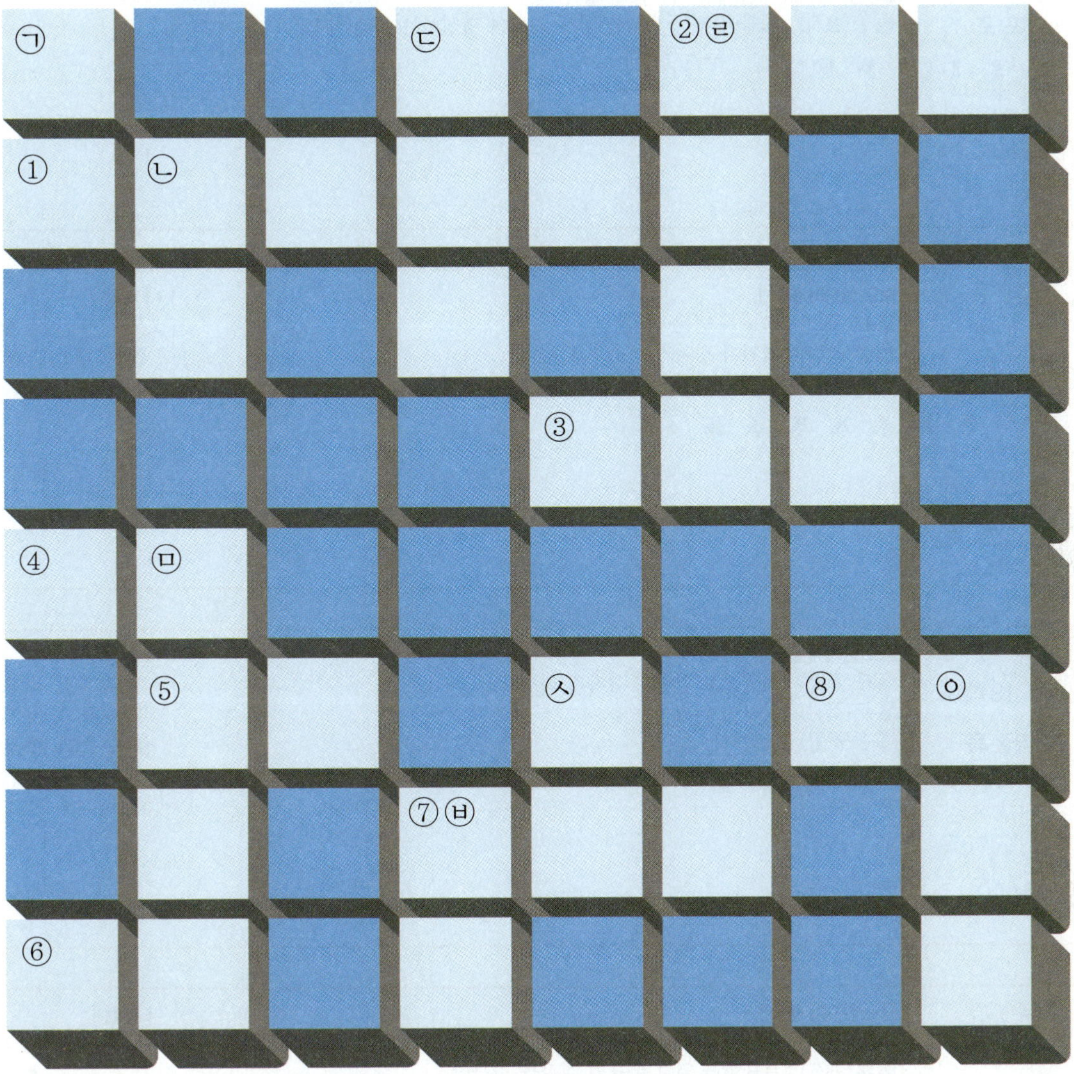

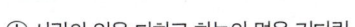

가로 열쇠

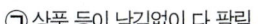

① 사람의 일을 다하고 하늘의 명을 기다림.
② 인류 전체에 대한 사랑. 인류를 사랑하는 일.
③ 앞으로 개척해 나갈 새로운 세계.
④ 앞으로 밀고 감.
⑤ 무대 따위에서 물러남.
⑥ 험하고 어려움.
⑦ 라디오 방송을 듣는 사람.
⑧ 미루어 생각하여 헤아림.

세로 열쇠

㉠ 상품 등이 남김없이 다 팔림.
㉡ 사람이 본디 지니고 있는 따뜻한 마음씨.
㉢ 초대하고자 한다는 뜻을 적어 보내는 편지.
㉣ 사람이 오래 살고 일찍 죽음이 다 하늘에 매여 있음.
㉤ 이러기도 어렵고 저러기도 어려운 매우 난처한 처지에 놓여 있음.
㉥ 강연이나 설교 등을 들으려고 모인 사람들.
㉦ 싸워서 빼앗아 가짐.
㉧ 비가 온 분량을 측정하는 데 쓰는 기구.

《 모범 답안 P.280 》

 胞 暴 爆 票 標 豐 疲 避

한자의 훈과 음을 생각하며, 순서에 따라 써 보세요.

449 胞
- 부수: 肉(月)
- 총 9획
- 세포 포

[중요 한자어 풀이]
- 同胞(동포): 같은 겨레.
- 細胞(세포): 생물체의 기본적 구성 단위.
- 胞子(포자): 식물이 무성 생식을 하기 위하여 형성하는 생식 세포.

[활용]
胞宮(포궁)
單細胞(단세포)

丿 几 月 月 肝 肑 胞 胞 胞

450 暴
- 부수: 日
- 총 15획
- 사나울 폭, 모질 포

[중요 한자어 풀이]
- 暴利(폭리): 한도가 넘는 이익.
- 暴落(폭락): 물가가 갑자기 무척 떨어짐.
- 暴惡(포악): 모질고 악함.

[활용]
暴政(폭정) 暴動(폭동)
暴言(폭언) 亂暴(난폭)

日 旦 昌 昇 昇 昇 界 晃 暴 暴 暴

451 爆
- 부수: 火
- 총 19획
- 불터질 폭

[중요 한자어 풀이]
- 爆發(폭발): 화력으로 인하여 갑자기 터짐.
- 爆死(폭사): 폭탄이 터져서 죽음.
- 爆音(폭음): 폭발하는 소리.

[활용]
爆彈(폭탄) 爆擊(폭격)
爆破(폭파) 自爆(자폭)
爆笑(폭소) 爆藥(폭약)

丶 丷 火 炉 炉 炉 煜 煜 爆 爆

452 票
- 부수: 示
- 총 11획
- 표 표

[중요 한자어 풀이]
- 票決(표결): 투표로 가부를 결정함.
- 開票(개표): 투표함을 열고 투표의 결과를 조사함.
- 賣票(매표): 표를 팖.

[활용]
投票(투표) 記票(기표)
得票(득표) 車票(차표)
暗票(암표) 郵票(우표)
手票(수표) 傳票(전표)

一 一 一 两 两 西 覀 覀 票 票 票

453 標
- 부수: 木
- 총 15획
- 표할 표

[중요 한자어 풀이]
- 目標(목표): 눈으로 목적삼은 곳을 정한 표. 이루거나 도달하려고 하는 대상.
- 標本(표본): 다른 물건의 표준으로 삼는 물건.
- 標識(표지): 사물을 나타내는 표시. ※ 識(식) 알다·(지) 기록하다

[활용]
標語(표어) 商標(상표)
標示(표시) 座標(좌표)
標題(표제) 指標(지표)

木 木 木 杓 杓 柙 槢 槢 標 標

260 한자능력검정시험 | 4급

*색자 표시는 시험 출제 중요 한자어

454 豐

부수 : 豆
총 18획

풍년 **풍**

[중요 한자어 풀이]
- 豐富(풍부) : 넉넉하고 많음.
- 豐年(풍년) : 농사가 잘되고 여무는 일.
- 豐足(풍족) : 부족함이 없이 넉넉함.

[활용]
豐盛(풍성) 大豐(대풍)
豐滿(풍만) 豐作(풍작)

455 疲

부수 : 疒
총 10획

피곤할 **피**

[중요 한자어 풀이]
- 疲勞(피로) : 몸이나 정신이 지침.
- 疲困(피곤) : 몹시 지치어 고달픔.

[활용]
疲弊(피폐)
※弊(폐단·해질 폐) - 3급Ⅱ 한자

456 避

부수 : 辶(辵)
총 17획

피할 **피**

[중요 한자어 풀이]
- 避身(피신) : 몸을 피함.
- 避難(피난) : 재난을 피함.
- 待避(대피) : 위험을 피하여 잠시 기다림.

[활용]
逃避(도피) 回避(회피)

한자익히기

다음 □ 안에 밑줄 친 漢字語의 讀音을 쓰세요.

- 해외에 살고 있는 同胞(　　)들도 우리와 똑같은 핏줄이다.
- 상인이 暴利(　　)를 취하는 것은 도리가 아니다.
- 화산이 爆發(　　)하여 용암이 흘러내렸다.
- 국민의 찬반 의사를 결국 票決(　　)에 부치기로 하였다.
- 학생들은 자기에게 맞는 目標(　　)를 설정하여야 한다.
- 우리 나라는 삼면이 바다로 둘러싸여 해양 자원이 豐富(　　)하다.
- 하루 종일 농구를 했더니 오늘은 심신이 疲勞(　　)하다.
- 김 노인은 전쟁이 나자, 온 가족을 데리고 깊은 산 속으로 避身(　　)하였다.

限 恨 閑 航 港 抗 解 核

한자의 훈과 음을 생각하며, 순서에 따라 써 보세요.

457 限

- 부수: 阜(阝)
- 총 9획
- 한할 **한**

[중요 한자어 풀이]
- 限界(한계): 사물의 정하여진 범위.
- 限度(한도): 일정한 정도.
- 限定(한정): 일정한 범위를 정함.

[활용]
- 期限(기한) 制限(제한)
- 有限(유한) 無限(무한)
- 局限(국한) 年限(연한)
- 上限(상한) 時限(시한)

458 恨

- 부수: 心(忄)
- 총 9획
- 한 **한**

[중요 한자어 풀이]
- 恨歎(한탄): 뉘우치어 탄식함.
- 餘恨(여한): 풀리지 않는 원한.
- 痛恨(통한): 가슴아프게 한탄함.

[활용]
- 怨恨(원한) 情恨(정한)

459 閑

- 부수: 門
- 총 12획
- 한가할 **한**

[중요 한자어 풀이]
- 閑暇(한가): 겨를이 생겨 여유가 있음.
- 閑居(한거): 일이 없이 집에서 한가하게 삶.
- 等閑(등한): 마음에 두지 않고 예사로 여김.

[활용]
- 閑職(한직) 閑談(한담)
- 閑良(한량) 閑散(한산)
- 農閑期(농한기)

460 航

- 부수: 舟
- 총 10획
- 배 **항**

[중요 한자어 풀이]
- 航路(항로): 배가 다니는 길.
- 出航(출항): 비행기나 배가 출발함.
- 難航(난항): 몹시 어렵게 항해함.

[활용]
- 航空(항공) 就航(취항)
- 航海(항해) 回航(회항)
- 航運(항운) 密航(밀항)
- 航空郵便(항공우편)

461 港

- 부수: 水(氵)
- 총 12획
- 항구 **항**

[중요 한자어 풀이]
- 港口(항구): 배가 정박하는 곳의 출입구.
- 空港(공항): 항공기가 뜰 수 있도록 시설을 갖춘 곳.
- 開港(개항): 항구를 개방함.

[활용]
- 軍港(군항) 母港(모항)
- 港都(항도) 外港(외항)
- 漁港(어항)

*색자 표시는 시험 출제 중요 한자어

462 抗 겨룰 항
- 부수: 手(扌)
- 총 7획

[중요 한자어 풀이]
- 抗拒(항거): 맞서서 버팀.
- 抗爭(항쟁): 항거하여 투쟁함.
- 抗戰(항전): 적을 대항하여 싸움.

[활용]
對抗(대항) 反抗(반항)
抗告(항고) 抗議(항의)
抗體(항체)

463 解 풀 해
- 부수: 角
- 총 13획

[중요 한자어 풀이]
- 解放(해방): 얽매어 둔 것을 풀어 놓음.
- 解明(해명): 의문되는 점을 잘 풀어 설명함.
- 和解(화해): 다툼을 그치고 서로 풂.

[활용]
解體(해체) 解散(해산)
解讀(해독) 解任(해임)
見解(견해) 理解(이해)
結者解之(결자해지)

464 核 씨 핵
- 부수: 木
- 총 10획

[중요 한자어 풀이]
- 核心(핵심): 사물의 중심이 되는 요긴한 부분.
- 核果(핵과): 씨가 있는 과일.
- 核武器(핵무기): 핵에너지를 응용한 무기.

[활용]
結核(결핵)
核武裝(핵무장)
核彈頭(핵탄두)

다음 □ 안에 밑줄 친 漢字語의 讀音을 쓰세요.

- 이번 사건에 대한 책임의 <u>限界</u>(　　)를 분명히 합시다.
- 부모님이 돌아가신 후 불효를 <u>恨歎</u>(　　)해도 소용 없다.
- 모처럼 <u>閑暇</u>(　　)해져서 남해로 여행을 다녀왔다.
- 배나 비행기가 <u>航路</u>(　　)를 이탈하면 사고가 나기 쉽다.
- 인천은 부산, 원산에 이어 세 번째로 개방된 <u>港口</u>(　　)이다.
- 백범 김구는 일제에 <u>抗拒</u>(　　)하여 싸운 민족의 지도자이다.
- 일본의 항복으로 우리 나라는 <u>解放</u>(　　)을 맞았다.
- 글을 읽은 뒤에 <u>核心</u>(　　)을 파악하는 연습을 하면 사고력 향상에 도움이 된다.

鄉 香 虛 憲 驗 險 革 賢

한자의 훈과 음을 생각하며, 순서에 따라 써 보세요.

465 鄉
- 부수: 邑(阝)
- 총 13획
- 시골 **향**

[중요 한자어 풀이]
- 故鄉(고향): 자기가 태어나서 자란 고장.
- 鄉土(향토): 시골. 고향.
- 歸鄉(귀향): 고향으로 돌아감.

[활용]
鄉村(향촌)　他鄉(타향)
鄉校(향교)　鄉歌(향가)
京鄉(경향)　望鄉(망향)
理想鄉(이상향)

466 香
- 부수: 香
- 총 9획
- 향기 **향**

[중요 한자어 풀이]
- 香氣(향기): 향기로운 냄새. 기분 좋은 냄새.
- 香火(향화): 향불.
- 暗香(암향): 그윽히 풍겨 오는 향기.

[활용]
香水(향수)　香油(향유)
香料(향료)
春香歌(춘향가)

467 虛
- 부수: 虍
- 총 12획
- 빌 **허**

[중요 한자어 풀이]
- 虛禮(허례): 겉으로만 꾸민 예절.
- 虛實(허실): 거짓과 참.
- 虛榮(허영): 실속 없이 겉만 차리는 영화.

[활용]
虛點(허점)　虛弱(허약)
空虛(공허)　虛想(허상)
虛空(허공)　虛事(허사)
虛虛實實(허허실실)

468 憲
- 부수: 心
- 총 16획
- 법 **헌**

[중요 한자어 풀이]
- 憲法(헌법): 나라의 기본이 되는 법.
- 憲章(헌장): 법적으로 규정한 규범.
- 官憲(관헌): 관리. 관청. 정부나 관청의 법규.

[활용]
國憲(국헌)　改憲(개헌)
憲政(헌정)　憲兵(헌병)
制憲節(제헌절)

469 驗
- 부수: 馬
- 총 23획
- 시험 **험**

[중요 한자어 풀이]
- 試驗(시험): 재능이나 실력 따위를 일정한 절차에 따라 검사하고 평가하는 일.
- 證驗(증험): 증거로 삼을 만한 경험. 시험해 본 효험.
- 效驗(효험): 일의 좋은 보람.

[활용]
實驗(실험)　體驗(체험)
經驗(경험)　受驗(수험)

264 한자능력검정시험 | 4급

*색자 표시는 시험 출제 중요 한자어

470 險

부수 : 阜(阝)
총 16획
험할 **험**

[중요 한자어 풀이]
· 險難(험난) : 위험하고 어려움.
· 險路(험로) : 험한 길. 고생스러운 길.
· 險惡(험악) : 생김새나 태도가 험상스럽고 모짊.

[활용]
險談(험담) 危險(위험)
保險(보험) 險狀(험상)
探險隊(탐험대)

471 革

부수 : 革
총 9획
가죽 **혁**

[중요 한자어 풀이]
· 改革(개혁) : 새롭게 고침.
· 革新(혁신) : 고쳐 새롭게 함.
· 革命(혁명) : 어떤 상태가 급격하게 발전하거나 변동함.

[활용]
變革(변혁) 革帶(혁대)

472 賢

부수 : 貝
총 15획
어질 **현**

[중요 한자어 풀이]
· 賢明(현명) : 어질고 영리하여 사리에 밝음.
· 賢人(현인) : 어진 사람.
· 賢母(현모) : 어진 어머니. *賢母良妻(현모양처)

[활용]
賢良(현량) 名賢(명현)
聖賢(성현) 先賢(선현)
竹林七賢(죽림칠현)

다음 □ 안에 밑줄 친 漢字語의 讀音을 쓰세요.

- 사람은 누구에게나 마음의 故鄕(□□)이 있다.
- 방 어디선가 은은하고 香氣(□□)로운 냄새가 났다.
- 우리 모두 虛禮(□□)와 허식을 버립시다.
- 憲法(□□)은 모든 법의 최상위에 있는 법이다.
- 은빈이는 이번 기말 試驗(□□)에서 좋은 점수를 받았다.
- 성공한 사람들은 거의 모두 險難(□□)한 실패의 과정을 겪었다.
- 사회의 모든 낡은 것을 改革(□□)해서 새롭게 해야 한다.
- 賢明(□□)한 사람은 모든 것을 스승으로 삼는다.

顯 血 協 刑 惠 好 護 呼

한자의 훈과 음을 생각하며, 순서에 따라 써 보세요.

473 顯 (나타날 현)
- 부수: 頁
- 총 23획

[중요 한자어 풀이]
- 顯忠日(현충일) : 충성스런 절의를 드러내어 기리는 날.
- 顯達(현달) : 출세하여 신분이 높아짐.

[활용]
顯職(현직) 顯考(현고)

474 血 (피 혈)
- 부수: 血
- 총 6획

[중요 한자어 풀이]
- 血肉(혈육) : 피와 살. 자기가 낳은 자식.
- 出血(출혈) : 피가 나옴.
- 血管(혈관) : 혈액이 통하여 흐르는 관.

[활용]
血氣(혈기) 血路(혈로)
血壓(혈압) 血緣(혈연)
鳥足之血(조족지혈)

475 協 (화할 협)
- 부수: 十
- 총 8획

[중요 한자어 풀이]
- 協同(협동) : 힘과 마음을 함께 합함.
- 協力(협력) : 힘을 합하여 서로 도움.
- 協議(협의) : 여러 사람이 모여 서로 의논함.

[활용]
協定(협정) 協商(협상)
協助(협조) 協會(협회)

476 刑 (형벌 형)
- 부수: 刀(刂)
- 총 6획

[중요 한자어 풀이]
- 刑罰(형벌) : 죄를 저지른 사람에게 주어지는 제재.
- 刑法(형법) : 범죄와 형벌의 내용을 규정한 법률.
- 刑事(형사) : 형법의 적용을 받는 사건.

[활용]
形具(형구) 刑場(형장)
死刑(사형) 處刑(처형)
實刑(실형) 火刑(화형)
終身刑(종신형)

477 惠 (은혜 혜)
- 부수: 心
- 총 12획

[중요 한자어 풀이]
- 恩惠(은혜) : 베풀어 주는 혜택.
- 受惠(수혜) : 은혜·혜택을 받는 일.
- 天惠(천혜) : 하늘이 베풀어 준 은혜, 자연의 은혜.

[활용]
惠存(혜존) 惠風(혜풍)
惠化(혜화) 惠書(혜서)

*색자 표시는 시험 출제 중요 한자어

478 好

- 부수: 女
- 총 6획
- 좋을 **호**

[중요 한자어 풀이]
- 好感(호감): 좋은 감정.
- 好意(호의): 친절한 마음.
- 友好(우호): 국가나 개인 사이가 서로 친하고 좋음.

[활용]
- 好評(호평) 愛好(애호)
- 好衣(호의) 好材(호재)
- 好機(호기) 好況(호황)
- 好奇心(호기심)

ㄴ ㄥ 女 女＇女７好

479 護

- 부수: 言
- 총 21획
- 도울 **호**

[중요 한자어 풀이]
- 保護(보호): 돌보아 지킴.
- 護國(호국): 나라를 지킴.
- 護身(호신): 자기 몸을 보호함.

[활용]
- 守護(수호) 看護(간호)
- 辯護(변호) 防護(방호)
- 援護(원호) 養護(양호)
- 救護品(구호품)

480 呼

- 부수: 口
- 총 8획
- 부를 **호**

[중요 한자어 풀이]
- 呼名(호명): 이름을 부름.
- 呼價(호가): 물건의 값을 얼마라고 부름.
- 呼出(호출): 불러 냄.

[활용]
- 呼應(호응) 點呼(점호)
- 呼客(호객) 歡呼(환호)
- 呼兄呼弟(호형호제)
- 指呼之間(지호지간)

다음 □ 안에 밑줄 친 漢字語의 讀音을 쓰세요.

- 6월 6일 <u>顯忠日</u>(　　)에는 순국 선열을 기리며 집집마다 조기를 단다.
- 6·25 때 남하한 김 노인은 남한에 <u>血肉</u>(　　)이 한 명도 없다.
- 우리 반은 다른 반보다 <u>協同</u>(　　) 정신이 뛰어나다.
- 죄를 지은 사람은 그 대가로 <u>刑罰</u>(　　)을 받아야 한다.
- 부모님의 <u>恩惠</u>(　　)는 바다보다 깊고 산보다 높다.
- 나는 그 고집쟁이 할아버지에게 점차 <u>好感</u>(　　)을 갖게 되었다.
- 사람은 자연 <u>保護</u>(　　) 자연은 사람 <u>保護</u>(　　).
- 담임 선생님께서 내 짝을 <u>呼名</u>(　　)하셨다.

풀면서 익히기

1_ 다음 漢字語의 讀音을 쓰세요.

<例> 學生 → 학생

(1) 票決 (　　　)　　(2) 目標 (　　　)
(3) 待避 (　　　)　　(4) 餘恨 (　　　)
(5) 難航 (　　　)　　(6) 虛實 (　　　)

2_ 다음 訓과 音에 알맞은 漢字를 쓰세요.

(1) 한 한 → (　　　)　　(2) 한가할 한 → (　　　)
(3) 표 표 → (　　　)　　(4) 풍년 풍 → (　　　)
(5) 시골 향 → (　　　)　　(6) 어질 현 → (　　　)

3_ 다음 문장에서 밑줄 친 漢字語의 讀音을 쓰세요.

(1) 올해는 쌀값이 <u>暴落</u>(□□)하여 농민들이 울상이다.
(2) 영희와 철수는 <u>和解</u>(□□)를 하고 더욱 친하게 지냈다.
(3) 지극 정성으로 기도한 <u>效驗</u>(□□)이 있어서 부모의 병이 나았다.
(4) 몽고의 침입에 대항한 삼별초의 <u>抗爭</u>(□□)은 고려의 꿋꿋한 기상을 보여 주었다.

4_ 다음 낱말의 뜻에 알맞은 漢字語를 <例>에서 골라 그 기호를 쓰세요.

<例>　㉠ 豐富　㉡ 避身　㉢ 開港　㉣ 改革

(1) 항구를 개방함. (　　　)
(2) 몸을 피함. (　　　)
(3) 새롭게 고침. (　　　)
(4) 넉넉하고 많음. (　　　)

5_ 다음 괄호 속에 들어갈 漢字를 〈例〉에서 찾아 漢字語를 만드세요.

〈例〉 ㉠ 暴　㉡ 鄕　㉢ 香　㉣ 賢
　　　㉤ 豐　㉥ 解　㉦ 閑　㉧ 虛

(1) 結者(　　)之 : 일을 저지른 사람이 그 일을 해결해야 함.
(2) (　　)母良妻 : 자식에게는 어진 어머니, 남편에게는 좋은 아내.
(3) 農(　　)期 : 농사일이 그리 바쁘지 않은 시기. ↔ 농번기(農繁期).
(4) 理想(　　) : 사람들이 화목하고 행복하게 살 수 있는 곳. 무릉도원.

6_ 다음 漢字의 부수를 쓰세요.

(1) 航 → (　　)　　(2) 閑 → (　　)
(3) 憲 → (　　)　　(4) 賢 → (　　)

7_ 다음 문장의 밑줄 친 漢字語를 漢字로 쓰세요.

(1) 좋은 사람에게서는 아름다운 **향기**(□□)가 나는 법이다.
(2) 올해의 농사는 **대풍**(□□)이어서 농민들이 모두 좋아했다.
(3) 토론에서 자기의 **견해**(□□)를 분명히 밝힐 수 있어야 한다.
(4) 신체적 **한계**(□□)를 극복하기 위한 피나는 노력 끝에 성공할 수 있었다.

8_ 다음 漢字語의 뜻을 쓰세요.

(1) 賣票 (　　　　)
(2) 限度 (　　　　)
(3) 歸鄕 (　　　　)
(4) 賢母 (　　　　)

戶 或 混 婚 紅 華 貨 確

한자의 훈과 음을 생각하며, 순서에 따라 써 보세요.

481 戶
- 부수: 戶
- 총 4획
- 집 호

[중요 한자어 풀이]
- 戶主(호주): 한 집안의 주인이 되는 사람.
- 門戶(문호): 집으로 드나드는 문.
- 戶籍(호적): 호주를 중심으로 그 가족들의 신분에 관한 사항을 기록한 공문서.

[활용]
戶口(호구) 戶數(호수)
窓戶紙(창호지)
家家戶戶(가가호호)

482 或
- 부수: 戈
- 총 8획
- 혹 혹

[중요 한자어 풀이]
- 或是(혹시): 만일에. 행여나.
- 或者(혹자): 어떤 사람.

[활용]
間或(간혹) 設或(설혹)
或如(혹여)

483 混
- 부수: 水(氵)
- 총 11획
- 섞을 혼

[중요 한자어 풀이]
- 混成(혼성): 뒤섞이어 이루어짐.
- 混亂(혼란): 섞이어 어지러움.
- 混合(혼합): 뒤섞이어 한데 합함.

[활용]
混食(혼식) 混用(혼용)
混戰(혼전) 混同(혼동)
混雜(혼잡)

484 婚
- 부수: 女
- 총 11획
- 혼인할 혼

[중요 한자어 풀이]
- 結婚(결혼): 남녀가 정식으로 부부 관계를 맺음.
- 婚約(혼약): 결혼할 것을 약속함.
- 未婚(미혼): 아직 결혼하지 않음.

[활용]
婚事(혼사) 初婚(초혼)
婚期(혼기) 新婚(신혼)
再婚(재혼)

485 紅
- 부수: 糸
- 총 9획
- 붉을 홍

[중요 한자어 풀이]
- 紅玉(홍옥): 붉은 옥. 루비.
- 朱紅(주홍): 붉은빛과 누른빛의 중간 빛깔.
- 紅葉(홍엽): 붉은 잎. 단풍든 나뭇잎.

[활용]
眞紅(진홍) 鮮紅(선홍)
紅一點(홍일점)
滿山紅葉(만산홍엽)

*색자 표시는 시험 출제 중요 한자어

486 華

부수 : 艸(艹)
총 12획
빛날 **화**

[중요 한자어 풀이]
· 華麗(화려) : 빛나고 고움.
· 榮華(영화) : 귀하게 되어서 세상에 드러나고 빛남.
· 精華(정화) : 정수가 될 만한 뛰어난 부분.

[활용]
華甲(화갑) 中華(중화)
華婚(화혼) 散華(산화)
富貴榮華(부귀영화)

487 貨

부수 : 貝
총 11획
재물 **화**

[중요 한자어 풀이]
· 金貨(금화) : 금으로 만든 돈.
· 外貨(외화) : 외국의 화폐.
· 通貨(통화) : 나라에서 통용되고 있는 화폐.

[활용]
財貨(재화) 銀貨(은화)
貨物(화물) 雜貨(잡화)
百貨店(백화점)

488 確

부수 : 石
총 15획
굳을 **확**

[중요 한자어 풀이]
· 確信(확신) : 확실히 믿음.
· 確立(확립) : 굳게 세움.
· 確實(확실) : 틀림이 없어 의심의 여지가 없음.

[활용]
確認(확인) 明確(명확)
確證(확증) 正確(정확)
確固不動(확고부동)

다음 ☐ 안에 밑줄 친 漢字語의 讀音을 쓰세요. 〔한자익히기〕

• 우리 집의 戶主(☐☐)는 아버지이다.

• 或是(☐☐) 실패하더라도 낙심하지 말아라.

• 우리 팀이 남녀 混成(☐☐) 경기에서 우승하였다.

• 삶에 있어서 結婚(☐☐)은 아주 중요한 일 중의 하나이다.

• 紅玉(☐☐)은 다이아몬드 다음으로 강한 원석이다.

• 신데렐라는 누더기를 벗고 華麗(☐☐)한 차림으로 무도회장에 나타났다.

• 금으로 만든 돈은 金貨(☐☐)이고, 은으로 만든 돈은 은화이다.

• 이 일은 꼭 성공할 것이라는 確信(☐☐)이 든다.

 環歡況回灰候厚揮

한자의 훈과 음을 생각하며, 순서에 따라 써 보세요.

489
環 부수: 玉(王) / 총 17획 / 고리 **환**

[중요 한자어 풀이]
- 環境(환경): 주위의 사물이나 사정.
- 環狀(환상): 고리처럼 둥글게 생긴 형상.
- 花環(화환): 고리 모양으로 만든 꽃.

[활용]
環刀(환도) 指環(지환)
一環(일환)

490
歡 부수: 欠 / 총 22획 / 기쁠 **환**

[중요 한자어 풀이]
- 歡迎(환영): 호의를 표하며 기꺼이 맞이함.
- 歡談(환담): 정답고 즐겁게 서로 이야기함.
- 歡待(환대): 기쁘게 접대함.

[활용]
歡呼(환호) 歡喜(환희)
哀歡(애환) 歡聲(환성)
歡心(환심)

491
況 부수: 水(氵) / 총 8획 / 상황 **황**

[중요 한자어 풀이]
- 狀況(상황): 어떤 일의 그 때의 모습이나 형편.
- 盛況(성황): 성대한 모양.
- 現況(현황): 현재의 상황.

[활용]
實況(실황) 近況(근황)
情況(정황) 不況(불황)
作況(작황) 好況(호황)

492
回 부수: 口 / 총 6획 / 돌아올 **회**

[중요 한자어 풀이]
- 回信(회신): 회답하는 편지.
- 回轉(회전): 한 곳을 중심으로 그 둘레를 돎.
- 回甲(회갑): 갑이 돌아옴. 61세.

[활용]
回數(회수) 回歸(회귀)
每回(매회) 回航(회항)
回答(회답) 回路(회로)

493
灰 부수: 火 / 총 6획 / 재 **회**

[중요 한자어 풀이]
- 灰色(회색): 잿빛.
- 灰壁(회벽): 석회로 바른 벽.

[활용]
石灰(석회)

494 候

- 부수: 人(亻)
- 총 10획
- 기후 **후**

[중요 한자어 풀이]
- 氣候(기후) : 어느 지역의 평균적인 기상 상태.
- 問候(문후) : 웃어른의 안부를 물음.

[활용]
候鳥(후조)
全天候(전천후)

`ノ 亻 亻 亻 亻' 伊 伊 伊 候 候`

495 厚

- 부수: 厂
- 총 9획
- 두터울 **후**

[중요 한자어 풀이]
- 厚待(후대) : 후하게 대접함.
- 厚德(후덕) : 덕이 두터움.
- 厚生(후생) : 생활을 윤택하게 하도록 꾀하는 일.

[활용]
仁厚(인후) 重厚(중후)
溫厚(온후)

`一 厂 厂 厂 厅 厄 厚 厚 厚`

496 揮

- 부수: 手(扌)
- 총 12획
- 휘두를 **휘**

[중요 한자어 풀이]
- 發揮(발휘) : (재능이나 힘 따위를) 떨치어 나타냄.
- 指揮(지휘) : 지시하여 행하게 함.
- 揮帳(휘장) : 둘러치는 장막.

[활용]
揮發(휘발)

`一 十 扌 扌 扩 扩 扩 捃 捃 揘 揮 揮`

다음 ☐ 안에 밑줄 친 漢字語의 讀音을 쓰세요.

- 학교 주변에는 교육 環境(☐☐)에 해가 되는 시설이 없어야 한다.
- 선배들은 신입생들을 진심으로 歡迎(☐☐)해 주었다.
- 정부는 이번 사고의 피해 狀況(☐☐)을 자세히 조사했다.
- 어제 그 일에 관해 전자 우편으로 문의했으나 아직 回信(☐☐)이 오지 않았다.
- 하늘이 온통 灰色(☐☐)으로 바뀌더니 얼마 후 소나기가 내리기 시작했다.
- 우리 나라는 온대 氣候(☐☐) 지역이다.
- 우리 민족에게는 찾아온 손님을 厚待(☐☐)하는 전통이 있다.
- 갈고닦은 실력을 아낌없이 發揮(☐☐)하도록 하자.

吸 興 希 喜

*색자 표시는 시험 출제 중요 한자어

한자의 훈과 음을 생각하며, 순서에 따라 써 보세요.

497 吸

- 부수 : 口
- 총 7획
- 마실 **흡**

[중요 한자어 풀이]
- 吸入(흡입) : 빨아들임
- 吸血(흡혈) : 피를 빨아먹음.
- 呼吸(호흡) : 숨을 내쉼과 들이쉼.

[활용]
吸引(흡인) 吸收(흡수)
吸着(흡착)

498 興

- 부수 : 臼
- 총 16획
- 일 **흥**

[중요 한자어 풀이]
- 興亡(흥망) : 일어남과 망함.
- 復興(부흥) : 다시 일어나게 함.
- 興業(흥업) : 새로이 사업을 일으킴.

[활용]
興行(흥행) 興味(흥미)
感興(감흥)
興盡悲來(흥진비래)

499 希

- 부수 : 巾
- 총 7획
- 바랄 **희**

[중요 한자어 풀이]
- 希望(희망) : 앞일에 대하여 기대를 가지고 바람.
- 希求(희구) : 바라고 구함.

[활용]
希願(희원)

500 喜

- 부수 : 口
- 총 12획
- 기쁠 **희**

[중요 한자어 풀이]
- 喜色(희색) : 기뻐하는 얼굴빛.
- 喜悲(희비) : 기쁨과 슬픔.
- 喜報(희보) : 기쁜 소식.

[활용]
歡喜(환희)
喜怒哀樂(희로애락)
喜喜樂樂(희희낙락)

다음 □ 안에 밑줄 친 漢字語의 讀音을 쓰세요.

- 선수들 간의 <u>呼吸</u>(□□)이 잘 맞아 경기에서 이길 수 있었다.
- 현대 사회에서는 정보가 국가의 <u>興亡</u>(□□)을 좌우하는 중요한 역할을 한다.
- 실패가 거듭되었지만 나는 결코 <u>希望</u>(□□)을 버리지 않았다.
- 중간 고사에서 100점을 맞은 수진이는 <u>喜色</u>(□□)이 만면했다.

풀면서 익히기

1_ 다음 漢字語의 讀音을 쓰세요.

〈例〉 登校 → 등교

(1) 戶籍 (　　　)　　(2) 紅葉 (　　　)
(3) 混亂 (　　　)　　(4) 華麗 (　　　)
(5) 環境 (　　　)　　(6) 歡迎 (　　　)

2_ 다음 訓과 音에 알맞은 漢字를 쓰세요.

(1) 돌아올 회 → (　　　)　　(2) 재 회 → (　　　)
(3) 기후 후 → (　　　)　　(4) 재물 화 → (　　　)
(5) 두터울 후 → (　　　)　　(6) 바랄 희 → (　　　)

3_ 다음 문장에서 밑줄 친 漢字語의 讀音을 쓰세요.

(1) 철수와 영희는 <u>約婚</u>(　　)을 한 사이였다.
(2) 가수 보아의 공연이 <u>盛況</u>(　　)을 이루었다.
(3) 석굴암은 민족 문화의 <u>精華</u>(　　)라고 할 수 있다.
(4) 원주민들은 순수한 마음으로 탐험대를 <u>歡待</u>(　　)해 주었다.

4_ 다음 낱말의 뜻에 알맞은 漢字語를 〈例〉에서 골라 그 기호를 쓰세요.

〈例〉　㉠ 好意　㉡ 厚德　㉢ 確實　㉣ 狀況

(1) 친절한 마음. (　　　)
(2) 덕이 두터움. (　　　)
(3) 틀림이 없어 의심의 여지가 없음. (　　　)
(4) 어떤 일의 그 때의 모습이나 형편. (　　　)

5_ 다음 괄호 속에 들어갈 漢字를 〈例〉에서 찾아 漢字語를 만드세요.

〈例〉 ㉠ 暴 ㉡ 華 ㉢ 喜 ㉣ 賢
      ㉤ 興 ㉥ 解 ㉦ 閑 ㉧ 戶

(1) (   )怒哀樂 : 기쁨과 노여움과 슬픔과 즐거움.
(2) 家家(   )戶 : 한 집 한 집. 집집마다.
(3) 富貴榮(   ) : 재산이 많고 지위가 높으며 귀하게 되어 영광을 누림.
(4) (   )盡悲來 : 즐거운 일이 다하면 슬픈 일이 옴. ↔ 苦盡甘來(고진감래)

6_ 다음 漢字의 부수를 쓰세요.
(1) 厚 → (   )   (2) 婚 → (   )
(3) 候 → (   )   (4) 喜 → (   )

7_ 다음 문장의 밑줄 친 漢字語를 漢字로 쓰세요.
(1) 성장 **환경**(☐☐)은 사람의 성격 형성에 많은 영향을 준다.
(2) **결혼**(☐☐)이란 사랑하는 두 남녀가 한 가정을 이루는 것이다.
(3) 그녀는 **혈육**(☐☐) 하나 없는 고아로 자랐지만 훌륭한 사람이 되었다.
(4) 좋은 상품을 많이 수출하여 **외화**(☐☐)를 많이 벌어들이는 것도 애국이다.

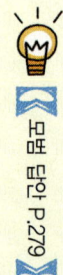

8_ 다음 漢字語의 뜻을 쓰세요.
(1) 揮帳 (   )
(2) 確信 (   )
(3) 喜悲 (   )
(4) 未婚 (   )

한자 퍼즐

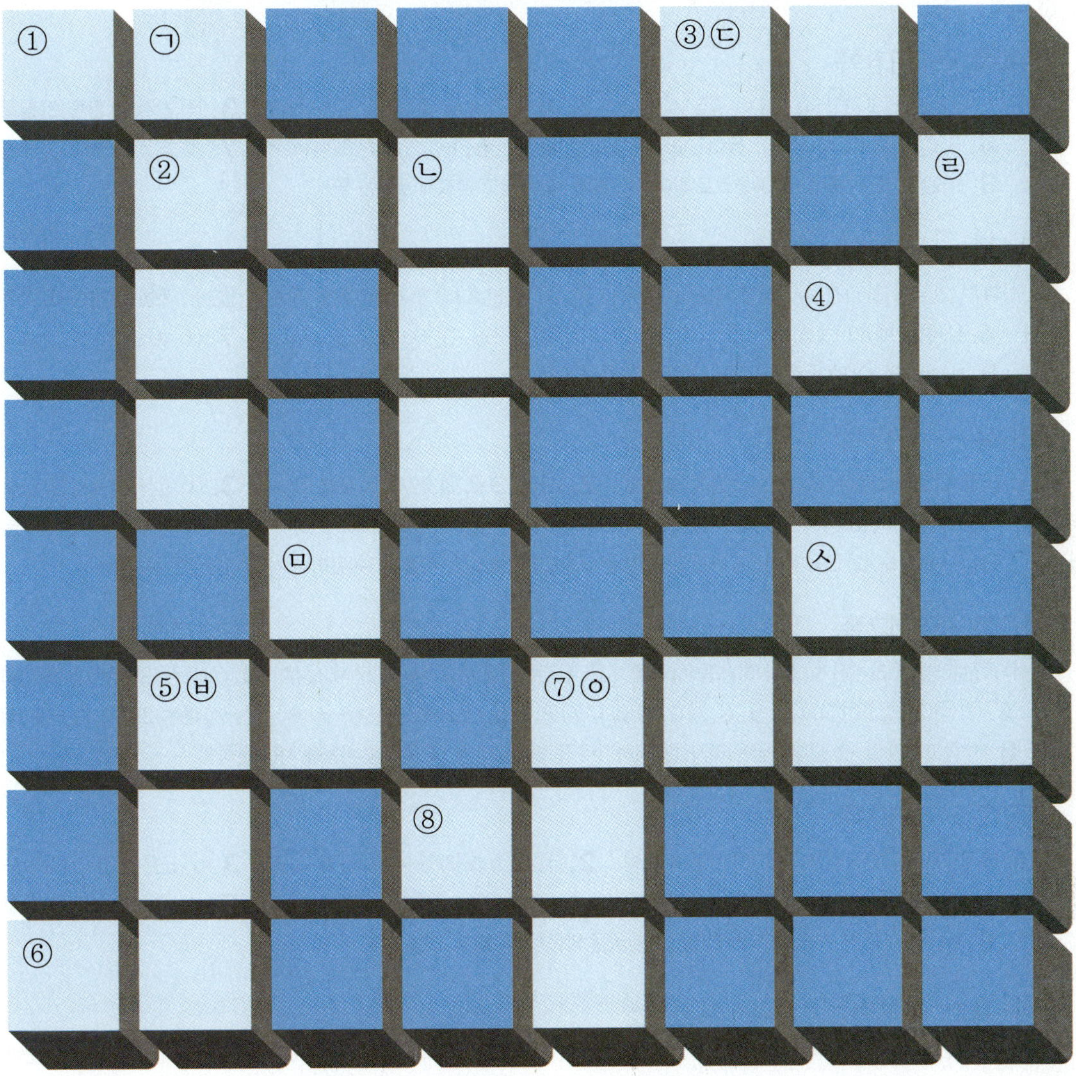

 가로열쇠

① 성인과 현인.
② 자식에 대한 어머니의 본능적인 사랑. ↔ 부성애.
③ 정치 체제나 사회 제도 등을 합법적·점진적으로 새롭게 고쳐 나감.
④ 투표함을 열고, 투표의 결과를 점검하는 일.
⑤ 사리를 분별하여 앎.
⑥ 자기가 태어나서 자란 고장.
⑦ 일을 저지른 사람이 그 일을 해결해야 함.
⑧ 아직 결혼하지 않음.

 세로열쇠

㉠ 자식에게는 어진 어머니이고, 남편에게는 좋은 아내임.
㉡ 자기 나라를 사랑하는 사람.
㉢ 헌법을 고침.
㉣ 선거 또는 어떤 일을 의결할 때 자기의 견해를 종이 등에 기입하여 지정된 함 따위에 넣는 일.
㉤ 어떤 사물이나 현상에 대한 의견이나 생각.
㉥ 이상으로 그리는, 완전하고 평화로운 상상(想像)의 세계.
㉦ 다툼을 그치고 풂.
㉧ 남녀가 부부 관계를 맺는 서약을 하는 의식.

모범 답안 P.280

Ⅱ. 읽기 배정 한자 익히기

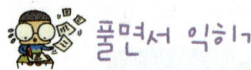

114쪽 ~ 115쪽

1. ⑴ 가두 ⑵ 간판 ⑶ 각고 ⑷ 가명 ⑸ 결점 ⑹ 휴가 **2.** ⑴ 減 ⑵ 甘 ⑶ 康 ⑷ 居 ⑸ 拒 ⑹ 慶 **3.** ⑴ 반격 ⑵ 항복 ⑶ 청결 ⑷ 간략 **4.** ⑴ ㉠ ⑵ ㉣ ⑶ ㉢ ⑷ ㉡ **5.** ⑴ ㉣ ⑵ ㉢ ⑶ ㉠ ⑷ ㉤ **6.** ⑴ 言 ⑵ 手 ⑶ 皿 ⑷ 尸 **7.** ⑴ 若干 ⑵ 儉約 ⑶ 味覺 ⑷ 忠犬 **8.** ⑴ 편지. ⑵ 신체 검사. ⑶ 병으로 말미암은 휴가. ⑷ 사납고 빠르게 흐르는 물.

124쪽 ~ 125쪽

1. ⑴ 계주 ⑵ 금광 ⑶ 파경 ⑷ 구성 ⑸ 경탄 ⑹ 추곡 **2.** ⑴ 季 ⑵ 君 ⑶ 官 ⑷ 宮 ⑸ 骨 ⑹ 群 **3.** ⑴ 계율 ⑵ 경종 ⑶ 직계 ⑷ 계단 **4.** ⑴ ㉣ ⑵ ㉡ ⑶ ㉠ ⑷ ㉢ **5.** ⑴ ㉢ ⑵ ㉡ ⑶ ㉤ ⑷ ㉠ **6.** ⑴ 竹 ⑵ 穴 ⑶ 人 ⑷ 子 **7.** ⑴ 構想 ⑵ 求道 ⑶ 故人 ⑷ 心境 **8.** ⑴ 털구멍. ⑵ 옛 궁궐. ⑶ 닭의 기름. ⑷ 광물을 캐는 곳.

136쪽 ~ 137쪽

1. ⑴ 난방 ⑵ 궁리 ⑶ 당론 ⑷ 강권 ⑸ 단기 ⑹ 권두 **2.** ⑴ 器 ⑵ 權 ⑶ 努 ⑷ 極 ⑸ 怒 ⑹ 紀 **3.** ⑴ 단전 ⑵ 복권 ⑶ 난색 ⑷ 극장 **4.** ⑴ ㉠ ⑵ ㉢ ⑶ ㉡ ⑷ ㉣ **5.** ⑴ ㉥ ⑵ ㉠ ⑶ ㉣ ⑷ ㉢ **6.** ⑴ 黑 ⑵ 殳 ⑶ 巾 ⑷ 宀 **7.** ⑴ 未納 ⑵ 機長 ⑶ 單色 ⑷ 端午 **8.** ⑴ 책의 수. ⑵ 근육의 힘. ⑶ 어떤 일을 맡음, 또는 그 일을 맡은 사람. ⑷ 학문이나 기예에 통달한 사람.

146쪽 ~ 147쪽

1. ⑴ 독전 ⑵ 양식 ⑶ 세류 ⑷ 신라 ⑸ 녹음 ⑹ 윤독 **2.** ⑴ 효 ⑵ 徒 ⑶ 列 ⑷ 盜 ⑸ 兩 ⑹ 律 **3.** ⑴ 동전 ⑵ 반란 ⑶ 대략 ⑷ 이별 **4.** ⑴ ㉢ ⑵ ㉣ ⑶ ㉠ ⑷ ㉡ **5.** ⑴ ㉤ ⑵ ㉠ ⑶ ㉢ ⑷ ㉡ **6.** ⑴ 龍 ⑵ 阜 ⑶ 斗 ⑷ 車 **7.** ⑴ 連休 ⑵ 泰斗 ⑶ 一覽 ⑷ 高麗 **8.** ⑴ 물고기의 알. ⑵ 절개가 굳은 여자. ⑶ 피하거나 쫓기어 달아남. ⑷ 독약을 사용해 사람을 죽임.

158쪽 ~ 159쪽

1. ⑴ 만족 ⑵ 남매 ⑶ 산맥 ⑷ 근면 ⑸ 비명 ⑹ 모범 **2.** ⑴ 毛 ⑵ 牧 ⑶ 妙 ⑷ 墓 ⑸ 舞 ⑹ 武 **3.** ⑴ 근무 ⑵ 미각 ⑶ 박수 ⑷ 밀림 **4.** ⑴ ㉢ ⑵ ㉣ ⑶ ㉡ ⑷ ㉠ **5.** ⑴ ㉤ ⑵ ㉦ ⑶ ㉥ ⑷ ㉡ **6.** ⑴ 十 ⑵ 竹 ⑶ 女 ⑷ 辛 **7.** ⑴ 背景 ⑵ 討伐 ⑶ 罰金 ⑷ 禮拜 **8.** ⑴ 죄를 저지른 사람. ⑵ 따뜻한 방. ⑶ 한국을 방문함. ⑷ 벽에 그린 그림.

168쪽 ~ 169쪽

1. ⑴ 사격 ⑵ 사죄 ⑶ 교사 ⑷ 비밀 ⑸ 빈민 ⑹ 사전 **2.** ⑴ 絲 ⑵ 非 ⑶ 憤 ⑷ 佛 ⑸ 複 ⑹ 師 **3.** ⑴ 비석 ⑵ 비평 ⑶ 준비 ⑷ 비행 **4.** ⑴ ㉢ ⑵ ㉠ ⑶ ㉣ ⑷ ㉡ **5.** ⑴ ㉢ ⑵ ㉥ ⑶ ㉡ ⑷ ㉠ **6.** ⑴ 彳 ⑵ 广 ⑶ 刀 ⑷ 女 **7.** ⑴ 保護 ⑵ 屈伏 ⑶ 普及 ⑷ 散步 **8.** ⑴ 경제력이 넉넉한 나라. ⑵ 강가. ⑶ 은혜를 갚음. ⑷ 한 집안의 보물.

180쪽 ~ 181쪽

1. ⑴ 병상 ⑵ 상상 ⑶ 상처 ⑷ 상아 ⑸ 선교 ⑹ 설전 **2.** ⑴ 設 ⑵ 星 ⑶ 勢 ⑷ 素 ⑸ 續 ⑹ 損 **3.** ⑴ 명성 ⑵ 성실 ⑶ 세금 ⑷ 성당 **4.** ⑴ ㉢ ⑵ ㉡ ⑶ ㉠ ⑷ ㉣ **5.** ⑴ ㉤ ⑵ ㉡ ⑶ ㉣ ⑷ ㉠ **6.** ⑴ 手 ⑵ 木 ⑶ 頁 ⑷ 殳 **7.** ⑴ 失笑 ⑵ 所屬 ⑶ 官舍 ⑷ 繼續 **8.** ⑴ 민간의 풍속. ⑵ 밑지거나 해가 됨. ⑶ 오래된 절. ⑷ 현재의 상태.

190쪽 ~ 191쪽

1. ⑴ 순도 ⑵ 숭배 ⑶ 승인 ⑷ 시공 ⑸ 시력 ⑹ 시험 **2.** ⑴ 申 ⑵ 眼 ⑶ 氏 ⑷ 深 ⑸ 暗 ⑹ 壓 **3.** ⑴ 수액 ⑵ 양모 ⑶ 외양 ⑷ 엄격 ⑸ 자 **4.** ⑴ ㉠ ⑵ ㉢ ⑶ ㉣ ⑷ ㉡ **5.** ⑴ ㉡ ⑵ ㉠ ⑶ ㉥ ⑷ ㉤ **6.** ⑴ 食 ⑵ 辶 ⑶ 又 ⑷ 人 **7.** ⑴ 受難 ⑵ 授與 ⑶ 與件 ⑷ 額子 **8.** ⑴ 밝고 어두움. ⑵ 깊은 밤. ⑶ 시를 짓는 사람. ⑷ 옳다고 인정함.

202쪽 ~ 203쪽

1. (1)교역 (2)영역 (3)가요 (4)흑연 (5)연기 (6)연비   2. (1)映 (2)藝 (3)源 (4)玉 (5)怨 (6)容   3. (1)연장 (2)위임 (3)응원 (4)우표   4. (1)ⓒ (2)㉢ (3)ⓛ (4)ⓒ   5. (1)ⓛ (2)ⓓ (3)ⓒ (4)㉠   6. (1)口 (2)火 (3)豕 (4)行   7. (1)禁煙 (2)演說 (3)人員 (4)豫想   8. (1)예(禮)를 갖추어 남을 대함. (2)물건을 담는 그릇. (3)빛나는 영예. (4)빼어나게 훌륭한 등급.

212쪽 ~ 213쪽

1. (1)음양 (2)수익 (3)인가 (4)자매 (5)자료 (6)잔금   2. (1)雜 (2)將 (3)裝 (4)隱 (5)移 (6)議   3. (1)은혜 (2)인력 (3)복장 (4)의문   4. (1)ⓒ (2)㉠ (3)ⓛ (4)ⓒ   5. (1)ⓜ (2)ⓓ (3)ⓑ (4)ⓒ   6. (1)辵 (2)人 (3)田 (4)心   7. (1)印稅 (2)姿勢 (3)肉眼 (4)故障   8. (1)사회적 활동을 기피하여 숨어 삶. (2)서로 의견을 주고받음. (3)확실히 알지 못하거나 믿지 못하여 이상하게 생각함, 또는 그런 마음. (4)다른 나라의 땅으로 옮겨 가서 사는 일.

224쪽 ~ 225쪽

1. (1)장렬 (2)정비 (3)대장 (4)전학 (5)유전 (6)저질   2. (1)積 (2)賊 (3)提 (4)接 (5)張 (6)籍   3. (1)독점 (2)정치 (3)접종 (4)적군   4. (1)ⓒ (2)㉠ (3)ⓛ (4)ⓒ   5. (1)ⓒ (2)㉠ (3)ⓑ (4)ⓐ   6. (1)金 (2)支 (3)糸 (4)辵   7. (1)點心 (2)精誠 (3)制度 (4)銅錢   8. (1)오로지 한 사업을 연구 또는 담당함. (2)알맞은 한도. (3)제국(帝國)의 군주. (4)이치에 맞고 마땅함.

234쪽 ~ 235쪽

1. (1)존중 (2)증명 (3)보존 (4)지점 (5)기준 (6)교지   2. (1)增 (2)製 (3)持 (4)條 (5)衆 (6)早   3. (1)종사 (2)제품 (3)조기 (4)일주   4. (1)ⓒ (2)㉠ (3)ⓛ (4)ⓒ   5. (1)ⓜ (2)ⓒ (3)ⓓ (4)ⓘ   6. (1)鳥 (2)糸 (3)宀 (4)金   7. (1)助演 (2)組立 (3)座席 (4)印朱   8. (1)굳게 믿어 지키고 있는 생각. (2)대나무로 만든 그릇. (3)가리켜 보임. (4)목적이 뚜렷한 생각. 뜻.

246쪽 ~ 247쪽

1. (1)지략 (2)직업 (3)차이 (4)창조 (5)초대 (6)충신   2. (1)眞 (2)次 (3)請 (4)忠 (5)進 (6)察   3. (1)기지 (2)시찰 (3)초청 (4)충고   4. (1)ⓒ (2)㉠ (3)ⓒ (4)ⓛ   5. (1)㉠ (2)ⓑ (3)ⓐ (4)ⓒ   6. (1)糸 (2)刀 (3)言 (4)心   7. (1)源泉 (2)進路 (3)創刊 (4)職場   8. (1)참된 이치. (2)나아감과 물러섬. (3)성적의 차례. (4)충성스러운 신하.

256쪽 ~ 257쪽

1. (1)방치 (2)관측 (3)칭찬 (4)통탄 (5)투쟁 (6)장편   2. (1)治 (2)置 (3)探 (4)投 (5)針 (6)布   3. (1)단층 (2)경쾌 (3)성토 (4)포화   4. (1)ⓒ (2)ⓒ (3)㉠ (4)ⓛ   5. (1)ⓛ (2)ⓒ (3)ⓓ (4)ⓜ   6. (1)水 (2)肉 (3)手 (4)門   7. (1)政治 (2)脫出 (3)投身 (4)評判   8. (1)높은 층. (2)뒤로 물러남. (3)자는 방. (4)문을 닫음.

268쪽 ~ 269쪽

1. (1)표결 (2)목표 (3)대피 (4)여한 (5)난항 (6)허실   2. (1)恨 (2)閑 (3)票 (4)豊 (5)鄕 (6)賢   3. (1)폭락 (2)화해 (3)효험 (4)항쟁   4. (1)ⓒ (2)ⓛ (3)ⓓ (4)㉠   5. (1)ⓑ (2)ⓓ (3)ⓐ (4)ⓛ   6. (1)舟 (2)門 (3)心 (4)貝   7. (1)香氣 (2)大豊 (3)見解 (4)限界   8. (1)표를 끎. (2)일정한 정도. (3)고향으로 돌아감. (4)어진 어머니.

275쪽 ~ 276쪽

1. (1)호적 (2)홍엽 (3)혼란 (4)화려 (5)환경 (6)환영   2. (1)回 (2)灰 (3)候 (4)貨 (5)厚 (6)希   3. (1)약혼 (2)성황 (3)정화 (4)환대   4. (1)㉠ (2)ⓛ (3)ⓒ (4)ⓔ   5. (1)ⓒ (2)ⓜ (3)ⓓ (4)ⓜ   6. (1)厂 (2)女 (3)人 (4)口   7. (1)環境 (2)結婚 (3)血肉 (4)外貨   8. (1)둘러치는 장막. (2)확실하게 믿음. (3)기쁨과 슬픔. (4)아직 결혼하지 않음.

한자 퍼즐

127쪽

149쪽

171쪽

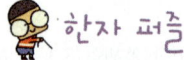

193쪽

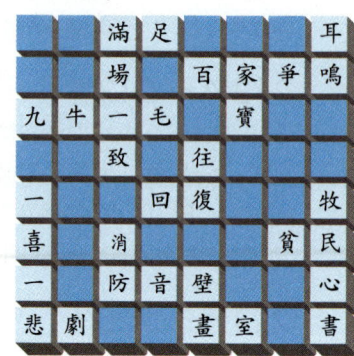

215쪽

237쪽

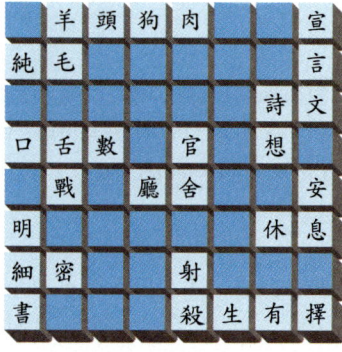

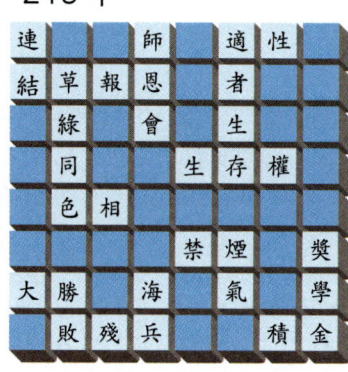

259쪽

277쪽

- 혼동하기 쉬운 한자
- 뜻이 반대(상대)되는 한자
- 뜻이 비슷한 한자
- 약자
- 첫 음절에서 長音으로 발음되는 한자
- 첫 음절에서 長短 두 가지로 발음되는 한자

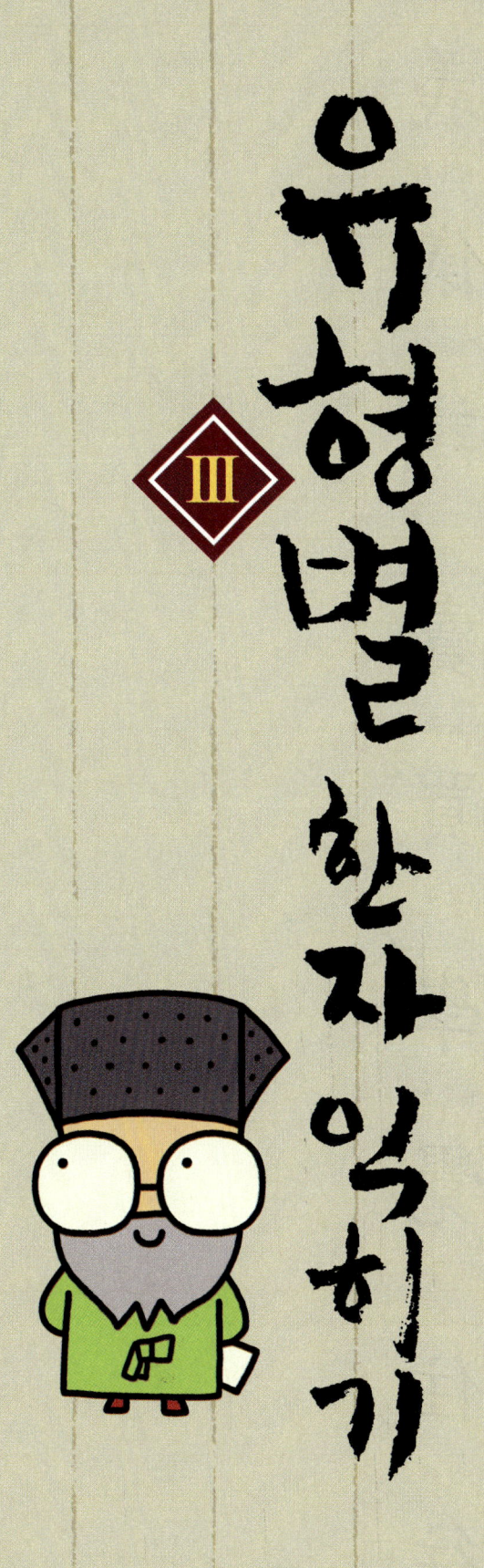

혼동하기 쉬운 한자(1)

義 옳을 의			專 오로지 전		
儀 거동 의			傳 전할 전		
議 의논할 의			轉 구를 전		
賣 팔 매			暴 사나울 폭, 모질 포		
買 살 매			爆 불터질 폭		
學 배울 학			閉 닫을 폐		
覺 깨달을 각			閑 한가할 한		
住 살 주			李 오얏·성 리		
往 갈 왕			季 계절 계		

혼동하기 쉬운 한자(1)

包 쌀 포		識 알 식, 기록할 지
砲 대포 포		織 짤 직
胞 세포 포		職 직분 직

| 儉 검소할 검 | | 險 험할 험 |
| 檢 검사할 검 | | 驗 시험 험 |

| 卷 책 권 | | 無 없을 무 |
| 券 문서 권 | | 舞 춤출 무 |

| 系 이어맬 계 | | 論 논할 론 |
| 係 맬 계 | | 輪 바퀴 륜 |

혼동하기 쉬운 한자(2)

根 뿌리 근		員 인원 원	
恨 한 한		圓 둥글 원	
限 한할 한		損 덜 손	
將 장수 장		波 물결 파	
獎 장려할 장		破 깨뜨릴 파	
榮 영화 영		制 절제할 제	
營 경영할 영		製 지을 제	
射 쏠 사		占 점령할 점, 점칠 점	
謝 사례할 사		店 가게 점	

혼동하기 쉬운 한자(2)

祭 제사 제				妨 방해할 방			
察 살필 찰				防 막을 방			
際 즈음·가 제				訪 찾을 방			
週 주일 주				聽 들을 청			
調 고를 조				廳 관청 청			
求 구할 구				官 벼슬 관			
救 구원할 구				管 대롱·주관할 관			
票 표 표				列 벌일 렬			
標 표할 표				烈 매울 렬			

혼동하기 쉬운 한자(3)

責 꾸짖을 책		盛 성할 성	
績 길쌈 적		城 재 성	
積 쌓을 적		誠 정성 성	
權 권세 권		士 선비 사	
勸 권할 권		仕 섬길 사	
努 힘쓸 노		意 뜻 의	
怒 성낼 노		億 억 억	
援 도울 원		午 낮 오	
暖 따뜻할 난		牛 소 우	

혼동하기 쉬운 한자(3)

低 낮을 저				淸 맑을 청			
底 밑 저				請 청할 청			
紙 종이 지				情 뜻 정			
警 깨우칠 경				道 길 도			
驚 놀랄 경				導 인도할 도			
敵 대적할 적				奇 기특할 기			
適 맞을 적				寄 부칠 기			
晝 낮 주				暇 틈·겨를 가			
畫 그림 화, 그을 획				假 거짓 가			

뜻이 반대(상대) 되는 한자(1)

加 더할 가 / 減 덜 감		可 옳을 가 / 否 아닐 부	
甘 달 감 / 苦 쓸 고		開 열 개 / 閉 닫을 폐	
京 서울 경 / 鄕 시골 향		功 공 공 / 過 지날 과 '허물'의 뜻도 있음	
公 공평할 공 / 私 사사 사		攻 칠 공 / 防 막을 방	

뜻이 반대(상대) 되는 한자(1)

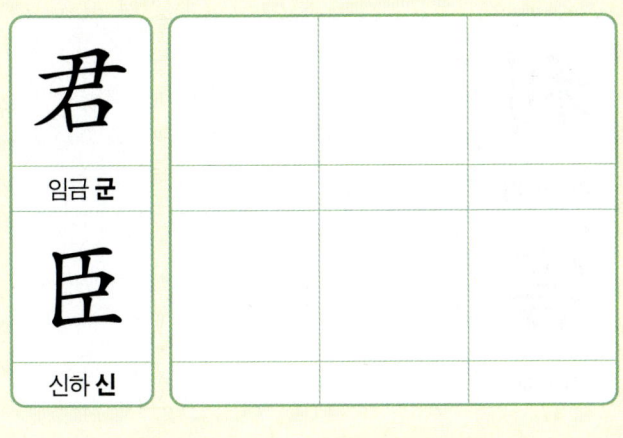

君 임금 군
臣 신하 신

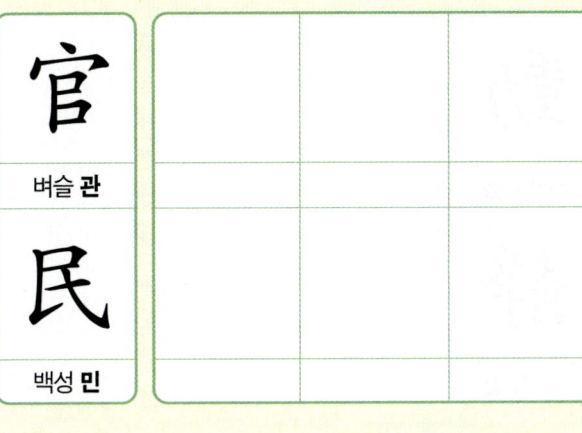

官 벼슬 관
民 백성 민

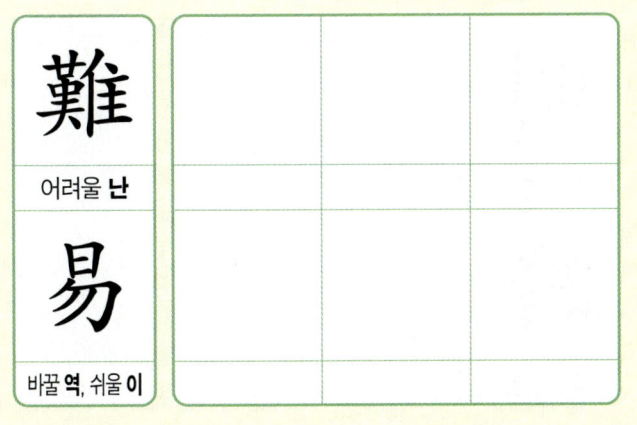

難 어려울 난
易 바꿀 역, 쉬울 이

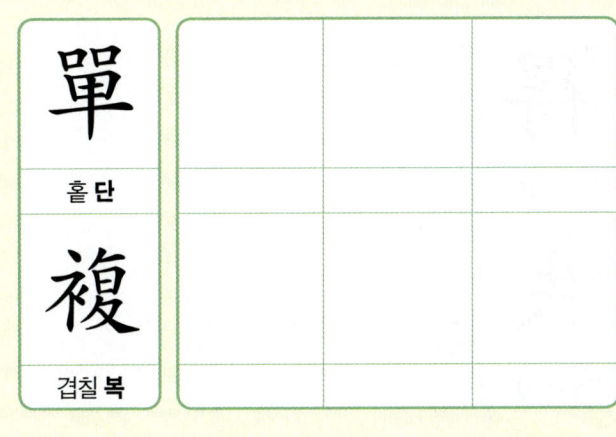

單 홑 단
複 겹칠 복

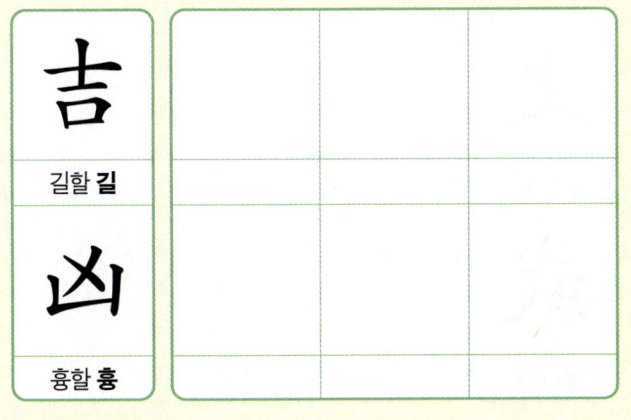

吉 길할 길
凶 흉할 흉

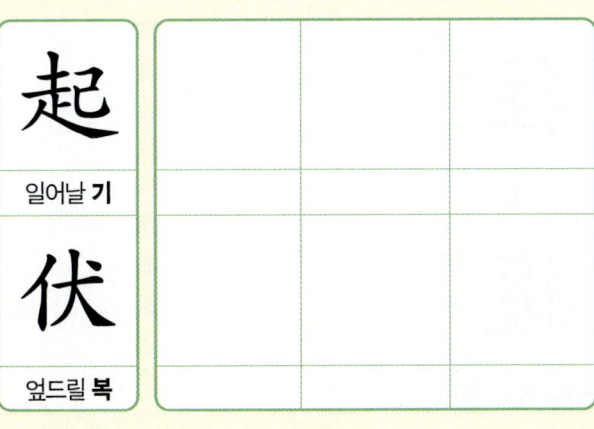

起 일어날 기
伏 엎드릴 복

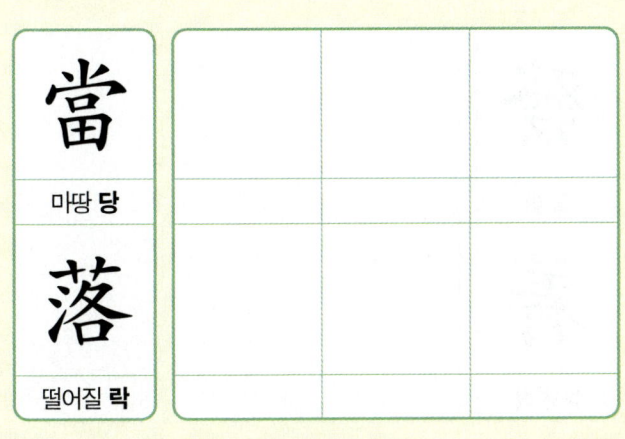

當 마땅 당
落 떨어질 락

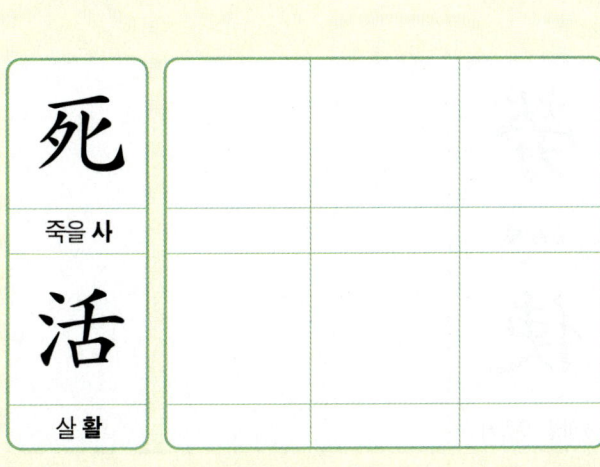

死 죽을 사
活 살 활

뜻이 반대(상대) 되는 한자(2)

動 움직일 동		利 이로울 리	
靜 고요할 정		害 해할 해	

得 얻을 득		明 밝을 명	
失 잃을 실		暗 어두울 암	

往 갈 왕		文 글월 문	
復 회복할 복, 다시 부		武 호반 무	

'출발하다'의 뜻도 있음

勞 일할 로		發 필 발	
使 하여금·부릴 사		着 붙을 착	

'도착하다'의 뜻도 있음

뜻이 반대(상대) 되는 한자(2)

離 떠날 리 / 合 합할 합		氷 얼음 빙 / 炭 숯 탄
賣 팔 매 / 買 살 매		師 스승 사 / 弟 아우 제 ('제자'의 뜻도 있음)
夫 지아비 부 / 婦 며느리 부 ('아내'의 뜻도 있음)		賞 상줄 상 / 罰 벌 벌
貧 가난할 빈 / 富 부자 부		成 이룰 성 / 敗 패할 패

뜻이 반대(상대) 되는 한자(3)

損 덜 손		順 순할 순	
益 더할 익		逆 거스를 역	

送 보낼 송		勝 이길 승	
迎 맞을 영		負 질 부	

授 줄 수		是 이·옳을 시	
受 받을 수		非 아닐 비	

'그르다'의 뜻도 있음

收 거둘 수		新 새 신	
支 지탱할 지		舊 예 구	

'주다'의 뜻도 있음

뜻이 반대(상대) 되는 한자(3)

溫 따뜻할 온 / 冷 찰 랭		陰 그늘 음 / 陽 볕 양	
與 더불·줄 여 / 野 들 야		異 다를 이 / 同 한가지 동	
玉 구슬 옥 / 石 돌 석		因 인할 인 ('원인'의 뜻도 있음) / 果 실과 과 ('결과'의 뜻도 있음)	
恩 은혜 은 / 怨 원망할 원		姉 손윗누이 자 / 妹 누이 매	

뜻이 반대(상대) 되는 한자(4)

將 장수 **장** / 兵 병사 **병**		進 나아갈 **진** / 退 물러날 **퇴**
正 바를 **정** / 誤 그르칠 **오**		眞 참 **진** / 假 거짓 **가**
自 스스로 **자** / 他 다를 **타**		集 모을 **집** / 散 흩을 **산**
主 임금·주인 **주** / 從 좇을 **종**		初 처음 **초** / 終 마칠 **종**

뜻이 반대(상대) 되는 한자(4)

'나가다'의 뜻도 있음

| 出 날 출 |
| 缺 이지러질 결 |

'바다'의 뜻도 있음

| 海 바다 해 |
| 陸 뭍 륙 |

| 虛 빌 허 |
| 實 열매 실 |

'진실'의 뜻도 있음

| 安 편안 안 |
| 危 위태할 위 |

| 黑 검을 흑 |
| 白 흰 백 |

| 喜 기쁠 희 |
| 怒 성낼 노 |

| 興 일 흥 |
| 亡 망할 망 |

| 祖 할아비 조 |
| 孫 손자 손 |

뜻이 비슷한 한자(1)

家 집가		居 살거	
宅 집택·댁		住 살주	

歌 노래가		計 셀계	
謠 노래요		算 셈산	

監 볼감		堅 굳을견	
視 볼시		固 굳을고	

巨 클거		境 지경경	
大 큰대		界 지경계	

뜻이 비슷한 한자(1)

競爭
다툴 경
다툴 쟁

考慮
생각할 고
생각할 려

階段
섬돌 계
층계 단

空虛
빌 공
빌 허

繼續
이을 계
이을 속

攻擊
칠 공
칠 격

'허물'의 뜻도 있음

孤獨
외로울 고
홀로 독

過誤
지날 과
그르칠 오

뜻이 비슷한 한자(2)

果 실과 과		具 갖출 구
實 열매 실		備 갖출 비

技 재주 기		斷 끊을 단
藝 재주 예		絶 끊을 절

救 구원할 구		談 말씀 담
濟 건널 제		話 말씀 화

'구제하다'의 뜻도 있음

年 해 년		到 이를 도
歲 해 세		達 통달할 달

뜻이 비슷한 한자(2)

徒 무리 도
黨 무리 당

毛 터럭 모
髮 터럭 발

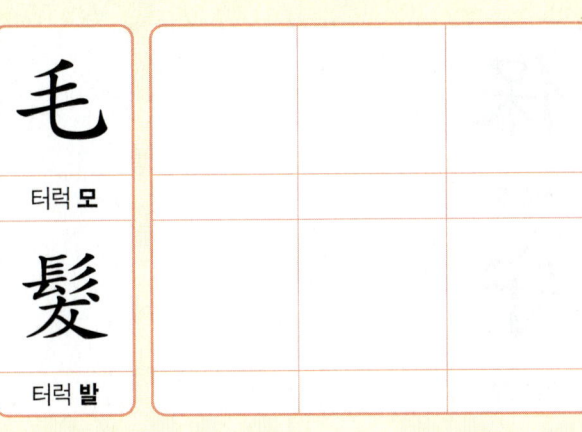

逃 도망할 도
避 피할 피

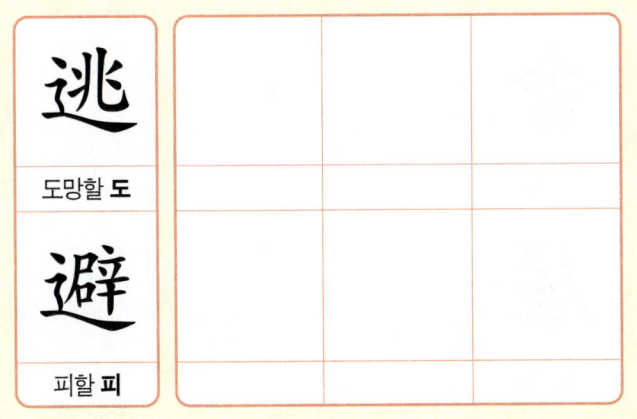

'법'의 뜻도 있음

模 본뜰 모
範 법 범

盜 도둑 도
賊 도둑 적

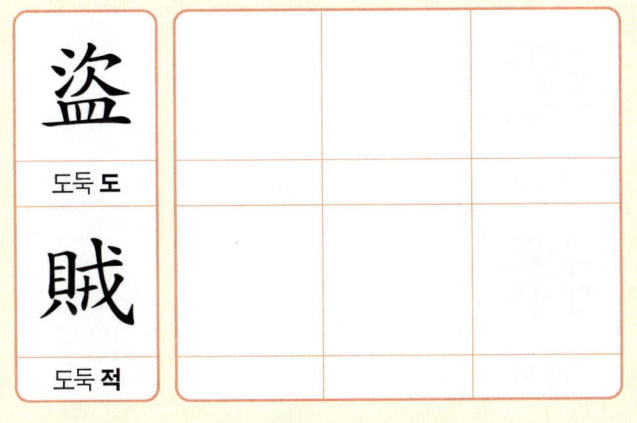

法 법 법
典 법 전

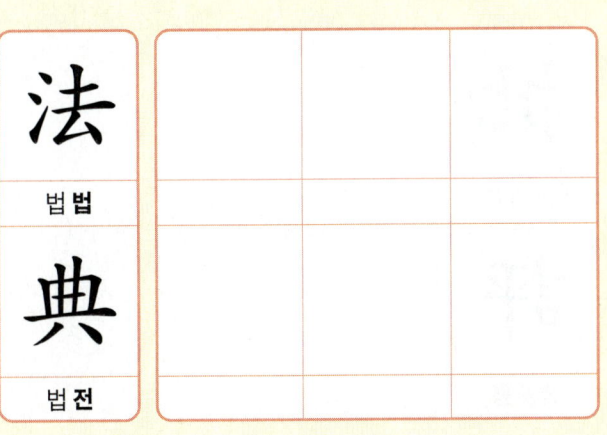

末 끝 말
端 끝 단

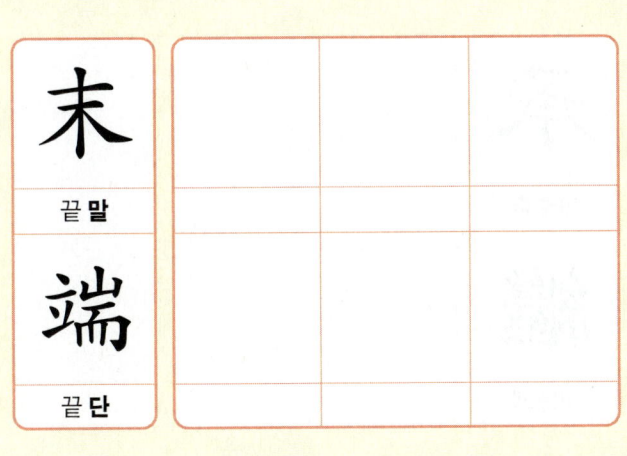

兵 병사 병
卒 마칠 졸

'군사'의 뜻도 있음

뜻이 비슷한 한자(3)

保 지킬 보 / 守 지킬 수		辭 말씀 사 / 說 말씀 설, 달랠 세
副 버금 부 / 次 버금 차		舍 집 사 / 屋 집 옥
批 비평할 비 / 評 평할 평		選 가릴 선 / 擇 가릴 택
思 생각 사 / 想 생각 상		承 이을 승 / 繼 이을 계

뜻이 비슷한 한자(3)

施 베풀 시		怨 원망할 원	
設 베풀 설		恨 한 한	
試 시험 시		恩 은혜 은	
驗 시험 험		惠 은혜 혜	
眼 눈 안		姿 모양 자	
目 눈 목		態 모습 태	
樹 나무 수		貯 쌓을 저	
木 나무 목		蓄 모을 축	

뜻이 비슷한 한자(4)

戰 싸움 전		製 지을 제	
鬪 싸움 투		造 지을 조	

停 머무를 정		存 있을 존	
留 머무를 류		在 있을 재	

帝 임금 제		朱 붉을 주	
王 임금 왕		紅 붉을 홍	

增 더할 증		知 알 지	
加 더할 가		識 알 식, 기록할 지	

뜻이 비슷한 한자(4)

層 층 **층**
階 섬돌 **계**

討 칠 **토**
伐 칠 **벌**

河 물 **하**
川 내 **천**

歡 기쁠 **환**
喜 기쁠 **희**

進 나아갈 **진**
就 나아갈 **취**

處 곳 **처**
所 바 **소**

聽 들을 **청**
聞 들을 **문**

希 바랄 **희**
望 바랄 **망**

8급~5급 약자(1)

훈·음	정자	약자	약자 쓰기	활용
값 가	價	価		価格(가격)
들 거	擧	挙		挙手(거수)
가벼울 경	輕	軽		軽重(경중)
볼 관	觀	观		观光(관광)
관계할 관	關	関		関係(관계)
넓을 광	廣	広		広告(광고)
구분할·지경 구	區	区		区分(구분)
예 구	舊	旧		新旧(신구)
나라 국	國	国		国家(국가)
기운 기	氣	気		気運(기운)
둥글 단	團	団		団体(단체)
마땅 당	當	当		正当(정당)

약자 쓰기

훈·음	정자	약자	약자 쓰기	활용
대할 대	對	对		対決(대결)
그림 도	圖	図		地図(지도)
읽을 독, 구절 두	讀	読		読書(독서)
홀로 독	獨	独		独立(독립)
즐길 락, 노래 악	樂	楽		楽園(낙원)
올 래	來	来		去来(거래)
예도 례	禮	礼		礼法(예법)
일할 로	勞	労		労動(노동)
팔 매	賣	売		売買(매매)
필 발	發	発		発見(발견)
변할 변	變	変		変化(변화)
베낄 사	寫	写		写本(사본)

8급~5급 약자(2)

훈·음	정자	약자	약자 쓰기	활용
인간 세	世	丗		丗上(세상)
셈 수	數	数		数学(수학)
열매 실	實	実		果実(과실)
아이 아	兒	児		児童(아동)
악할 악, 미워할 오	惡	悪		善悪(선악)
약 약	藥	薬		薬草(약초)
의원 의	醫	医		医院(의원)
다툴 쟁	爭	争		論争(논쟁)
전할 전	傳	伝		伝說(전설)
싸움 전	戰	战		战争(전쟁)
정할 정	定	㝎		規㝎(규정)
마칠 졸	卒	卆		卆業(졸업)

약자 쓰기

훈·음	정자	약자	약자 쓰기	활용
낮 주	晝	昼		昼夜(주야)
바탕 질	質	质		材质(재질)
참여할 참, 석 삼	參	参		参席(참석)
쇠 철	鐵	鉄		鉄道(철도)
몸 체	體	体		体育(체육)
배울 학	學	学		学校(학교)
이름 호	號	号		番号(번호)
그림 화, 그을 획	畫	画		画家(화가)
모일 회	會	会		会社(회사)

4급II, 4급 약자(1)

훈·음	정자	약자	약자 쓰기
거짓 가	假	仮	
볼 감	監	监	
검소할 검	儉	倹	
굳을 견	堅	坚	
지날·글 경	經	経	
쇳돌 광	鑛	鉱	
권세 권	權	权	
홑 단	單	単	
멜 담	擔	担	
등 등	燈	灯	
볼 람	覽	覧	
고울 려	麗	麗	

훈·음	정자	약자	약자 쓰기
깨달을 각	覺	覚	
근거 거	據	拠	
검사할 검	檢	検	
이지러질 결	缺	欠	
이을 계	繼	継	
권할 권	勸	勧	
돌아갈 귀	歸	帰	
끊을 단	斷	断	
무리 당	黨	党	
어지러울 란	亂	乱	
두 량	兩	両	
용 룡	龍	竜	

약자 쓰기

훈·음	정자	약자	약자 쓰기
떠날 리	離	雜	
줄기 맥	脈	脉	
보배 보	寶	宝	
스승 사	師	师	
형상 상, 문서 장	狀	状	
이을 속	續	続	
거둘 수	收	収	
누를 압	壓	圧	
더불·줄 여	與	与	
영화 영	榮	栄	
재주 예	藝	芸	
인원 원	員	貟	
찰 만	滿	満	
가 변	邊	辺	
부처 불	佛	仏	
말씀 사	辭	辞	
소리 성	聲	声	
붙일 속	屬	属	
엄숙할 숙	肅	粛	
엄할 엄	嚴	厳	
남을 여	餘	余	
경영할 영	營	営	
미리 예	豫	予	
할 위	爲	為	

4급II, 4급 약자(2)

훈·음	정자	약자	약자 쓰기
에워쌀 위	圍	囲	
그늘 음	陰	陰	
남을 잔	殘	残	
장할 장	壯	壮	
꾸밀 장	裝	装	
구를 전	轉	転	
점 점	點	奌	
건널 제	濟	済	
좇을 종	從	从	
보배 진	珍	珎	
곳 처	處	処	
들을 청	聽	聴	

훈·음	정자	약자	약자 쓰기
숨을 은	隱	隠	
응할 응	應	応	
섞일 잡	雜	雑	
장수 장	將	将	
장려할 장	奬	奨	
돈 전	錢	銭	
고요할 정	靜	静	
가지 조	條	条	
증거 증	證	証	
다할 진	盡	尽	
관청 청	廳	庁	
다 총	總	総	

훈·음	정자	약자	약자 쓰기		훈·음	정자	약자	약자 쓰기	
벌레 충	蟲	虫			이 치	齒	歯		
일컬을 칭	稱	称			탄알 탄	彈	弾		
가릴 택	擇	択			풀 해	解	觧		
빌 허	虛	虚			험할 험	險	険		
시험 험	驗	験			어질 현	賢	贤		
나타날 현	顯	顕			기쁠 환	歡	欢		
일 흥	興	兴							

첫 음절에서 長音으로 발음되는 漢字

讀音	漢字	漢字語		讀音	漢字	漢字語		讀音	漢字	漢字語	
가:	可	可能	可否	구:	舊	舊式	舊正	면:	面	面民	面長
	假	假令	假定		救	救助	救出		勉	勉勵	勉學
감:	感	感激	感謝	군:	郡	郡守	郡廳	명:	命	命令	命脈
	減	減少	減點	권:	勸	勸告	勸勉	모:	母	母情	母親
	敢	敢然	敢行	귀:	貴	貴族	貴重	묘:	妙	妙技	妙味
강:	講	講堂	講演		歸	歸家	歸省客		墓	墓所	墓地
갱:	更	更生	更年	근:	近	近代	近處	무:	武	武器	武術
거:	擧	擧手	擧行	금:	禁	禁煙	禁止		務	務望	
	去	去來	去勢		暖	暖帶	暖流		舞	舞曲	舞臺
	巨	巨大	巨物	난:				문:	問	問答	問題
	據	據點		내:	內	內部	內外	반:	反	反對	反省
	拒	拒否	拒絶	념:	念	念頭	念願		半	半年	半身
건:	建	建國	建物	노:	怒	怒氣	怒色	방:	訪	訪問	訪美
	健	健康	健在	단:	斷	斷食	斷水	배:	配	配給	配慮
검:	檢	檢査	檢出	대:	代	代理	代讀		背	背景	背後
	儉	儉素	儉約		對	對答	對話		拜	拜禮	拜退
견:	見	見聞	見學		待	待機	待望	범:	範	範圍	範疇
경:	敬	敬禮	敬意	도:	道	道德	道路		犯	犯人	犯行
	競	競技	競爭		到	到着	到處	변:	變	變節	變化
	慶	慶事	慶祝		導	導入	導水路		辨	辨明	辨別
	警	警戒	警告	동:	動	動物	動産	병:	病	病苦	病死
	鏡	鏡臺	鏡浦臺		洞	洞里	洞名	보:	報	報告	報復
계:	界	界標	界面調	등:	等	等級	等數		寶	寶物	寶石
	計	計算	計劃	란:	亂	亂動	亂離		步	步調	步行
	係	係員	係長	랑:	朗	朗讀	朗報		普	普及	普通
	繼	繼續	繼承	랭:	冷	冷房	冷水	봉:	奉	奉仕	奉養
	戒	戒律	戒嚴令	량:	兩	兩家	兩親	부:	富	富者	富平
	季	季氏	季節	련:	練	練習	練兵場		復	復活	復興
	系	系列	系統	례:	例	例事	例示		副	副業	副班長
고:	古	古物	古書		禮	禮節	禮式場		否	否決	否定
	告	告發	告白	로:	老	老少	老人		負	負擔	負傷
곤:	困	困窮	困難		路	路上	路資	분:	憤	憤怒	憤敗
공:	共	共同	共産	리:	里	里數	里長	비:	比	比例	比率
	孔	孔氏	孔子		理	理論	理想	사:	四	四面	四方
	攻	攻擊	攻防		利	利益	利害		事	事理	事物
과:	過	過去	過失		李	李氏	李太祖		使	使命	使用
광:	廣	廣告	廣州		離	離別	離婚		史	史記	史學
	鑛	鑛夫	鑛石	마:	馬	馬上		산:	算	算數	算出
교:	校	校舍	校長	만:	萬	萬能	萬歲	상:	上	上品	上下
교:	敎	敎育	敎科書	망:	望	望鄕	望遠鏡		想	想念	想定
				매:	買	買受	買入				

':'는 長音 표시

讀音	漢字	漢字語		讀音	漢字	漢字語		讀音	漢字	漢字語	
서:	序	序論	序文	유:	有	有名	有罪	타:	打	打擊	打字
선:	善	善惡	善行	응:	應	應答	應援	탄:	歎	歎聲	歎息
성:	姓	姓名	姓氏	의:	意	意味	意志	태:	態	態度	態勢
	性	性格	性質	이:	二	二百	二學年	통:	統	統一	統制
세:	世	世界	世上		異	異見	異常	퇴:	退	退去	退學
	勢	勢道	勢力	자:	姿	姿勢	姿態	파:	破	破壞	破損
	細	細密	細心	장:	壯	壯觀	壯年	패:	敗	敗北	敗退
	稅	稅金	稅務	재:	在	在野	在學	평:	評	評價	評論
소:	小	小說	小心		再	再開	再建	폐:	閉	閉店	閉會
	少	少女	少年		貯	貯金	貯蓄	포:	砲	砲擊	砲彈
손:	損	損失	損害	저:	底	底力	底意	품:	品	品質	品行
송:	送	送金	送別	전:	電	電氣	電話	피:	避	避難	避身
수:	數	數字	數學		戰	戰爭	戰鬪	하:	下	下級	下等
순:	順	順序	順次		展	展開	展覽		夏	夏期	夏至
시:	市	市民	市長	정:	定	定價	定員	한:	漢	漢文	漢字
	始	始作	始祖	제:	第	第一	第三者		限	限界	限度
	是	是非	是認		製	製作	製造	항:	港	港口	港都
신:	信	信義	信任		制	制度	制動		航	航空	航路
안:	案	案件	案內		帝	帝國	帝王	해:	海	海上	海洋
	眼	眼鏡	眼目	조:	助	助教	助力		害	害國	害毒
암:	暗	暗算	暗示		造	造語	造作		解	解決	解散
야:	野	野黨	野心	좌:	左	左右	左遷	행:	幸	幸福	幸運
	夜	夜間	夜學		座	座席	座中	향:	向	向上	向後
양:	養	養分	養成	죄:	罪	罪過	罪名	헌:	憲	憲法	憲兵
어:	語	語感	語學	주:	住	住所	住宅	험:	險	險談	險惡
여:	與	與黨	與野	중:	重	重大	重要	현:	現	現代	現住所
연:	演	演技	演藝	진:	進	進步	進行		顯	顯官	顯示
영:	永	永久	永遠	찬:	讚	讚歌	讚美	혜:	惠	惠存	惠化洞
예:	藝	藝能	藝術	창:	創	創作	創造	호:	護	護國	護衛
	豫	豫備	豫習	채:	採	採伐	採取		戶	戶籍	戶主
오:	午	午前	午後	처:	處	處女	處罰	혼:	混	混亂	混合
	誤	誤算	誤解	촌:	寸	寸數	寸志	화:	畫	畫家	畫室
왕:	往	往來	往十里		村	村婦	村落		貨	貨物	貨主
외:	外	外國	外遊	총:	總	總理	總務	회:	會	會員	會議
요:	曜	曜日		최:	最	最新	最後	효:	孝	孝道	孝子
용:	勇	勇敢	勇氣	취:	取	取得	取材		效	效果	效力
우:	右	右相			趣	趣味	趣意	후:	後	後日	後退
	雨	雨期	雨天時		就	就業	就職		候	候補	候鳥
운:	運	運動	運命	치:	致	致富	致謝		厚	厚待	厚意
원:	遠	遠景	遠近	침:	寢	寢具	寢室	훈:	訓	訓戒	訓練

첫 음절에서 長短 두 가지로 발음되는 漢字

':'는 長音 표시

漢字	讀音	漢字語	漢字	讀音	漢字語	漢字	讀音	漢字語
街	가: 가	街道 街頭 街路燈	類	류(유): 류(유)	類別 類推 類달리	要	요: 요	要綱 要求 要領 要緊
間	간: 간	間食 間接 間數	滿	만: 만	滿場 滿面 滿期 滿足	任	임: 임	任命 任官 任氏
簡	간: 간	簡易 簡紙 簡單 簡潔	每	매: 매	每年 每事 每日 每樣	長	장: 장	長男 長官 長短 長點
強	강: 강	強制 強盜 強國 強大	賣	매: 매	賣上 賣店 賣買	將	장: 장	將兵 將校 將來 將次
個	개: 개	個性 個別 個人	聞	문: 문	聞見 聞一知十 聞慶	正	정: 정	正直 正義 正月 正初
景	경: 경	景福宮 景仰 景致 景氣	美	미: 미	美術 美男 美軍 美國	操	조: 조	操心 操作 操行
考	고: 고	考試 考古學 考案 考察	未	미: 미	未開 未來 未安	種	종: 종	種類 種別 種子 種族
故	고: 고	故人 故事 故鄕	放	방: 방	放送 放心 放學	從	종: 종	從祖 從兄 從事 從軍
課	과: 과	課稅 課程 課業	保	보: 보	保護 保健 保證	針	침: 침	針母 針線 針形 針葉樹
口	구: 구	口號 口頭 口錢 口文	分	분: 분	分量 分數없다 分明 分母	討	토: 토	討論 討議 討伐 討破
具	구: 구	具氏 具備 具體的	粉	분: 분	粉紅 粉末 粉筆	包	포: 포	包圍 包容 包裝 包含
勤	근: 근	勤勞 勤務 勤苦 勤하다	思	사: 사	思想 思考 思念	布	포: 포	布敎 布告 布木 布帳
難	난: 난	難色 難處 難關 難局	射	사: 사	射臺 射亭 射擊 射手	胞	포: 포	胞胎 胞衣 胞子
短	단: 단	短文 短髮 短點 短縮	掃	소: 소	掃除 掃地 掃海 掃射	韓	한: 한	韓國 韓食 韓氏 韓山李氏
大	대: 대	大國 大小 大田 大斗	素	소: 소	素服 素質 素材	行	행: 행	行實 行動 行進
帶	대: 대	帶同 帶靑色 帶狀 帶分數	孫	손: 손	孫이 번성하다 孫子 孫女	火	화: 화	火災 火藥 火曜日
冬	동: 동	冬期 冬服 冬至	手	수: 수	手巾 手話 手帖	化	화: 화	化石 化身 化學 化粧室
來	래(내): 래(내)	來客 來世 來年 來日	受	수: 수	受苦 受講 受略	興	흥: 흥	興味 興나다 興亡 興하다
令	령(영): 령(영)	令監 令狀 令夫人	試	시: 시	試食 試圖 試驗			
料	료(요): 료(요)	料食 料金 料理 料量	爲	위: 위	爲國 爲人			

- 출제 경향과 유형 익히기
- 기출 유사 문제
- 적중 예상 문제
- 모범 답안

실전 감각 익히기 IV

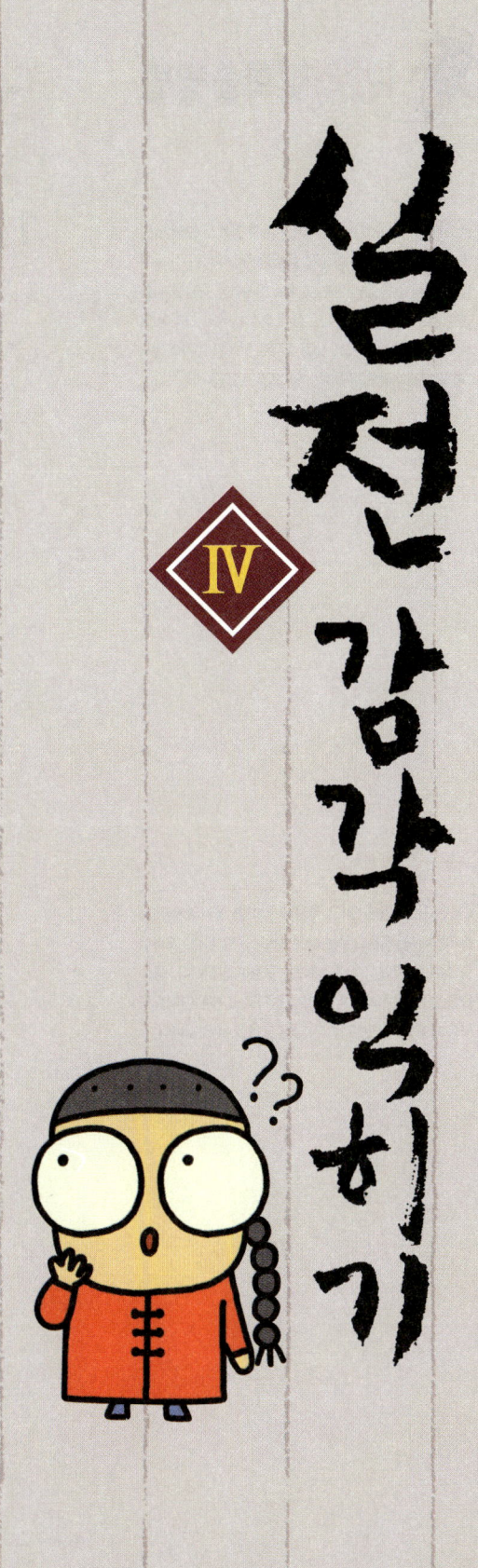

출제 경향과 유형 익히기 (4급)

▶ 평소에 한자로 표기된 한자어를 자주 접해서 눈에 익도록 하세요. 한자어는 이렇게 실생활에서 익히는 것이 가장 좋은 학습 방법입니다. 그리고 한자어의 독음을 익힐 때는 반드시 한자어의 뜻도 함께 숙지하세요. 그래야 오래도록 기억할 수 있고 설령 2자로 구성된 한자어에서 1자를 모르더라도 유추해서 알아낼 수 있답니다.

유형1 한자어의 독음을 쓰는 유형
전체 100문제 중에서 30문제 정도 출제되는 유형으로, 한자어를 제대로 읽을 수 있는지 알아보고자 출제되는 문제입니다.

1 다음 漢字語의 讀音을 쓰시오. (1~25)

(1) 減員 (　　　)　　(2) 就職 (　　　)
(3) 儉素 (　　　)　　(4) 降伏 (　　　)
(5) 侵攻 (　　　)　　(6) 探究 (　　　)
(7) 討議 (　　　)　　(8) 抗拒 (　　　)
(9) 證據 (　　　)　　(10) 姿態 (　　　)
(11) 權勢 (　　　)　　(12) 閑暇 (　　　)
(13) 刑罰 (　　　)　　(14) 群衆 (　　　)
(15) 復活 (　　　)　　(16) 憤怒 (　　　)
(17) 判斷 (　　　)　　(18) 嚴肅 (　　　)
(19) 危險 (　　　)　　(20) 環境 (　　　)
(21) 批評 (　　　)　　(22) 看護 (　　　)
(23) 招請狀 (　　　)　　(24) 指揮官 (　　　)
(25) 視聽覺 (　　　)

▶ 4급부터는 지문을 읽고 물음에 답하는 형식의 문제가 출제됩니다. 지문으로는 신문 사설, 문학 작품, 교과서 등 실제 생활에서 자주 대하는 글들이 실립니다. 평소 글을 읽을 때 한자어의 뜻이나 한자로 표기된 단어들의 독음에 유의한다면 학습에 많은 도움이 될 것입니다.

※ 다음 글을 읽고, 물음에 답하시오.

　　우리는 살아가면서 많은 것을 느끼고 생각한다. ³¹自然이나 ³²人生의 아름다움에 대한 ³³感動이 있고 기쁨, 슬픔, 외로움, 그리움, 고마움 등이 시시때때로 마음 속 깊이 느껴지는 감정들도 있다. 그리고 지난 일들을 돌아보거나 앞으로의 일을 ²⁶希望하며 머릿속에서 생각하는 것들도 있다.
　　사람은 이러한 느낌과 생각들을 ³⁴표현하고 싶은 욕구를 가지고 있다. 그래서 그림도 그리고 조각도 하고 ³⁵음악이나 무용, ²⁷演劇을 통해서 표현하기도 하며 또는 글로써 나타내기도 한다. 이것을 우리는 예술이라고 ²⁸總稱한다. 그리고 이 중에서 언어를 통해 표현한 것을 문학이라고 일컫는다. 언어는 사람만이 가진 것으로써 사람은 언어를 통해 ³⁶사고하고 그 ³⁷결과를 표현할 수 있다. 문학에 사용하는 언어는 일상 생활에서 의사 ²⁹傳達을 하는데 일반적으로 ³⁸사용하는 일상어를 ³⁹문학적으로 다듬은 것이다. 또는 평범한 일상어를 ³⁰適切하게 사용함으로써 ³⁹문학적인 ⁴⁰효과를 높이기도 한다.

출제 경향과 유형 익히기

유형2 한자로 표기된 단어의 독음을 쓰는 유형
전체 100문제 중에서 5문제 정도 출제되는 유형으로, 지문에 한자로 표기된 단어를 제대로 읽을 수 있는지 알아보고자 출제되는 문제입니다.

2_ 윗글에서 밑줄 친 26~30의 漢字語에 讀音을 쓰시오. (26~30)

(26) 希望 (   )   (27) 演劇 (   )
(28) 總稱 (   )   (29) 傳達 (   )
(30) 適切 (   )

▶ 평소 글을 읽을 때 한자로 표기 된 단어를 정확하게 읽는 습관을 길러야 합니다. 우리 주변에서 쉽게 접할 수 있는 신문에는 한자로 표기된 한자어들이 많이 나오므로 이를 활용하면 좋을 것입니다. 그러나 써 보지 않고 읽는 것만 연습한다면 시간이 지남에 따라 익혔던 한자를 쉽게 잊어버리게 됩니다. 익힌 한자를 오래도록 명확하게 기억하기 위해서는 쓰는 훈련이 반드시 동반되어야 한답니다.

유형3 한자어의 독음에 알맞은 한자를 쓰는 유형
전체 100문제 중에서 10문제 정도 출제되는 유형으로, 한자어의 독음에 해당하는 한자를 정확하게 쓰는 문제입니다.

3_ 윗글에서 밑줄 친 31~40의 漢字語를 漢字로 쓰시오. (31~40)

(31) 자연 (   )   (32) 인생 (   )
(33) 감동 (   )   (34) 표현 (   )
(35) 음악 (   )   (36) 사고 (   )
(37) 결과 (   )   (38) 사용 (   )
(39) 문학적 (   ) (40) 효과 (   )

▶ 한자어에는 同音異義語(동음이의어 : 음은 같으나 뜻이 다른 한자어)가 많아 문맥상 어떤 한자어가 적당한지 헷갈리는 경우가 많습니다. 한자어를 익힐 때에 독음과 뜻뿐만 아니라 한자어가 문장에서 어떻게 활용되는지도 확인한다면 문맥에 맞는 한자어를 정확히 쓸 수 있을 것입니다.

유형4 한자어의 첫소리가 長音인 것을 고르는 유형
전체 100문제 중에서 3문제 정도 출제되는 유형으로, 한자어의 첫소리가 長音인 것을 고르는 문제입니다.

4_ 윗글에서 밑줄 친 漢字語 31~40에서 첫소리가 長音인 것을 골라 3개를 쓰시오. (41~43)

(41) (   )   (42) (   )   (43) (   )

▶ 장음과 단음을 고르는 문제는 상당히 어렵습니다. 한자를 암기할 때 영어 단어처럼 발음 기호에 신경을 써서 익히는 것이 아니라서 더욱 그렇습니다. 단순하게 한자 하나하나 장단음을 외우지 말고 평소 단어를 발음할 때 장단음을 정확하게 구별하여 학습하는 것이 가장 효과적인 방법이라 하겠습니다.

유형5 한자어의 뜻풀이에 알맞은 한자를 쓰는 유형
전체 100문제 중에서 5문제 정도 출제되는 유형으로, 한자어의 뜻풀이에 해당하는 정확한 한자어를 쓰는 문제입니다.

5_ 다음 漢字語를 漢字로 쓰시오. (44~48)

(44) 필담 (글로 써서 의사를 통함.) - (   )
(45) 예절 (예의와 절도. 예의 범절) - (   )
(46) 상품 (사고 파는 물품) - (   )
(47) 개선 (좋은 방향으로 고침.) - (   )
(48) 관객 (구경하는 사람. 구경꾼) - (   )

▶ 한자어로 된 단어를 한자로 지속적으로 써 보는 것이 중요합니다. 한자를 잘 안다고 하는 학생들도 막상 써 보라고 하면 쓰지 못하는 경우가 많습니다. 읽는 훈련은 잘 되었지만 쓰는 훈련이 부족해서입니다. 또 이 유형은 독음과 뜻풀이가 나오기 때문에 정확한 훈과 음을 알고 있어야만 바르게 쓸 수 있습니다.

유형6 한자의 훈과 음을 쓰는 유형
전체 100문제 중에서 22문제 정도 출제되는 유형으로, 한자의 훈과 음을 정확하게 숙지하고 있는지 파악하고자 출제되는 문제입니다.

▶ 한자를 익힐 때 가장 우선적으로 학습해야 할 부분입니다. 한자의 정확한 훈과 음을 알지 못하고서는 한자어의 뜻을 풀이하거나 한문을 해독할 수 없기 때문입니다. 유의할 점은 한자능력검정시험을 주관하는 '한국어문회'에서는 자신들이 제시한 대표 훈·음으로 표기하는 것을 원칙으로 하고 있다는 것입니다. 반드시 본 책에서 제시한 훈과 음으로 한자를 익혀야 합니다.

6_ 다음 漢字의 訓과 音을 쓰시오. (49~68)

(49) 混 (　　　)　　(50) 確 (　　　)
(51) 街 (　　　)　　(52) 航 (　　　)
(53) 核 (　　　)　　(54) 胞 (　　　)
(55) 蓄 (　　　)　　(56) 陣 (　　　)
(57) 誌 (　　　)　　(58) 創 (　　　)
(59) 提 (　　　)　　(60) 宗 (　　　)
(61) 條 (　　　)　　(62) 紀 (　　　)
(63) 潮 (　　　)　　(64) 障 (　　　)
(65) 籍 (　　　)　　(66) 認 (　　　)
(67) 援 (　　　)　　(68) 誤 (　　　)

유형7 한자의 훈과 음에 알맞은 한자를 쓰는 유형
전체 100문제 중에서 7문제 정도 출제되는 유형으로, 한자의 훈과 음에 해당하는 정확한 한자를 쓰는 문제입니다.

▶ 한자를 익힐 때에는 한자의 훈과 음을 정확히 숙지해야 합니다. 왜냐하면 한자에는 훈은 같은데 음이 다른 경우도 있고, 음은 같은데 훈이 다른 경우도 많기 때문입니다. 또 한자를 정확히 익히기 위해서는 익힐 때 자주 써 보는 것이 중요합니다. 그리고 한자를 쓸 때에는 소리 내어 훈과 음을 읽어 보아야 좋은 학습 효과를 거둘 수 있습니다.

7_ 다음 訓과 音에 알맞은 漢字語를 漢字로 쓰시오. (69~75)

(69) 굳셀 건 (　　　)　　(70) 가벼울 경 (　　　)
(71) 귀할 귀 (　　　)　　(72) 거느릴 령 (　　　)
(73) 베낄 사 (　　　)　　(74) 클 위 (　　　)
(75) 마칠 졸 (　　　)

유형8 상대 또는 반대 되는 한자를 찾는 유형
전체 100문제 중에서 5문제 정도 출제되는 유형으로, 한자의 의미를 알고 그 상대 또는 반대 되는 한자를 유추하는 난이도가 높은 문제입니다.

▶ 먼저 주어진 한자의 정확한 뜻을 파악한 후에 상대 또는 반대 되는 한자를 유추하여야 하는 어려운 문제라고 할 수 있습니다. 그러나 이런 유형의 문제는 시험에 출제되는 한자가 한정되어 있기 때문에 뜻이 상대 또는 반대 되는 한자로 이루어진 한자어를 중심으로 익힌다면 어렵지 않게 문제를 풀 수 있을 것입니다.

8_ 다음 漢字의 뜻이 반대(상대) 되는 글자를 연결하여 漢字語를 만드시오. (76~78)

(76) 始 − (　　　)　　(77) 利 − (　　　)
(78) 勞 − (　　　)

출제 경향과 유형 익히기

유형9 한자어의 반대어를 한자로 쓰는 유형
전체 100문제 중에서 3문제 정도 출제되는 유형으로, 한자어의 반대어를 쓰는 문제입니다.

9_ 다음 漢字語의 反對語를 漢字로 쓰시오. (79~81)

(79) 不運 - (　　　)　　(80) 登校 - (　　　)
(81) 成功 - (　　　)

 대책 및 학습 방법

▶ 8번 유형과는 유사하지만 전혀 다릅니다. 8번 유형은 한자의 반대자나 상대자만 찾으면 되지만, 이 유형은 한자어의 의미와 반대 되는 단어를 먼저 알아야 쓸 수 있는 문제입니다. 한자어를 익힐 때 그와 반대 되는 뜻을 가진 한자어를 함께 익히는 것이 좋은 학습 방법이라 하겠습니다.

유형10 뜻이 비슷한 한자를 쓰는 유형
전체 100문제 중에서 3문제 정도 출제되는 유형으로, 한자의 의미를 알고 그 뜻과 비슷한 한자를 유추하는 비교적 난이도가 높은 문제입니다.

10_ 다음 각 글자와 뜻이 비슷한 漢字를 적어 單語를 完成하시오. (82~84)

(82) (　　　) - 章　　(83) 競 - (　　　)
(84) 技 - (　　　)

▶ 뜻이 비슷한 한자를 찾는 문제는 먼저 한자의 정확한 뜻을 파악한 후에 비슷한 뜻을 가진 한자를 유추하여야 하는 비교적 어려운 문제라고 할 수 있습니다. 그러나 이와 같은 유형의 문제는 시험에 출제되는 한자가 한정되어 있기 때문에 뜻이 비슷한 한자로 이루어진 한자어를 중심으로 익힌다면 어렵지 않게 문제를 풀 수 있을 것입니다.

유형11 제시된 한자어와 독음은 같고 뜻은 다른 한자어를 쓰는 유형
전체 100문제 중에서 3문제 정도 출제되는 유형으로, 제시된 한자어와 독음은 같되 뜻은 다른 한자어를 쓰는 문제입니다.

11_ 다음 單語의 同音異義語를 쓰되, 제시된 뜻에 맞추시오. (85~87)

(85) 父情 - (　　　) : 일정하지 아니함.
(86) 冬至 - (　　　) : 목적이나 뜻이 서로 같음.
(87) 專攻 - (　　　) : 전투에서 세운 공로

▶ '同音異義語(동음이의어)' 란 음은 같으나 뜻이 다른 한자어를 이르는 말입니다. 독음이 같은 한자어들을 정확히 구분하기 위해서는 한자어를 익힐 때 독음만 익힐 것이 아니라 반드시 그 뜻과 함께 익히도록 해야 합니다. 동음이의어들을 한데 모아 익힌다면 더욱 좋은 학습 효과를 얻을 수 있을 것입니다.

유형12 한자의 약자를 쓰는 유형
전체 100문제 중에서 3문제 정도 출제되는 유형으로, 한자의 약자를 정확히 쓸 수 있는지를 알아보는 문제입니다.

12_ 다음 漢字를 略字로 바꾸어 쓰시오. (88~89)

(88) 舊 - (　　　)　　(89) 發 - (　　　)

▶ 획수가 많은 한자를 간단하게 줄여 쓴 것을 略字(약자)' 라고 합니다. 정자가 기본이지만 획수가 많은 경우에는 약자를 쓰기도 합니다. 특히 중국이나 일본에서는 약자를 많이 사용하므로 익혀 두는 것이 유용하다고 할 수 있겠습니다.

출제 경향과 유형 익히기

> 한자 성어를 완성하는 문제는 그 성어의 의미를 완전히 이해한 후에, 그 의미를 이용하여 한자를 유추해 내는 문제 유형입니다. 한자 성어를 학습할 때는 반드시 한자의 뜻을 정확히 이해한 후에 의미를 이해해야 할 것입니다.

유형13 한자 성어를 완성하는 유형
전체 100문제 중에서 5문제 정도 출제되는 유형으로, 한자 성어의 일부를 찾아 한자 성어를 완성하는 문제입니다.

13_ 다음 ( ) 안에 알맞은 漢字를 써서 四字成語를 완성하시오. (90~95)

(90) 難( )難弟　　　　(91) 馬( )東風
(92) 聞一( )十　　　　(93) 九( )一毛
(94) 明鏡( )水　　　　(95) 殺( )成仁

유형14 한자의 부수를 찾는 유형
전체 100문제 중에서 2문제 정도 출제되는 유형으로, 한자의 뜻과 관련 있는 부수를 찾아내는 문제입니다.

> 한자의 부수를 찾을 때는 먼저 한자의 정확한 뜻을 파악한 후에 부수를 유추해야 합니다. 왜냐하면 부수는 그 글자의 뜻과 밀접한 관련이 있기 때문입니다. 한자를 익힐 때 그 글자의 부수를 알아두면 뜻을 익히는 데 많은 도움이 됩니다.

14_ 다음 漢字의 部首를 쓰시오. (96~97)

(96) 飛 - ( )　　　　(97) 墓 - ( )

유형15 한자어의 뜻을 풀이하는 유형
전체 100문제 중에서 3문제 정도 출제되는 유형으로, 한자어의 뜻을 정확히 이해하고 있는지 알아보는 문제입니다.

> 한자어의 뜻을 묻는 문제는 대체로 뜻이 분명하고 간결한 한자어가 출제됩니다. 따라서 한자어의 짜임을 분석하여 뜻을 파악하는 노력이 필요하다고 하겠습니다.

15_ 다음 漢字語의 뜻을 풀이하시오. (98~100)

(98) 水溫 : ( )
(99) 讀書 : ( )
(100) 東風 : ( )

한자능력검정시험 4급Ⅱ 기·출·유·사·문·제

1_ 다음 漢字語의 讀音을 쓰시오. (1~35)

(1) 所得 (　　) (2) 將來 (　　)
(3) 子宮 (　　) (4) 權勢 (　　)
(5) 傳達 (　　) (6) 確信 (　　)
(7) 缺禮 (　　) (8) 故鄕 (　　)
(9) 淸掃 (　　) (10) 素材 (　　)
(11) 施設 (　　) (12) 雄飛 (　　)
(13) 訪韓 (　　) (14) 敵軍 (　　)
(15) 禁煙 (　　) (16) 慶事 (　　)
(17) 提督 (　　) (18) 樹液 (　　)
(19) 罰則 (　　) (20) 硏修 (　　)
(21) 潔白 (　　) (22) 夫婦 (　　)
(23) 伐木 (　　) (24) 非常 (　　)
(25) 病患 (　　) (26) 毛根 (　　)
(27) 細分 (　　) (28) 歲拜 (　　)
(29) 稅金 (　　) (30) 職場 (　　)
(31) 障壁 (　　) (32) 政黨 (　　)
(33) 報恩 (　　) (34) 誤解 (　　)
(35) 應試 (　　)

2_ 다음 文章에서 밑줄 친 漢字語를 漢字로 쓰시오. (36~45)

(36) 새 물건을 저렴한 <u>가격</u>에 구입했다. - (　　)
(37) 시내에 있는 <u>특급</u> 호텔에 묵고 있다. - (　　)
(38) 꽃들이 가득한 <u>정원</u>으로 나비가 날아들었다. - (　　)
(39) 친구들은 대부분 <u>명랑</u>한 성격을 갖고 있다. - (　　)
(40) 기상 악화로 예정보다 3시간 늦게 <u>도착</u>했다. - (　　)
(41) 그 사업가는 <u>재산</u>의 일부를 사회에 기부하였다. - (　　)
(42) 수학을 잘 하는 현주에게 간단한 <u>계산</u>을 부탁했다. - (　　)
(43) 학생들은 하나라도 놓칠세라 <u>필기</u>에 여념이 없었다. - (　　)
(44) 업무 마감 직전에 가까스로 <u>은행</u> 업무를 볼 수 있었다. - (　　)
(45) 설거지를 하시던 어머니는 젖은 손으로 <u>전화</u>를 받으셨다. - (　　)

3_ 다음 漢字語를 漢字로 쓰시오. (46~55)

(46) 연후 : 그런 뒤 - (　　)
(47) 아동 : 어린 아이 - (　　)
(48) 효심 : 효도하는 마음 - (　　)
(49) 승리 : 겨루어서 이김. - (　　)
(50) 현대 : 지금의 이 시대 - (　　)
(51) 약초 : 약으로 쓰는 풀 - (　　)
(52) 농업 : 농사를 짓는 직업 - (　　)
(53) 미술 : 미를 표현하는 예술 - (　　)
(54) 활동 : 몸을 움직여 행동함. - (　　)
(55) 식순 : 의식을 진행하는 순서 - (　　)

4_ 다음 漢字의 訓과 音을 쓰시오. (56~77)

(56) 料 (　　) (57) 視 (　　)
(58) 爲 (　　) (59) 副 (　　)
(60) 取 (　　) (61) 蓄 (　　)
(62) 島 (　　) (63) 壓 (　　)

기출 유사 문제

(64) 吸 (　　　)　(65) 貨 (　　　)
(66) 起 (　　　)　(67) 舍 (　　　)
(68) 唱 (　　　)　(69) 景 (　　　)
(70) 滿 (　　　)　(71) 波 (　　　)
(72) 回 (　　　)　(73) 授 (　　　)
(74) 佛 (　　　)　(75) 製 (　　　)
(76) 眼 (　　　)　(77) 怒 (　　　)

8_ 다음 漢字語와 音은 같되 뜻이 다른 漢字語가 되도록 (　) 안에 漢字를 쓰시오. (89~91)

(89) 過失 - 果(　　　) : 과일
(90) 節減 - 切(　　　) : 절실하게 느낌.
(91) 消息 - 小(　　　) : 음식을 적게 먹음.

5_ 다음 (　) 안에 알맞은 漢字를 써서 四字成語를 완성하시오. (78~82)

(78) (　　　)風落葉　(79) 一口二(　　　)
(80) (　　　)貧樂道　(81) 語不成(　　　)
(82) 敬天愛(　　　)

9_ 다음 漢字의 略字(약자)를 쓰시오. (92~94)

(92) 世 - (　　　)
(93) 卒 - (　　　)
(94) 國 - (　　　)

6_ 다음 漢字와 뜻이 反對 또는 相對 되는 漢字를 (　) 안에 넣어 漢字語를 완성하시오. (83~85)

(83) (　　　) ↔ 短
(84) 朝 ↔ (　　　)
(85) (　　　) ↔ 女

10_ 다음 漢字의 部首를 쓰시오. (95~97)

(95) 讀 - (　　　)
(96) 米 - (　　　)
(97) 戰 - (　　　)

7_ 다음 漢字와 뜻이 같거나 비슷한 漢字를 (　) 안에 넣어 漢字語를 완성하시오. (86~88)

(86) (　　　)直
(87) (　　　)育
(88) (　　　)體

11_ 다음 漢字語의 뜻을 쓰시오. (98~100)

(98) 路邊 - (　　　　　　　)
(99) 放置 - (　　　　　　　)
(100) 認定 - (　　　　　　　)

한자능력검정시험 4급 기·출·유·사·문·제   1회

1 다음 漢字語의 讀音을 쓰시오. (1~30)

(1) 妨害 (　　)　(2) 斷腸 (　　)
(3) 誤差 (　　)　(4) 象眼 (　　)
(5) 未納 (　　)　(6) 批判 (　　)
(7) 革帶 (　　)　(8) 勤勉 (　　)
(9) 底意 (　　)　(10) 危機 (　　)
(11) 憤怒 (　　)　(12) 消息 (　　)
(13) 令妹 (　　)　(14) 投打 (　　)
(15) 私交 (　　)　(16) 壯元 (　　)
(17) 尊稱 (　　)　(18) 依支 (　　)
(19) 職務 (　　)　(20) 條件 (　　)
(21) 揮帳 (　　)　(22) 巨儒 (　　)
(23) 博士 (　　)　(24) 移轉 (　　)
(25) 擔任 (　　)　(26) 穀類 (　　)
(27) 戶籍 (　　)　(28) 豫感 (　　)
(29) 詩趣 (　　)　(30) 慰樂 (　　)

2 다음 漢字의 訓과 음을 쓰시오. (31~52)

(31) 否 (　　)　(32) 烈 (　　)
(33) 灰 (　　)　(34) 額 (　　)
(35) 寄 (　　)　(36) 潮 (　　)
(37) 刻 (　　)　(38) 縮 (　　)
(39) 抗 (　　)　(40) 碑 (　　)
(41) 悲 (　　)　(42) 崇 (　　)
(43) 肅 (　　)　(44) 鉛 (　　)
(45) 液 (　　)　(46) 疲 (　　)
(47) 遇 (　　)　(48) 構 (　　)
(49) 專 (　　)　(50) 珍 (　　)
(51) 秀 (　　)　(52) 模 (　　)

3 다음 單語의 同音異義語를 쓰되, 제시된 뜻에 맞추시오. (53~57)

(53) 級數 - (　　) : 물을 공급함.
(54) 飛鳥 - (　　) : 한 겨레의 맨 처음되는 조상. 시조
(55) 寺名 - (　　) : 맡겨진 임무
(56) 景氣 - (　　) : 일정한 규칙 아래 기량과 기술을 겨루는 일
(57) 樣式 - (　　) : 건전한 식견

4 다음 故事成語가 完成되도록 (　) 속의 말을 漢字로 바꾸어 쓰시오. (58~62)

(58) 不遠(천리) - (　　)
(59) 功過(상반) - (　　)
(60) 文房(사우) - (　　)
(61) (경천)愛人 - (　　)
(62) (태평)聖代 - (　　)

5 다음 각 글자와 意味上 對立 되는 漢字를 적어 單語를 完成하시오. (63~67)

(63) (　　) ↔ 暖　(64) (　　) ↔ 夜
(65) 輕 ↔ (　　)　(66) (　　) ↔ 閉
(67) 玉 ↔ (　　)

6 다음 각 글자와 뜻이 비슷한 漢字를 적어 單語를 完成하시오. (68~72)

(68) 處(　　)　(69) (　　)分
(70) 存(　　)　(71) 始(　　)
(72) 增(　　)

1회 • 기출 유사 문제

7 다음 漢字의 部首를 쓰시오. (73~75)

(73) 頭 – (   )
(74) 拍 – (   )
(75) 困 – (   )

8 다음 漢字를 略字로 바꾸어 쓰시오. (76~78)

(76) 傳 – (   )
(77) 關 – (   )
(78) 擧 – (   )

9 다음 글자를 正字로 고쳐 쓰시오. (79~81)

(79) 写 – (   )
(80) 独 – (   )
(81) 労 – (   )

10 다음 (   ) 속에 든 單語를 漢字로 고치시오. (82~84)

(82) (양육) : 길러 자라게 하는 것 – (   )
(83) (정지) : 중도에서 머무르거나 그침. – (   )
(84) (순위) : 순서를 나타내는 위치나 지위 – (   )

11 다음의 뜻을 가진 故事成語를 漢字로 쓰시오. (85~87)

(85) (   ) : 실물을 보면 욕심이 생기게 된다는 말
(86) (   ) : 묻는 말에 대해 당치 않은 엉뚱한 대답을 할 때 쓰는 말
(87) (   ) : 어느 모로 보나 아름다운 미인. 온갖 방면의 일에 능통한 사람

12 다음 漢字語 중 첫 音節이 길게 발음되는 것을 셋만 찾아 그 번호를 쓰시오. (88~90)

〈例〉 ① 性質   ② 未安   ③ 從屬
     ④ 思考   ⑤ 反對   ⑥ 强力
     ⑦ 素朴   ⑧ 便法   ⑨ 戰爭
     ⑩ 手足

(88) (   )   (89) (   )   (90) (   )

13 다음 각 문장의 밑줄 친 單語 중 한글로 기록된 것은 漢字로 바꾸고, 漢字로 기록된 것은 그 讀音을 쓰시오. (91~100)

유의태는 늘 헤어진 옷을 입고 헌 갓을 쓰고 산천을 遊覽하면서 자신의 의술을 널리 폈다. 가난하고 무지한 백성들에게는 유의태야말로 구세주가 아닐 수 없었다. 그 동안 자기의 뜻을 이루게 할 수 있는 사람을 구하던 유의태는 허준을 보자 곧 그가 適當한 인물임을 알아챘다. 그는 허준을 마치 자기의 분신인 것처럼 생각하고 더욱 엄하게 가르치고 또 아껴주었다. 허준은 유의태를 스승으로 받들게 되었고, 스승을 통해 의술을 배워 더 큰 理想을 실현시키리라 마음 속으로 다짐했다.

(91) 산천 (   )
(92) 遊覽 (   )
(93) 자신 (   )
(94) 무지 (   )
(95) 백성 (   )
(96) 구세주 (   )
(97) 適當 (   )
(98) 분신 (   )
(99) 理想 (   )
(100) 실현 (   )

한자능력검정시험 4급 기·출·유·사·문·제   2회

1 다음 漢字語의 讀音을 쓰시오. (1~30)

(1) 破戒 (   )   (2) 砲彈 (   )
(3) 册床 (   )   (4) 批評 (   )
(5) 複雜 (   )   (6) 賊徒 (   )
(7) 閉關 (   )   (8) 談論 (   )
(9) 未滿 (   )   (10) 血管 (   )
(11) 傾聽 (   )   (12) 等閑 (   )
(13) 勸勉 (   )   (14) 鐵鑛 (   )
(15) 豫告 (   )   (16) 構想 (   )
(17) 粉末 (   )   (18) 貧富 (   )
(19) 墓地 (   )   (20) 處罰 (   )
(21) 宅配 (   )   (22) 群舞 (   )
(23) 秀麗 (   )   (24) 奉仕 (   )
(25) 逃避 (   )   (26) 激流 (   )
(27) 單獨 (   )   (28) 祕密 (   )
(29) 甘苦 (   )   (30) 姿勢 (   )

2 다음 漢字의 訓과 音을 쓰시오. (31~52)

(31) 努 (   )   (32) 離 (   )
(33) 波 (   )   (34) 殘 (   )
(35) 就 (   )   (36) 均 (   )
(37) 拍 (   )   (38) 糧 (   )
(39) 舌 (   )   (40) 純 (   )
(41) 暇 (   )   (42) 航 (   )
(43) 抗 (   )   (44) 態 (   )
(45) 次 (   )   (46) 乳 (   )
(47) 階 (   )   (48) 招 (   )
(49) 探 (   )   (50) 散 (   )
(51) 普 (   )   (52) 輪 (   )

3 다음 單語의 同音異義語를 쓰되, 제시된 뜻에 맞추시오. (53~58)

(53) 節減 – (   ) : 절실하게 느낌.
(54) 同文 – (   ) : 동쪽에 있는 문
(55) 領主 – (   ) : 한 곳에 오래 삶.
(56) 死期 – (   ) : 역사를 기록한 책
(57) 私有 – (   ) : 일의 까닭, 연고, 연유
(58) 不正 – (   ) : 자식에 대한 아버지로서의 정

4 다음 故事成語가 完成되도록 (   ) 속의 말을 漢字로 바꾸어 쓰시오. (59~63)

(59) (교학)相長 – (   )
(60) (자업)自得 – (   )
(61) 大義(명분) – (   )
(62) 朝變(석개) – (   )
(63) (풍전)燈火 – (   )

5 다음 각 글자와 意味上 對立 되는 漢字를 적어 單語를 完成하시오. (64~68)

(64) (   ) ↔ 靜
(65) (   ) ↔ 重
(66) 陰 ↔ (   )
(67) 新 ↔ (   )
(68) 曲 ↔ (   )

2회 · 기출 유사 문제

6. 다음 각 글자와 뜻이 비슷한 漢字를 적어 單語를 完成하시오. (69~73)

(69) (　　)本　　(70) (　　)着
(71) (　　)路　　(72) 眼(　　)
(73) 調(　　)

7. 다음 각 문장의 밑줄 친 單語 중 한글로 기록된 것은 漢字로 바꾸고, 漢字로 기록된 것은 그 讀音을 쓰시오. (74~88)

전쟁은 원칙적으로 전시 國際법 또는 전쟁법에 의해서 규제된다. 원래 전쟁법은 관습법으로 發達해 왔으나, 19세기 후반부터는 국제 조약이나 협약의 형식으로 성문화되었다. 전쟁법은 인도와 인류 문화의 保護 및 제3국(중립국)의 통상에서의 이해 등과 관련하여 교전국들이 행사하는 무력의 範圍가 전쟁 목적을 달성하기 위한 범위를 벗어나지 않도록 規制하는 데 목적을 두고 있으며, 교전국 간의 관계를 규제하는 교전 법규와 교전국과 중립국의 관계를 규율하는 중립 법규로 구성된다. 교전 법규는 교전 전반에 공통되는 사항과 육전·해전·공전의 법규로 구분되며, 또한 전쟁의 境遇만이 아니라 국제 연합에 의한 강제 조치나 자위·보복·내란 등 국제법상의 전쟁이 아닌 것 또는 전쟁에까지는 이르지 않는 무력 행사에 대해서도 適用된다는 것으로 해석되고 있다.

(74) 전쟁 (　　)　　(75) 國際 (　　)
(76) 원래 (　　)　　(77) 發達 (　　)
(78) 형식 (　　)　　(79) 인류 (　　)
(80) 문화 (　　)　　(81) 保護 (　　)
(82) 통상 (　　)　　(83) 範圍 (　　)
(84) 規制 (　　)　　(85) 목적 (　　)
(86) 중립국 (　　)　(87) 境遇 (　　)
(88) 適用 (　　)

8. 다음 漢字의 部首를 쓰시오. (89~91)

(89) 景 – (　　)　　(90) 孫 – (　　)
(91) 島 – (　　)

9. 다음 漢字를 略字로 바꾸어 쓰시오. (92~94)

(92) 禮 – (　　)　　(93) 惡 – (　　)
(94) 實 – (　　)

10. 다음 漢字語의 뜻을 풀이하시오. (95~97)

(95) 使命 – (　　)
(96) 光速 – (　　)
(97) 漁船 – (　　)

11. 다음 漢字語 중 첫 音節이 길게 발음되는 것을 셋만 찾아 그 번호를 쓰시오. (98~100)

〈例〉① 序論　② 集會　③ 職務
　　　④ 位置　⑤ 算出　⑥ 侵入
　　　⑦ 向上　⑧ 眞實

(92) (　　)
(99) (　　)
(100) (　　)

한자능력검정시험 4급Ⅱ 적중예상문제 제1회

1_ 다음 지시문 漢字語의 讀音을 쓰시오. (1~35)

(1) 印章 (　　)　(2) 送別 (　　)
(3) 賢明 (　　)　(4) 慶事 (　　)
(5) 經濟 (　　)　(6) 絶交 (　　)
(7) 席次 (　　)　(8) 認可 (　　)
(9) 態度 (　　)　(10) 和解 (　　)
(11) 出衆 (　　)　(12) 豐富 (　　)
(13) 是非 (　　)　(14) 如前 (　　)
(15) 童詩 (　　)　(16) 低速 (　　)
(17) 加味 (　　)　(18) 好感 (　　)
(19) 建築 (　　)　(20) 眞理 (　　)
(21) 意志 (　　)　(22) 視力 (　　)
(23) 侵入 (　　)　(24) 盛大 (　　)
(25) 施設 (　　)　(26) 論說 (　　)
(27) 檢査 (　　)　(28) 政治 (　　)
(29) 增員 (　　)　(30) 進步 (　　)
(31) 宗家 (　　)　(32) 處地 (　　)
(33) 密林 (　　)　(34) 精神 (　　)
(35) 申請 (　　)

2_ 다음 文章에서 밑줄 친 漢字語를 漢字로 쓰시오. (36~45)

(36) 그 섬은 세계적인 <u>관광</u> 명소이다. – (　　)
(37) 누나는 <u>친절</u>이 몸에 밴 사람이다. – (　　)
(38) 올 겨울에는 가죽 의류가 <u>유행</u>이다. – (　　)
(39) 형은 <u>세면</u>을 마친 나에게 수건을 건넸다. – (　　)
(40) 그는 <u>절약</u>의 생활화를 위해 노력하고 있다. – (　　)
(41) <u>후식</u>으로 먹은 아이스크림은 무척 맛있었다. – (　　)
(42) 그들 형제는 우애가 깊기로 <u>소문</u>이 자자하다. – (　　)
(43) 바느질을 하기 위해서는 바늘과 실이 <u>필요</u>하다. – (　　)
(44) 중도에 포기하지 않고 끝까지 <u>책임</u>을 완수하였다. – (　　)
(45) 달이 <u>태양</u>의 일부나 전부를 가리는 현상을 일식이라고 한다. – (　　)

3_ 다음 漢字語를 漢字로 쓰시오. (46~55)

(46) 재능 : 재주와 능력 – (　　)
(47) 발전 : 전기를 일으킴. – (　　)
(48) 광고 : 널리 알리는 것 – (　　)
(49) 식순 : 의식을 진행하는 순서 – (　　)
(50) 관문 : 국경이나 요새의 정문 – (　　)
(51) 통화 : 전화로 말을 주고받음. – (　　)
(52) 사회 : 공동 생활을 하는 인간의 집단 – (　　)
(53) 운집 : 구름처럼 많은 사람들이 모여듦. – (　　)
(54) 상업 : 상품을 사고 팔아 이익을 얻는 일 – (　　)
(55) 공장 : 재료를 가공하여 물건을 만들어 내는 곳 – (　　)

4_ 다음 漢字의 訓과 音을 쓰시오. (56~77)

(56) 圓 (　　)　(57) 留 (　　)
(58) 障 (　　)　(59) 希 (　　)
(60) 減 (　　)　(61) 置 (　　)
(62) 航 (　　)　(63) 惠 (　　)

제1회 · 적중예상문제

(64) 確 (　　　)　(65) 測 (　　　)
(66) 衛 (　　　)　(67) 斷 (　　　)
(68) 收 (　　　)　(69) 護 (　　　)
(70) 吸 (　　　)　(71) 敵 (　　　)
(72) 餘 (　　　)　(73) 蟲 (　　　)
(74) 藝 (　　　)　(75) 砲 (　　　)
(76) 武 (　　　)　(77) 師 (　　　)

8_ 다음 漢字語와 音은 같되 뜻이 다른 漢字語가 되도록 (　) 안에 漢字를 쓰시오. (89~91)

(89) 讀者 – (　　　)子 : 외아들
(90) 史記 – (　　　)氣 : 싸움에 대한 병사의 씩씩한 기세
(91) 水上 – (　　　)相 : 내각의 우두머리

5_ 다음 (　) 안에 알맞은 漢字를 써서 四字成語를 완성하시오. (78~82)

(78) 耳目(　　)鼻　(79) 作(　　)三日
(80) (　　)鐵殺人　(81) 山川(　　)木
(82) 不問曲(　　　)

9_ 다음 漢字의 略字(약자)를 쓰시오. (92~94)

(92) 學 – (　　　)
(93) 參 – (　　　)
(94) 傳 – (　　　)

6_ 다음 漢字와 뜻이 反對 또는 相對 되는 漢字를 (　) 안에 넣어 漢字語를 완성하시오. (83~85)

(83) (　　　) ↔ 活
(84) 勞 ↔ (　　　)
(85) 主 ↔ (　　　)

10_ 다음 漢字의 部首를 쓰시오. (95~97)

(95) 宅 – (　　　)
(96) 産 – (　　　)
(97) 高 – (　　　)

7_ 다음 漢字와 뜻이 같거나 비슷한 漢字를 (　) 안에 넣어 漢字語를 완성하시오. (86~88)

(86) (　　　)福
(87) 知(　　　)
(88) 果(　　　)

11_ 다음 漢字語의 뜻을 쓰시오. (98~100)

(98) 銅線 – (　　　　　　　)
(99) 未來 – (　　　　　　　)
(100) 守備 – (　　　　　　　)

한자능력검정시험 4급II 적중예상문제 제2회

1_ 다음 지시문 漢字語의 讀音을 쓰시오. (1~35)

(1) 應答 (　　)　(2) 缺席 (　　)
(3) 房門 (　　)　(4) 貧民 (　　)
(5) 毒藥 (　　)　(6) 想念 (　　)
(7) 細分 (　　)　(8) 背景 (　　)
(9) 伐木 (　　)　(10) 主婦 (　　)
(11) 逆流 (　　)　(12) 素質 (　　)
(13) 早期 (　　)　(14) 通達 (　　)
(15) 虛榮 (　　)　(16) 極致 (　　)
(17) 連休 (　　)　(18) 健康 (　　)
(19) 山脈 (　　)　(20) 防衛 (　　)
(21) 減少 (　　)　(22) 家寶 (　　)
(23) 錄音 (　　)　(24) 協助 (　　)
(25) 安息 (　　)　(26) 勢力 (　　)
(27) 牧童 (　　)　(28) 職場 (　　)
(29) 末端 (　　)　(30) 將來 (　　)
(31) 潔白 (　　)　(32) 陰凶 (　　)
(33) 竹器 (　　)　(34) 演技 (　　)
(35) 街路燈 (　　)

2_ 다음 文章에서 밑줄 친 漢字語를 漢字로 쓰시오. (36~45)

(36) 오빠가 사 온 바지는 남녀 공용이다.
　－ (　　)

(37) 그는 이번 일을 성사시킨 주인공이다.
　－ (　　)

(38) 할아버지 건강의 비결은 운동에 있다.
　－ (　　)

(39) 사소한 문제로 친구와 다투고 말았다.
　－ (　　)

(40) 소화를 돕기 위하여 가볍게 산책을 했다.
　－ (　　)

(41) 한복을 곱게 차려입고 예절 교육을 받았다.
　－ (　　)

(42) 선수들은 각자의 실력을 유감없이 발휘했다.
　－ (　　)

(43) 그는 5년 연속 홈런왕이라는 위업을 달성했다.
　－ (　　)

(44) 기운을 차린 동생은 벽에 기대어 미음을 받아먹었다.
　－ (　　)

(45) 일기를 쓰며 하루의 일과를 반성하는 시간을 갖는다.
　－ (　　)

3_ 다음 漢字語를 漢字로 쓰시오. (46~55)

(46) 세면 : 얼굴을 씻음.　－ (　　)
(47) 평화 : 평온하고 화목함.　－ (　　)
(48) 용기 : 씩씩하고 굳센 기운　－ (　　)
(49) 병자 : 병을 앓고 있는 사람　－ (　　)
(50) 실내 : 방이나 건물 따위의 안　－ (　　)
(51) 본성 : 인간이 지닌 본래의 성질　－ (　　)
(52) 이기 : 자기 자신만의 이익을 꾀함.
　－ (　　)
(53) 원조 : 첫 대의 조상. 어떤 일을 시작한 사람
　－ (　　)
(54) 종족 : 같은 종류에 딸리는 생물 전체를 일컫는 말
　－ (　　)
(55) 번지 : 땅을 일정한 기준에 따라 나누어서 매겨 놓은 번호
　－ (　　)

4_ 다음 漢字의 訓과 音을 쓰시오. (56~77)

(56) 港 (　　)　(57) 退 (　　)
(58) 銃 (　　)　(59) 謝 (　　)
(60) 液 (　　)　(61) 禁 (　　)
(62) 律 (　　)　(63) 容 (　　)

제 2회 · 적중예상문제

(64) 星 (　　　)　(65) 快 (　　　)
(66) 警 (　　　)　(67) 副 (　　　)
(68) 暴 (　　　)　(69) 提 (　　　)
(70) 續 (　　　)　(71) 侵 (　　　)
(72) 賢 (　　　)　(73) 配 (　　　)
(74) 邊 (　　　)　(75) 督 (　　　)
(76) 煙 (　　　)　(77) 齒 (　　　)

5_ 다음 (　) 안에 알맞은 漢字를 써서 四字成語를 완성하시오. (78~82)

(78) 見(　　)生心　(79) 結(　　)報恩
(80) (　　)牛一毛　(81) 男女有(　　)
(82) (　　)耳東風

6_ 다음 漢字와 뜻이 反對 또는 相對 되는 漢字를 (　) 안에 넣어 漢字語를 완성하시오. (83~85)

(83) 功 ↔ (　　　)
(84) (　　　) ↔ 陸
(85) (　　　) ↔ 行

7_ 다음 漢字와 뜻이 같거나 비슷한 漢字를 (　) 안에 넣어 漢字語를 완성하시오. (86~88)

(86) 兵 (　　　)
(87) (　　　) 服
(88) (　　　) 畫

8_ 다음 漢字語와 音은 같되 뜻이 다른 漢字語가 되도록 (　) 안에 漢字를 쓰시오. (89~91)

(89) 造船 - (　　　)鮮 : 우리 나라 옛 이름
(90) 定員 - (　　　)園 : 집안의 뜰
(91) 程度 - (　　　)道 : 올바른 길이나 정당한 도리

9_ 다음 漢字의 略字(약자)를 쓰시오. (92~94)

(92) 廣 - (　　　)
(93) 戰 - (　　　)
(94) 號 - (　　　)

10_ 다음 漢字의 部首를 쓰시오. (95~97)

(95) 第 - (　　　)
(96) 五 - (　　　)
(97) 江 - (　　　)

11_ 다음 漢字語의 뜻을 쓰시오. (98~100)

(98) 賣買 - (　　　　　　)
(99) 旅費 - (　　　　　　)
(100) 明朗 - (　　　　　　)

한자능력검정시험 4급 적·중·예·상·문·제 제1회

1_ 다음 漢字語의 讀音을 쓰시오. (1~30)

(1) 驚歎 (　　)　(2) 歸家 (　　)
(3) 辯護 (　　)　(4) 貧窮 (　　)
(5) 極致 (　　)　(6) 黨論 (　　)
(7) 關係 (　　)　(8) 壓卷 (　　)
(9) 擔任 (　　)　(10) 破戒 (　　)
(11) 檀紀 (　　)　(12) 境界 (　　)
(13) 福券 (　　)　(14) 直系 (　　)
(15) 看板 (　　)　(16) 季節 (　　)
(17) 繼承 (　　)　(18) 經路 (　　)
(19) 養鷄 (　　)　(20) 故鄕 (　　)
(21) 刻苦 (　　)　(22) 孤島 (　　)
(23) 金庫 (　　)　(24) 銅鏡 (　　)
(25) 階級 (　　)　(26) 討議 (　　)
(27) 總額 (　　)　(28) 名句 (　　)
(29) 疲勞 (　　)　(30) 選擇 (　　)

2_ 다음 漢字의 訓과 音을 쓰시오. (31~52)

(31) 隊 (　　)　(32) 卵 (　　)
(33) 康 (　　)　(34) 鑛 (　　)
(35) 督 (　　)　(36) 覽 (　　)
(37) 檢 (　　)　(38) 屈 (　　)
(39) 逃 (　　)　(40) 龍 (　　)
(41) 缺 (　　)　(42) 顯 (　　)
(43) 燈 (　　)　(44) 隱 (　　)
(45) 堅 (　　)　(46) 容 (　　)
(47) 舞 (　　)　(48) 整 (　　)
(49) 崇 (　　)　(50) 折 (　　)
(51) 朱 (　　)　(52) 延 (　　)

3_ 다음 單語의 同音異義語를 쓰되, 제시된 뜻에 맞추시오. (53~57)

(53) 標識 - (　　) : 책의 겉장
(54) 戰警 - (　　) : 앞쪽에 보이는 경치
(55) 通貨 - (　　) : 말을 서로 주고받음.
(56) 程度 - (　　) : 올바른 길이나 정당한 도리
(57) 指導 - (　　) : 지구를 평면상에 나타낸 그림

4_ 다음 故事成語가 完成되도록 (　) 속의 말을 漢字로 바꾸어 쓰시오. (58~62)

(58) 落花(유수) - (　　)
(59) 怒發(대발) - (　　)
(60) 一長(일단) - (　　)
(61) (남남)北女 - (　　)
(62) (자급)自足 - (　　)

5_ 다음 각 글자와 意味上 對立되는 漢字를 적어 單語를 完成하시오. (63~67)

(63) (　　) ↔ 往　(64) (　　) ↔ 孫
(65) 吉 ↔ (　　)　(66) (　　) ↔ 買
(67) 有 ↔ (　　)

6_ 다음 각 글자와 뜻이 비슷한 漢字를 적어 單語를 完成하시오. (68~72)

(68) 敎(　　)
(69) (　　)藝
(70) 思(　　)
(71) (　　)留
(72) (　　)與

7_ 다음 漢字의 部首를 쓰시오. (73~75)

(73) 製 - (　　)
(74) 映 - (　　)
(75) 鬪 - (　　)

제1회 · 적중예상문제

8_ 다음 漢字를 略字로 바꾸어 쓰시오. (76~78)

(76) 氣 - (   )
(77) 兒 - (   )
(78) 數 - (   )

9_ 다음 글자를 正字로 고쳐 쓰시오. (79~81)

(79) 医 - (   )
(80) 薬 - (   )
(81) 鉄 - (   )

10_ 다음 (   ) 속에 든 單語를 漢字로 고치시오. (82~84)

(82) (휴점) : 가게를 쉼.   - (   )
(83) (최소) : 양 따위가 가장 적음.   - (   )
(84) (열정) : 불타오르는 듯한 세찬 감정
              - (   )

11_ 다음의 뜻을 가진 故事成語를 漢字로 쓰시오. (85~87)

(85) (   ) : 맑은 바람과 밝은 달
(86) (   ) : 묻지 아니하여도 알 수 있음.
(87) (   ) : 귀·눈·입·코를 아울러 이르는 말

12_ 다음 漢字語 중 첫 音節이 길게 發音되는 것을 셋만 찾아 그 번호를 쓰시오. (88~90)

〈例〉	① 試合	② 反對	③ 個人
	④ 難解	⑤ 競馬	⑥ 具現
	⑦ 素質	⑧ 費用	⑨ 未安
	⑩ 每日		

(88) (   ) (89) (   ) (90) (   )

13_ 다음 각 문장의 밑줄 친 單語 중 한글로 기록된 것은 漢字로 바꾸고, 漢字로 기록된 것은 그 讀音을 쓰시오. (91~100)

⁹¹청춘! 이는 듣기만 하여도 가슴이 설레는 말이다. 청춘! 너의 두 손을 가슴에 대고, 물방아 같은 ⁹²心腸의 고동을 들어 보라. 청춘의 피는 끓는다. 끓는 피에 뛰노는 심장은 ⁹³巨船의 기관과 같이 힘있다. ⁹⁴이성은 투명하되 얼음과 같으며, 지혜는 날카로우나 갑 속에 든 칼이다. 청춘의 끓는 피가 아니라면, 인간이 얼마나 쓸쓸하랴? 얼음에 싸인 ⁹⁵만물은 죽음이 있을 뿐이다. 그들에게 ⁹⁶생명을 불어넣는 것은 따뜻한 봄바람이다. 풀밭에 속잎 나고, 가지에 싹이 트고, 꽃 피고 새 우는 봄날의 천지는 얼마나 기쁘며 얼마나 아름다우냐! 이것을 얼음 속에서 불러내는 것이 따뜻한 봄바람이다. 인생에 따뜻한 봄바람을 불어 보내는 것은 청춘의 끓는 피다. 청춘의 피가 뜨거운지라, 인간의 동산에는 사랑의 풀이 돋고, 이상의 꽃이 피고, ⁹⁷希望의 놀이 뜨고, 열락의 새가 운다. 사랑의 풀이 없으면 인간은 사막이다. 오아시스도 없는 사막이다. 보이는 끝까지 찾아 다녀도, 목숨이 있는 때까지 방황하여도, 보이는 것은 거친 모래뿐일 것이다. 이상의 꽃이 없으면, 쓸쓸한 인간에게 남는 것은 영락과 부패뿐이다. ⁹⁸낙원을 장식하는 천자만홍이 어디 있으며, 인생을 ⁹⁹豊富하게 하는 온갖 과실이 어디 있으랴?

— 민태원, 〈청춘 ¹⁰⁰禮讚〉

(91) 청춘 (   )   (92) 心腸 (   )
(93) 巨船 (   )   (94) 이성 (   )
(95) 만물 (   )   (96) 생명 (   )
(97) 希望 (   )   (98) 낙원 (   )
(99) 豊富 (   )   (100) 禮讚 (   )

한자능력검정시험 4급 적·중·예·상·문·제 제 2회

1 다음 漢字語의 讀音을 쓰시오. (1~30)

(1) 滿足 (　　)　(2) 議決 (　　)
(3) 假髮 (　　)　(4) 儀式 (　　)
(5) 山脈 (　　)　(6) 敵軍 (　　)
(7) 防犯 (　　)　(8) 提案 (　　)
(9) 要約 (　　)　(10) 早朝 (　　)
(11) 悲鳴 (　　)　(12) 打鍾 (　　)
(13) 暗黑 (　　)　(14) 支持 (　　)
(15) 討伐 (　　)　(16) 珍貴 (　　)
(17) 背景 (　　)　(18) 長銃 (　　)
(19) 墓地 (　　)　(20) 推理 (　　)
(21) 妨害 (　　)　(22) 鬪爭 (　　)
(23) 武術 (　　)　(24) 拍手 (　　)
(25) 暖房 (　　)　(26) 屈伏 (　　)
(27) 味覺 (　　)　(28) 複數 (　　)
(29) 罰金 (　　)　(30) 辯論 (　　)

2 다음 漢字의 訓과 音을 쓰시오. (31~52)

(31) 邊 (　　)　(32) 略 (　　)
(33) 府 (　　)　(34) 射 (　　)
(35) 劇 (　　)　(36) 彈 (　　)
(37) 戶 (　　)　(38) 獎 (　　)
(39) 探 (　　)　(40) 緣 (　　)
(41) 胞 (　　)　(42) 離 (　　)
(43) 豆 (　　)　(44) 負 (　　)
(45) 頌 (　　)　(46) 樣 (　　)
(47) 針 (　　)　(48) 刑 (　　)
(49) 評 (　　)　(50) 察 (　　)
(51) 周 (　　)　(52) 普 (　　)

3 다음 單語의 同音異義語를 쓰되, 제시된 뜻에 맞추시오. (53~58)

(53) 讀者 – (　　) : 외아들
(54) 失禮 – (　　) : 구체적인 실제의 보기
(55) 半減 – (　　) : 반대하거나 반항하는 감정
(56) 空洞 – (　　) : 두 사람 이상이 일을 같이 함.
(57) 救護 – (　　) : 어떤 요구나 주장을 간결한 형식으로 표현한 문구
(58) 技士 – (　　) : 신문이나 잡지 따위에서, 어떠한 사실을 알리는 글

4 다음 故事成語가 完成되도록 ( ) 속의 말을 漢字로 바꾸어 쓰시오. (59~63)

(59) (구우)一毛 – (　　)
(60) (남녀)有別 – (　　)
(61) 馬耳(동풍) – (　　)
(62) 無爲(자연) – (　　)
(63) 不問(곡직) – (　　)

5 다음 각 글자와 意味上 對立 되는 漢字를 적어 單語를 完成하시오. (64~68)

(64) (　　) ↔ 客
(65) (　　) ↔ 重
(66) 當 ↔ (　　)
(67) 言 ↔ (　　)
(68) (　　) ↔ 配

제2회 · 적중예상문제

6_ 다음 각 글자와 뜻이 비슷한 漢字를 적어 單語를 完成하시오. (69~73)

(69) 意( )
(70) ( )和
(71) ( )福
(72) 製( )
(73) ( )林

7_ 다음 각 문장의 밑줄 친 單語 중 한글로 기록된 것은 漢字로 바꾸고, 漢字로 기록된 것은 그 讀音을 쓰시오. (74~88)

[74] 한국이 80년대 중반에 들어서면서 [75][76] 經濟적인 발전으로 세계적인 [77] 주목을 받게 되자 한국어는 [78] 세계인들의 [79] 관심의 [80] 對象이 되었다.

미국, 일본을 비롯해서 유럽 여러 나라에서도 한국어를 대학의 과목이나 고등 학교의 제2외국어로 [81] 選擇하는 [82] 傾向이 있다.

이러한 현상들은 현대 사회의 세계화 추세에 발맞추어 외국인의 국내 진출과 한국인의 해외 진출이 현저히 [83] 增加하는 데 힘입은 것이라 여겨진다.

이에 한국어를 단순한 국어의 [84] 次元이 아닌 외국어로서의 한국어, 혹은 이중 언어로서 한국어라는 새로운 [85] 분야를 [86] 設定하여 국어 교육 [87] 硏究의 [88] 領域을 확대할 필요성이 부각되었다.

(74) 한국 ( ) (75) 經濟 ( )
(76) 발전 ( ) (77) 주목 ( )
(78) 세계인 ( ) (79) 관심 ( )
(80) 對象 ( ) (81) 選擇 ( )
(82) 傾向 ( ) (83) 增加 ( )
(84) 次元 ( ) (85) 분야 ( )
(86) 設定 ( ) (87) 硏究 ( )
(88) 領域 ( )

8_ 다음 漢字의 部首를 쓰시오. (89~91)

(89) 援 – ( )
(90) 筋 – ( )
(91) 聲 – ( )

9_ 다음 漢字를 略字로 바꾸어 쓰시오. (92~94)

(92) 畫 – ( )
(93) 圖 – ( )
(94) 來 – ( )

10_ 다음 漢字語의 뜻을 풀이하시오. (95~97)

(95) 名醫 – ( )
(96) 强弱 – ( )
(97) 訓練 – ( )

11_ 다음 漢字語 중 첫 音節이 길게 發音되는 것을 셋만 골라 그 번호를 쓰시오. (98~100)

〈例〉 ① 殺蟲 ② 盡力 ③ 勉學
    ④ 消火 ⑤ 錄音 ⑥ 鷄卵
    ⑦ 擔任 ⑧ 攻勢

(98) ( )
(99) ( )
(100) ( )

한자능력검정시험 4급 적중예상문제 제3회

1_ 다음 漢字語의 讀音을 쓰시오. (1~30)

(1) 血管 (　　)　　(2) 驚歎 (　　)
(3) 隊員 (　　)　　(4) 屈曲 (　　)
(5) 律動 (　　)　　(6) 綠豆 (　　)
(7) 究明 (　　)　　(8) 季節 (　　)
(9) 盜賊 (　　)　　(10) 遊覽 (　　)
(11) 警戒 (　　)　　(12) 孤兒 (　　)
(13) 羅城 (　　)　　(14) 看病 (　　)
(15) 繼母 (　　)　　(16) 强烈 (　　)
(17) 簡易 (　　)　　(18) 頭骨 (　　)
(19) 糧食 (　　)　　(20) 甲富 (　　)
(21) 穀類 (　　)　　(22) 圖錄 (　　)
(23) 甘酒 (　　)　　(24) 餘暇 (　　)
(25) 連休 (　　)　　(26) 尊嚴 (　　)
(27) 攻守 (　　)　　(28) 燃料 (　　)
(29) 銅錢 (　　)　　(30) 引導 (　　)

2_ 다음 漢字의 訓과 音을 쓰시오. (31~52)

(31) 請 (　　)　　(32) 細 (　　)
(33) 層 (　　)　　(34) 陣 (　　)
(35) 派 (　　)　　(36) 紅 (　　)
(37) 築 (　　)　　(38) 迎 (　　)
(39) 星 (　　)　　(40) 犯 (　　)
(41) 孔 (　　)　　(42) 斗 (　　)
(43) 據 (　　)　　(44) 模 (　　)
(45) 更 (　　)　　(46) 張 (　　)
(47) 起 (　　)　　(48) 泉 (　　)
(49) 治 (　　)　　(50) 忠 (　　)
(51) 監 (　　)　　(52) 寄 (　　)

3_ 다음 單語의 同音異義語를 쓰되, 제시된 뜻에 맞추시오. (53~57)

(53) 優秀 - (　　) : 오른손
(54) 樣式 - (　　) : 서양식 음식
(55) 理解 - (　　) : 이익과 손해를 아울러 이르는 말
(56) 水石 - (　　) : 등급이나 직위 따위에서 맨 윗자리
(57) 日程 - (　　) : 어떤 것의 크기, 모양, 범위, 시간 따위가 하나로 정하여져 있음.

4_ 다음 故事成語가 完成되도록 (　) 속의 말을 漢字로 바꾸어 쓰시오. (58~62)

(58) (불가)思議 - (　　)
(59) 山川(초목) - (　　)
(60) 安分(지족) - (　　)
(61) (우이)讀經 - (　　)
(62) (자손)萬代 - (　　)

5_ 다음 각 글자와 意味上 對立 되는 漢字를 적어 單語를 完成하시오. (63~67)

(63) (　　) ↔ 納
(64) (　　) ↔ 暖
(65) 君 ↔ (　　)
(66) (　　) ↔ 誤
(67) 異 ↔ (　　)

6_ 다음 각 글자와 뜻이 비슷한 漢字를 적어 單語를 完成하시오. (68~72)

(68) 報(　　)
(69) (　　)居
(70) (　　)虛
(71) 趣(　　)
(72) 文(　　)

제3회 · 적중예상문제

7_ 다음 漢字의 部首를 쓰시오. (73~75)

(73) 妙 - (　　　)
(74) 民 - (　　　)
(75) 憲 - (　　　)

8_ 다음 漢字를 略字로 바꾸어 쓰시오. (76~78)

(76) 禮 - (　　　)
(77) 參 - (　　　)
(78) 世 - (　　　)

9_ 다음 글자를 正字로 고쳐 쓰시오. (79~81)

(79) 学 - (　　　)
(80) 昼 - (　　　)
(81) 号 - (　　　)

10_ 다음 (　) 속에 든 單語를 漢字로 고치시오. (82~84)

(82) (과다) : 너무 많음. - (　　　)
(83) (용사) : 용맹스러운 사람 - (　　　)
(84) (구별) : 성질이나 종류에 따라 나타나는 차이 - (　　　)

11_ 다음의 뜻을 가진 故事成語를 漢字로 쓰시오. (85~87)

(85) (　　　) : 무슨 일이나 틀림없이 잘 들어맞음.
(86) (　　　) : 한갓 글만 읽고 세상일에는 전혀 경험이 없는 사람
(87) (　　　) : 찾아오는 사람이 많아 집 문 앞이 시장을 이루다시피 함을 이르는 말

12_ 다음 漢字語 중 첫 音節이 길게 發音되는 것을 셋만 찾아 그 번호를 쓰시오. (88~90)

〈例〉① 航海　② 劇場　③ 規則
　　　④ 三伏　⑤ 處罰　⑥ 到達
　　　⑦ 故鄕　⑧ 毛髮　⑨ 存在
　　　⑩ 權力

(88) (　　　) (89) (　　　) (90) (　　　)

13_ 다음 각 문장의 밑줄 친 單語 중 한글로 기록된 것은 漢字로 바꾸고, 漢字로 기록된 것은 그 讀音을 쓰시오. (91~100)

　職業적 교육과 인문적 교육이 문제되는 것은 이 점에 있어서이다. 제2국민으로서 일찍부터 연소자에게 직업적 訓練을 주어서 그들이 학교를 나오자마자 곧 유능한 社會人으로서 활동할 기초를 만들어 준다는 것은 국가의 義務이다. 그러나 연소자의 교육이 오로지 직업적 견지에서만 實施된다면 그것은 국민적 성격의 圓滿 발달을 위하여 퍽 우려할 문제라 하겠다. 능력의 대부분이 壓殺당하고 일부분의 특수 機能만이 불구적으로 발달된 기계적 인간을 결코 건전한 국민이라곤 할 수 없기 때문이다.

(91) 職業 (　　　)　(92) 훈련 (　　　)
(93) 社會人 (　　　)　(94) 義務 (　　　)
(95) 實施 (　　　)　(96) 성격 (　　　)
(97) 圓滿 (　　　)　(98) 壓殺 (　　　)
(99) 機能 (　　　)　(100) 건전 (　　　)

한자능력검정시험 4급 적중예상문제 제4회

1_ 다음 漢字語의 讀音을 쓰시오. (1~30)

(1) 離職 (　　) (2) 喜悲 (　　)
(3) 退出 (　　) (4) 蓄財 (　　)
(5) 侵攻 (　　) (6) 洞察 (　　)
(7) 派兵 (　　) (8) 看護 (　　)
(9) 刑罰 (　　) (10) 讚頌 (　　)
(11) 豐年 (　　) (12) 創案 (　　)
(13) 暴力 (　　) (14) 華麗 (　　)
(15) 盜聽 (　　) (16) 閑暇 (　　)
(17) 建築 (　　) (18) 狀態 (　　)
(19) 通貨 (　　) (20) 差額 (　　)
(21) 就業 (　　) (22) 溫泉 (　　)
(23) 監察 (　　) (24) 痛歎 (　　)
(25) 恩惠 (　　) (26) 寢室 (　　)
(27) 短縮 (　　) (28) 假稱 (　　)
(29) 更新 (　　) (30) 討伐 (　　)

2_ 다음 漢字의 訓과 音을 쓰시오. (31~52)

(31) 鳴 (　　) (32) 紀 (　　)
(33) 髮 (　　) (34) 氏 (　　)
(35) 依 (　　) (36) 判 (　　)
(37) 厚 (　　) (38) 組 (　　)
(39) 容 (　　) (40) 兩 (　　)
(41) 激 (　　) (42) 龍 (　　)
(43) 設 (　　) (44) 干 (　　)
(45) 妙 (　　) (46) 宣 (　　)
(47) 殘 (　　) (48) 丁 (　　)
(49) 智 (　　) (50) 占 (　　)
(51) 脫 (　　) (52) 爆 (　　)

3_ 다음 單語의 同音異義語를 쓰되, 제시된 뜻에 맞추시오. (53~58)

(53) 定員 - (　　) : 집안의 뜰
(54) 施工 - (　　) : 시간과 공간
(55) 經路 - (　　) : 노인을 공경함.
(56) 舟遊 - (　　) : 자동차 따위에 기름을 넣음.
(57) 景氣 - (　　) : 일정한 규칙 아래 기량과 기술을 겨룸.
(58) 招待 - (　　) : 차례로 이어 나가는 자리나 지위에서 그 첫 번째에 해당하는 차례

4_ 다음 故事成語가 完成되도록 (　) 속의 말을 漢字로 바꾸어 쓰시오. (59~63)

(59) (동문)西答 - (　　)
(60) (문일)知十 - (　　)
(61) 白衣(민족) - (　　)
(62) 語不(성설) - (　　)
(63) (언중)有骨 - (　　)

5_ 다음 각 글자와 意味上 對立 되는 漢字를 적어 單語를 完成하시오. (64~68)

(64) (　　) ↔ 秋
(65) (　　) ↔ 減
(66) 虛 ↔ (　　)
(67) 興 ↔ (　　)
(68) 晝 ↔ (　　)

제 4회 · 적중예상문제

6_ 다음 각 글자와 뜻이 비슷한 漢字를 적어 單語를 완성하시오. (69~73)

(69) ( )爭   (70) ( )擇
(71) ( )去   (72) 崇( )
(73) ( )典

7_ 다음 각 문장의 밑줄 친 單語 중 한글로 기록된 것은 漢字로 바꾸고, 漢字로 기록된 것은 그 讀音을 쓰시오. (74~88)

독서의 <u>境遇</u>⁷⁴, 글의 <u>종류</u>⁷⁵와 독자의 입장에 따라 독서의 구체적인 목적은 <u>多樣</u>⁷⁶하게 나타날 수 있다.

설명문의 경우 독자의 주된 독서 목적은 <u>필자</u>⁷⁷가 <u>提示</u>⁷⁸한 <u>情報</u>⁷⁹를 정확하고 체계적으로 <u>理解</u>⁸⁰하는 데 있을 것이다.

논설문의 경우 독자의 주된 독서 목적은 필자가 제시하는 의견이나 주장의 타당성을 논리적으로 <u>檢證</u>⁸¹하고, 그 의견이나 주장에 <u>동의</u>⁸²하거나 <u>반대</u>⁸³하는 데 있을 것이다.

소설 <u>작품</u>⁸⁴의 경우 독자의 주된 독서 목적은 작가가 드러내고자 하는 삶의 양식, 인생관이나 가치관, 정서 등에 대하여 <u>공감</u>⁸⁵하거나 즐거움을 느끼는 데 있을 것이다.

또한 동일한 글이라 할지라도 독자가 처한 <u>입장</u>⁸⁶에 따라 독서의 구체적인 목적은 달라질 수 있다.

예를 들어, 동일한 소설 작품을 어떤 독자는 즐거움을 얻기 위해 읽을 수 있는 반면에, 어떤 독자는 그 <u>작품</u>⁸⁷의 <u>미적</u> <u>構造</u>⁸⁸를 파악하기 위해 읽을 수 있다.

(74) 境遇 ( )   (75) 종류 ( )
(76) 多樣 ( )   (77) 필자 ( )
(78) 提示 ( )   (79) 情報 ( )
(80) 理解 ( )   (81) 檢證 ( )
(82) 동의 ( )   (83) 반대 ( )
(84) 작품 ( )   (85) 공감 ( )
(86) 입장 ( )   (87) 미적 ( )
(88) 構造 ( )

8_ 다음 漢字의 部首를 쓰시오. (89~91)

(89) 早 - ( )
(90) 益 - ( )
(91) 針 - ( )

9_ 다음 漢字를 略字로 바꾸어 쓰시오. (92~94)

(92) 區 - ( )
(93) 賣 - ( )
(94) 會 - ( )

10_ 다음 漢字語의 뜻을 풀이하시오. (95~97)

(95) 順序 - ( )
(96) 落葉 - ( )
(97) 到着 - ( )

11_ 다음 漢字語 중 첫 音節이 길게 發音되는 것을 셋만 골라 그 번호를 쓰시오. (98~100)

〈例〉 ① 筋肉   ② 降書   ③ 砲擊
     ④ 省墓   ⑤ 勤念   ⑥ 信用
     ⑦ 探險   ⑧ 炭鑛

(98) ( )
(99) ( )
(100) ( )

한자능력검정시험 4급 적·중·예·상·문·제   제 5회

1_ 다음 漢字語의 讀音을 쓰시오. (1~30)

(1) 保存 (   ) (2) 單語 (   )
(3) 持病 (   ) (4) 缺席 (   )
(5) 滿潮 (   ) (6) 盜賊 (   )
(7) 支配 (   ) (8) 投手 (   )
(9) 講座 (   ) (10) 銅錢 (   )
(11) 信條 (   ) (12) 層階 (   )
(13) 出衆 (   ) (14) 意志 (   )
(15) 藥酒 (   ) (16) 尊重 (   )
(17) 指示 (   ) (18) 繼承 (   )
(19) 早朝 (   ) (20) 從來 (   )
(21) 朱紅 (   ) (22) 校誌 (   )
(23) 基準 (   ) (24) 業務 (   )
(25) 吉鳥 (   ) (26) 位置 (   )
(27) 宗孫 (   ) (28) 環境 (   )
(29) 打鍾 (   ) (30) 先導 (   )

2_ 다음 漢字의 訓과 音을 쓰시오. (31~52)

(31) 討 (   ) (32) 評 (   )
(33) 好 (   ) (34) 候 (   )
(35) 惠 (   ) (36) 回 (   )
(37) 如 (   ) (38) 得 (   )
(39) 非 (   ) (40) 柳 (   )
(41) 系 (   ) (42) 松 (   )
(43) 視 (   ) (44) 看 (   )
(45) 機 (   ) (46) 損 (   )
(47) 忠 (   ) (48) 印 (   )
(49) 興 (   ) (50) 庫 (   )
(51) 粉 (   ) (52) 督 (   )

3_ 다음 單語의 同音異義語를 쓰되, 제시된 뜻에 맞추시오. (53~57)

(53) 果實 – (   ) : 잘못이나 허물
(54) 辭典 – (   ) : 일이 일어나기 전
(55) 戰火 – (   ) : 전화기를 이용하여 말을 주고받음.
(56) 富者 – (   ) : 아버지와 아들을 아울러 이르는 말
(57) 私設 – (   ) : 신문이나 잡지에서, 글쓴이의 주장이나 의견을 써 내는 논설

4_ 다음 故事成語가 完成되도록 (   ) 속의 말을 漢字로 바꾸어 쓰시오. (58~62)

(58) 張三(이사) – (   )
(59) 見物(생심) – (   )
(60) 自給(자족) – (   )
(61) (독불)將軍 – (   )
(62) (백해)無益 – (   )

5_ 다음 각 글자와 意味上 對立 되는 漢字를 적어 單語를 完成하시오. (63~67)

(63) (   ) ↔ 短   (64) (   ) ↔ 誤
(65) 官 ↔ (   )   (66) (   ) ↔ 惡
(67) 陰 ↔ (   )

6_ 다음 각 글자와 뜻이 비슷한 漢字를 적어 單語를 完成하시오. (68~72)

(68) 永(   )
(69) (   )念
(70) 協(   )
(71) 財(   )
(72) 逃(   )

제 5회 · 적중예상문제

7_ 다음 漢字의 部首를 쓰시오. (73~75)

(73) 屬 - (　　　)
(74) 極 - (　　　)
(75) 邊 - (　　　)

8_ 다음 漢字를 略字로 바꾸어 쓰시오. (76~78)

(76) 廣 - (　　　)
(77) 國 - (　　　)
(78) 醫 - (　　　)

9_ 다음 글자를 正字로 고쳐 쓰시오. (79~81)

(79) 軽 - (　　　)
(80) 団 - (　　　)
(81) 当 - (　　　)

10_ 다음 (　) 속에 든 單語를 漢字로 고치시오. (82~84)

(82) (신선) : 새롭고 산뜻함. - (　　　)
(83) (종류) : 사물의 부문을 나누는 갈래 - (　　　)
(84) (편리) : 편하고 이로우며 이용하기 쉬움. - (　　　)

11_ 다음의 뜻을 가진 故事成語를 한자로 쓰시오. (85~87)

(85) (　　　) : 지식과 행동이 서로 맞음.
(86) (　　　) : 산수의 자연을 즐기고 좋아함.
(87) (　　　) : 예전에, 백성을 나누던 네 가지 계급. 선비, 농부, 공장(工匠), 상인을 이르던 말임.

12_ 다음 漢字語 중 첫 音節이 길게 發音되는 것을 셋만 찾아 그 번호를 쓰시오. (88~90)

〈例〉 ① 母親　② 模範　③ 銃彈
④ 故鄕　⑤ 番號　⑥ 趣味
⑦ 閉會　⑧ 名聲　⑨ 推進
⑩ 壓卷

(88) (　　　) (89) (　　　) (90) (　　　)

13_ 다음 각 문장의 밑줄 친 單語 중 한글로 기록된 것은 漢字로 바꾸고, 漢字로 기록된 것은 그 讀音을 쓰시오. (91~100)

국어와 우리 문화의 관계가 어떠한가를 보면 원칙적으로 문화가 언어에 미치는 영향의 限界란 지극히 명백한 것이다. 비록 문화의 발달로 인한 생활의 필요성에 따라 국어의 어휘가 크게 증가된 것은 분명하나, 문화가 발달되고 문화의 어느 유형이 고유화 되었다고 해서 언어의 構造가 달라질 리 없고, 어느 특성이 부가될 리도 없는 것이다. 어휘가 늘고, 사용면의 기교가 문학 기술과 아울러 發達된다 하여도, 언어의 본질적인 성격에 변화를 일으키지 못하는 것이다. 국어에 있어서 그 背景이 될 문화가 한문화(漢文化) 또는 중국적인 요소가 강하였다고 국어에 중국어적인 요소가 있을 리 없고, 불교 문화가 강하였다 하기로 종교적 색채가 국어에 가미될 리 없다. 오직 중국 문화의 생활화로 말미암은 필요성에서 한자 기원의 어휘가 다량으로 늘었고, 불교에 관한 어휘가 같은 이유로 남았다는 程度라 하겠다.

(91) 문화 (　　　)　(92) 限界 (　　　)
(93) 명백 (　　　)　(94) 構造 (　　　)
(95) 특성 (　　　)　(96) 發達 (　　　)
(97) 본질 (　　　)　(98) 背景 (　　　)
(99) 다량 (　　　)　(100) 程度 (　　　)

출제 경향과 유형 익히기 (316쪽 ~ 320쪽)

1. (1) 감원 (2) 취직 (3) 검소 (4) 항복 (5) 침공 (6) 탐구 (7) 토의 (8) 항거 (9) 증거 (10) 자태 (11) 권세 (12) 한가 (13) 형벌 (14) 군중 (15) 부활 (16) 분노 (17) 판단 (18) 엄숙 (19) 위험 (20) 환경 (21) 비평 (22) 간호 (23) 초청장 (24) 지휘관 (25) 시청각   **2.** (26) 희망 (27) 연극 (28) 총칭 (29) 전달 (30) 적절   **3.** (31) 自然 (32) 人生 (33) 感動 (34) 表現 (35) 音樂 (36) 思考 (37) 結果 (38) 使用 (39) 文學的 (40) 效果   **4.** (41) 感動 (42) 使用 (43) 效果   **5.** (44) 筆談 (45) 禮節 (46) 商品 (47) 改善 (48) 觀客   **6.** (49) 섞을 혼 (50) 굳을 확 (51) 거리 가 (52) 배 항 (53) 씨 핵 (54) 세포 포 (55) 모을 축 (56) 진칠 진 (57) 기록할 지 (58) 비롯할 창 (59) 끌 제 (60) 마루 종 (61) 가지 조 (62) 벼리 기 (63) 조수 조 (64) 막을 장 (65) 문서 적 (66) 알 인 (67) 도울 원 (68) 그르칠 오   **7.** (69) 健 (70) 輕 (71) 貴 (72) 領 (73) 寫 (74) 偉 (75) 辛   **8.** (76) 終 (77) 害 (78) 使   **9.** (79) 幸運 (80) 下校 (81) 失敗   **10.** (82) 文 (83) 爭 (84) 術   **11.** (85) 不定 (86) 同志 (87) 戰功   **12.** (88) 旧 (89) 発   **13.** (90) 兄 (91) 耳 (92) 知 (93) 牛 (94) 止 (95) 身   **14.** (96) 飛 (97) 土   **15.** (98) 물의 온도 (99) 책을 읽음. (100) 동쪽에서 부는 바람

4급Ⅱ 기출 유사 문제 (321쪽 ~ 322쪽)

1. (1) 소득 (2) 장래 (3) 자궁 (4) 권세 (5) 전달 (6) 확신 (7) 결례 (8) 고향 (9) 청소 (10) 소재 (11) 시설 (12) 웅비 (13) 방한 (14) 적군 (15) 금연 (16) 경사 (17) 제독 (18) 수액 (19) 벌칙 (20) 연수 (21) 결백 (22) 부부 (23) 벌목 (24) 비상 (25) 병환 (26) 모근 (27) 세분 (28) 세배 (29) 세금 (30) 직장 (31) 장벽 (32) 정당 (33) 보은 (34) 오해 (35) 응시   **2.** (36) 價格 (37) 特級 (38) 庭園 (39) 明朗 (40) 到着 (41) 財産 (42) 計算 (43) 筆記 (44) 銀行 (45) 電話   **3.** (46) 然後 (47) 兒童 (48) 孝心 (49) 勝利 (50) 現代 (51) 藥草 (52) 農業 (53) 美術 (54) 活動 (55) 式順   **4.** (56) 헤아릴 료 (57) 볼 시 (58) 할 위 (59) 버금 부 (60) 가질 취 (61) 모을 축 (62) 섬 도 (63) 누를 압 (64) 마실 흡 (65) 재화 화 (66) 일어날 기 (67) 집 사 (68) 부를 창 (69) 벌 경 (70) 찰 만 (71) 물결 파 (72) 돌아올 회 (73) 줄 수 (74) 부처 불 (75) 지을 제 (76) 눈 안 (77) 성낼 노   **5.** (78) 秋 (79) 言 (80) 安 (81) 說 (82) 人   **6.** (83) 長 (84) 夕 (85) 男   **7.** (86) 正 (87) 養 (88) 身   **8.** (89) 實 (90) 感 (91) 食   **9.** (92) 古 (93) 卆 (94) 国   **10.** (95) 言 (96) 米 (97) 戈   **11.** (98) 길가 (99) 내버려 둠. (100) 옳다고 믿고 정함.

4급 기출 유사 문제 1회 (323쪽 ~ 324쪽)

1. (1) 방해 (2) 단장 (3) 오차 (4) 상안 (5) 미납 (6) 비판 (7) 혁대 (8) 근면 (9) 저의 (10) 위기 (11) 분노 (12) 소식 (13) 영매 (14) 투타 (15) 사교 (16) 장원 (17) 존칭 (18) 의지 (19) 직무 (20) 조건 (21) 휘장 (22) 거유 (23) 박사 (24) 이전 (25) 담임 (26) 곡류 (27) 호적 (28) 예감 (29) 시취 (30) 위락   **2.** (31) 아닐 부 (32) 매울 렬 (33) 재 회 (34) 이마 액 (35) 부칠 기 (36) 조수·밀물 조 (37) 새길 각 (38) 줄일 축 (39) 겨룰 항 (40) 비석 비 (41) 슬플 비 (42) 높을 숭 (43) 엄숙할 숙 (44) 납 연 (45) 진 액 (46) 피곤할 피 (47) 만날 우 (48) 얽을 구 (49) 오로지 전 (50) 보배 진 (51) 빼어날 수 (52) 본뜰 모   **3.** (53) 給水 (54) 鼻祖 (55) 使命 (56) 競技 (57) 良識   **4.** (58) 千里 (59) 相反 (60) 四友 (61) 敬天 (62) 太平   **5.** (63) 寒 (64) 晝 (65) 重 (66) 開 (67) 石   **6.** (68) 所 (69) 區 (70) 在 (71) 初 (72) 加   **7.** (73) 頁 (74) 手 (75) 口   **8.** (76) 伝 (77) 関 (78) 挙   **9.** (79) 寫 (80) 獨 (81) 勞   **10.** (82) 養育 (83) 停止 (84) 順位   **11.** (85) 見物生心 (86) 東問西答 (87) 八方美人   **12.** (88) ① (89) ⑤ (90) ⑦   **13.** (91) 山川 (92) 유람 (93) 自身 (94) 無知 (95) 百姓 (96) 救世主 (97) 적당 (98) 分身 (99) 이상 (100) 實現

4급 기출 유사 문제 2회 (325쪽 ~ 326쪽)

1. (1) 파계 (2) 포탄 (3) 책상 (4) 비평 (5) 복잡 (6) 적도 (7) 폐관 (8) 담론 (9) 미만 (10) 혈관 (11) 경청 (12) 등한 (13) 근면 (14) 철광 (15) 예고 (16) 구상 (17) 분말 (18) 빈부 (19) 묘지 (20) 처벌 (21) 택배 (22) 군무 (23) 수려 (24) 봉사 (25) 도피 (26) 격류 (27) 단독 (28) 비밀 (29) 감고 (30) 자세   **2.** (31) 힘쓸 노 (32) 떠날 리 (33) 물결 파 (34) 남을 잔 (35) 나아갈 취 (36) 고를 균 (37) 칠 박 (38) 양식 량 (39) 혀 설 (40) 순수할 순 (41) 틈·겨를 가 (42) 배 항 (43) 겨룰 항 (44) 모습 태

한자능력검정시험 | Ⅳ. 실전 감각 익히기 **341**

모범 답안

(45) 버금 차 (46) 젖 유 (47) 섬돌 계 (48) 부를 초 (49) 찾을 탐 (50) 흩을 산 (51) 넓을 보 (52) 바퀴 륜 **3.** (53) 切感 (54) 東門 (55) 永住 (56) 史記 (57) 事由 (58) 父情 **4.** (59) 教學 (60) 自業 (61) 名分 (62) 夕改 (63) 風前 **5.** (64) 動 (65) 輕 (66) 陽 (67) 舊 (68) 直 **6.** (69) 根 (70) 到 (71) 道 (72) 目 (73) 和 **7.** (74) 戰爭 (75) 국제 (76) 元來 (77) 발달 (78) 形式 (79) 人類 (80) 文化 (81) 보호 (82) 通商 (83) 범위 (84) 규제 (85) 目的 (86) 中立國 (87) 경우 (88) 적용 **8.** (89) 日 (90) 子 (91) 山 **9.** (92) 礼 (93) 悪 (94) 実 **10.** (95) 맡겨진 임무 (96) 빛이 나가는 속도 (97) 고기잡이를 하는 배 **11.** (98) ① (99) ⑤ (100) ⑦

4급Ⅱ 적중 예상 문제 제1회 (327쪽 ~ 328쪽)

1. (1) 인장 (2) 송별 (3) 현명 (4) 경사 (5) 경제 (6) 절교 (7) 석차 (8) 인가 (9) 태도 (10) 화해 (11) 출중 (12) 풍부 (13) 시비 (14) 여전 (15) 동시 (16) 저속 (17) 가미 (18) 호감 (19) 건축 (20) 진리 (21) 의지 (22) 시력 (23) 침입 (24) 성대 (25) 시설 (26) 논설 (27) 검사 (28) 정치 (29) 증원 (30) 진보 (31) 종가 (32) 처지 (33) 밀림 (34) 정신 (35) 신청 **2.** (36) 觀光 (37) 親切 (38) 流行 (39) 洗面 (40) 節約 (41) 後食 (42) 所聞 (43) 必要 (44) 責任 (45) 太陽 **3.** (46) 才能 (47) 發電 (48) 廣告 (49) 式順 (50) 關門 (51) 通話 (52) 社會 (53) 雲集 (54) 商業 (55) 工場 **4.** (56) 둥글 원 (57) 머무를 류 (58) 막을 장 (59) 바랄 희 (60) 덜 감 (61) 둘 치 (62) 배 항 (63) 은혜 혜 (64) 굳을 확 (65) 헤아릴 측 (66) 지킬 위 (67) 끊을 단 (68) 거듭 수 (69) 도울 호 (70) 마실 흡 (71) 대적할 적 (72) 남을 여 (73) 벌레 충 (74) 재주 예 (75) 대포 포 (76) 호반 무 (77) 스승 사 **5.** (78) 口 (79) 心 (80) 寸 (81) 草 (82) 直 **6.** (83) 死 (84) 使 (85) 客 **7.** (86) 幸 (87) 識 (88) 實 **8.** (89) 獨 (90) 士 (91) 首 **9.** (92) 学 (93) 参 (94) 伝 **10.** (95) 宀 (96) 生 (97) 高 **11.** (98) 구리줄 (99) 앞으로 올 때 (100) 외부의 침략이나 공격을 막아 지킴.

4급Ⅱ 적중 예상 문제 제2회 (329쪽 ~ 330쪽)

1. (1) 응답 (2) 결석 (3) 방문 (4) 빈민 (5) 독약 (6) 상념 (7) 세분 (8) 배경 (9) 벌목 (10) 주부 (11) 역류 (12) 소질 (13) 조기 (14) 통달 (15) 허영 (16) 극치 (17) 연휴 (18) 건강 (19) 산맥 (20) 방위 (21) 감소 (22) 가보 (23) 녹음 (24) 협조 (25) 안식 (26) 세력 (27) 목동 (28) 직장 (29) 말단 (30) 장래 (31) 결백 (32) 음흉 (33) 죽기 (34) 연기 (35) 가로등 **2.** (36) 共用 (37) 成事 (38) 運動 (39) 親舊 (40) 消化 (41) 禮節 (42) 各自 (43) 偉業 (44) 米飮 (45) 反省 **3.** (46) 洗面 (47) 平和 (48) 勇氣 (49) 病者 (50) 室內 (51) 本性 (52) 利己 (53) 元祖 (54) 種族 (55) 番地 **4.** (56) 항구 항 (57) 물러날 퇴 (58) 총 총 (59) 사례할 사 (60) 진 액 (61) 금할 금 (62) 법칙 률 (63) 얼굴 용 (64) 별 성 (65) 쾌할 쾌 (66) 깨우칠 경 (67) 버금 부 (68) 사나울 폭, 모질 포 (69) 끌 제 (70) 이을 속 (71) 침노할 침 (72) 어질 현 (73) 나눌·짝 배 (74) 가 변 (75) 감독할 독 (76) 연기 연 (77) 이 치 **5.** (78) 物 (79) 草 (80) 九 (81) 別 (82) 馬 **6.** (83) 過 (84) 海 (85) 言 **7.** (86) 士, 幸 (87) 衣 (88) 圖 **8.** (89) 朝 (90) 庭 (91) 正 **9.** (92) 広 (93) 战 (94) 号 **10.** (95) 竹 (96) 二 (97) 水 **11.** (98) 물건을 팔고 사는 일 (99) 여행하는 데에 드는 비용 (100) 흐린 데 없이 밝고 환함. 유쾌하고 활발함.

4급 적중 예상 문제 제1회 (331쪽 ~ 332쪽)

1. (1) 경탄 (2) 귀가 (3) 변호 (4) 빈궁 (5) 극치 (6) 당론 (7) 관계 (8) 압권 (9) 담임 (10) 파계 (11) 단기 (12) 경계 (13) 복권 (14) 직계 (15) 간판 (16) 계절 (17) 계승 (18) 경로 (19) 양계 (20) 고향 (21) 각고 (22) 고도 (23) 금고 (24) 동경 (25) 계급 (26) 토의 (27) 총액 (28) 명구 (29) 피로 (30) 선택 **2.** (31) 무리 대 (32) 알 란 (33) 편안 강 (34) 쇳돌 광 (35) 감독할 독 (36) 볼 람 (37) 검사할 검 (38) 굽힐 굴 (39) 도망할 도 (40) 용 룡 (41) 이지러질 결 (42) 나타날 현 (43) 등 등 (44) 숨을 은 (45) 굳을 견 (46) 얼굴 용 (47) 춤출 무 (48) 가지런할 정 (49) 높을 숭 (50) 꺾을 절 (51) 붉을 주 (52) 늘일 연 **3.** (53) 表紙 (54) 前景 (55) 通話 (56) 正道 (57) 地圖 **4.** (58) 流水 (59) 大發 (60) 一短 (61) 南男 (62) 自給 **5.** (63) 來 (64) 租 (65) 凶 (66) 賣 (67) 無 **6.** (68) 訓 (69) 技 (70) 考 (71) 停 (72) 参 **7.** (73) 衣 (74) 日 (75) 門 **8.** (76) 気 (77) 児 (78) 数 **9.** (79) 醫 (80) 藥 (81) 鐵 **10.** (82) 休店 (83) 最少 (84) 熱情 **11.** (85) 淸風明月 (86) 不問可知 (87) 耳目口鼻 **12.** (88) ② (89) ⑤ (90) ⑧ **13.** (91) 靑春 (92) 心臟 (93) 거선 (94) 理性 (95) 萬物 (96) 生命 (97) 희망 (98) 樂園 (99) 풍부 (100) 예찬

모범 답안

 4급 적중 예상 문제 제2회 (333쪽 ~ 334쪽)

1. (1) 만족 (2) 의결 (3) 가발 (4) 의식 (5) 산맥 (6) 적군 (7) 방범 (8) 제안 (9) 요약 (10) 조조 (11) 비명 (12) 타종 (13) 암흑 (14) 지지 (15) 토벌 (16) 진귀 (17) 배경 (18) 장총 (19) 묘지 (20) 추리 (21) 방해 (22) 투쟁 (23) 무술 (24) 박수 (25) 난방 (26) 굴복 (27) 미각 (28) 복수 (29) 벌금 (30) 변론   **2.** (31) 가 변 (32) 간략할·약할 략 (33) 마을·관청 부 (34) 쏠 사 (35) 심할 극 (36) 탄알 탄 (37) 집 호 (38) 장려할 장 (39) 캘 채 (40) 인연 연 (41) 세포 포 (42) 떠날 리 (43) 콩 두 (44) 질 부 (45) 칭송할·기릴 송 (46) 모양 양 (47) 바늘 침 (48) 형벌 형 (49) 평할 평 (50) 살필 찰 (51) 두루 주 (52) 넓을 보   **3.** (53) 獨子 (54) 實例 (55) 反感 (56) 共同 (57) 口號 (58) 記事   **4.** (59) 九牛 (60) 男女 (61) 東風 (62) 自然 (63) 曲直   **5.** (64) 主 (65) 輕 (66) 落 (67) 行 (68) 集   **6.** (69) 思 (70) 調 (71) 幸 (72) 作 (73) 樹   **7.** (74) 韓國 (75) 경제 (76) 發展 (77) 注目 (78) 世界人 (79) 關心 (80) 대상 (81) 선택 (82) 경향 (83) 증가 (84) 차원 (85) 分野 (86) 설정 (87) 연구 (88) 영역   **8.** (89) 手 (90) 竹 (91) 耳   **9.** (92) 画 (93) 図 (94) 来   **10.** (95) 병을 잘 고쳐 이름난 의원이나 의사 (96) 강하고 약함. (97) 가르쳐 익히게 함.   **11.** (98) ② (99) ③ (100) ⑧

 4급 적중 예상 문제 제3회 (335쪽 ~ 336쪽)

1. (1) 혈관 (2) 경탄 (3) 대원 (4) 굴곡 (5) 율동 (6) 녹두 (7) 구명 (8) 계절 (9) 도적 (10) 유람 (11) 경계 (12) 고아 (13) 나성 (14) 간병 (15) 계모 (16) 강렬 (17) 간이 (18) 두골 (19) 양식 (20) 갑부 (21) 곡류 (22) 도록 (23) 감주 (24) 여가 (25) 연휴 (26) 존엄 (27) 공수 (28) 연료 (29) 동전 (30) 인도   **2.** (31) 청할 청 (32) 가늘 세 (33) 층 층 (34) 진칠 진 (35) 갈래 파 (36) 붉을 홍 (37) 쌓을 축 (38) 맞을 영 (39) 별 성 (40) 범할 범 (41) 구멍 공 (42) 말 두 (43) 근거 거 (44) 본뜰 모 (45) 고칠 경, 다시 갱 (46) 베풀 장 (47) 일어날 기 (48) 샘 천 (49) 다스릴 치 (50) 충성 충 (51) 볼 감 (52) 부칠 기   **3.** (53) 右手 (54) 洋食 (55) 利害 (56) 首席 (57) 一定   **4.** (58) 不可 (59) 草木 (60) 知足 (61) 牛耳 (62) 子孫   **5.** (63) 出 (64) 寒 (65) 臣 (66) 正 (67) 同   **6.** (68) 告 (69) 住 (70) 空 (71) 意 (72) 章   **7.** (73) 女 (74) 氏 (75) 心   **8.** (76) 礼 (77) 参 (78) 舌   **9.** (79) 學 (80) 畵 (81) 號   **10.** (82) 過多 (83) 勇士 (84) 區別   **11.** (85) 百發百中 (86) 白面書生 (87) 門前成市   **12.** (88) ① (89) ⑤ (90) ⑥   **13.** (91) 직업 (92) 訓練 (93) 사회인 (94) 의무 (95) 실시 (96) 性格 (97) 원만 (98) 압살 (99) 기능 (100) 健全

 4급 적중 예상 문제 제4회 (337쪽 ~ 338쪽)

1. (1) 이직 (2) 희비 (3) 퇴출 (4) 축재 (5) 침공 (6) 통찰 (7) 파병 (8) 간호 (9) 형벌 (10) 찬송 (11) 풍년 (12) 창안 (13) 폭력 (14) 화려 (15) 도청 (16) 한가 (17) 건축 (18) 상태 (19) 통화 (20) 차액 (21) 취업 (22) 온천 (23) 감찰 (24) 통탄 (25) 은혜 (26) 침실 (27) 단축 (28) 가칭 (29) 갱신 또는 경신 (30) 토벌   **2.** (31) 울 명 (32) 벼리 기 (33) 터럭 발 (34) 각시·성씨 씨 (35) 의지할 의 (36) 판단할 판 (37) 두터울 후 (38) 짤 조 (39) 얼굴 용 (40) 두 량 (41) 격할 격 (42) 용 룡 (43) 베풀 설 (44) 방패 간 (45) 묘할 묘 (46) 베풀 선 (47) 남을 잔 (48) 고무래·장정 정 (49) 지혜·슬기 지 (50) 점령할·점칠 점 (51) 벗을 탈 (52) 불터질 폭   **3.** (53) 庭園 (54) 時空 (55) 敬老 (56) 注油 (57) 競技 (58) 初代   **4.** (59) 東問 (60) 聞一 (61) 民族 (62) 成說 (63) 言中   **5.** (64) 春 (65) 加 (66) 實 (67) 亡 (68) 夜   **6.** (69) 戰 (70) 選 (71) 過 (72) 高 (73) 法   **7.** (74) 경우 (75) 種類 (76) 다양 (77) 筆者 (78) 제시 (79) 정보 (80) 이해 (81) 검증 (82) 同意 (83) 反對 (84) 作品 (85) 共感 (86) 立場 (87) 美的 (88) 구조   **8.** (89) 日 (90) 皿 (91) 金   **9.** (92) 区 (93) 売 (94) 会   **10.** (95) 정하여진 기준에서 말하는 차례 관계 (96) 나뭇잎이 떨어짐. (97) 목적한 곳에 다다름.   **11.** (98) ③ (99) ⑥ (100) ⑧

 4급 적중 예상 문제 제5회 (339쪽 ~ 340쪽)

1. (1) 보존 (2) 단어 (3) 지병 (4) 결석 (5) 만조 (6) 도적 (7) 지배 (8) 투수 (9) 강좌 (10) 동전 (11) 신조 (12) 층계 (13) 출중 (14) 의지 (15) 약주 (16) 존중 (17) 지시 (18) 계승 (19) 조조 (20) 종래 (21) 주홍 (22) 교지 (23) 기준 (24) 업무 (25) 길조

모범 답안

(26) 위치 (27) 종손 (28) 환경 (29) 타종 (30) 선도   2. (31) 칠 토 (32) 평할 평 (33) 좋을 호 (34) 기후 후 (35) 은혜 혜 (36) 돌아올 회 (37) 같을 여 (38) 얻을 득 (39) 아닐 비 (40) 버들 류 (41) 이어맬 계 (42) 소나무 송 (43) 볼 시 (44) 볼 간 (45) 틀 기 (46) 덜 손 (47) 충성 충 (48) 도장 인 (49) 일 흥 (50) 곳집 고 (51) 가루 분 (52) 감독할 독   3. (53) 過失 (54) 事前 (55) 電話 (56) 父子 (57) 社說   4. (58) 李四 (59) 生心 (60) 自足 (61) 獨不 (62) 百害   5. (63) 長 (64) 正 (65) 民 (66) 善 (67) 陽   6. (68) 遠 (69) 思 (70) 和 (71) 貨 (72) 亡   7. (73) 尸 (74) 木 (75) 辶 8. (76) 広 (77) 国 (78) 医   9. (79) 輕 (80) 團 (81) 當   10. (82) 新鮮 (83) 種類 (84) 便利   11. (85) 知行合一 또는 知行一致 (86) 樂山樂水 (87) 士農工商   12. (88) ① (89) ⑥ (90) ⑦   13. (91) 文化 (92) 한계 (93) 明白 (94) 구조 (95) 特性 (96) 발달 (97) 本質 (98) 배경 (99) 多量 (100) 정도

漢字能力檢定試驗 4급Ⅱ 豫想問題紙

1. (1) 흥망 (2) 사죄 (3) 제시 (4) 향기 (5) 세배 (6) 수액 (7) 파산 (8) 호의 (9) 보석 (10) 지극 (11) 항로 (12) 미려 (13) 장해 (14) 쾌거 (15) 시험 (16) 상식 (17) 제거 (18) 포수 (19) 성벽 (20) 연수 (21) 방치 (22) 통화 (23) 비리 (24) 제도 (25) 고향 (26) 보류 (27) 신고 (28) 통합 (29) 혈육 (30) 변경 (31) 기준 (32) 표결 (33) 대장 (34) 가요 (35) 충치   2. (36) 信用 (37) 才能 (38) 時間 (39) 會社 (40) 對話 (41) 午前 (42) 出席 (43) 方向 (44) 觀客 (45) 國家   3. (46) 過多 (47) 自己 (48) 正當 (49) 特色 (50) 偉人 (51) 孝道 (52) 動作 (53) 相反 (54) 例外 (55) 陸軍   4. (56) 하여금 령 (57) 높을 존 (58) 잎 엽 (59) 물결 파 (60) 성낼 노 (61) 월 강 (62) 소리 성 (63) 마을·관청 부 (64) 풀 해 (65) 같을 여 (66) 마실 흡 (67) 할 위 (68) 낱 개 (69) 집 궁 (70) 힘쓸 무 (71) 쓸 소 (72) 비롯할 창 (73) 깊을 심 (74) 다 총 (75) 헤아릴 측 (76) 견줄 비 (77) 무리 당   5. (78) 見 (79) 二 (80) 一 (81) 口 (82) 靑   6. (83) 畫 (84) 樂 (85) 夕   7. (86) 永 (87) 言 (88) 文   8. (89) 知 (90) 時 (91) 調   9. (92) 発 (93) 図 (94) 医   10. (95) 頁 (96) 阜 (97) 骨 11. (98) 노인을 공경함. (99) 자동차 따위에 기름을 넣음. (100) 반드시 이김.

漢字能力檢定試驗 4급 豫想問題紙

1. (1) 흑연 (2) 총계 (3) 서예 (4) 영업 (5) 인장 (6) 지역 (7) 원형 (8) 장렬 (9) 장병 (10) 영화 (11) 증거 (12) 옥석 (13) 대우 (14) 자태 (15) 오해 (16) 연장 (17) 박자 (18) 인연 (19) 감원 (20) 안대 (21) 고장 (22) 원조 (23) 환영 (24) 매진 (25) 연구 (26) 우표 (27) 민요 (28) 복식 (29) 우량 (30) 보통   2. (31) 글귀 구 (32) 문서 적 (33) 겨룰 항 (34) 어지러울 란 (35) 격할 격 (36) 잘 침 (37) 섞을 혼 (38) 아재비 숙 (39) 바랄 희 (40) 박달나무 단 (41) 건널 제 (42) 다스릴 치 (43) 보배 보 (44) 쉴 식 (45) 어질 현 (46) 아플 통 (47) 끝 단 (48) 검소할 검 (49) 별 성 (50) 이을 접 (51) 춤출 무 (52) 짤 직   3. (53) 過去 (54) 思考 (55) 戰時 (56) 事情 (57) 團結 (58) 同氣   4. (59) 作心 (60) 一寸 (61) 萬別 (62) 八方 (63) 亡身   5. (64) 勝 (65) 勞 (66) 賞 (67) 集 (68) 安   6. (69) 爭 (70) 財 (71) 家 (72) 聞 (73) 大   7. (74) 爫 (75) 彳 (76) 龍   8. (77) 楽 (78) 写 (79) 読   9. (80) 느린 속도 (81) 밝음과 어두움을 통틀어 이르는 말 (82) 돌아다니며 구경함.   10. (83) ① (84) ④ (85) ⑥   11. (86) 이상 (87) 實現 (88) 용이 (89) 代價 (90) 노력 (91) 物質 (92) 축적 (93) 活用 (94) 근면 (95) 풍부 (96) 발휘 (97) 지식 (98) 先天的 (99) 後天的 (100) 수득